Architektur für den Handel
Architecture for the Retail Trade

Architektur für den Handel

Kaufhäuser, Einkaufszentren, Galerien
Geschichte und gegenwärtige Tendenzen
Mit einem Werkbericht der Architekten RKW
Rhode Kellermann Wawrowsky + Partner

Architecture for the Retail Trade

Department Stores, Shopping Centres, Arcades
History and Current Tendencies
With a Work Report of RKW Architects
Rhode Kellermann Wawrowsky + Partner

Mit Beiträgen von/*With Contributions by:*
Wolfgang Hocquél, Friedel Kellermann, Hans-Georg Pfeifer,
Mathias Schreiber, Klaus-Dieter Weiß, Eberhard H. Zeidler

Birkhäuser Verlag
Basel • Boston • Berlin

Buchkonzept, graphische Gestaltung und Realisation/*Book concept, design, realization:* Georg Kohler, Ratingen

Übersetzung ins Englische/*English translation*: John Dennis Gartrell, Zürich; Christian Caryl, Berlin (Text Mathias Schreiber)
Übersetzung des Vorwortes von Eberhard H. Zeidler ins Deutsche: Christian Rochow, Berlin

Typografie/*Typography*: Ricarda Philipps, Köln

Lithographie/*Lithographs*: Laser Litho 4 GmbH, Düsseldorf

Druck/*Printing*: Schotte GmbH und Co.KG, Krefeld

A CIP catalogue record for this book is available from the Library of Congress, Washington D.C., USA

Deutsche Bibliothek Cataloging-in-Publication Data

Architektur für den Handel: Kaufhäuser, Einkaufszentren, Galerien, Geschichte und gegenwärtige Tendenzen – Architecture for the retail trade / mit einem Werkbericht der Architekten-RKW. Mit Beitr. von Wolfgang Hocquél... [Übers. ins Engl.: John Dennis Gartrell...]. – Basel; Boston; Berlin: Birkhäuser, 1996
ISBN 3-7643-5268-X (Berlin)
ISBN 0-8176-5268-X (Boston)

NE: Hocquél, Wolfgang; Gartrell, John Dennis [Übers.]: Architecture for the retail trade

Printed on acid-free paper produced from chlorine-free pulp. TCF ∞
Printed in Germany
ISBN 3-7643-5268-X
ISBN 0-8176-5268-X

987654321

Inhalt / ***Contents***

Eberhard H. Zeidler:

Vorwort

Läden sind im 20. Jahrhundert zu einem zunehmend wichtigen Teil unseres Lebens geworden. Sie erscheinen in den vielfältigsten Formen: kleine Boutiquen, riesige Warenhäuser, Einzelhandelsgeschäfte und große Komplexe, die über den Warenverkauf hinausreichen und Unterhaltungsangebote verschiedener Art miteinbeziehen.

Mittlerweile gibt es auch die Einkaufsmöglichkeit per Computer und "Category Killers", riesige Verkaufsflächen, die nur eine Warengruppe anbieten. Es scheint keine klare Richtung zu geben, in welcher architektonischen Form sich Läden entwickeln sollten. Sollen sie in das Gewebe der Stadt eingebettet werden, sollen sie ihren eigenen Bezirk schaffen, sollen sie klein oder groß sein, sollen sie beeindruckend wie ein Tempel, unterhaltend wie ein Zirkus oder schlicht sein und einfach die Ware für sich selbst sprechen lassen? Ließe sich vielleicht auch eine Vielfalt der verschiedenen Möglichkeiten nebeneinander anwenden?

Die Einflüsse, die auf den Einzelhandel einwirken, sind vielgestaltig, und wir können ihre Konsequenzen nicht erfassen, wenn wir nicht die Ursachen berücksichtigen, die sie hervorbrachten. Diese Ursachen sind architektonischer, funktionaler und struktureller Art, aber auch ökonomischer und technischer; sie umfassen urbane und regionale Bestimmungen, die öffentlichen Meinungen und auch Fragen des Gefühls, der Ökologie und der Umfeldgestaltung.

Die Diskussion läßt sich auch nicht einfach auf gradlinige Art führen. Es muß gleichzeitig in viele Richtungen gedacht und gearbeitet werden, wenn man die verbindenden Fäden finden will. In diesem Buch geht es hauptsächlich um die Erfahrungen in Deutschland; dort wo andere Beispiele angeführt werden, stehen sie in enger Verbindung mit den deutschen. Das verschiebt jedoch die Ergebnisse in eine Richtung, die nicht erschöpfend beschreibt, was in der gesamten Welt vorgeht.

Deutschland, vor allem Westdeutschland, hat viele der Fehler vermieden, die in Nordamerika gemacht wurden, aber nicht aufgrund seiner überlegenen Architektur, sondern wegen der öffentlichen Meinung, der Geschichte, des baulichen Erbes und wegen anderer Gründe, die scheinbar nichts mit dem hier zu erörternden Thema zu tun hatten. Die Notwendigkeit eines schnellen Wiederaufbaus im Osten Deutschlands hat aber diese Faktoren beiseitegefegt. Die Entwicklung dort erinnert in vielem an die amerikanische Situation: die Tankstelle oder das Einkaufszentrum stehen beziehungslos und isoliert am Rande der Autobahn.

Es gibt drei wesentliche Einflüsse, die die Gestalt des Einzelhandels bestimmen werden:

1. der Einfluß des Transportwesens, insbesondere der des Automobils,
2. die Entdeckung des Gefühlsfaktors für die Gestaltung von Einzelhandelseinrichtungen,
3. die notwendige Integration des Einzelhandels in ein sensibles Umfeld, eine wesentliche Sorge heutzutage.

Der Einfluß des Automobils

Einer der einschneidensten Faktoren, der die überkommenen Gewohnheiten des Kaufens und Verkaufens wandelte, war das Automobil, denn es erzeugte die Einkaufsgebiete in der Peripherie, die das Gesicht Nordamerikas zum besseren oder schlechteren veränderten und schließlich die gesamte Welt beeinflußten.

Wenn wir einen historischen Überblick über die geschichtliche Entwicklung des Einzelhandels gewinnen wollen, müssen wir mit der Ansammlung einzelner Läden in der mittelalterlichen Stadt beginnen, die sich je nach den unterschiedlichen Gewerbezweigen verteilten. Im 19. Jahrhundert dann erschien das Warenhaus; es wurde mit seinem Dienstleistungsangebot zu einem der machtvollsten Handelsplätze, die es je geben sollte. Fast zur selben Zeit entwickelten sich in Großstädten wie Mailand, Paris, London oder Berlin die Passagen. Es handelte sich hier um überdachte Ladenstraßen mit einer kontinuierlichen Folge von Einzelgeschäften auf beiden Seiten. Die Galerie in Mailand konnte als eine "Kathedrale" des Einkaufs betrachtet werden.

Viele zeitgenössische Einkaufszentren tragen noch Spuren dieser Entwicklung. Die Passagen des 19. Jahrhunderts lebten jedoch von der städtischen Dichte und verstärkten zugleich die städtische Struktur. Selbst die Einführung der Eisenbahn und später der Straßenbahn erforderte den Bau dichter Bereiche, um das gewünschte Geschäft zu Fuß erreichen zu können.

Eberhard H. Zeidler:

Foreword

Retail has become an increasingly important part of our life in the 20th century and its stores have appeared in many forms – small boutiques, huge department stores, individual stores, and large conglomerations which extend beyond retail and combine entertainment in various forms. Now there is even computer shopping and immense category killers (an American expression for huge warehouses which sell one category of goods). There seems to be no clear guideline to instruct us which built form retail architecture should take. Should it be embedded in the texture of the city, develop its own precinct, be small, or large, be imposing like an ancient temple or entertaining like a circus, or be humble and let the merchandise speak for itself? Indeed, could a variety of these possibilities be used?

The influences that act on retail are manifold, and we cannot follow their consequences unless we examine their sources. These sources are architectural, functional, and structural but also are economic and technical and take into consideration urban and regional regulations, public opinion as well as emotional, ecological, and environmental issues.

Nor can a discussion of these influences be conducted in a linear fashion. Many directions have to be approached simultaneously to find connecting threads. In this book the discussion mainly centers around the German experience, and when other examples are cited, they are closely connected to the German examples. This invariably slants the analysis in a manner that is not quite representative of what is happening in the world as a whole.

Germany, particularly West Germany, has avoided many of the mistakes that have occurred in North America, not because of its superior architecture, but because of regulations which came about through public opinion, history, heritage, and other seemingly-unrelated factors. The need for rapid development in East Germany after unification, however, has pushed these factors aside and the recent development there reminds us more of the American situation, where the gas station along with the retail store stand unrelated in isolation on the highway.

There are three major causes that have wrought the state of retail now and which will determine its course in the future:

1. the influence of transportation, particularly the automobile,
2. the discovery of emotion as a factor in the design of retail facilities, and
3. the necessary integration of retail into a fragile environment, which is now the concern of so many.

The Influence of the Automobile

Probably the most crucial factor which changed shopping patterns over the past decades has been the automobile. It made possible the creation of the so-called regional mall that changed the face of North America for better or worse and in the end changed the built form of retail throughout the world.
If we want to embark on an historic overview of how retail shopping has evolved, we have to begin by considering the conglomeration of the individual retail stores, which were even found in the Medieval city, each catering to speciality wares. In the nineteenth century, the department store made its appearance and with its multiplicity of services became one of the most powerful retail venues ever seen. Almost at the same time, arcades developed in large cities such as Milan, Paris, London, and Berlin. These were covered shopping streets with a continuous arrangement of retail stores on either side. The Galleria in Milan could be thought of as a "cathedral" for shopping.

Many contemporary shopping malls bear traces of this development. However, the nineteenth century "passage" fed on urban density and strengthened the urban texture. Even the introduction of trains and later streetcars demanded the building of dense quarters from which one could walk to the various retail destinations.

The car changed all of this.

The relative freedom that has been the trademark of North American building politics allowed the car to change the urban texture on the North American continent. The consequences were and are far reaching. We are only now discovering the extent of the environmental damage which resulted from this freedom. Unfortunately, it is still an arduous way from this awareness to a solution.

Das Auto veränderte alles.

Die relative Freiheit, die das Merkmal der nordamerikanischen Baupolitik war, erlaubte dem Auto, die städtische Struktur in den Vereinigten Staaten vollständig zu verändern. Die Folgen dieser Veränderungen waren tiefgreifend. Erst jetzt entdecken wir das ganze Ausmaß der Umweltkatastrophe, die hierdurch entstand. Von dieser Erkenntnis hin zu einer Lösung ist es aber natürlich noch ein mühsamer Weg.

Die Veränderung der ländlichen Gebiete außerhalb der Stadt hatte zwar schon Jahrzehnte zuvor in Amerika begonnen, aber bis zu den 50er Jahren das Gefüge der Innenstädte noch nicht wesentlich verändert. Zunächst verließen nur die Begüterten mit Hilfe der neuentdeckten Freiheit des Autos die städtische Heimstatt. Ihnen folgte bald die amerikanische Mittelklasse, die in den Vorstädten bessere Wohnverhältnisse fand. Einiger Einzelhandel zog nach, er bildete die "strip malls", Ladenansiedlungen am Rand der Schnellstraße. Ein gemütlicher Einkaufsbummel war hier nicht mehr möglich.

In dieser Situation errichtete Victor Gruen sein erstes Einkaufszentrum, scheinbar eine geniale Idee. Sein Einkaufszentrum East Mall in Detroit war der erste Schritt in das unerkundete Territorium der vorstädtischen Einkaufszentren. Es handelte sich um die Verpflanzung der Stadt, genauer: von Teilen der Stadt, in Gebiete, die praktisch Niemandsland waren, jedoch mit dem Auto erreicht werden konnten. Die Vergnügungen des Einkaufsbummels in der Innenstadt waren plötzlich wieder da, aber mit dem Vorteil, das sich dieser Ort bequem vom eigenen Haus in der Vorstadt mit dem Auto erreichen ließ. Wichtig war es natürlich, das sich in einem solchen Zentrum genügend Geschäfte befanden, um die Erfahrungen eines städtischen Einkaufsbummels zu ermöglichen. Als "Anker" wurden auch immer Kaufhäuser miteinbezogen.

Das Ganze wurde wie in der mittelalterlichen Stadt mit einem Graben umgeben, aber diesmal wurde der Graben durch riesige Parkplätze geschaffen. Mit der Zeit fanden immer mehr Elemente der Stadt den Weg in diese Zentren. Restaurants waren natürlich schon vorhanden, aber bald folgten auch Kinos und Bibliotheken und andere Unterhaltungseinrichtungen. Die Folge dieses Prozesses war naturgemäß der Niedergang der amerikanischen Stadt, besonders als diese Zentren größer und größer wurden und immer mehr Elemente schluckten, die einst der Stolz der Innenstadt gewesen waren. Selbst Wohnungen und Büros gerieten in den Sog, es entstand die sogenannte Randstadt, die freilich keine wirkliche Stadt war.

Versuche zur Wiederbelebung der nordamerikanischen Innenstädte wurden in Angriff genommen. Sie waren aber nicht erfolgreich, weil man einfach die vorstädtischen Einkaufszentren verpflanzte, ohne sie auf die Stadtstruktur abzustimmen. Anders gesagt, die Isolierung der Einkaufszentren in bezug auf ihre Umgebung blieb bestehen. Man brachte sie in die Stadt zurück, ohne sie mit der städtischen Struktur zu verknüpfen. Das Einkaufsgebiet war voller Leben, aber es wendete der Stadt den Rücken zu; daß das Einkaufsgebiet einer anderen Einbettung in den städtischen Kontext bedarf, wurde nicht erkannt. Erst 1970, beim Eaton Centre in Toronto, wurde der Versuch unternommen, das Einkaufszentrum nahtlos ins Gefüge der Stadt zu integrieren.

Die Entdeckung des Gefühls

In der Zwischenzeit hatte auch eine Veränderung in der Anschauung stattgefunden, wie Gebäude für den Handel entworfen werden sollten.

Nach dem Zweiten Weltkrieg fanden die Theorien des Bauhauses, welche die moderne Architektur geschaffen hatten, in Nordamerika Anerkennung und traten von hier ihren Siegeszug um die Welt an. Die philosophische Überzeugung, auf der sie beruhten, war, daß Konstruktion und Funktion die Architektur gestalten, wie es Hannes Meyer einmal sagte. Diese Theorie wird jedoch heute in Frage gestellt und gefühlsmäßige Beweggründe sind Teil der Lösung im Entwurf von Geschäftsbauten. Die Entwicklung eines architektonischen Entwurfs ist heute nicht mehr nur die gradlinige rationale Suche nach einer den Notwendigkeiten von Funktion und Konstruktion angemessenen Lösung, sondern ein magnetisches Kraftfeld mit zwei Polen – Rationalität und Emotion. Bei Gebäuden für den Handel war es nun nicht länger möglich, nur die funktionellen Erfordernisse zu erfüllen. Es mußten nun auch die gefühlsmäßigen Voraussetzungen berücksichtigt werden. Beispielsweise waren formale Elemente aus der Vergangenheit

The transition of the entire rural area outside the city had started decades ago, but until the 1950's it had not irrevocably changed the downtown fabric. The first to abandon the urban abode with the new found freedom of the car were the well-to-do. They were, however, followed shortly by the American middle class which found more acceptable housing in the suburbs. Some of the retail followed, creating the so-called strip malls, stores that were lined up along the highway. Here, a leisurely walk to sample merchandise was not possible.

To address this situation, Victor Gruen created a new kind of shopping environment A seemingly a stroke of genius. His shopping center in the Detroit East Mall was the first step in the unchartered waters of the suburban shopping mall. It transplanted the city, or better parts of the city, into what was a virtual no man's land but reachable by car. All of a sudden the enjoyment of downtown shopping was recreated but with the advantage that shops could now be reached easily by car from the suburban home. Of course it was important that enough stores would be in the center to create the experience of a downtown shopping trip. Department stores were always included as anchors.

The whole was surrounded by a moat, just like the medieval city had been, but in this case the moat was created by huge parking lots. Eventually more and more elements of the city found their way into this regional mall. Restaurants were already there but in time movie houses and libraries as well as other entertainment facilities were added. The consequence was the deterioration of the American city, particularly as these regional centers became larger and larger, swallowing more and more functions that used to grace the downtown. Even housing and offices were now attracted, creating the so-called Edge city which really was not a true city at all.

Attempts to revive the North American downtown were made, but they were stymied by the transplantation of the regional shopping mall without concomitant adjustment into the urban situation. In other words, the isolation of the mall from its surroundings persisted. When the mall was brought back into the city, no attempt was made to knit it into the urban texture. It was full of life but its back was turned towards the city. That a shopping center located in the city needed a different assimilation in the urban situation was not realized. It was not until the Eaton Centre in Toronto was built in 1970 that an attempt was made to integrate a "regional" shopping mall flawlessly into the fabric of the city.

The Discovery of Emotion

There is now a persuasive concept which is permeating the buildings used for retail.

After the Second World War the theories of the Bauhaus that had created Modern architecture came to life in North America and later influenced the thinking of architects around the world. The philosophical belief on which they were founded was that only construction and function equalled architecture, as Hannes Meyer once said. However, this theory is now being questioned and emotional considerations are part of the equation in the design of retail architecture as well. The development of an architectural form is now seen as more than the linear rational pursuit of the necessities of function and construction, but also a magnetic field of influences with two poles, the rational and the emotional. In retail buildings it was now necessary to fulfil not only the functional requirements that such buildings demanded, but also the emotional ones. Elements from the past, for example, were no longer thought to be useless appendices that history had left by the wayside, but emotionally-charged references that were full of meaning.

One of the buildings that considered emotional elements in retail architecture was the Toronto Eaton Centre. It displayed a galleria not unlike the one in Milan that was built over 100 years ago. The Toronto Galleria complied with rational considerations, but equally important were emotional ones. It sought to create a sense of place. People not only elevated it to the status of one of the symbols of the city, but flocked to be there and spent the money that was needed to successfully maintain such a "cathedral" of commerce. The Toronto Eaton Centre has been one of the most successful shopping centers in North America.
As time advanced, the galleria, or the covered street, that was created here seemed to be insufficient. Bold and different images seemed to be

nicht mehr blos nutzlose Anhängsel, die die Geschichte irgendwo auf dem Weg hatte liegen lassen, sondern emotional spannende Ereignisse voller Bedeutung.

Eines der Gebäude, das die gefühlsmäßigen Erfordernisse einer Handelsarchitektur berücksichtige, war das Eaton Centre in Toronto, eine "Galerie", die ähnlich der über hundert Jahre zuvor in Mailand errichteten war. Diese Galerie entsprach rationalen Vorgaben, aber die vordringlichste Überlegung galt der emotionalen Beachtung. So wurde hier versucht, ein Gefühl des Ortes zu erzeugen. Die Benutzer erhoben sie nicht nur zu einem der Wahrzeichen der Stadt, sie pilgerten auch dorthin und gaben das Geld aus, das zum erfolgreichen Betrieb einer solchen Handelskathedrale erforderlich ist. Das Eaton Centre in Toronto wurde eines der erfolgreichsten Einkaufszentren in Nordamerika.

Die Galerie, oder die überdachte Straße, die hier gebaut worden war, schien jedoch mit der Zeit nicht mehr auszureichen. Stärkere und andere Gestaltungen wurden als notwendig erachtet auf der nie endenden Suche, den Käufer anzulocken. Die neuen Einkaufszentren sollten im Wettbewerb um den Käufer einfach das schon Vorhandene überflügeln.

Zuerst suchte man nach neuen Ausdrucksmöglichkeiten der architektonischen Formensprache. Aber bald wandte man sich dem Land der Illusion und Disneys zu. Eines der ersten Einkaufszentren, wo dies geschah, war die West Edmonton Mall. Hier wurde nicht nur Unterhaltung in den Warenverkauf eingereiht, sondern die Atmosphäre ging ins Land der täuschenden Illusion über. Der Kunde sah sich plötzlich in einer Umgebung, die wie eine Pariser Straße aussah, er fand einen Strand mit Wellengang und sogar ein Unterseeboot für eine Unterseefahrt. Diese Sehnsucht, irgendwo anders zu sein, scheint sich zu verstärken, so daß wir heute Einkaufszentren in aller Welt finden, wo wir nicht nur Pariser Straßen, sondern auch hawaiische Dörfer bewundern können oder Kanäle, die an Venedig erinnern.

Die Verkaufswaren auszustellen scheint heutzutage nicht mehr zu genügen, sie müssen hinter einer "Unterhaltungs"-Fassade gleichsam verborgen werden, und zusätzlich wird nun auch noch "reine" Unterhaltung in das Zentrum eingeführt, hinzu kommen noch Dinge wie "virtual reality".

Die architektonische Tradition droht verloren zu gehen, und eine Welt der Täuschung und des Disneylands scheint den Horizont der Architektur für den Handel in Amerika und vor allem im Fernen Osten ganz auszufüllen. Man muß sich fragen, ob dieses Land der täuschenden Illusion die Bedürfnisse seiner Benutzer wirklich erfüllt.

Die Integration in das Umfeld

Einkaufen ist kein abgekapseltes Ereignis, sondern Teil unseres Lebens. Einkaufszentren können nicht isoliert als Einnahmequellen betrachtet werden, wie dies noch vor zwanzig Jahren geschah. Der Handel ist eng verbunden mit der Demographie und Wirtschaft. Das Errichten von Verkaufsflächen für eine bestimmte Bevölkerung hat Grenzen, die man nicht überschreiten sollte. Darüber hinaus können neue Verkaufsflächen nur auf Kosten bereits bestehender Flächen geschaffen werden – in der Regel auf Kosten des alten dichten innerstädtischen Gefüges. Jedoch lassen sich gerade durch die Wiederherstellung und phantasievolle Neunutzung alter Gebäude die schönsten architektonischen Entwürfe erzielen.

Wir müssen uns auch fragen, ob der Handel die Freiheit endlos ausnützen darf, die das Automobil scheinbar dem Benutzer anbietet? Ein Einkaufszentrum, das in der Isolation der Vorstadtwelt errichtet wird, erfordert immensen Parkraum, annähernd fünf Parkplätze pro 100 Quadratmeter Ladenfläche. Das Eaton Centre in Toronto mit fast 300.000 Quadratmeter Ladenfläche würde Parkraum für 15.000 Autos benötigen. Tatsächlich aber hat es nur 1600, und die bedienen auch noch zusätzliche 200.000 Quadratmeter Bürofläche. Das Publikum, das nicht im Wagen kommt, erreicht das Gebäude durch die drei U-Bahn-Eingänge, die in das Zentrum führen, oder als Fußgänger aus der umgebenden Stadt.

Bei dem steigenden Umweltbewußtsein wird der Vorteil eines Einkaufszentrums, das sich in der Stadt befindet, klarer sichtbar: Es ist nicht nur angenehmer, es zu besuchen, es ist auch aus Umweltrücksichten sinnvoller. Wenn die meisten Käufer zu Fuß oder mit öffentlichen Verkehrsmitteln kommen, werden die umweltschädlichen Immissionen stark vermindert.

needed in an never-ending search for the new to stimulate the consumer. The newer malls had to outrival the competition.

At first the search moved towards different architectural expressions. But soon it veered off to the land of make-believe and Disney. One of the first shopping centers to do this was the West Edmonton Mall. Here, it not only featured entertainment, but also the land of make-believe. The patron is confronted with environments as diverse as a Parisian street, a beach with huge waves, and an area with a real submarine where one can take a submerged ride through the water. This longing to be in another place seems to remain strong, so that now shopping centers in most other parts of the world often have spaces that recall not only the Parisian street, but Hawaiian villages and Venetian canals.

Now, the display of wares seems to be not enough and has to be concealed behind an "entertainment" facade. In addition, "pure" entertainment is being introduced into the equation and such things as virtual reality are being added.

As mentioned, the commercial demand to attract consumers is insatiable and any relation to an architectural tradition is being lost as a world of make-believe and fantasy seems to dictate the horizon of retail architecture in America and especially in the Far East. One has to question if this land of make-believe fulfills the needs of its users.

The Integration into the Environment

Shopping is not an isolated event, but part of our life. Shopping centers cannot be looked at only from the point of view of making money, as was done twenty years ago. The retail world is connected to demography and the economy. There is a limit to the extent to which any population can afford retail facilities. If that limit is reached, any new facilities can only be created at the expense of old existing buildings A usually in the old dense downtown fabricand it is through the rehabilitation and imaginative reuse of these old facilities that some of the most delightful architectural shopping environments have been and could be achieved.

And should retail keep on exploiting the freedom that the car gives to people? A shopping center that is built in the isolation of the suburban world requires immense parking facilities, approximately 5 cars/100 square metres of retail space. The Eaton Centre in Toronto with nearly 300,000 square metres of retail space, if it were located in the suburbs, would require 15,000 cars. However, it has only 1,600 car spaces – and these must serve an additional 200,000 square metres of office space as well. The public, who do not have to park a car, arrive through the three subway entrances that enter the Eaton Centre, or enter as pedestrians from the surrounding city streets.

As we become more environmentally conscious, the difference that a shopping center achieves in a dense urban location, because of its convenience, becomes important environmentally. When most shoppers arrive on foot or by public transit, the noxious gases which are emitted from the use of the car are reduced drastically.

The very lax density considerations that created the first shopping centers cannot continue along with the low density of the housing on which these centers are predicated. It destroys any attempt of pedestrian movement and makes the car with its polluting emissions a necessity.

The architecture of stores which sell goods should be an integrated event in the urban fabric. We can no longer allow ourselves the luxury of building these centers in isolation. Just as we should not build sparsely populated suburban areas; we can also no longer afford to build centers which can be only reached by car. To preserve precious unspoiled land, we should construct retail at optimum density, knit it into this dense urban fabric and fulfill emotional as well as hard rational requirements.

Part of the emotional factors and part of the environmental conditions could be achieved by using the built form of the old cityscapes that created such delightful charm and used urban density.

All this leads to the serious consideration of the three major causes of the current state of retail which I have mentioned:

1. We have to build retail not as isolated building forms that relate to themselves, but integrate into the city and regional transportation network and urban life.

Die Vernachlässigung der Frage der Verdichtung, die die ersten Einkaufszentren entstehen ließ – die geringe Dichte der umliegenden Wohnbesiedlung, die man für diese Zentren angemessen hielt –, diese Haltung ist heute fragwürdig geworden.

Die Architektur für den Handel muß wieder als ein vollständig in die städtische Struktur integriertes Ereignis begriffen werden. Wir können uns nicht mehr den Luxus erlauben, diese Verkaufszentren isoliert zu bauen. Genauso wie wir uns die dünn besiedelten vorstädtischen Gebiete nicht mehr leisten können, müssen wir vermeiden, Zentren zu bauen, die man nur mit dem Auto erreichen kann. Um kostbares unzerstörtes Land zu erhalten, müssen wir sorgfältig überlegen, wie wir eine optimale Verdichtung anstreben sollen.

Dies führt uns zu folgenden Schlußfolgerungen:

1. Wir müssen den Handel nicht in isolierten Gebäuden unterbringen, die sich nur auf sich selbst beziehen, sondern wir müssen sie mit dem städtischen und regionalen Verkehrsnetz verbinden, so daß sie Teil des urbanen Lebens werden.

2. Wir müssen anerkennen, daß nicht nur funktionale Probleme gelöst, sondern daß auch die Bedürfnisse der Psyche beachtet werden müssen, jedoch nicht nur in einer Welt der täuschenden Illusion, sondern in der Realität und Erfüllung des menschlichen Lebens. Mit anderen Worten, daß wir ein Gefühl der Freude und der Erfüllung empfinden, wenn wir diese Gebäude betreten, wobei ihre Architektur auch virtuelle Realität sowie Illusion einfügen darf, solange sie richtig angewendet sind.

3. Und schließlich müssen wir die Erfordernise der Umwelt bedenken, die nicht nur die Reduzierung der Automobil-Abgase, sondern auch des Verschleißes an Land durch Straßen und Parkflächen nahelegen. Weiterhin sollten wir auch die vielen anderen Bedingungen beachten, die nötig sind, um eine bessere Umwelt für die Menschen zu schaffen.

2. We have to accept that not only functional issues have to be resolved but that the human psyche has to be responded to, not only in a world of make-believe but in the reality and fullness of human life. In other words, that we finally have a sense of joy and fulfillment when we use the retail environment and even mix in fantasy, but in an appropriate way.

3. We have to consider the issue of environmental questions which include not only the reduction of car emissions, but also the waste and unnecessary cost of using rural land for roads and parking facilities. We should also consider the fullness of all the other issues that create a better environment for human beings.

Entstehung und Entwicklung der Kauf- und Warenhäuser von der Mitte des 19. Jahrhunderts bis in die 30er Jahre des 20. Jahrhunderts

Hans-Georg Pfeifer

Rückblick: Vom Ladengeschäft zur Konsumkathedrale

"Alles schon dagewesen"; mit dieser Feststellung zitiert zu Beginn unseres Jahrhunderts Leo Colze in seiner Studie über Berliner Warenhäuser den weisen Rabbi Ben Akiba; doch meint er sogleich einschränken zu müssen, alles, bis auf den Offertenraum und das Interimsbureau, die zweifelsohne Errungenschaften seiner Zeit darstellten.[1] Nun, am Ende unseres Jahrhunderts, läßt sich dem Spruch eine gewisse Gültigkeit nicht absprechen; denn jede Darstellung der Entwicklung von Bauten für den Handel, sei es bis zur Moderne oder lediglich bis in das Mittelalter, holt in ihrer typologischen Herleitung bis weit in die Geschichte hinein aus und sieht die Anfänge jener Bauten bereits in den antiken Bauformen von griechischer Agora oder römischem Mercatus verankert.[2] Auf eine umfassende typologische Untersuchung wird hier deshalb verzichtet, nicht ohne jedoch auf einen anderen Aspekt hinzuweisen: Noch immer hat "das Warenhaus ... neben seiner volkswirtschaftlichen und sozialpolitischen Bedeutung eine zentrale Funktion sowohl als Bautypus mit seinen vielfältigen Erscheinungsformen, als auch als Element der Stadtorganisation und Stadtentwicklung."[3] Auch dies ließe sich im Prinzip nicht nur in historischer Tiefe, sondern auch in geographischer Breite erörtern; denn kaum ein anderer Gebäudetypus als der für den Handel bestimmte hat eine derartige von gegenseitiger Einflußnahme geprägte Entwicklung genommen.[4] Ja, man könnte sogar geneigt sein, der Architektur für den Handel ein ebenso dichtes raum-zeitliches Beziehungsgeflecht wie der Sakralarchitektur zu unterstellen.

Hans Sedlmayr, der anhand einer Betrachtung vor allem der Sakralarchitektur bereits in den vierziger Jahren einen Aufgabenverlust der Kunst im 19. und 20. Jahrhundert diagnostiziert,[5] vertritt die These: Die angestammten (Bau-)Aufgaben "– Kirche und Palast-Schloß – mehr und mehr zurückdrängend, lösen sie (die neuen Bauaufgaben, d. Verf.) einander in rascher Folge in dem Anspruch auf Führung ab: von rund 1760 bis heute lassen sich sechs oder sieben solcher führenden Aufgaben unterscheiden, die jedesmal für ganz Europa gültig sind", und er fügt hinzu, "jede von ihnen ist *Symptom*".[6] Zwar bietet sein Kriterienkatalog zur Klassifikation einer "führenden Aufgabe" Sedlmayr keinen Anlaß, den Typus des Kauf- oder Warenhauses einer solchen Aufgabe unmittelbar zuzurechnen.[7] Doch aufgrund der ökonomischen, sozialpolitischen und städtebaulichen Symptomatik besteht sicherlich eine Berechtigung zur Nobilitierung des Kauf- und Warenhausbaues zu einem solchen führenden Aufgabenträger. Dies soll vor allem vor dem Hintergrund desjenigen der Sedlmayrschen Kriterienpunkte geschehen, der Aufgaben als führend legitimiert, "weil sie bewußt oder unbewußt mit dem Anspruch auftreten, die Stelle der alten großen sakralen Architekturen einzunehmen, und eine eigene Mitte bilden".[8] Diese "Mitte" definiert Sedlmayr, sofern es sich um eine Aufgabe mit künstlerischem Anspruch handelt, als eine "'Mitte' zwischen dem Geist und den Sinnen",[9] eine funktional und operational stimmige "Mitte", die mit dem diagnostizierten Verlust im Sinne einer "Hypertrophie der niederen Geistesformen im Menschen auf Kosten der höheren"[10] nicht zu vereinbaren ist. Und so führt Sedlmayr dann in einer recht allgemein gehaltenen typologischen Charakterisierung von "Nutzbau und Wohnhaus" aus, daß sich kurz vor 1830 ein Umschwung in der Architektur vollziehe. "Für kurze Zeit werden in den dreißiger Jahren Nutzbau und Wohnhaus jene Aufgaben, die die besten und neuesten Leistungen umschließen. ... In der Architektur sind diese Jahre gekennzeichnet durch eine außerordentliche Sachlichkeit. Überall zeigt sich eine Zuneigung zu rein praktischen Bauaufgaben, die trocken und mit einer gewissen Leichtigkeit behandelt werden. Die Entwürfe dieser Zeit besitzen eine innere Modernität, die sie dem beginnenden 'neuen Bauen' am Anfang des 20. Jahrhunderts besonders anziehend gemacht hat, bevor dieses in den Radikalismus des reinen Konstruierens eingemündet war. Doch übertreffen sie moderne Bauten durch das harmonische Gleichgewicht zwischen gegenwartsnaher Berücksichtigung des Zwecks und einer menschlichen Würde ihrer Haltung, die später nicht wieder erreicht worden ist."[11]

Als einer der Garanten dieser geglückten Kombination von zeitgemäß funktionaler und ästhetischer Gestaltung gilt ihm Karl Friedrich Schinkel, der "jetzt in den dreißiger Jahren ... zu seinen schlichtesten und wahrsten Gestaltungen" komme: "Er erreicht sie im Nutzbau. ... 1827 entsteht sein unglaublich modern anmutender Bau für ein Kaufhaus – das erste überhaupt dieser Art –, ein Werk,

The Origins and Development of the Department Store from the Middle of the 19th Century until the 1930s.

Hans-Georg Pfeifer

History: From Shop to Consumer Cathedral

"We've seen it all before!" maintained Leo Colze at the beginning of this century in his study on Berlin department stores, quoting the wise Rabbi Ben Akiba; but one should immediately add that for Colze, "all" does not include the display area and temporary office, which were doubtless the achievements of his era[1]. Now, at the century's end, there is indeed some validity in that quotation; for every portrayal of commercial building development, modern or mediaeval, reaches far back into history to trace its typological origins, recognising the beginnings of those buildings in the antique architectural forms of the Greek Agora or Roman Mercatus[2]. Accordingly, a comprehensive typological examination can be dispensed with here, although not without mentioning one particular aspect: namely, "that the department store... in addition to its economic and political significance, still has a central role, not only as a specific architectural type with its multiple forms, but also as an element in the organisation and development of the city."[3] In principle, this can be discussed in terms of geographical width, and not only historical depth; hardly any other type of building has developed under such contradictory influences as that destined for the retail trade[4]. Indeed, one could even be tempted to place the architecture of the retail trade in the same, tightly woven network that surrounds the relationship in space and time of ecclesiastical architecture.

In the 1940s, Hans Sedlmayr who, after mainly considering ecclesiastical architecture, had already diagnosed that 19th and 20th century art had lost its purpose[5], supported the idea that "church and palace fortress, while receding more and more into the background, follow one another in rapid succession in their quest for dominance: from about 1760 onwards, six or seven "primary roles" can be distinguished, each valid throughout the whole of Europe." Sedlmayr adds: "Every one of them is symptomatic."[6] It is true that Sedlmayr's catalogue of criteria for the classification of a "primary role" provides no real grounds for immediately allocating such a role to either specialist or department store[7]. Nevertheless, on the basis of the set of economic, political or urban planning symptoms, there is certainly some justification for elevating department store architecture to a primary role. This should mainly be done on the basis of the Sedlmayr criterion that legitimises a purpose: "because, consciously or unconsciously, they (department stores) appear with the intention of assuming the role of the great ecclesiastical architecture, and form their own centre."[8] This "centre" is defined by Sedlmayr, in so far as a purpose with a claim to the artistic is concerned, as a "centre between the mind and the senses"[9], a positive "centre" that is not to be associated with the diagnosed loss of purpose, in the sense of a "hypertrophy of the lower human senses at the expense of the higher."[10] And so, in a very general typological characterisation of "commercial and domestic buildings", Sedlmayr explains that an architectural turn-around took place in about 1830: "For a short time in the 1830s, both commercial and domestic buildings involved the very best and newest... in architecture, these years are characterised by an exceptional realism. Everywhere, a tendency towards purely practical architecture is evident, treated dryly and with a certain lightness. The designs of this period have an inherent modernity, which made then particularly attractive to 'Das Neue Bauen' at the beginning of the 20th century, before this evolved into the radicalism of pure construction. But, with their harmonised equilibrium between a regard for purpose that is near to the present day, and a human dignity of attitude never again achieved, they surpass modern buildings."[11]

For Sedlmayr, one of the guarantors of this fortunate combination of modern functional and aesthetic design was Karl Friedrich Schinkel who, he considered, was "now, in the 1830s... (coming) to his most plain and truest designs... he has achieved these in the area of architecture for the retail trade... in 1827, his unbelievably modern and striking building for a department store was designed – the absolute first of its type – a work that 'with only very slight changes could also be built today'."[12] Even when Sedlmayr borrows this final quote from a publication dating from 1932[13], this adopted view, published in 1948, can be and indeed still is viewed sympathetically, even by controversial critics of both recent and present times – albeit with some reservations. Notwithstanding that Schinkel's design for the Unter den Linden department store (Figure 1) in Berlin 'das mit ganz geringen Änderungen auch heute noch errichtet werden könnte'."[12] Auch wenn Sedlmayr sich mit diesem Zitat auf eine 1932 erschienene Publikation stützt,[13] kann man sich diesem von ihm übernommenen, 1948 publizierten Urteil doch nur unter Vorbehalt anschließen, wie kontroverse Ansichten vertretende Kritiker jüngerer bzw. heutiger Zeit nahelegen.

Abgesehen davon, daß der Schinkelsche Entwurf für das Kaufhaus Unter den Linden in Berlin (Abbildung 1) nie realisiert wurde – statt dessen ist dort eine Bibliothek entstanden –, wurde die U-förmige Anlage "zum ersten Dokument für den sich anbahnenden Wandel in der Organisation des Einzelhandels im 19. Jahrhundert.

Zurückgekehrt von Reisen nach Paris und London, entwarf Schinkel einen Bau, der diesen Strukturanalysen entsprach. ... Mit diesem Bau sollte der Einzelhandel in Berlin – bisher auf Märkte und Einzelläden beschränkt – eine neue Ausformung erhalten. Schinkel teilte das Erdgeschoß und das zweite Obergeschoß in Ladengeschosse mit über hundert Räumen auf. Mittelgänge sollten die Läden erschließen. Treppen führten von den Läden in das jeweils darüberliegende Stockwerk, in dem die Wohnung untergebracht war. Laden und Wohnung sollten also eine organisatorische Einheit, gleichsam ein Haus, das einzeln gemietet werden kann, bilden."[14] Aus seinem Nachlaß ist zu erfahren, daß offensichtlich das "Palais Royal, Ende des 18. Jahrhunderts, 1786, in Paris entstanden, von Balzac als monumentales Panorama eines schillernden Interieurs verherrlicht, ... damals eine beträchtliche Faszination aus(übte), der sich Schinkel nicht entziehen konnte."[15] Schinkel vollzog damit einen über die bisherige Ladensituierung und -organisation hinausgehenden Schritt – und auch wiederum nicht. Alfred Wiener, der Verfasser eines der frühen Standardwerke über das Warenhaus,[16] beschreibt dessen Entwicklung, um dann festzustellen: "Das merkwürdige bei dieser Entwickelung ist, daß sie nach einer langen Laufbahn wieder dorthin gelangte, von wo sie ihren Ausgangspunkt genommen hat, zur Gemischtwarenhandlung, die so als der Ahn des heutigen Warenhauses angesehen werden muß. ... Der kleine Laden hatte so ziemlich alles, was die Bedürfnisse einer anspruchslosen Bevölkerung erforderten: Kleidung, Werkzeug, Wirtschaftsgegenstände, Genußmittel und sogar schon Dinge, um die Anfänge eines bescheidenen Luxus zu befriedigen. Je differenzierter die Bedürfnisse der Bevölkerung wurden, in desto mehr einzelne Arten von Geschäften teilte sich der Klein-

1 Karl Friedrich Schinkel, Kaufhaus Unter den Linden (Entwurf), Berlin 1827

was never realised – instead, a library was built there – its U-shaped layout became "the first documentary evidence of the imminent transformation of the organisation of the retail trade in the 19th century. On his return from journeys to Paris and London, Schinkel designed a building that corresponded to the analyses of these structures... with this building, the retail trade in Berlin – up to that point limited to markets and separate retailers – was to obtain a new form: Schinkel separated the ground floor and the second floor, to create shopping floors with over one hundred spaces. Central passageways were to have given access to these shops, from where stairs led up to the dwellings, in each case accommodated in the storey above. Shop and apartment were thus to have become an organisational unit, rented out separately, in the same way as a house."[14] It can be seen from his estate that the "Palais Royale, built in Paris at the end of the 18th century, (in 1786), and glorified by Balzac as a monumental panorama of an iridescent interior.. at that time represented a considerable fascination which Schinkel was (evidently) unable to resist."[15]

Thus, Schinkel indeed accomplished a step that went beyond all shop location and organisation to that date – but at the same time, he did not. Alfred Wiener, author of one of the early works on the department store[16], describes its development, to conclude: "What is noticeable about this development is that, after a long process, it ends up exactly where it started: with trade in assorted merchandise, which, so seen, can be looked upon as the ancestor of the modern department store... The small shop had everything that fulfilled the needs of an undemanding population: clothes, tools, commercial articles; tobacco and alcohol; even items to satisfy the beginnings of a modest feeling for luxury. But the more that the requirements of the market became differentiated, the more that individual types of small retail business vied for trade amongst each other. Branch traders appeared... specialisation has here already gone so far that there is hardly any item for which there is no specialist business. However, while one aspect of specialisation becomes more intense, in more recent times we are increasingly experiencing the concentration or combination of numerous specialist, related businesses into commodity retailers. With these retailers, the association of various related categories of merchandise for specific purposes is ... decisive... Following the course of this development, we first of all come to the specialist store, and finally to the department store which must, of necessity, stock all merchandise. Thus, the full circle – from trading in assorted merchandise to the department store – has once again been completed.... "[17] Have we, then, "seen it all before", as Leo Colze would maintain in quoting his wise rabbi?

Schinkel may indeed have allowed himself to be altogether inspired by thoughts about the concentration and combination of numerous sole traders under the one roof. Nevertheless, he is still far removed from the organisational structure of an enterprisingly managed department store. Schinkel developed "a spatial concept that vertically duplicated the idea of the Parisian glazed arcade, and also the mediaeval artisan's alleyway (where shop and dwelling form the one architectural unit), and combined it into a single four-storeyed building."[18] If we can go so far and mention modernity, then perhaps in the urban planning sense of a city-square development on the edge of the magnificent Unter den Linden boulevard, the models for which can once again be sought in history: the revival of the Venetian Piazza, begun in 1512, with its corresponding arcades (Figure 2)[19], and the side wings, bordered by shops, of the Place Royale in Nancy, according to Emmanuel Héré's plan (Figure 3).[20] Every historical example was consciously planned as an ensemble – at the service of mercantile communication in the heart of the city.

The business centre as a place of communication: who isn't at the same time reminded of the oriental bazaar? Paul Ortwin Rave was also unable to distance himself from such a comparison in his description of the exterior of Schinkel's building: "The surfaces of the almost equally high storeys are almost completely taken up by windows, which have a dimension in both height and width that is unusual for the period. All that remains is a stone support framework, comprising two slender continuous sills and a similar arrangement of flat pilasters. The only extravagance is the light balustrade that runs around the flat roof's edge, interrupted by pedestals and vases in rhythm with the columns. The grandness of the building is lightly softened by a sheet metal canopy roof supported by lance-shaped handel. Es entstanden die Branchengeschäfte ... Die Spezialisierung ist hier bereits soweit vorgeschritten, daß es kaum einen Artikel gibt, für den nicht ein besonderes Geschäft besteht. Allein, wie auf der einen Seite die Spezialisierung weiter fortschreitet, so finden wir andererseits in neuerer Zeit mehr und mehr Konzentrationen, Zusammenfassungen mehrerer Spezialgeschäfte verwandter Branchen zu Bedarfsartikelgeschäften. Bei ihnen ist ... maßgebend ... die Zusammengehörigkeit der verschiedenen Warengattungen für bestimmte Zwecke ... Im weiteren Verfolg dieser Entwickelung kommen wir zunächst zu den Kaufhäusern ... und schließlich zum Warenhause, das alle Waren ... führen muß. Damit hat sich der Kreislauf von der Gemischtwarenhandlung zum Warenhause wieder geschlossen ..."[17] Ist also tatsächlich "alles schon dagewesen", wie Leo Colze aus dem Munde des weisen Rabbi nahelegen will? Schinkel mag sich vom Gedanken der Konzentration, der Zusammenlegung von mehreren Einzelhandelsgeschäften unter einem Dach, durchaus haben leiten lassen. Von der organisatorischen Struktur des in einer einzelnen unternehmerischen Hand liegenden Warenhauses ist er jedoch noch weit entfernt. Er entwickelt "ein Raumkonzept, das die Idee der französischen Passage, aber auch mittelalterlicher Handwerkergassen (Laden und Wohnung bilden eine bauliche Einheit) in der Vertikalen verdoppelt und zu einer viergeschossigen Gebäudeeinheit zusammenschließt".[18] Wenn überhaupt von Modernität gesprochen werden kann, dann im städtebaulichen Sinn der Planung einer Platzanlage am Rande des Prachtboulevards Unter den Linden, deren Vorbilder dann doch wieder in der Geschichte zu suchen sind: Die 1512 begonnene Erneuerung der venezianischen Piazza mit ihren korrespondierenden Arkaden (Abbildung 2)[19] und die ladengesäumten Seitenflügel der Place Royale nach der Planung von Emmanuel Héré in Nancy (Abbildung 3).[20] Jedes der historischen Beispiele war bewußt als Ensemble geplant und diente der innerstädtischen merkantilen Kommunikation.

Das Geschäftszentrum als Ort der Kommunikation: Wer wird dabei nicht an die orientalischen Bazare erinnert? Auch Paul Ortwin Rave kann sich diesem Vergleich in seiner Beschreibung des Schinkelschen Außenbaues nicht entziehen. "Die Flächen der beiden fast gleich hohen Geschosse werden nahezu ganz durch Fenster eingenommen, die ein für jene Zeit ungewöhnliches Ausmaß nach der Höhe und Breite hin aufweisen. So bleibt nur ein steinernes Trägergerüst übrig, das aus zwei knappen durchlaufenden Gesimsen und einer gleichmäßigen Gliederung durch flache Wandpfeiler besteht.

2 Ala Napoleonica (Ala Nuovissima), Piazza di San Marco, Venedig, nach 1807

shafts, with marquee-like coloured, painted stripes that gives the store the inviting feel of a bazaar."[21] Schinkel's design was indeed that of a bazaar since, as already suggested: "Specialist and department stores are large scale individual trading businesses that are controlled by a single enterprise."[22] However, these were still to appear at the time of Schinkel.

For all the economic proximity, colloquial equivalence and confusing terminology, it should not be forgotten that a clear distinction between specialist and department store came, at the latest, "with the Prussian Department Store Tax Law of 18. 7 1900: Individual traders, who carry merchandise from more than one of four main groups and attain a specific turnover, will, as 'department stores' be liable to special taxes; in contrast, the specialist store only carries merchandise from one main group of merchandise, for example textiles or furniture"[23]; in the area of architecture, too, at first no distinction could be drawn between one building type and the other, even when Stürzebecher believed he could detect typological features "of layered surfaces and spaces, architectonic transparency, and operating and transport technology" which permitted such differentiation[24]. (In later times, this may well apply). In Schinkel's building, in its role as the predecessor of later buildings, Stürzebecher sees "a similarity... from five points of view: technical, in the construction of the framework; architectonic in the plain and objective, but nevertheless representative design; functional, in the access to the whole from within; typological, in the introduction of large rows of display windows without associated entrances; organisational, in the combination of many different branches of separate retail businesses in the one building."[25] Apart from bazaars, amongst which the Palais Royale (on which Schinkel had focused) can be counted, from about the middle of the 19th century it was mainly the Grand Magasin that had developed in Paris as a building type. With the slogan "high turnover – low price", its inventor revolutionised business practices that, only a few decades later, were also to find their place in literature. In his 1883 work Au Bonheur des Dames[26], Emile Zola has "the owner of a Paris fashion business, that is just about to be expanded into a 'huge department store' explain to a banker that 'trade is now based on the uninterrupted and rapid transformation of capital, involving its conversion into merchandise as often as possible in the course of a year'.. 'You see, Baron, this is the mechanism. It is extremely simple, but you have to discover it first. We do not require a large working capital. We

3 Emmanuel Héré, "Basses faces", Place Royale, Nancy, 1755

Die einzige Zier ist das leichte Geländer, das sich rings um das flache Dach zieht, im Takt mit den Pfeilern durch Sockel mit Vasen unterbrochen. Die großartige Mächtigkeit des Baues wird leicht gemildert durch das ringsherum laufende, von Lanzenschäften gestützte Zeltdach, aus Blech mit markisenartig bunten, aufgemalten Streifen, das dem Kaufhaus das einladende Gepräge eines Bazars verleiht."[21] Und Schinkels Entwurf war tatsächlich der eines Bazars; denn – wie schon angedeutet – "Kauf- und Warenhäuser sind Großbetriebe des Einzelhandels, die in einer Unternehmerhand liegen."[22] Diese kamen jedoch erst nach Schinkel auf.

Bei aller betriebswirtschaftlichen Nähe, umgangssprachlichen Gleichsetzung und verwirrenden Namensgebung darf doch nicht übersehen werden, daß spätestens "mit dem Preußischen Warenhaussteuergesetz vom 18. 7. 1900 ... deutlich zwischen Kauf- und Warenhaus unterschieden (wird): Einzelhandelsunternehmen, die Waren aus mehr als einer von vier Hauptwarengruppen führen und eine bestimmte Umsatzgröße erreichen, werden als 'Warenhäuser' sondersteuerpflichtig; das 'Kaufhaus' führt im Gegensatz hierzu nur Waren aus einer Hauptwarengruppe, z. B. Textilien oder Möbel."[23] Aber auch im Bereich der Architektur konnte vorerst noch nicht von einer Differenzierung zwischen beiden Bautypen die Rede sein, obgleich Stürzebecher bautypologische Merkmale "der geschichteten Flächen und Räume, der architektonischen Transparenz, der Betriebs- und Transporttechnik" glaubt ausmachen zu können, die eine Unterscheidung zuließen.[24] Dies mag für spätere Zeit zutreffen. Für den Bau Schinkels in seiner Funktion als Vorläufer für spätere Bauten analysiert Stürzebecher "Ähnlichkeit ... in fünffacher Hinsicht: Technisch im Gerippebau, architektonisch in der bei aller Schlichtheit und Sachlichkeit doch repräsentativen Gestaltung, funktionell in der Erschließung des Ganzen von innen her, bautypologisch in der Einführung großer Schaufensterreihen ohne dazugehörige Eingänge, organisatorisch in der Zusammenfassung vieler Branchen des Einzelhandels in einem Gebäude."[25]

Neben den Bazaren, zu denen bautypologisch auch der Pariser Palais Royal zu zählen ist und an denen sich Schinkel orientiert hatte, entwickelte sich in Paris etwa seit der Mitte des 19. Jahrhunderts vor allem der Typus des Grand Magasin. Mit seiner Devise "Großer Umsatz – kleiner Preis" revolutionierte dessen Erfinder die Geschäftspraktiken, deren Charakterisierung nur einige Jahrzehnte später auch in der Literatur ihren Niederschlag finden sollte. In seinem 1883 erschienenen Werk *Au Bonheur des Dames* [26] läßt Emile Zola "den Besitzer eines Pariser Modewarengeschäftes, das zu einem 'gigantischen Warenhaus' ausgebaut werden soll, einem Bankier mit den Worten erklären, der 'Handel basiere jetzt auf der ununterbrochenen und raschen Umsetzung des Kapitals, wobei es darum gehe, dieses sooft wie möglich innerhalb eines Jahres in Waren zu verwandeln' ... 'Sehen Sie, Herr Baron, das ist der ganze Mechanismus. Es ist höchst einfach, aber man muß es erst herausfinden. Wir bedürfen keines großen Betriebskapitals. Wir müssen uns lediglich bemühen, uns sehr schnell der eingekauften Ware zu entledigen, um sie durch andere zu ersetzen, was ebensooft die Verzinsung des Kapitals mit sich bringt. Auf die Art können wir uns mit einem kleinen Gewinn begnügen. Da unsere Allgemeinkosten den ungeheuer hohen Satz von sechzehn Prozent erreichen und wir bei den Artikeln kaum zwanzig Prozent Gewinn einrechnen, ergibt das einen Reingewinn von höchstens vier Prozent; nur werden daraus schließlich doch Millionen, wenn man mit erheblichen Warenmengen arbeitet, die unaufhörlich erneuert werden.'"[27]

Nach Aufgabe des an der Rue du Bac (Faubourg St. Germain) gelegenen Magasin du Petit St. Thomas (Abbildung 4), dem als Vorläufer zu Schinkels Entwurf eine gewisse Ähnlichkeit nicht abgesprochen werden kann,[28] gründete Aristide Boucicaut (1810–1877) 1854 das Warenhaus Au Bon Marché (Abbildung 5). Auch seinem äußeren Erscheinungsbild sollte literarischer Ruhm zuteil werden, und kaum eine Darstellung der Geschichte der Kauf- und Warenhäuser verzichtet auf einen Hinweis auf die anläßlich der Eröffnung gegebene Baubeschreibung Emile Zolas, die auch marketingorientierte Gesichtspunkte berücksichtigt. Zola beginnt seine Beschreibung mit der neuen Ehrenpforte, deren starker Besucherandrang in den Läden der Nachbarschaft Konkurrenzangst aufkeimen ließ: "Dieser Eingang, hoch und tief wie ein Kirchenportal, überragt von einer Gruppe – Industrie und Handel, die, umgeben von einer Vielfalt von Emblemen, einander die Hand reichten –, war durch eine breite Markise geschützt, deren frische Vergoldung die Bürgersteige mit einem Sonnenstrahl zu erhellen schien. Nach rechts *must only make the necessary effort to rid ourselves of the acquired merchandise as quickly as possible, in order to replace it with more. This will provide interest on our capital with an equal frequency. We will, in this respect, have to make do with a profit that is small. Indeed, because our overheads attain the extraordinarily high percentage of sixteen percent, coupled with the fact that we can achieve a profit of just twenty percent on the merchandise, we can accordingly reckon with a pure profit of at the most four percent; but from that small profit we will, in the end, make millions, if we work with a considerable quantity of merchandise that is continually replaced."*[27] *After giving up Le Magasin du Petit St. Thomas (Figure 4) on the Rue du Bac (Faubourg St. Germain) which, as its forerunner, has a certain undeniable similarity to Schinkel's design*[28]*, Aristide Boucicaut (1810 - 1877) founded his department store Au Bon Marché (Figure 5). Literary fame is also lavished upon the exterior appearance of this building, and there is hardly a history of the general and department store that refrains from quoting Emile Zola's description of the architecture on the occasion of its opening – a description that also considers aspects of marketing. Zola begins with the new triumphal entrance, where the heavy throng of customers strikes fear into the hearts of competing, neighbouring shops: "This entrance, high and deep like a church doorway, looked down on by a group of figures – industry and trade, surrounded by a multitude of emblems, reach out to join hands – was protected by a wide marquee whose fresh guilding appeared to brighten the pavement like sunshine. To the right and to the left, the facades, in a still glaring white, stretched away along Rue Monsigny and Rue de la Michodière, occupying the entire block... Right through the store, from the great entrance and from one end of the building to the other, ran a wide gallery, connected to two narrower galleries to the right and to the left... The courtyards have been transformed into great halls with glass roofs; iron stairways lead upward from the ground floor; iron bridges have been built across the upper floors, from one side to the other" (Figure 6). "The architect, fortunately an intelligent young man, and very keen on everything modern, had used stone only for the lower floors and the corner pillars, and had built the entire framework out of iron. Pillars supported the connecting points of the gables and joists. The ceiling volutes and the interior partitions were brickwork. Everywhere, space had been saved, and air and light had free access, the public moved, unimpeded, beneath the daring span of the roof construction, with its widely spaced supports. This, then, was the cathedral of modern commerce."*[29] *(Fig. 7, 8). And after a detailed description of the separate groups of merchandise and their strategic sales location, as well as details on the number of employees, Zola then elucidates on the potential customer for the department store: the woman. She would like to subordinate herself to the owner of the department store, claims Zola; it was supposedly for her alone that "he had built this temple, to have her in his power", he wanted to deceive her with his gallant attention, and carry on "a shameful trade with her desires... and exploit the confusion of her senses."*[30] *The proprietor comes up with seductive pleasantries such as padded lifts, buffets, a reading room, gallery and day care facilities and – not least – various advertising techniques. In order not to be seen as exploiting consumers, he provides for their entertainment: "Everywhere noise, the throng and life should prevail; '-then life', he says, 'brings life'. This law he has applied in every possible way."*[31]

Noise, jostle, the "pull" of life – all are represented as a sort of liturgical framework to the philanthropic devotion to consumption. Now, devotion should no longer be to Mass and Communion in the sacred cathedral, but to consumption and communication in the secular cathedral, on the steps, corridors and galleries of the glazed courtyards. "Here, the replacement of the cathedral as a mediaeval place of identity by the display space in the world of the department store has become manifest."[32]

The young and intelligent De Bon Marché department store architect mentioned by Zola was probably Alexander Laplanche (1839 - 1910), the builder of the first Au Bon Marché magasin between 1869 and 1872. It was his successor Louis Charles Boileau (1837 - 1914) who, in collaboration with Gustave Eiffel (1832-1923)[33]*, was commissioned to extend the building towards the end of the 1870s, and give it a still more splendid interior (Fig. 9). Nevertheless, we cannot yet speak of modernity since, despite the modern engineering achievement of the* und links erstreckten sich die Fassaden in einem noch grellen Weiß, zogen sich dann die Rue Monsigny und die Rue de la Michodière entlang, nahmen den ganzen Häuserblock ein. ... Mitten durch das Haus verlief, von der Ehrenpforte ausgehend, von einem Ende des Gebäudes zum andern eine breite Galerie, an die sich rechts und links zwei schmalere Galerien anschlossen. ... Man hatte die in Hallen verwandelten Höfe mit Glasdächern versehen und aus dem Erdgeschoß führten eiserne Treppen nach oben, eiserne Brücken waren in beiden Etagen von einer Seite zur anderen geschlagen worden" (Abbildung 6). "Der Architekt, ein glücklicherweise intelligenter junger Mann, der auf alles Neuzeitliche versessen war, hatte Steine nur für die Untergeschosse und Eckpfeiler verwendet und dann das ganze Gerippe aus Eisen errichtet, die Verbundstellen der Giebel- und Deckenbalken stützten Säulen. Die Vouten an den Decken und die inneren Zwischenwände bestanden aus Ziegelsteinen. Überall hatte man Platz gewonnen, Luft und Licht hatten freien Zutritt, das Publikum bewegte sich unbehindert unter

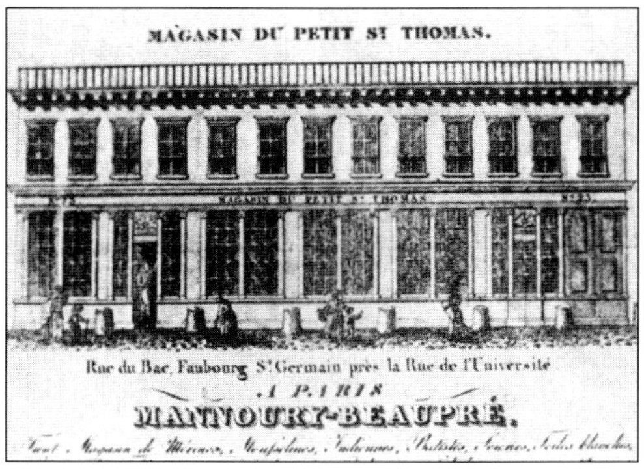

4 Magasin Du Petit St. Thomas, Paris, um 1828

dem kühnen Wurf der nur in weiten Abständen abgestützten Dachkonstruktion. Es war die Kathedrale des neuzeitlichen Handels"[29] (Abbildung 7, 8). Und nach einer detaillierten Beschreibung einzelner Warengruppen und deren verkaufsträchtiger Situierung sowie Angaben über die Zahl der Bediensteten geht Zola schließlich auf die Zielgruppe des Warenhausangebotes ein: Die Frau. Sie möchte sich der Warenhauseigner unterwerfen, ihr hätte er "diesen Tempel erbaut, um sie dort in seiner Gewalt zu haben", mit galanten Aufmerksamkeiten wollte er sie "benebeln, einen schimpflichen Handel mit ihren Begierden ... treiben, die Verwirrung ihrer Sinne aus...nutzen."[30] Er läßt sich Annehmlichkeiten der Verführung wie gepolsterte Aufzüge, Büffets, Lesesaal, Galerie und Kinderhort einfallen und initiiert – nicht zuletzt – auch noch diverse Reklamemaßnahmen. Um sich nicht dem Vorwurf alleiniger Ausbeutung der Konsumenten ausgesetzt zu sehen, sorgt er sich um deren Kurzweil: "Überall sollte Geräusch, Gedränge, Leben herrschen; denn Leben, sagte er, zieht. Dieses Gesetz brachte er auf jegliche Weise zur Anwendung."[31] Geräusch, Gedränge, das "ziehende" Leben stellen sich als quasi liturgischer Rahmen der gemeinschaftstiftenden Andacht des Konsums dar. Nun gibt man sich statt Meßopfer und Kommunion in der kirchlichen Kathedrale auf den Treppen, Laufgängen und Emporen der Lichthöfe der weltlichen Kathedralen dem Konsum und der Kommunikation hin. "Hier ist die Ablösung der Kathedrale als Identitätsraum des Mittelalters durch den Vorstellungsraum der Warenhauswelt sichtbar geworden."[32]
Der von Zola erwähnte junge intelligente Architekt des Warenhauses Au Bon Marché war vermutlich Alexan-

5 Alexandre Laplanche, Au Bon Marché, Paris, 1872

6 Charles Boileau und Gustave Eiffel, Au Bon Marché, Schnitte des Treppenhauses und Etagengrundrisse, um 1880

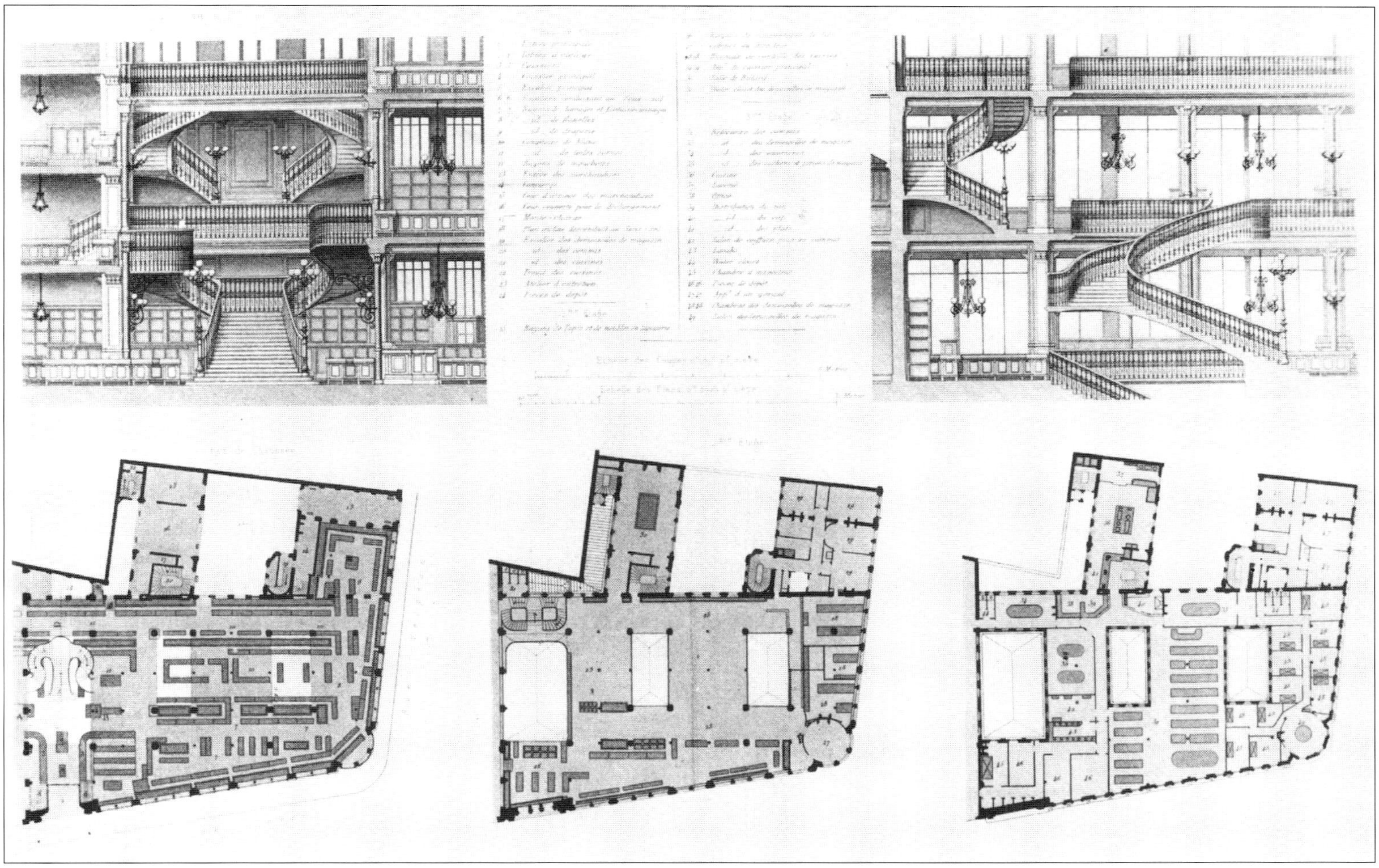

7 Au Bon Marché, Großer Lichthof und große Treppe, um 1880 (Ch. Fichot)

8 Au Bon Marché, Große Treppe und großer Lichthof, um 1880 (Ch. Fichot)

dre Laplanche (1839–1910), der Erbauer des ersten Magasins (1869 –1872) von Au Bon Marché. Seinem Nachfolger Louis-Charles Boileau (1837–1914) war es überlassen, den Bau bis gegen Ende der siebziger Jahre in Kooperation mit Gustave Eiffel (1832–1923)[33] zu erweitern und ihm ein noch prunkvolleres Inneres zu verleihen (Abbildung 9). Dennoch kann von Modernität noch nicht die Rede sein, da trotz der zeitgemäßen Ingenieurleistung der Eisenkonstruktion diese noch immer in eklektizistischer Formgebung verharrt. Denn es "finden sich sogar in diesem Haus, das Schlichtheit und Strenge atmet, Anklänge an Stile vergangener Epochen, so etwa ionische und korinthische Kapitelle, Kannelierungen an eisernen Säulenschäften oder Details der Renaissancekunst."[34]

Und außerdem: "Die Architektur des Ingenieurs, das unverhüllte Metallgerippe, und die Architektur des Architekten, die steinernen Fassadenteile, laufen gewissermaßen verbindungslos nebeneinander her."[35]

Rundblick: Warenhäuser als Folge der Industrialisierung

Nicht nur in Frankreich, sondern überall in der industrialisierten Welt des 19. Jahrhunderts wird deutlich, daß der Architekt, sofern er selbst nicht dazu in der Lage ist, sich der Fähigkeiten des Ingenieurs bedienen muß; denn in dessen kühnen Konstruktionen spiegelt sich das aufkeimende Bewußtsein moderner Gestaltung. Wenngleich – wie aufgezeigt wurde – noch immer an traditionellem Formengut festgehalten wurde, so zeugt doch die Übernahme zeitgenössischer industrieller Fertigungstechniken in die Architektur zumindest vordergründig von deren Drang nach zeitgemäßem Ausdruck. Es ist insofern nicht verwunderlich, daß man den Einsatz von Eisenkonstruktionen in allen möglichen architektonischen Bereichen entdeckt, was dazu verleiten kann, die Innenausgestaltung der Warenhäuser mit ihren Traversen oder die Passagenarchitektur in motivische Nähe derjenigen von Haftanstalten zu rücken.[36]

Ein stärkerer Zusammenhang zwischen Architektur und Konstruktion als je zuvor ist nicht zu leugnen. Ingenieurmethoden zogen "in das Gebiet der Architektur ein; und mit diesem Eintritt trat die Beziehung zwischen Architekt und Ingenieur auf und wurde zunehmend beunruhigender und dringender" und beschäf-

ironwork, an eclectic form persists. "There are, in this building that breathes such plainness and sternness, echoes of the style of past epochs: Ionic and Corinthian capitals, fluting on iron columns, or details of Renaissance art."[34] And apart from that, "the architecture of the engineer: the open metal framework, and the architecture of the architect: the masonry elements of the facade, seem to pass each other by, without any real connection."[35]

General View: The Department Store as a Consequence of Industrialisation

Not only in France, but throughout the 19th century industrial world, it is clear that the architect, in so far as he himself is not capable, must call upon the services of the engineer; for in the daring constructions of the engineer can be seen the burgeoning consciousness of modern design. Even when – as shown – a traditional form is still adhered to, the adoption of contemporary industrial production techniques indeed testifies, at least superficially, to its urge for modern expression. In this respect, it is not surprising that the use of iron constructions can be discovered in all architectonic areas, with the inevitable result that the interior design of department stores with their traverses, or the architecture of the arcade come close – as a motif – to the architecture of the penitentiary institution[36].

A more intense connection between architecture and construction than

9 Au Bon Marché, Schnitt durch das Warenhaus

tigte bis zu Beginn des 20. Jahrhunderts die Theoriediskussion. 1924 schließlich erklärte Le Corbusier: "Das Jahrhundert der Maschine hat den Konstrukteur erweckt, neue Aufgaben, neue Verfahren, neue Mittel haben ihn geboren. Überall ist er jetzt am Werk."[37] Und so, wie man den Konstrukteur als Erscheinung des Industriezeitalters ansehen kann, muß man auch die "Warenhäuser als Folge der Industrialisierung"[38] wahrnehmen. Dies betrifft die ökonomische Organisation wie die Architektur gleichermaßen.[39]

In den Möglichkeiten des Eisenskelettbaus hatte sich der wohl bedeutendste Faktor großräumigen Bauens herausgebildet. Als kühnster Entwurf des 19. Jahrhunderts gilt noch immer Joseph Paxtons (1803–1865) Kristallpalast, das Ausstellungsgebäude der Weltausstellung in London im Jahre 1851 (Abbildung 10). Schon ihm hatte man eine gewisse Nähe zur Sakralarchitektur attestiert. "Man betrat ihn – so ein Bericht – mit der gleichen Ehrfurcht wie den Petersdom in Rom."[40] Und selbst wenn ihm ein Höchstmaß praktischen Nutzens zugesprochen wird, so wird dennoch nie sein ästhetischer Reiz vergessen, wie den Worten eines Zeitgenossen zu entnehmen ist: "Die vielbesprochene und viel bestrittene Schönheit des Gebäudes, in dem wir uns bewegen, beruht meines Erachtens darauf, daß es unmöglich ist, mit dem gegebenen Material, Eisen und Glas, den gegebenen ganz singulären Zwecke besser zu erfüllen, als Paxton getan hat."[41] Vor allem der tonnengewölbte Mitteltrakt (Abbildung 11) entsprach ganz dem Geschmack der Zeit, wie er sich bereits europaweit in verschiedenen Passagenarchitekturen zeigte (Abbildung 12, 13) bzw. sich zeigen wird (Abbildung 14).

Die technischen Möglichkeiten bildeten also den konstruktiven Grundstock der Warenhausbauten. Als zweite, noch frühere typologische Komponente darf neben den Passagen das sogenannte Durchhaus, das auch in den Ländern der k. u. k. Monarchie beheimatet war, nicht vergessen werden (Abbildung 15, 16). Die Höfe der Durchhäuser hätten sich einer Überdachung geradezu angeboten, mutmaßt Johann Friedrich Geist in seiner Studie zur Passagenarchitektur,[42] und er ist es auch, der eine kontinuierliche Entwicklung der Warenhäuser aus vielen kleinen sie speisenden Quellen konstatiert: "Alle Magasins fangen klein an, bauen aus, erweitern, fressen sich mit Hilfe der konstruktiven Möglichkeiten des Eisens in die Häuser, bauen Lichthöfe ein, Galerien, ganze Raumfluchten, statten die Verkaufsräume mit Täfelungen und Spiegeln aus und erhellen sie verschwenderisch mit Gaslicht. Künstler gestalten die Schaufenster ... In der Entwicklung dieser Läden zu Magazinen und großen Häusern liegt auch die Entwicklungsgeschichte des Geschäftshauses. Das Eisen ermöglicht die geforderte Transparenz, das den Massivbau durch den Skelettbau ersetzt."[43]

Überall dort, wo es die fortgeschrittenen Errungenschaften der Gießereitechnik zulassen, tritt der Steinbau – zumindest in seinen tragenden Funktionen – in den Hintergrund. Bestenfalls dient er zur Verkleidung des tragenden ingenieurtechnischen Gerüsts, um den Eindruck traditioneller Architektur aufrechtzuerhalten. So wird es verständlich, daß in den Ländern mit fortschrittlicher Industrie wie England und den USA sich der Trend zur Verwendung von Eisen verstärkt; vor allem auch, da der Ladenbau hier in vielen Fällen

10 Joseph Paxton, Kristallpalast der Weltausstellung, London, 1851

ever before cannot be denied. Engineering methods had entered "the arena of architecture; an entry that also gave rise to the relationship between the engineer and the architect, which became increasingly disquieting and urgent" – and also became the subject of theoretical discussion up to the beginning of the 20th century. In 1924, Le Corbusier eventually declared: "The century of the machine has awakened the constructor; new commissions, new methods and new means gave birth to him. Now he is at work everywhere."[37] And so, in the same way as we can view the constructor as the phenomenon of the industrial age, we are almost forced to see the "department store as the consequence of industrialisation."[38] This involves an economic infrastructure to the same degree as architecture[39].

The most significant factor of spatial architecture had probably evolved out of the inherent potential of open iron framework. The Crystal Palace (Fig. 10), designed by Joseph Paxton (1803 - 1865) to house the Great Exhibition in London in 1851, can still be regarded as the most daring design of the 19th century. But with Paxton, too, a certain proximity to ecclesiastical architecture was evident: "One entered the building," states one report, "with the same reverence as entering St. Peter's in Rome."[40] And even though the Crystal Palace can be granted a high degree of practical use, its aesthetic effect is nevertheless impossible to overlook, as also expressed in the words of a contemporary: "The much discussed and disputed beauty of the building in which we are now moving is based, in my opinion, on the fact that, while using the given materials of iron and glass, it is impossible to fulfil its very singular purpose in a better way than Paxton."[41] It was mainly the great vaulted central body (Figure 11) that was in total keeping with the taste of the period, as had already been demonstrated (Fig.12, 13) and indeed still was to be demonstrated (Figure 14) in the various styles of arcade architecture throughout Europe.

11 Mitteltrakt des Kristallpalasts der Weltausstellung, London

The technical possibilities thus formed the constructive basis for department store buildings. In addition to the arcades, a second, still earlier typological component, the so-called "Durchhaus", also indigenous to the countries in the Austro-Hungarian alliance, should also not be overlooked (Fig. 15. 16). Roofing over the courtyard of the "Durchhaus" would have been an obvious next step, suggests Johann Friedrich Geist in his study on arcade architecture[42]; it is also Geist who confirms a continuous development of department stores from many small sources: "All magasins start off small, and direkt vom Lagerbau abzuleiten ist. "Der amerikanische Warenhausbau entwickelte sich aus den großen sieben- oder achtstöckigen Lagerhäusern, wie sie während der zweiten Hälfte des 19. Jahrhunderts überall entstanden."[44]

Man mag diese Bauten als Ausdruck ökonomischer Lauterkeit interpretieren, die (anglo-)amerikanischer puritanischer Gesinnung entstammt. Auch die zeitgenössischen Werbebotschaften (um 1850) bringen diese Gesinnung in unprätentiös sachlicher Weise zum Ausdruck: Wer verkauft was wann wo? (Abbildung 17). Sehr im Gegensatz dazu präsentiert sich die Winterbekleidungsannonce der Pariser Belle Jardinière (vermutlich nach 1867; Abbildung 18). Hier wird "Stimmung" gemacht. Testimonialfiguren – so stellt sich der Verkäufer seine Kundschaft vor – spiegeln eine gehobene Käuferschicht wider. Das Warenhaus als Neugierde erweckender Ort, das Einkaufen als Erlebnis, der Kauf als Statusbestätigung oder -gewinn, das alles steht im Vordergrund. Und die Umgebung tut ihr übriges. Die überaus reichhaltige architektonische Innenausstattung der Lichthöfe wird von Julius Posener als "Versuch" interpretiert, "'die gute Gesellschaft zu beschwichtigen, ihr die Herablassung vom Gesicht zu wischen, sie zu Respekt zu nötigen', um gerade auch sie ... für das Warenhaus zu gewinnen".[45] Die Äußerungen zweier moderner Zeitgenossen, "Atmosphäre ist wieder gefragt", denn "Atmosphäre ist das Rückgrat solcher Anlagen", hören sich vor diesem Hintergrund an, als seien sie bereits für die damalige Zeit geprägt worden.[46] Tatsächlich zielten aber weder die

12 Eduard Averdieck, Sillem's Bazar, Hamburg, 1845

Architektur noch die Werbung in erster Linie auf die finanziell potenten Kreise, sondern wandten sich "zu einem Käuferkreis, den immer größer werdenden Bevölkerungsschichten, die das Leben der Großbourgeoisie führen wollten, ohne das Geld dafür zu haben. Ihnen, vor allem den Kleinbürgerinnen, kam, wie Emile Zola gesagt hat, das Warenhaus als das wirkliche 'Bonheur des Dames' entgegen, indem es latente Bedürfnisse durch Demokratisierung des Luxus befriedigte und zugleich sich selber dienstbar machte."[47] Das wechselwirksame Verhältnis von *extend, spread and feed on themselves with the aid of the constructional possibilities of the ironwork employed in their structures; glazed courtyards, galleries, indeed whole areas are installed; the sales areas are equipped with paneling and mirrors, and illuminated extravagantly with gaslight; artists arrange the displays in their windows... The history of the development of the office building can be identified in the development of these shops into Magasins and great stores. Iron has enabled the demand for transparency to be fulfilled, replacing the solid, massive construction with the skeletal construction."*[43]

Masonry – at least in its function as a support – recedes into the background everywhere where the advanced achievements of casting technology allow it. At best, it serves as a cladding for engineered frames, in order to maintain the impression of traditional architecture. It thus becomes clear that in countries with advanced industry, such as Great Britain and the USA, the trend towards the use of iron has intensified; mainly, too, because in these countries the construction of shops is directly derived from the construction of warehouses: "The American department store building developed out of large, seven or eight storeyed warehouses which were to appear everywhere during the second half of the 19th century."[44]

One may well wish to interpret these buildings as an expression of economic integrity, stemming from an Anglo-American mentality. The advertising slogans of the period (around 1850) express this in an unpretentious way: Who is selling what, where and when? Very much in contrast is the winter clothing announcement from Belle Jardiniére in Paris (probably after 1867) (Fig. 18). Here "mood" is created. Testimonial figures – this is how the salesman imagines his customers – reflect a refined class of customer. The department store as a place to awaken curiosity; shopping as an experience; buying as a confirmation or creator of status – all this is in the foreground. And the environment does the rest. The extremely abundant architectonic interior fittings of the glazed courtyards are interpreted by Julius Posener as "an experiment in the placation of the well-off in society, to wipe the condescension from

13 Jean Pierre Cluysenaar, Galerie de la Reine in den Galeries St. Hubert, Brüssel, 1847

14 Giuseppe Mengoni, Galleria Vittorio Emanuele II, Mailand, 1867

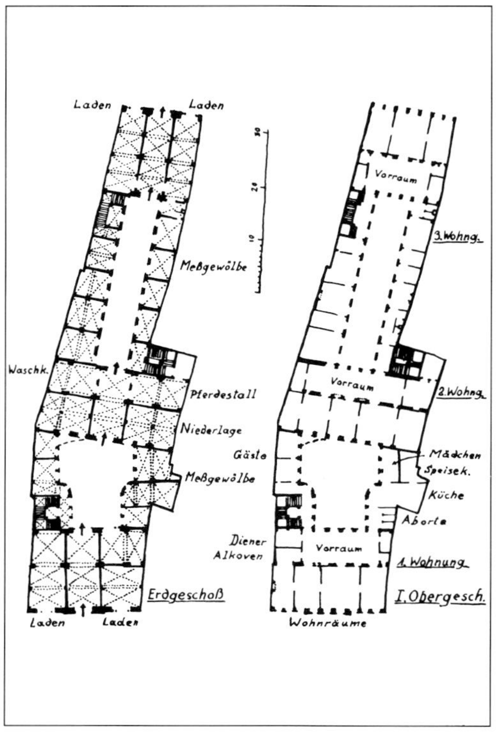

15 Koch's Hof, Leipzig, Erdgeschoß und 1. Etage, 1732

Angebot und Nachfrage, das heißt die Ausrichtung des Angebots an den Käuferbedürfnissen und wiederum deren Steuerung durch Bedarfsweckung mittels eines speziell ausgerichteten Angebots, führte zur Steuerung des "Geschmack(s) der Massen, sorgte dafür, daß Moden schneller angenommen, Güter häufiger gewechselt, Produkte, die alltägliche Tätigkeiten zu erleichtern vermochten, öfters gekauft und die Wünsche nach Fertigwaren ... besser befriedigt wurden. Auf solche Weise bereiteten nicht zuletzt die Grand Magasins einerseits über ihre Filialen in der Provinz, andererseits über den eigenen umfangreichen Versandhandel ... jener konsumorientierten Lebensweise den Weg".[48]

Einblick: Die Anfänge des Warenhauses in Deutschland

Die Ausbreitung dieser Entwicklung konnte man im wirtschaftlich prosperierenden Europa und schließlich auch seit den sechziger Jahren des 19. Jahrhunderts in den Vereinigten Staaten beobachten. Lediglich in Deutschland war durch einen verlangsamten Prozeß der Industrialisierung und die dementsprechend erst in den Gründerjahren nach 1871 einsetzende Großstadtbildung von dieser Entwicklung zunächst noch nichts zu spüren. Doch "der Krieg und die Kriegskonjunktur belebten die Wirtschaft; befreit von den politischen Risiken, angetrieben von den französischen Milliarden Kriegskontribution, mündete die Prosperität in einen Boom wirtschaftlichen Wachs-

16 Friedrich Stache, Seitzerhof, Passage, Tuchlauben 7, 7a, Wien, 1840

their faces, to compel them to respect, in order to win them over to the department store."[45] With this as a background, the comments of two modern contemporaries: "Atmosphere is once again in demand" and "Atmosphere is the backbone of such installations", are as if coined just for that era[46]. In fact, neither architecture nor advertising were primarily aimed at the financially potent society, but were directed more at "a type of customer, that ever increasing class of society, who wished to live the middle-class life without actually having the means to do so. As Emile Zola wrote, in satisfying the latent desires through a democratisation of luxury while, at the same time, serving its own ends, the department store was indeed for them, but primarily for the womenfolk of the petite bourgeoisie in their role as the real 'Bonheur des Dames'."[47] The reciprocal relationship of supply and demand – meaning the alignment of supply to the requirements of the consumer– and, again, the control of the consumer by awaking their needs through a specially targeted offer, led to the manipulation of the "taste of the masses, and ensured that fashions were accepted more rapidly, merchandise was exchanged with greater frequency, products that were capable of facilitating daily activities were purchased more often, and the desire for consumer articles... was more fully satisfied. In this way, Les Grands Magasins were by no means the last to prepare the way for this consumption-oriented life style through, on the one hand, their branches in the provinces and, on the other hand, by means of their own comprehensive mail-order trade."[48]

17 Amerikanische Warenhausreklame um 1850

18 Annonce des Warenhauses Belle Jardinière, Paris, nach 1867

An Insight into the Origins of the Department Store in Germany

The spread of this development was to be observed in an economically prospering Europe, and eventually also in the United States of America after the 1860s. But in Germany, due to the sluggish process of industrialisation and the correspondingly gradual formation of large cities in the "Gründerjahre" – the period of rapid industrial expansion after 1871 – at first nothing was felt of this development. Nevertheless, "the war and the economical effects of mobilisation boosted the economy; free of political risks, driven by the billions of French war reparations, prosperity led to an economic boom. In less than three years, Germany had completed its integration into Western European industrial production."[49] Thus, the scene was set for industrial growth in the larger cities, with their mostly more favourable transport networks and advantageous trading policies. Here, industry found the potential for both blue and white collar workers it was seeking, and the more that industry grew, the more people it attracted with hopes of work. The first big cities with a modern look arose, accompanied by the question of how to provide this population with consumer merchandise. Trade thrived, at first individual trade, but "the possibilities of economic liberalism... resulted in an excess of traders... the number of citizens per trader dropped from 60 to 38 between 1882 and 1895."[50] In addition, "the economic and social changes, namely mobility of the customer, the merchandise and the workforce,... the concentration of capital amongst only a few, ... (permitted) a new organisational structure for trade to appear – the department store."[51] Even at such an early stage, the Berlin Officers' Club was to experience just how decisive the importance of transport connections was to the building of department stores when they were forced to tums. In weniger als drei Jahren vollendete sich nun der Anschluß Deutschlands an die westeuropäische Industrieproduktion."[49]

Damit war dann auch die Voraussetzung zur industriellen Kumulation in den größeren Städten, vorzugsweise mit verkehrstechnisch günstiger Anbindung und handelspolitisch vorteilhafter Lage, gegeben. Dort fand die Industrie das notwendige Potential an Arbeitern und Angestellten, und je mehr sie wuchs, desto mehr Menschen zog sie in der Hoffnung auf einen Arbeitsplatz an. Die ersten Großstädte moderner Prägung entstanden. Und damit stellte sich auch die Frage nach der Versorgung der Bevölkerung mit Konsumgütern.
Der Handel blühte auf, zunächst der Einzelhandel, doch "die Möglichkeiten des Wirtschaftsliberalismus ... hatten eine Überfüllung des Händlerstandes zur Folge. ... Die Anzahl der Einwohner pro Händler sank zwischen 1882 und 1895 von 60 auf 38 Einwohner."[50]
Hinzu kam, daß "die wirtschaftlichen und sozialen Veränderungen, nämlich die Mobilität der Kunden, der Ware und der Arbeitskraft, ... die Konzentration des Kapitals in wenigen Händen, ... eine neue Organisationsform des Handels entstehen (ließen), das Warenhaus."[51]
Daß der Verkehrslage bei der Errichtung von Warenhäusern schon früh eine entscheidende Bedeutung zukam, mußte in Berlin der Deutsche Offiziersverein erfahren, als er sich zu Beginn des 20. Jahrhunderts gezwungen sah, sein 1887 eröffnetes Warenhaus für Armee und Marine zu schließen. Ebenso erging es der 1889 gegründeten Warenhaus für deutsche Beamte AG, die 1906 im Kaufhaus des Westens aufging. Der Erfolg des letzteren, 1907 an der Tauentzienstraße errichtet, resultierte aus seiner hervorragenden Lage, die einem Zeitgenossen den Vergleich Berlins mit Paris nahelegte. "Da ziehen in langer Flucht die Prachtstraßen mit den prunkstrotzenden hochherrschaftlichen Häusern, in denen der Berliner Parvenu die Boulevards von Paris kopieren wollte."[52] Doch bevor dem späterhin KaDeWe genannte Warenhaus ein Platz als Vorbote einer modernen Warenhausarchitektur zugewiesen wird, soll von den Vorgängerbauten die Rede sein.

Eine dem Hause Aristide Boucicauts entsprechende Erfolgsstory konnte das Haus von Georg Wertheim in Berlin vermelden. Ausgehend vom Stammhaus in Stralsund, dem elterlichen Schnittwarengeschäft, in das er 1876 eintrat, und "nach Filialgründungen in Stralsund (1880) und Rostock (1884) reihte sich Wertheim in den Kreis derer ein, die Berlin von außen, von der Provinz her eroberten".[53] 1885 eröffnete er zusammen mit seinen Brüdern ein Manufakturund Modewarengeschäft in der Rosenthaler Straße, 1890 eines in der Nähe des Moritzplatzes, in einer Gegend, in der sich durch die Nähe zum Görlitzer Bahnhof exportabhängige Firmen niedergelassen hatten. In der nahegelegenen Oranienstraße 149/150 ließ er von Alfred Messel (1853–1909) 1893/94 sein erstes Warenhaus errichten, "das erste überhaupt nach Organisation, Grundriß, Konstruktion und Architektur"[54] (Abbildung 19). Außerdem war es, nach einem Tagebucheintrag Georg Wertheims aus dem Jahr 1894, "das erste Warenhaus in Berlin, welches einen Lichthof zum Mittelpunkt hatte".[55]
Peter Stürzebecher beschreibt den Bau: "Vom Lichthof führte eine freischwingende Treppe in eine in das Erdgeschoß eingestellte Galerie, dann weiter in zwei frei aufteilbare Obergeschosse, die sich mit umlaufenden Galerien zum Lichthof öffneten, der mit einer gläsernen Tonnenkonstruktion überwölbt war. ...
Das Skelett, aus Mauerpfeilern und Eisensäulen, in Achsabständen von 7 bis 8 m, knüpfte bereits an die Lösungen von Paris an"[56] (Abbildung 20). Nicht auszuschließen ist auch, daß sich Messel in der mit Stichkappen versehenen, übrigens auch auf die Sakralarchitektur zurückgreifenden Gewölbelösung des Lichthofes an der Anfang 1875 eröffneten Kunstgalerie des Au Bon Marché orientiert haben könnte [57] (Abbildung 21, 22).

Sigfried Giedion stellt nüchtern fest, daß in Deutschland "der architektonische Impuls aus Österreich, von Otto Wagner und selbst von Adolf Loos (1870–1933) (kam), dessen Werk mehr zukünftige Elemente enthielt, als das des lange überschätzten Alfred Messel".[58] Dessen großes, ebenfalls für Wertheim an der Leipziger Straße 132/33 in Berlin in den Jahren 1896/97 errichtetes Warenhaus hätte nur lokalen Einfluß gehabt (Abbildung 23). Es erscheint ihm deshalb einer eingehenden Betrachtung nicht würdig. Der Architekturtheoretiker Adolf Behne stellte dagegen bereits 1926 Alfred Messel in eine Reihe mit Otto Wagner (1841–1918) und Hendrik Petrus Berlage (1856–1934) und bezeichnete diese als "erste Führergeneration in dem Kampfe um die Erneuerung der Baukunst ... Berlage, Messel, Wagner haben der neuen Baukunst *close their Army and Navy store, opened in 1887, at the beginning of the century. The same fate met the "Warenhaus für deutsche Beamte AG", founded in 1889, which merged with the "Kaufhaus des Westerns" in 1906. The success of the latter, established on Tauenziehenstrasse in 1907, was due to its excellent position, and suggested to a contemporary a comparison of Berlin with Paris: "Here are the long and majestic streets, bursting with flamboyant and lordly houses, where the Berlin Nouveau Riche wanted to imitate the boulevards of Paris."[52] But before this department store, later to be known as the KaDeWe, can be allocated a place as forerunner of a modern department store architecture, its predecessors should be discussed.*

A success story equal to that of the House of Aristide Boucicaut could also be recounted by Georg Wertheim in Berlin. Originating in the parent company in Stralsund, his parents' drapery business which he joined in 1876, and "after opening branches in Stralsund (1880) and Rostock (1884)", Wertheim could count himself a member of that circle who, from outside – from the provinces – had conquered Berlin[53].
In 1885, he and his brothers opened a manufacturing and fashion business on Rosenthaler Strasse, and another near Moritz Platz in 1890, a district where, due to the proximity of Görlitzer railway station, he had already founded several export companies. He commissioned Alfred Messel (1852-1909) to build his first department store on nearby Oranien Strasse 149/150 between 1893 and 1894: "An absolute first, according its floor plan, construction and architecture."[54] (Fig. 19) A diary entry by Georg Wertheim states that this was "the first department store in Berlin which had a glazed courtyard at its centre."[55]

Peter Stürzebecher described the building: "From the courtyard, a freely suspended staircase leads to a gallery above the ground floor, and then upwards once more to two freely subdividable upper floors which open onto this courtyard – vaulted over by a glass construction – via surrounding galleries. The skeleton – masonry columns and iron pillars, whose axes were 7 to 8 metres apart – is reminiscent of the solutions seen in Paris."[56] (Figure 20) It is also possible that Messel, in the vault for the glazed courtyard, with its pierced caps – which referred back, incidentally, to ecclesiastical architecture – could have drawn his inspiration from the art gallery at Au Bon Marché, opened at the beginning of 1875."[57] (Figure 21, 22)

Sigfried Giedion soberly established that in Germany "the architectonic impulse (came) from Austria, from Otto Wagner and even Adolf Loos (1870-1933), whose work contained more futuristic elements than that of the long overestimated Alfred Messel."[58] According to Giedion, Messel's large department store, also built for Wertheim on Leipziger Strasse 132/133 in Berlin between 1869 and 1897, would have only had a local influence (Figure 23). For this reason, it appeared to him that it was not worthy of a comprehensive analysis. In 1926, on the other hand, the architecture theoretician Adolf Behne had already placed Alfred Messel in the same category as Otto Wagner (1841 - 1918) and Hendrik Petrus Berlage (1856-1934), and labelled them as the "first generation of leaders in the fight over the revival of architecture... Berlage, Messel, Wagner have bestowed the gift of realism on the new architecture, in that they were the first to risk the conscious and thorough condoning of one factor – until then avoided and brushed aside – and treat it as a positive design instrument: namely, the purpose... here, fulfilment of the purpose appeared to have given rise to a new type."[59] Julius Posener also expressed his opinion emphatically: "One has, understandably, been amazed at the masterliness with which Messel has attempted to create a synthesis between old and new, between the Gothicising form in the architecture's masonry and metalwork, and the abstract material of glass. The building has been imitated again and again, but its quality has never been repeated... the front of the Wertheim building is probably the one work that has exerted the greatest influence on the epoch."[60] Even Stürzebecher, in 1978, cannot yet distance himself from this tendency to see in Messel's Wertheim building on the Leipziger Strasse a new architecture, when he maintains: "It was the first and doubtless also the most famous of Berlin's great department stores, one of the buildings that prepared the way for a new architectural concept, a generously laid out building in line with the basic department store concept, as it has already been described."[61] Of course, even in those days, Paris was a part of the known world, and one was generally used to appreciating its achievements, despite the

19 Alfred Messel, Wertheim, Oranienstraße, Berlin, 1894

das Geschenk der Sachlichkeit gemacht, indem sie als erste wagten, jenen Faktor bewußt und konsequent zu bejahen und zu einem positiven Gestaltungsmittel zu machen, der bis dahin umschlichen und beiseite geschoben wurde: den Zweck ... Hier schien aus der Erfüllung des Zwecks ein neuer Typ entstanden zu sein."[59] Emphatisch äußert sich auch Julius Posener: "Man hat durchaus zu Recht die Meisterschaft bewundert, mit der Messel eine Synthese zwischen alt und neu, zwischen gotisierenden Formen in der Stein- und Metallarchitektur und dem abstrakten Material Glas herzustellen versucht hat. Der Bau ist immer wieder nachgeahmt worden, seine Qualität wurde aber niemals wieder erreicht. ... Die Wertheimfront ist wahrscheinlich das Bauwerk der Epoche, das den größten Einfluß ausgeübt hat."[60] Selbst Stürzebecher kann sich noch 1978 dieser Tendenz, in Messels Wertheim-Bau an der Leipziger Straße den Beginn einer neuen Architektur zu sehen, nicht entziehen, wenn er behauptet: "Es war das erste und zweifellos auch berühmteste der großen Warenhäuser in Berlin, einer der Wegbereiter neuer Architekturauffassung, ein großachsig gegliederter Bau, wie er bereits schon als grundsätzlich warenhausgemäß geschildert wurde."[61] Nun lag aber schon damals Paris nicht außerhalb der Welt, dessen Errungenschaften man gemeinhin trotz kaiserzeitlicher Frankophobie wahrzunehmen gewohnt war. Hier hatte sich in den beiden letzten Jahrzehnten des 19. Jahrhunderts all das, was an Messels Bau gerühmt wurde, bereits in vielfacher Form weiterentwickelt. Ganz gleich, ob es sich um den Grundriß, die innere, sich aus dem Aufriß ergebende funktionale Struktur oder die darauf Bezug nehmende Fassadengestaltung handelte, all das war in Frankreich schon entwickelt worden. Auch der Versuch Julius Poseners, anhand der Elemente Pfeilerfront, Lichthof und Fassade strukturelle Gemeinsamkeiten typologischer Natur für die Berliner Architektur zu entwickeln,[62] muß bei weitgehender Nichtberücksichtigung der internationalen Entwicklung der Warenhausarchitektur scheitern.

Adolf Behne muß dies, bei aller Begeisterung für die Messelsche Architektur, gespürt haben, als er seine (hier Stürzebecher entnommene) Laudatio auf den "Zweckbau" an der Leipziger Straße anhand von Bauten derjenigen Architekten relativierte, die er zuvor Messel ranggleich zur

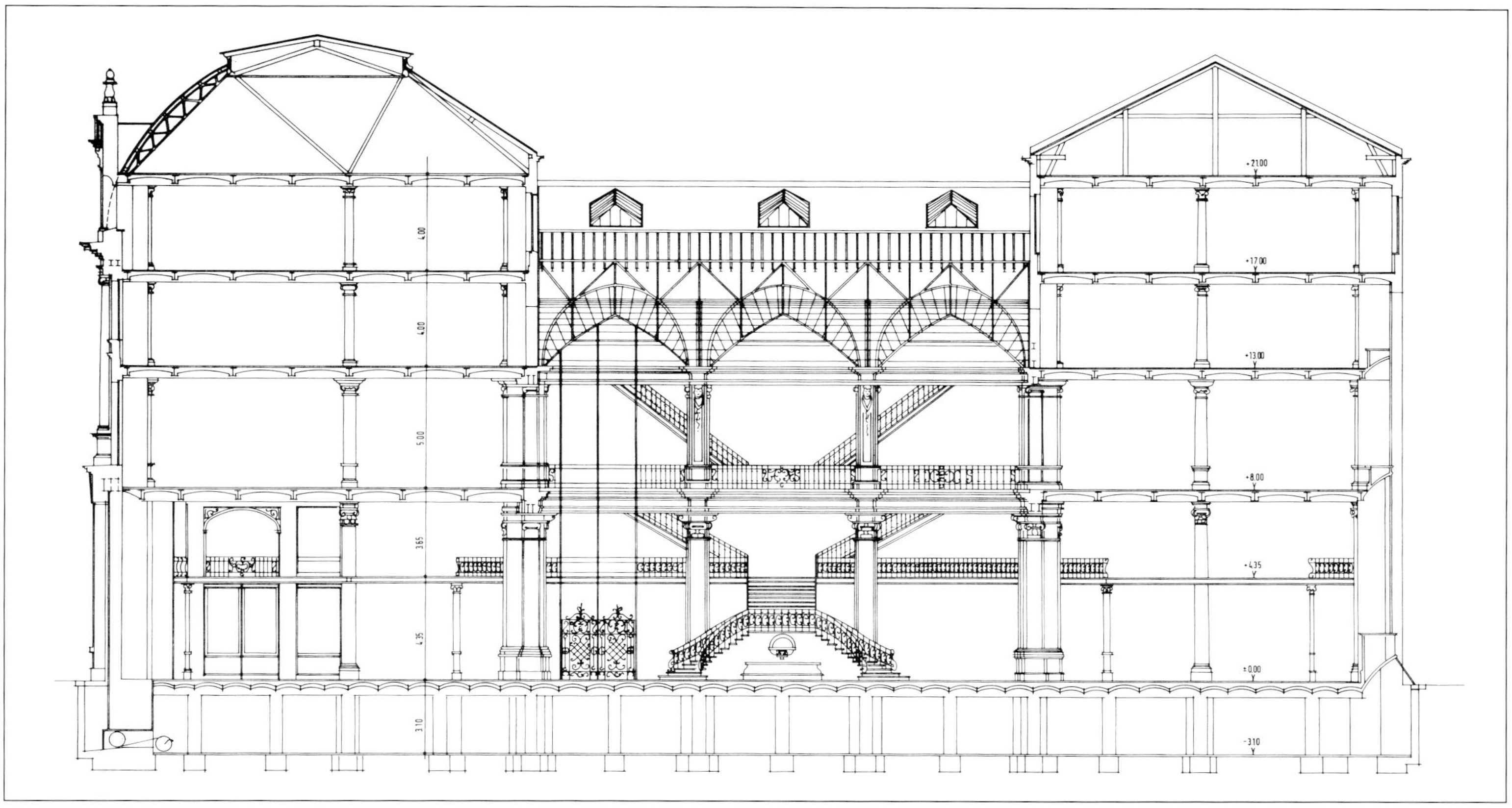

20 Wertheim, Oranienstraße, Schnitt

Francophobia prevalent during the Kaiser's rule. In Paris, everything that had been praised on Messel's building had already been developed further in various ways during the last two decades of the 19th century. Whether plan, interior, functional

21 Wertheim, Oranienstraße, Lichthof

structure arising from the elevation or related facade design, everything had already been developed in France. The attempt by Julius Posener – using elements such as the pillared front, glazed courtyard and facade – to develop common structural components of a typological nature for Berlin architecture[62] was also doomed, due to a fundamental failure to consider the international development of department store architecture.

For all his enchantment with Messel's architecture, Adolf Behne must have also felt this when, on the basis of buildings by those architects who he had previously placed in the same category as Messel, he qualified his Laudatio (here taken from Stürzebecher) on the "purpose built building" on the Leipziger Strasse. "While Berlage, with his office designs in Rotterdam (1910) and London ((1914), and Otto Wagner with the Postsparkasse in Vienna (1903), can be viewed as having continued down their chosen path, Messel can be said to have returned to an architectural interpretation which 'once again completely subordinated purpose to the beauty of the facade'. On Leipziger Platz, 'to the warmest applause of the intelligentsia, he has gone over to an ecclesiastical touch, with a strongly Gothic suggestion – which led a Berlin critic to say that a new department store had been consecrated in the Lustgarten (Raschdorf's cathedral), at the same time as a new cathedral on Leipziger Platz'."[63] But it is not only this eclectic echo of the building on the corner of Leipziger Strasse and Leipziger Platz (Figure 24), built between 1904 to 1906, that possesses a restorative tendency unknown in France at that time; in its interior, the formal finish of Messel's glazed courtyard is evidence of a lack of knowledge of the French architectural language.

Seite gestellt hatte. "'Während Berlage mit seinen Bürohausentwürfen in Rotterdam (1910) und London (1914) und Otto Wagner mit der Postsparkasse in Wien (1903) den einmal betretenen Weg folgerichtig weitergegangen' seien, sei Messel zu einer Architekturauffassung zurückgekehrt, welche 'durchaus wieder den Zweck gegen die schöne Fassade zurückdrängte'. Am Leipziger Platz ist er 'unter dem wärmsten Beifall der Gebildeten zu einem sakralen Ton mit stark gotischem Einschlag übergegangen – was einen berliner Kritiker sagen ließ, es sei zur gleichen Zeit im Lustgarten ein neues Warenhaus (Raschdorfs Dom) und am Leipziger Platz ein neuer Dom (Sic!, d. Verf.) geweiht worden.'"[63] Doch weist nicht nur dieser eklektizistische Nachklang

22 A. Laplanche, Au Bon Marché, Kunstgalerie, 1875

des 1904 bis 1906 errichteten Eckbaues Leipziger Straße / Leipziger Platz (Abbildung 24) eine in Frankreich zu jenem Zeitpunkt unbekannte restaurative Tendenz auf; auch im Inneren zeigt sich am Beispiel der formalen Bewältigung des Lichthofes Messels mangelnde Kenntnis der französischen Architektursprache.

In seinem ersten Bauabschnitt glaubt man noch in der Dreiteilung der Eingangszone mit ihren geschoßübergreifenden trennenden bzw. flankierenden Pilastern und dem reichlichen Skulpturenschmuck eine Überwindung der historisierenden Fassade des 1881 von Paul Sédille (1836–1900) in Paris errichteten Warenhauses Au Printemps zu erkennen (Abbildung 25). Im Inneren des Baues von 1896/97 ist trotz des Verzichts auf Transparenz der Eisenkonstruktion der französische Einfluß unverkennbar. Eine motivische Entsprechung in Form eines zentralen Treppenaufgangs am Ende des Lichthofes mit

23 A. Messel, Wertheim, Leipziger Straße, Berlin, 1897

In his first building phase, in the tripartition of the entrance area, with its separating and flanking pilasters extending over the floors, and in the sumptuous decorative sculptures, one seems to recognise a victory over the historicising facade of the 1881 Au Printemps department store built by Paul Sédille (1836-1900), in Paris (Figure 25). But in the building's interior of 1896/97, in spite of foregoing transparency in the iron construction, the French influence is unmistakable. An equivalent motif in the form of a central stairway rising up to the first floor at the end of the glazed courtyard, with treads curving outwards left and right and back again to the centre, was already evident in the Magasin Au Tapis Rouge, newly built in Paris in 1872[64]*. What, however, Messel had in mind with the bowed wickerwork-styled architecture included in the great courtyard in the extension dating from 1904-1906 remains unclear (Figure 26). The motif of the balustrades could suggest passageways which, naturally, in contrast to the French examples, serve no movement over the courtyard, since they seem neither to begin nor end. The monumental archways lead on one side to a fake door, and the other side into a store room. "While, in the great Paris department stores (Bon Marché, Printemps), bridges on the upper floors had an essential connecting function, here they have been reduced to mere decoration."*[65] *But this was still seen totally differently by contemporaries; Paul Göhre writes in his department store study, a year after the completion of the building: "Most powerful, fully original and overwhelming are the two bridges which, not far beneath the roof, at the height of the fourth floor, running parallel to each other, span over the whole space, with a mighty width, the most daring of arches, and all in shining bronze... Whoever should wish to absorb the impression as a whole will climb up to the level of the fourth floor, and look down from there into the room, in which the occupants, and even the merchandise, have shrunk to tiny, teeming accessories."*[66]

24 A. Messel, Wertheim, Ecke Leipziger Straße/Leipziger Platz, Berlin, 1906

In no way, then, architecture as decoration, but as a self-absorbed and empty gesture[67]*; as a "great" gesture, a gesture that wishes to impress: architecture as an affectation to impress, to make clear to humanity that it is at the mercy of an architecture that represents a spatially tangible phenomenon that is, however, in many ways not "comprehensible"; an architectural gesture that, almost four decades later, attempted to impose itself, and dominate humanity – by that time, of course, no longer paying homage to the maxim of department store consumption, but a much stronger ideology that despised mankind. The spirit of a still (as one tends to believe) distant time lies in wait, and not only in respect of this phenomenon. But the era of the temporary decline of German department store architecture is not yet nigh; rather the opposite!*

The Wertheim department store on Leipziger Strasse, even in the building phases I (1896 - 1900), II (1899 - 1900) and III (1904 - 1906) completed by Alfred Messel, represents a conglomeration of individual buildings which, while indeed harmonising with each other, nevertheless relate rather to the respective urban planning situation (Leipziger Strasse, Vossstrasse and Leipziger Platz[68]*) (Figure 27). It was the greatest of all department stores, those "imposing palaces on the main squares", and assumed there a "recognised position", as established by Leo Colze, who assigned it an exemplary role "not only by German standards, but by the standards of commerce and trade in the old and the new world."*[69] *Of course, by this time (1908) this local patriotic view no longer applied; in the rest of Europe, as in America, an indigenous development had taken place in line with*

nach links und rechts in die erste Etage aus- und wieder zur Mitte zurückschwingenden Läufen besaß zum Beispiel das 1872 neuerbaute Magasin Au Tapis Rouge in Paris.[64] Was Messel jedoch mit den in den großen Lichthof des Erweiterungsbaues der Jahre 1904–1906 einbezogenen Korbbogenarchitekturen bezweckt hatte, muß offen bleiben (Abbildung 26). Das Motiv der Balustraden läßt auf ihnen Laufgänge vermuten, die allerdings im Gegensatz zu den französischen Beispielen keinem lichthofübergreifenden Verkehr zu dienen hatten, da sie nirgendwo zu beginnen oder zu enden scheinen. Die monumentalen Bögen führten auf der einen Seite auf eine Scheintüre zu, auf der anderen Seite in ein Lager. "Waren in den großen Pariser Warenhäusern (Bon Marché, Printemps) Brücken in den Obergeschossen notwendige Verbindungen, so wurden sie hier zur Dekoration."[65] Ganz anders wurde dies noch von den Zeitgenossen gesehen. Paul Göhre schreibt in seiner Warenhausstudie ein Jahr nach Fertigstellung des Erweiterungsbaues: "Das Mächtigste, ganz Originelle, ganz Überwältigende sind zwei Brücken, die nicht viel unter dem Dach, in der Höhe der vierten Etage, parallel zueinander laufend, sich quer über den ganzen Raum legen, in wuchtiger Breite, kühnster Bogenführung, ganz aus leuchtender Bronze. ... Wer sich den Gesamteindruck klarmachen will, steige hinauf zur Höhe der vierten Etage und schaue von da herab in den Saal, in dem selbst die Waren und die Menschen zur winzigen wimmelnden Staffage geworden sind."[66]
Architektur keineswegs als Dekoration, sondern als selbstbezogen inhaltsleere Geste,[67] als "große" Geste, als Geste, die beeindrucken will: Architektur als Imponiergehabe, um dem Menschen sein Ausgeliefertsein an eine Architektur zu verdeutlichen, die ein räumlich tastbares, aber dennoch vom Menschen in mehrerlei Hinsicht nicht zu "begreifendes" Phänomen darstellt. Eine Geste der Architektur, die annähernd vier Jahrzehnte später den Menschen achtunggebietend zu beherrschen versucht– dann allerdings nicht mehr den Maximen des Warenkonsums, sondern denen einer noch um ein Vielfaches stärker menschenverachtenden Ideologie huldigend. Der Geist einer – noch, wie man zu glau-

25 Paul Sedille, Au Printemps, Paris, 1881

their own prevailing trading situations. There, in the use of the architectonic sign language, the feeling was already more "modern". In Germany, on the other hand, and particular in the Kaiser's Berlin, a clear conservatism of values is to be seen. Even when the Lachmann & Zaubersche planning for the Tietz store in the Leipziger Strasse (1899/1900), in comparison with the neighbouring phase I of Messel's Wertheim building, is clearly more mature and convincing (Fig. 28, 29), in interior details and indeed mainly in Bernhard Sehring's (1855-1932) facade[70], it is the most strange exaggeration of a stylistic, emblematic and symbolic nature (Figure 30). Here, too, it seems that in the design of the large window areas, with suspended illuminations in front, the example of Au Printemps can be recognised (Figure 31), as well as a forerunner of the iron and glass construction of the French Art Nouveau, as seen in the facades of the Grand Magasin La Samaritaine by Eugène Grasset (1906/07), or the Grand Bazar de la Rue de Rennes (1906) by André Gutton (Fig. 32, 33). But at the latest when casting a glance over these facades, the conservative basic structure, with its emphasised central and corner decorations borrowed from palace architecture, cannot be overlooked. The French architects, too, work with motifs of the same origin, but there the tower structures that emphasise the corners do not remain pure motif; they fulfil an important function that above all accents the cityscape (Au Bon Marché, Au Printemps) and later, also in the treatment of the portal area, points to the correspondence that exists between interior and exterior flow of people (La Samaritaine, Les galleries Lafayette, Le Bazar de L'Hotel de Ville). They thus assume a role that lies somewhere between arcade architecture and the promotion of sales by means of customer flow control.

In spite of an exposed position, the Kaufhaus des Westerns (KaDeWe) built by Johann Emil Schaudt (born1874) between 1906/7 – financed by the companies A. Jandorf, M.J.Emden & Sons and the Deutsche Bank – did not, however, possess any of these marketing-oriented architectural details (Figure 34). Surrounded by Ansbacher, Tauentzien and Passauer Strasse, "the house was to forego pronounced corner solutions and facade components. Thus, along the three street fronts ... a uniform, closed front of Bath stone was created, the windows of which were arranged according to the individual floors. The entrances were particularly stressed, and especially the

26 A. Messel, Wertheim, Leipziger Straße/Leipziger Platz, Großer Lichthof

ben geneigt ist – fernen Zeit bereitet sich – nicht nur in diesem Phänomen – vor. Noch aber ist die Ära des zeitweiligen Niedergangs der deutschen Warenhausarchitektur nicht in Sicht. Im Gegenteil!

Das Warenhaus Wertheim in der Leipziger Straße stellte allein schon in den von Alfred Messel bewältigten Bauabschnitten I (1896–1900), II (1899–1900) und III (1904–1906) ein Konglomerat von Einzelbauten dar, das zwar aufeinander abgestimmt war, aber dennoch eher auf die jeweilige städtebauliche Situation (Leipziger Straße, Voßstraße und Leipziger Platz[68]) als aufeinander Bezug nahm (Abbildung 27).

Es war das größte unter den Warenhäusern, "imposante(n) Palastbauten an den Hauptplätzen", und nahm dort eine "anerkannte Stellung" ein, wie Leo Colze feststellt, der ihm "nicht nur für deutsche Verhältnisse, sondern insgesamt für die Handelskreise der alten und neuen Welt" eine Vorbildfunktion zuschreibt.[69] Freilich trifft diese lokalpatriotische Sicht zu diesem Zeitpunkt (1908) schon nicht mehr zu; denn im übrigen Europa wie in Amerika hatte sich eine eigene, an den jeweiligen dortigen Handelsverhältnissen orientierte Entwicklung vollzogen. Auch in der Verwendung der architektonischen Zeichensprache zeigte man sich dort bereits "moderner". In Deutschland, speziell im kaiserzeitlichen Berlin, ist dagegen ein ausgesprochener Wertekonservativismus auszumachen. So erweist sich die Lachmann & Zaubersche Planung des Warenhauses Tietz in der Leipziger Straße (1899/1900) gegenüber der benachbarten Ausgangsphase I des Messelschen Wertheim-Baues als ausgereifter, stringenter (Abbildung 28, 29). In Details der Innenausgestaltung, vor allem aber an der Fassade[70] von Bernhard Sehring (1855–1932) kommt es dagegen zu den absonderlichsten Überfrachtungen stilistischer, emblematischer und symbolistischer Natur (Abbildung 30). Zwar glaubt man auch hier in der Gestaltung der großen Fensterflächen mit den vorgehängten Leuchtkörpern das Vorbild Au Printemps zu erkennen (Abbildung 31) und eine Vorstufe zu den Eisen- und Glaskonstruktionen des französischen Jugendstils, beispielsweise den Fassaden des Grand Magasin La Samaritaine von Eugène Grasset (1906/07) oder des Grand Bazar de la Rue de Rennes (1906) von André Gutton auszumachen (Abbildung 32, 33). Doch spätestens

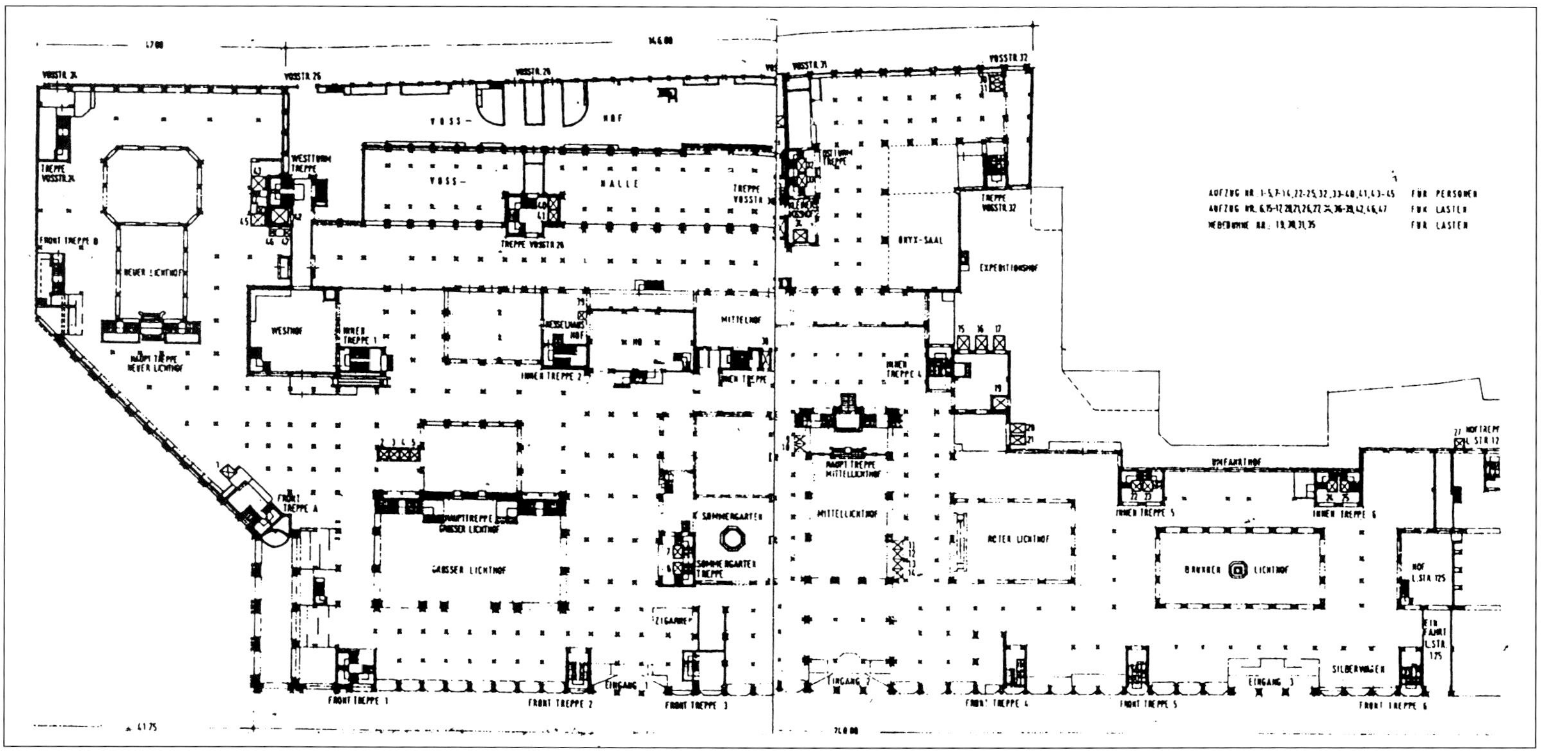

27 A. Messel, Wertheim, Leipziger Straße/Leipziger Platz, Grundriß

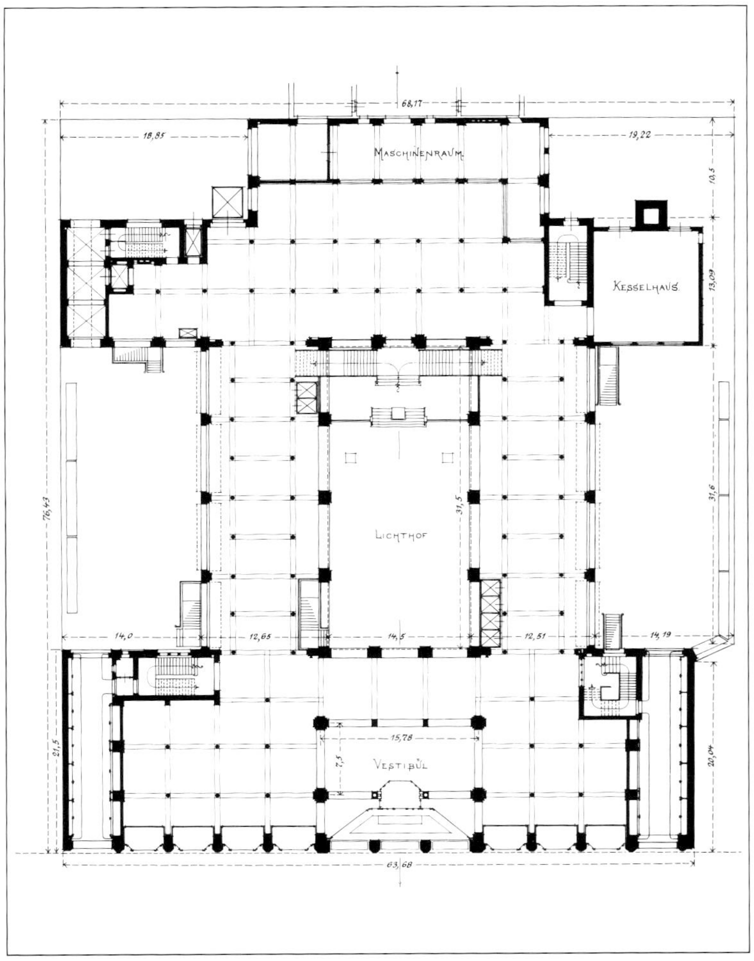

28 A. Messel, Wertheim, Leipziger Straße, Grundriß

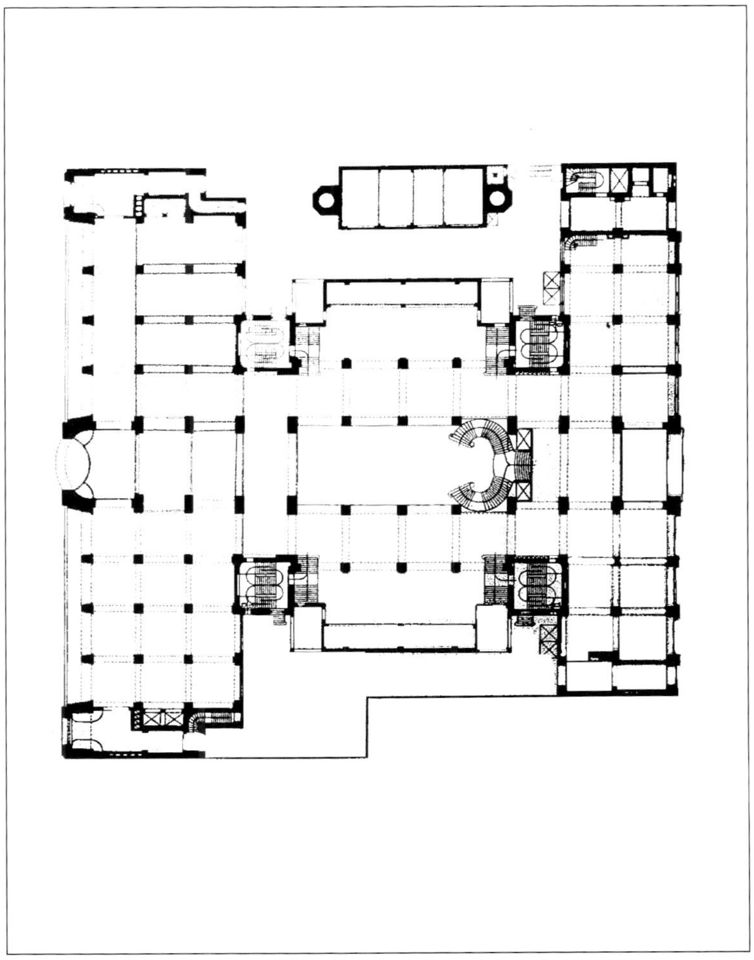

29 Lachmann und Zauber, Tietz, Leipziger Straße, Berlin, Grundriß, 1900

bei einem die Fassade übergreifenden Blick ist die konservative, sich am Palastbau orientierende Grundstruktur mit betontem Mittel- und flankierenden Eckrisaliten nicht zu übersehen. Auch die französischen Architekten arbeiten mit diesen Motiven gleicher Provenienz, doch bleiben dort eckbetonende Turmbauten nicht nur Motiv. Sie erfüllen eine wichtige, zunächst im Stadtbild akzentsetzende (Au Bon Marché, Au Printemps), späterhin auch in der Umgestaltung zum Portalbereich wegleitende Funktion hinsichtlich der Korrespondenz des äußeren wie inneren Publikumsverkehrs (La Samaritaine, Les Galeries Lafayette, Le Bazar de l'Hôtel de Ville); damit übernehmen sie eine Aufgabe, die zwischen Passagenarchitektur und Verkaufsförderung durch Verkehrssteuerung angesiedelt ist.

30 Bernhard Sehring, Tietz, Leipziger Straße, Fassade, 1900

Trotz exponierter Lage weist jedoch auch das 1906/07 von Johann Emil Schaudt (1874–geboren) erbaute Kaufhaus des Westens (KaDeWe) – Träger waren die Firmen A. Jandorf, M. J. Emden & Söhne und die Deutsche Bank – keines dieser marketingorientierten Architekturmerkmale auf (Abbildung 34). Umgeben von Ansbacher-, Tauentzien- und Passauer Straße "sollte das Haus auf betonte Ecklösungen und Fassadenteile verzichten. So entstand entlang den drei Straßenfronten ... eine ebenmäßige, geschlossene Front in Muschelkalk, deren Fenster geschoßweise zusammengefaßt waren. Die Eingänge wurden besonders hervorgehoben, insbesondere der Haupteingang",[71] was bei der unprätentiösen Erscheinungsweise des Hauses, dessen Charakter sich laut Max Osborn[72] seiner Umgebung anpaßte, nur sinnvoll erscheint. Über die Fassade, die sich sehr von der Messelschen in der Leipziger Straße bzw. am Leipziger Platz unterscheidet, schreibt schon 1907 Fritz Wolff, daß das gotische Prinzip der Auflösung durch das der Renaissance mit einem in großen Flächen und breiten Schichtungen zusammengehaltenen Baukörper ersetzt werde.[73]

main entrance"[71] *– which only sounds sensible in the light of the unpretentious appearance of the building, the character of which, according to Max Osborn, was well suited to its setting*[72]*. In 1907, Fritz Wolff had already written about the facades, that were very different from Messel's on the Leipziger Strasse and Leipziger Platz, stating that the Gothic principle of disintegration had been replaced by that of the Renaissance, with a building body unified by large surfaces and wide stratifications.*[73]
It was not only Schaudt's preference for Renaissance architecture that determined the appearance of the KaDeWe; with the design of its facade, too, it gradually adapted to the changing demands of department store architecture. Even if, therefore, it conforms to "building regulations (fire breaks 1 meter) and in particular... (takes) into account commercial demands for more display space, also around the surrounding walls", in Peter Stürzebecher's opinion this is in no way contrary to the "Theory of the Department Store, as propounded by Alfred Wiener, according to which 'exterior and interior architecture must express the given purpose openly'."[74]
Indeed, as so often encountered in the history of architecture, a transformation of form is not so much a fashionable mood of the "Zeitgeist" as an essential requirement that, naturally within the spectrum of possibilities, will once again seek a form that either corresponds to or – for just these reasons in the sense of an avante-garde – contradicts the respective taste of the period. If, in this context, an attempt is made at understanding a development in the design of facades, this can be achieved with the aid of Thomas Irrgang's subdivision, initially into four basic types (Fig.35).

Thomas Irrgang draws a difference between: "Type 1, with open facade like a large shop window, enabling a view into the sales floors. It consists of window cross-bars and iron floor supports, and the greatest possible area of glass... Type 2: pillars with

31 P. Sédille, Au Printemps, Detail der Hauptfassade

32 Frantz Jourdain, La Samaritaine, Paris, 1907 (Schriftzug von Eugène S. Grasset)

Nicht allein Schaudts Vorliebe für die Renaissancearchitektur bestimmte das Erscheinungsbild des KaDeWe, sondern er paßte sich auch in der Fassadengestaltung allmählich den sich wandelnden Erfordernissen der Warenhausarchitektur an. Wenn er sich also "bauaufsichtlichen Vorschriften (Feuerüberschlagsweg 1m)" beugt "und insbesondere ... betriebswirtschaftlichen Forderungen nach mehr Stellflächen für die Warenregale, auch entlang den Umfassungswänden Rechnung" trägt, steht dies keineswegs, wie Peter Stürzebecher meint, im Gegensatz zur bei Alfred Wiener geäußerten "Theorie des Warenhauses, nach der 'die Architektur im Äußeren und im Inneren den Zweck unverhüllt zum Ausdruck bringen' ... müsse".[74] Denn wie so oft gerade in der Architekturgeschichte ist eine Wandlung der Form weniger eine modische Laune des "Zeitgeistes", sondern ein zwingendes Erfordernis, das sich aber selbstredend innerhalb des Spektrums der

33 André Gutton, Grand Bazar de la rue de Rennes, Paris, 1906

vertical window slits, pronounced vertical emphasis of a monumental effect. Pillars are of limestone or sandstone, windows have gentle crossbars with glass panes... Type 3: pillars, pronounced closed parapets, and windows with a softened vertical emphasis. The stone parapets emphasise the horizontal, the general effect is similarly monumental to type 2. ... Type 4: closed wall with window apertures whose effect is not so specific to department stores as the preceding types, and which for the first time conforms with the neighbouring buildings.
All types are adequate in terms of the illumination and climate of the sales floors within; in addition to the stipulations of building regulations (fire regulations), the demands of the sales organisation (erection of shelving on the outer walls) and atmospheric extravagance (entry of sunshine) lead to a step by step reduction in the proportion of window area to total facade.

34 Johann Emil Schaudt, Kaufhaus des Westens, Berlin, 1907

Möglichkeiten wiederum eine dem jeweiligen Zeitgeschmack entsprechende oder – gerade aus Gründen desselben im Sinne einer Avantgarde – diesem widersprechende Form sucht. Versucht man vor diesem Hintergrund, eine Entwicklung der Fassadengestaltung nachzuvollziehen, so kann dies mit Thomas Irrgangs Untergliederung in zunächst vier Grundtypen geschehen (Abbildung 35).

Thomas Irrgang unterscheidet zwischen: "Typ 1: offene Glasfassade, die wie ein großes Schaufenster den Blick in die oberen Verkaufsgeschosse freiläßt. Sie besteht aus Fenstersprossen und Etagenträger aus Eisen und größtmöglichen Glasflächen. ... Typ 2: Pfeiler mit senkrechten Fensterschlitzen, betonter Vertikalismus von monumentaler Wirkung. Pfeiler aus Kalk- oder Sandstein, Fenster als leichtes Sprossenwerk mit Glas. ... Typ 3: Pfeiler mit betont geschlossener Brüstung und Fenster, gemilderter Vertikalismus. Die Brüstungen aus Stein wirken horizontal, die Gesamtwirkung ist ähnlich monumental wie bei Typ 2. ... Typ 4: geschlossene Wand mit Fensteröffnungen, deren Wirkung nicht so warenhausspezifisch ist wie bei dem anderen Typ und sich erstmals den umgebenden Gebäuden anpaßt. ...

Allen Typen gemeinsam ist, daß sie zur Belichtung und Belüftung der dahinterliegenden Verkaufsgeschosse ausreichen; neben baupolizeilichen Anforderungen (Feuerüberschlag) führen Forderungen der Verkaufsorganisation (Aufstellen von Verkaufsregalen an der Außenwand) und klimatechnische Aufwendigkeit (Sonneneinstrahlung) zur schrittweisen Verkleinerung des Fensterflächenanteiles an der Gesamtfassadenfläche.

So tritt Typ 1 bis zur Jahrhundertwende auf (Beispiel H. Tietz, Leipziger Straße, Arch. Sehring), mit Messel's Wertheimfassade an der Leipziger Straße setzt sich dann die Pfeilergliederung durch, zuerst Typ 2, dann Typ 3. Dieser (mehr oder weniger) strenge Vertikalismus prägt das Erscheinungsbild bis zum 1. Weltkrieg. Typ 4 ist die Ausnahme, Beispiele hierfür sind die beiden Münchener Häuser von H. Tietz und Oberpollinger, in Berlin das KaDeWe von Schaudt."[75]

Ausblick: Vorboten einer modernen Warenhausarchitektur

Nach der Unterbrechung durch den Ersten Weltkrieg, die Nachkriegszeit und die nachfolgenden Jahre der Rezession und Inflation kam der Warenhausbau in Deutschland erst wieder gegen Mitte der zwanziger Jahre in Schwung. Und selbst jetzt handelte es sich zum großen Teil nur um Erweiterungsbauten, die nach Übernahme einzelner Firmen durch andere, mächtigere notwendig wurden. Das, was sich bereits zwanzig Jahre zuvor in Einzelfällen ereignet hatte, wurde nun Prinzip: Die ersten Warenhauskonzerne bildeten sich.[76] "Die '5 Großen' (Karstadt, Kaufhof, Schocken, H. Tietz und Wertheim) entwickeln sich zwischen 1926 und 1929 zu Großbetrieben mit 10–20000 Mitarbeitern ... so übernehmen die '5 Großen' zwischen 1924 und 1929 insgesamt 79 bestehende Geschäfte und errichten im gleichen Zeitraum nur 11 neue Häuser", stellt Thomas Irrgang fest.[77] Hier fallen vor allem diejenigen Bauten ins Auge, deren Grundstruktur in Grundriß, Aufriß und damit zusammenhängender Fassadengestaltung sich vom bereits Bekannten abhebt. Am auffallendsten ist zunächst immer die Fassade. Thomas Irrgang erweitert seine Typenreihe um drei weitere Bei-

Thus, Type 1 appears up to the turn of the century (example: H. Tietz, Leipziger Strasse. Arch. Sehring); with Messel's Wertheim facade on the Leipziger Strasse, the pillar arrangement becomes established – firstly as type 2, then as type 3. This more or less strict vertical emphasis is characteristic up until World War I. Type 4 is the exception, with examples being both Munich stores from H. Tietz and Oberpollinger, and Schaudt's KaDeWe in Berlin."[75]

The Outlook: Forerunners of a Modern Department Store Architecture

After the interruption of World War I, and the post war years of recession and inflation, it was only towards the middle 1920s that German department store architecture was to regain momentum. And even then, it was by and large only building extensions, which had become necessary through the take-over of some companies by other more powerful concerns, that were involved. The occasional occurrences of some twenty years before were now to become the main principle: the first department store group came into being[76]. "Between 1926 and 1929, the 'five greats' (Karstadt, Kaufhof, Schocken, H. Tietz and Wertheim) develop into large operations with between ten and twenty thousand employees... thus, the 'five greats' take over a total of seventy-nine existing businesses between the years 1924 and 1929, and in the same period build eleven new stores", according to Thomas Irrgang[77]. Here, the buildings that attract most attention differ from those already encountered due to the basic layout of their plan, elevation and associated facade design. But, as ever, the facade is the main feature.

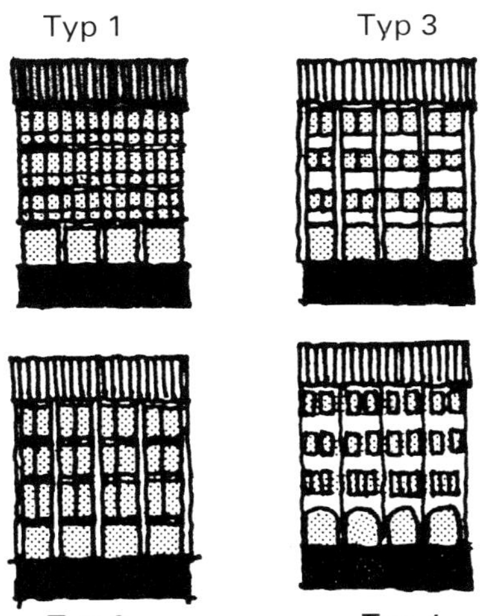

35 1. Warenhausgeneration, Fassadentypen vor I. Weltkrieg

Thomas Irrgang extends his type classification with three further examples (Figure 36): "Type 5: vertical... Type 6 horizontal, the windows are interrupted by posts... Type 7: the window area is continuous. In types 5, 6 and 7, two basically different interpretations are reflected through the exterior appearance of the store:

Type 5 represents a conscious departure from the fashion prevalent at the time: by foregoing the decorative elements of the first generation, a new pragmatic vertical emphasis is created, which is, with its leanings towards 'giantism', a symbolic expression of an economic potency that does not shrink back from land or property prices; indeed, by means of the thorough application of such a conviction, the company's 'image' is ensured through its architectonic self-promotion.
Types 6 and 7 embody horizontal solutions, which are for the first time based on purely rational considerations"[78], in that they portray an arrangement "of similar, equally utilised, horizontally layered, hall-type spaces, in each case covering an entire storey"[79], and "by means of the horizontal strips of windows" enable "unrestricted furnishing up to the facades" and "optimal illumination of the sales floors."[80]

Clearly allocated to type 5 is – not only from the point of view of the facade – the Rudolf Karstadt department store in Berlin, dating from 1929 (Figure 37). In collaboration with the company's own building department, the architect Philipp Schaefer (1879 - 1952) developed a building that, with its adjacent glazed courtyards, was traditional, and had been familiar in Berlin since Messel's extensions to the Leipziger Strasse. A relationship to the floor plan of the 1907 KaDeWe cannot be denied and, in the layout at right angles to Hermann Platz (Figure 38), with its three courtyards, it possesses an even greater similarity to Joseph Maria Olbrich's (1867 - 1908) department store, designed for L.Tietz in Düsseldorf and completed in 1909 (Figure 39)[81].

Now, in contrast to the earlier image of the department store, with its orientation towards ecclesiastical and palace architecture, there are also innovations to the exterior of the building. Here, the cube of the building has been reduced to a simple form, the "box", with its two variations: "staggered" box, and box "-with towers" (Figure 40). In their spiele (Abbildung 36): "Typ 5: Vertikalismus ... Typ 6: Horizontale Bänder/ Fensterband durch Pfosten unterbrochen ... Typ 7: Fensterband durchlaufend ... In den Typen 5, 6 und 7 spiegeln sich zwei grundsätzlich unterschiedliche Auffassungen über die äußere Erscheinung eines Warenhauses:

Typ 5 stellt eine bewußte Abwendung von der zur Zeit geltenden Mode dar. ... Unter Verzicht auf die Schmuckelemente der 1. Generation entsteht so ein neuer 'sachlicher' Vertikalismus, der mit seinem Hang zum 'Gigantismus' symbolischer Ausdruck einer vor keinen Grundstücks- oder Gebäudepreisen zurückschreckenden wirtschaftlichen Potenz ist. Durch die konsequente Anwendung dieser Überzeugung bei einem Konzern pflegt dieser durch seine architektonische Selbstdarstellung sein 'Image'.

Die Typen 6 und 7 verkörpern horizontale Lösungen, die erstmals auf rein rationalen Überlegungen basieren"[78], indem sie ein Arrangement "gleichartiger, gleichgenutzter, waagerecht übereinander gelagerter, saalartig je durch ein volles Geschoß gehender Räume"[79] darstellen und "durch die horizontalen Fensterbänder eine optimale Belichtung der Verkaufsgeschosse" und "eine freie Möblierung bis an die Fassade" ermöglichen.[80] Eindeutig dem Typ 5 zuzuordnen ist – nicht nur von der Fassade her – der Bau des Warenhauses der Rudolph Karstadt AG am Hermannplatz in Berlin aus dem Jahre 1929 (Abbildung 37). In Zusammenarbeit mit der firmeneigenen Bauabteilung entwickelte der Architekt Philipp Schaefer (1879–1952) einen im Grundriß durch das Nebeneinander der Lichthöfe traditionellen Bau, wie er in Berlin seit Messels Erweiterungsbauten an der Leipziger Straße bekannt war. Eine Verwandtschaft zum Grundriß des KaDeWe von 1907 läßt sich nicht leugnen, und eine noch größere Ähnlichkeit weist der zum Hermannplatz hin quergelagerte Grundriß (Abbildung 38) mit seinen drei Lichthöfen zu Joseph Maria Olbrichs (1867–1908) 1909 fertiggestelltem Warenhaus L. Tietz in Düsseldorf auf (Abb. 39).[81]

In der Baukörperstruktur des Außenbaues zeigen sich gegenüber dem früheren, sich an der Sakral- und Palastarchitektur ausrichtenden Warenhauserscheinungsbild nun ebenfalls Neuerungen. Hier reduziert sich der Gebäudekubus auf eine einfache Form, die "Kiste", mit den beiden Variationen Kiste "mit Staffelung" und Kiste "mit Türmen" (Abbildung 40). Diese drei von Thomas Irrgang festgehaltenen Typen sind in ihrer Erscheinungsweise auf wirtschaftliche Beweggründe zurückzuführen. Räumliche Unrentabilität der Spitzdächer, volle Ausnutzung der vorgeschriebenen Traufhöhen durch Rückstaffelung der Geschosse und/oder sich darüber erhebende Turmbildung führen zur genannten räumlich-plastischen Ausprägung der neuen Bauten.[82]

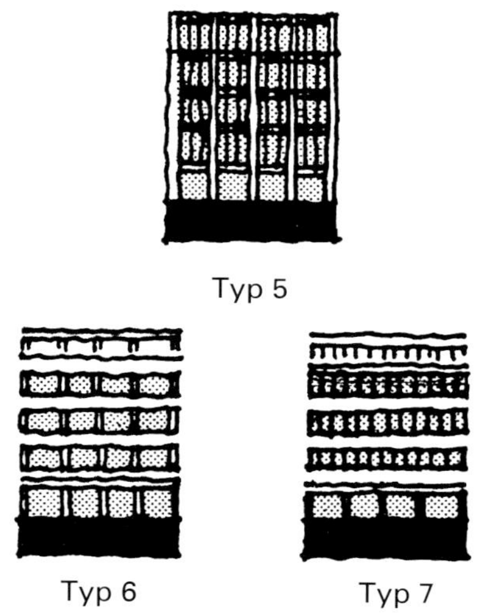

36 2. Warenhausgeneration, Fassadentypen nach I. Weltkrieg

Während das Karstadt-Gebäude mit seinen Türmen in der Vertikalität seiner Fassadengestaltung noch den überkommenen Typen folgt, zeigt sich vor allem bei den von Erich Mendelsohn (1887–1953) entworfenen Warenhausbauten ein ausgeprägter Hang zur Horizontalisierung. Max Creutz hatte schon 1912 eine "Abneigung vom Vertikalismus und eine Neigung zu mehr horizontaler Gliederung zu einem Ausgleich beider Faktoren" diagnostiziert,[83] eine Meinung, die dann etwa zwanzig Jahre später Werner Hegemann gar nicht mehr teilen kann, da er eine "um sich greifende waagerechte Baumode" wahrnimmt, deren Befürworter argumentieren, "das Zeitalter der Eisenbahn verträgt nur noch waagerechte Ausdehnung".[84] Zwar geben derlei Äußerungen tendenziell vorherrschende Meinungen wieder, den wahren Kern der Gestaltungsbegründungen treffen sie freilich nicht; der steckt in den (neu)sachlichen Gedanken begründet, die die Kritik dem Architekten unterstellt. Quasi ein Urteil über die Leistung des Architekten am Beispiel des 1932 eröffneten Warenhauses der Konsumgenossenschaft am Oranienplatz vorwegnehmend, äußert sich Adolf Behne zum Zeitpunkt des Baubeginns (1927) dahingehend, "daß der 'Begriff des Zweckes, so eindeutig und endgültig er zu sein scheint', ein gleitender sei, und die Berufung auf ihn 'das Den-

37 Philipp Schaefer, Karstadt, Hermannplatz, Berlin, 1929

appearance, these three types, also characterised by Thomas Irrgang, can be traced back to an economic origin. The spatially unprofitable pitched roofs, the need for full exploitation of the legally stipulated height of the eaves by means of staggering the floors and/or the construction of towers above, all result in the aforementioned spatial and three-dimensional feel to the new buildings[82]*.*

While the Karstadt building, with its towers, still follows convention in the verticality of its facade design, a marked leaning towards horizontalisation is mainly evident in the department store buildings by Erich Mendelsohn. In 1912, Max Creutz had already diagnosed "a trend away from the vertical towards a more horizontal arrangement, towards the cancellation of both factors"[83]*, an opinion that can no longer be expressed by Werner Hegemann some twenty years later, since he perceives "a creeping, spreading, horizontal type of construction" whose supporters argue that "the era of the railway can only cope with a horizontal expansion."*[84] *Indeed, such statements merely repeat prevalent opinion, and of course do not touch upon the true heart of the design's justification; that is to be found in the ideas of the new realism, which assigns criticism to the architects. Almost anticipating a judgement over the achievement of the architect of the "Konsumgenossenschaft" department store on Oranienplatz, opened in 1932, Adolf Behne commented in some detail when building had just commenced (1927) "that the 'idea of the purpose, although seeming clear and final' is a flexible one, and to rely on it would make 'thinking unnecessary'. A disciplined thinking is required here. We call that realism...realism implies responsible thinking. It means a kind of creation that fulfils all purpose, employing and arising out of fantasy, for it is a part of fantasy* ken nicht entbehrlich' mache. 'Dazu gehört ein diszipliniertes Denken. Wir nennen das Sachlichkeit ... Sachlichkeit bedeutet verantwortetes Denken, bedeutet ein Schaffen, das alle Zwecke mit und aus der Phantasie erfüllt. Denn es gehört Phantasie dazu, den Zweck dort zu fassen, wo er seinen revolutionären Sinn enthüllt ... an seiner Deutung des Zweckbegriffes erkennt man den Rang eines Architekten.'"[85] Der Zweck konnte nur der sein, der den betriebswirtschaftlichen Maßgaben entsprach, und insofern bewahrheitete sich am Ende der zwanziger Jahre jene am Beginn des Jahrhunderts geäußerte ironische Bemerkung, "daß die Architektur bald 'eine Fachwissenschaft der Nationalökonomie' sein würde".[86]

38 Ph. Schaefer, Karstadt, Hermannplatz, Berlin, 1929

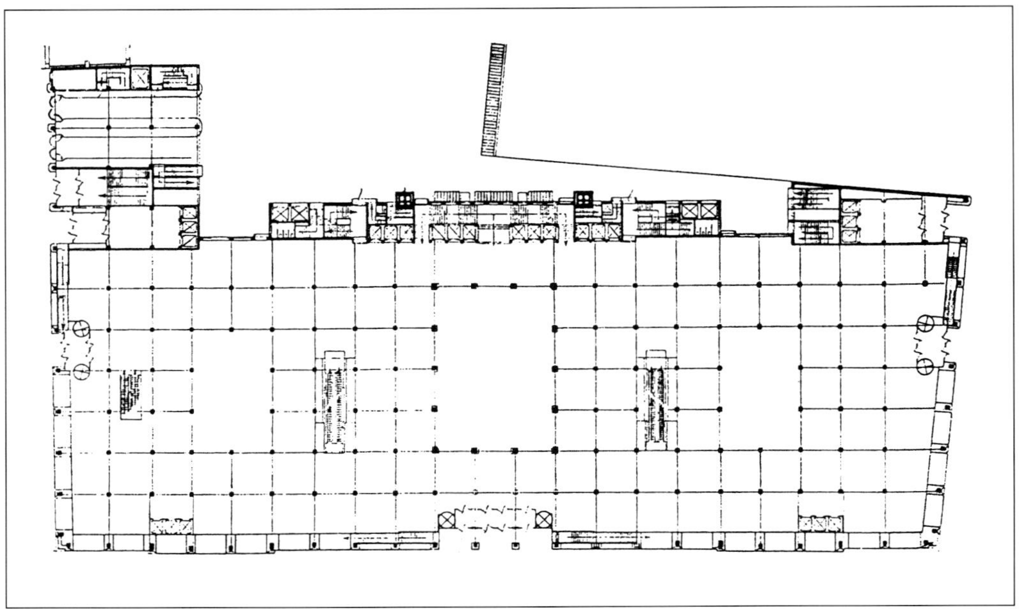

39 Joseph Maria Olbrich, Tietz (heute Kaufhof), Düsseldorf, 1909

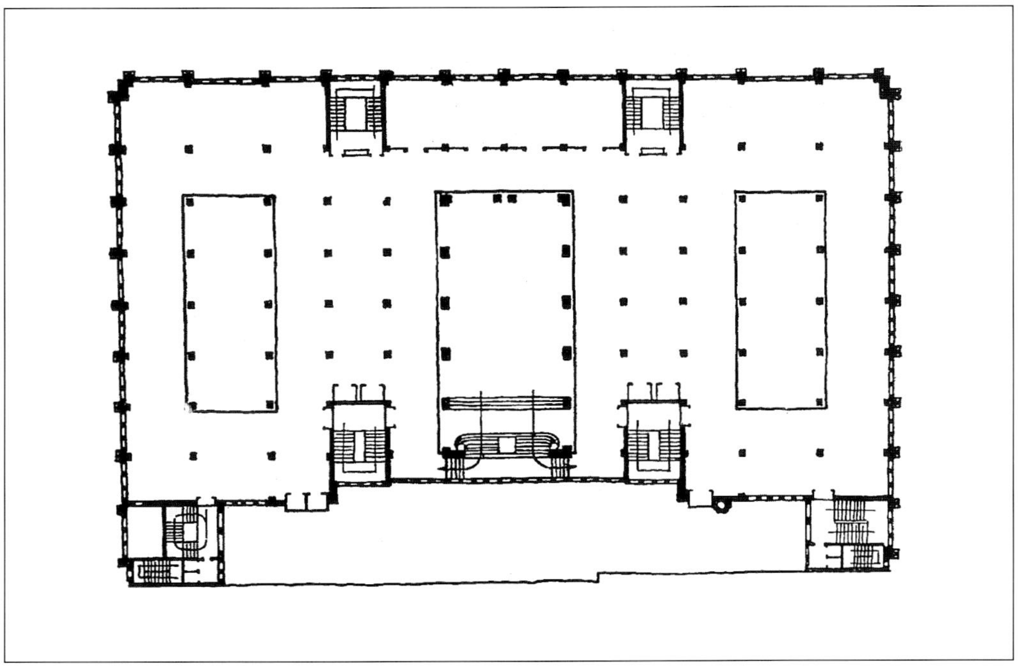

Mußten dem Kunden der wilhelminischen Zeit mit der aufwendigen Lichthofarchitektur, etwa der Messelschen Bauphasen I bis III, "im Bau starke Attraktionen geboten werden", so reduzierte sich dies sehr bald auf "die große Allüre im Außenbau".[87] Vom 'Gigantismus' war schon die Rede; auch davon, daß dieser der 'Image'pflege der Unternehmen diente. Und noch ein weiterer Aspekt darf nicht vergessen werden: der Amerikanismus. "Die aufwärts strebenden Fronten, die in zwei mächtigen Türmen ausklangen, entsprachen der Auffassung jener Architekten, die um 1920, begeistert von den amerikanischen Wolkenkratzern, gläserne Türme (wie Mies van der Rohe) oder aufgetürmte Dome (wie Bruno Taut) bauen wollten."[88]
Bei aller Begeisterung für die Neuerungen in Technik und Architektur wurden jedoch auch Stimmen behutsamer – weil literarisch "verpackter" – Kritik laut. "*Zwar*", räumte Joseph Roth ein, "*gab es bereits große Warenhäuser in der Stadt. Aber immer noch schien es dem und jenem an einem ganz großen Warenhaus zu fehlen.* ("Das ganze, von der Firma Karstadt erworbene Grundstück, hatte 12500 qm Fläche, von denen 8200 qm bebaut wurden. Der Raum umschloß 340000 cbm. Die Nutzfläche sämtlicher Geschosse des großen Warenhauses erreichte

to grasp the purpose at the point where it reveals its revolutionary sense... one can recognise the status of an architect by his interpretation of the idea of purpose'."[85] That purpose could only be the one which corresponded to the economic circumstances. In this respect the ironic remark made at the beginning of the century was confirmed at the end of the 1920s: namely, "that architecture would soon become a 'technical science of the national economy'."[86]

If "strong attractions in the building" had to be offered the customer of Wilhelm's time – Messel's building phases I to III, for example – this very soon became reduced to "the great allure in exterior architecture."[87] The talk was of 'Giantism' – and how this furthered the company 'image'. And a further aspect should also not be overlooked: Americanism. The fronts, striving upwards, ending in a finale of two mighty towers, corresponded to the view of those architects who, around 1920, amazed by the American skyscrapers, wanted to build glass towers (like Mies van der Rohe) or stacked towers (like Bruno Taut)."[88]
For all the amazement at the technical and architectural innovations, voices of cautious criticism – because they appeared in literature – were loud. Indeed, conceded Joseph Roth, there were already large department stores in the city. But it always seems to someone that a really large department store is missing. ("The entire site obtained by the Karstadt company had an area of 12,500 square metres, of which 8,200 square metres was actually built on. The volume was 340,000 cubic metres. The useful area of all floors of this great department store reached 72,000 square metres."[89] For some, it was not enough for department stores to have only four, five or six floors, and they ventured as far as daring dreams of department stores with ten, twelve or even fifteen storeys... the department store dreamers were dreaming of a skyscraper. ("The vertically arranged, Gothicising facades and the high, protruding stepped towers were reminiscent of New York's skyscrapers and transformed the building into a symbol of Americanism. Additionally, the interior organisation and design made a considerable contribution.
Everything was based on an economic flow pattern, in which stairways, lifts and innovative escalators gained particular importance. For the first time in Germany, Karstadt installed escalators."[90])... The moving stairways appear to me to be a characteristic example: it leads man upwards, in that it rises, not man. It doesn't in fact climb, it runs. As if afraid he would turn around and go back, each step runs up, carrying a potential buyer. It leads man to the merchandise, up to which he may never actually have gone on ordinary steps. Maybe they should have built that huge department store even higher, if one were not of the opinion that it requires a roof terrace on which the customers can eat, drink, admire the view and listen to music, without freezing... during the day many people sit there, drinking and eating, and although I can't accept that they do this without appetite, it seems as if they are only eating and drinking in order to demonstrate the necessity of the terrace. ("On the ninth floor, according to the American example, was an extensive roof garden with restaurant, open to the public, which became the main feature of the building, and attracted the inquisitive from all over Berlin. The sensational success of this roof terrace made it into the indispensable component of all subsequent department store buildings of these years.")[91].
... If the people themselves, when raised aloft by the moving staircases, are still recognisable as customers despite their reduced mobility, on the roof they attained a passivity that made them altogether the same as the merchandise. And even though they are the ones that pay, it would

40 2. Warenhausgeneration, Gebäudekuben

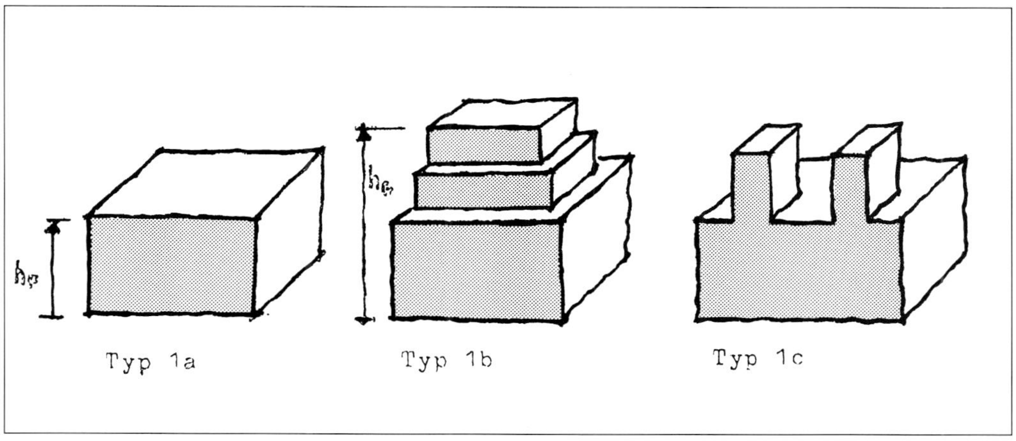

72000 qm."[89]) *Manchen genügte die Tatsache nicht, daß die bereits existierenden Warenhäuser nur vier, fünf oder sechs Stockwerke hatten, und sie verstiegen sich zu kühnen Träumen von Warenhäusern, die zehn, zwölf oder gar fünfzehn Stockwerke haben sollten. ... Die Warenhausträumer träumten von einem Wolkenkratzer.* ("Die vertikal gegliederte, gotisierende Fassade und die hoch aufragenden, abgetreppten Türme erinnerten an die Wolkenkratzer-Architektur New Yorks und machten das Gebäude zu einem Symbol des Amerikanismus. Dazu trugen auch maßgeblich die innere Organisation und Gestaltung bei. ...Alles basierte auf einer ökonomischen Wegeführung, in der Treppen, Fahrstühle und die neuartigen Rolltreppen zu besonderer Bedeutung gelangten. Erstmalig in Deutschland baute Karstadt Rolltreppen ein."[90]) ... *Die Lauftreppe scheint mir ein bezeichnendes Beispiel: sie führt den Menschen empor, indem sie statt seiner steigt. Ja, sie steigt nicht einmal, sie läuft. Jede Stufe läuft mit einem Käufer hinauf, als hätte sie Angst, er würde umkehren. Sie führt ihn den Waren entgegen, zu denen er auf einer gewöhnlichen Treppe vielleicht gar nicht gegangen wäre. ... Vielleicht hätte man das ganz große Warenhaus noch viel höher gebaut, wenn man nicht der Meinung gewesen wäre, daß es einer Dachterrasse bedürfe, auf der die Käufer essen, trinken, Ausschau halten und Musik hören könnten, ohne zu frieren. ... Tagsüber sitzen dort viele Menschen, trinken und essen, und obwohl ich nicht annehmen kann, daß sie es ohne Appetit tun, ist es doch, als säßen und tränken sie nur, um die Notwendigkeit der Terrasse zu demonstrieren.* ("Im neunten Geschoß befand sich nach amerikanischem Vorbild ein ausgedehnter Dachgarten mit Restaurant, der öffentlich zugänglich war und zur Attraktion des Hauses wurde, die Neugierige aus ganz Berlin anzog. Der durchschlagende Erfolg dieser Dachterrasse machte sie zu einem unverzichtbaren Bestandteil aller folgenden Warenhausbauten dieser Jahre".[91]) ... *Waren die Menschen selbst, wenn sie von den Lauftreppen emporgezogen wurden, auch noch an ihrer reduzierten Beweglichkeit als Käufer zu erkennen, so gelangten sie auf dem Dach zu einer Passivität, die sie den Waren vollends ähnlich macht. Und obwohl sie zahlen, ist es doch, als würden sie bezahlt".*[92]

Die Nivellierung von Käufer und Ware (Wer ist eigentlich für wen da?) setzt einen Identifikationsprozeß voraus: die Herstellung einer Identität des Käufers mit der Ware bzw. mit der die Ware verteilenden Institution. Der Grundstein zur Erzeugung eines Markenbewußtseins war gelegt. Nun galt es nur noch, sich nach außen hin als ein ganz bestimmter Warenverteiler darzustellen. Für den Karstadt-Konzern war "mit dem Warenhaus am Hermannplatz ... ein Höhepunkt der Baupolitik ... erreicht, die in einer versachlichten Vertikalgliederung eine Art Markenzeichen des Unternehmens schuf.
Die einheitliche Planung des Baubüros unter der Leitung von Philipp Schaefer hatte im Hamburger Warenhaus (1927– 28) die erste monumentale Ausbildung erfahren" (Abbildung 41), "die dann am Hermannplatz mit der Doppelturmfassade weiterentwickelt wurde. In der Berliner Hauptverwaltung in der Neuen Königstraße (1931–32) zitierte der Architekt mit dem Turmaufbau direkt dieses Warenhaus. Ältere Gebäude des Unternehmens wurden nach diesem Vorbild in der Fassade 'bereinigt'."[93]

Doch nicht nur Philipp Schaefer und die Firma Rudolph Karstadt AG waren um ein einheitliches architektonisches Erscheinungsbild mittels der Fassade bemüht. Auch Erich Mendelsohn entwickelte "in seinen Bauten für die Firma Schocken eine neue Ausdrucksweise des Warenhauses, die zum Inbegriff einer 'Großstadtarchitektur' wurde und in ihrer Wirkung weit über die eigene Bedeutung hinausging".[94] Man mag dies der Tatsache zuschreiben, daß die von Mendelsohn 1926 errichtete Nürnberger Filiale des Hauses Schocken (Abbildung 42) aus dem Umbau einer Fabrik hervorgegangen war; deren Architektur entsprach zwar ihrerseits durchaus schon der Auffassung moderner Formgebung, doch wurde erst das Nürnberger Warenhaus von der Architekturkritik unserer Tage als "erster und noch unsicherer Versuch, einem großen Kaufhaus eine moderne Form zu geben", gewertet.[95] Bereits 1917 hatte Mendelsohn Teile eines Entwurfs zu einem "Haus der Freundschaft" mit horizontal angelegten Fensterreihen versehen, wie sie 1922 im Entwurf des Hochhauses am Kemperplatz in Berlin und 1921–1923 im Umbau des Sitzes des Berliner Tageblatts, des sogenannten "Mossehauses" (Abbildung 43, 44), in Zusammenarbeit mit Richard Neutra wiederkehrten. Eine Kombination aus beiden gelang ihm schließlich im Bau des Pelzhauses C. A. Herpich an der Leipziger Straße in Berlin, einem

seem that they would be paid[92]. The leveling of customer and merchandise (who is there for whom?) presumes an identification process: the manufacture of an identity for the customer along with the merchandise, or the merchandise with the institution that distributes them. The foundation stone for the creation of brand-name consciousness had been laid. Now it was only necessary to present yourself to the outside world as an entirely specific distributor of goods. For the Karstadt group, "with the department store on Hermann Platz, a high point in architectural policy had been reached that created, in a functionalised vertical arrangement, a kind of trade mark for the organisation.
The uniform planning policy of the architectural office, with Philipp Schaefer in charge, had, in the Hamburg department store (1927-28) led to the creation of the first monumental development (Figure 41), which was then developed further with the twin-towered facade on Hermann Platz. For the main Berlin administration in the Neue Königstrasse (1931-32), the architect used the tower structure to directly quote this department store, and the facades of the company's older buildings were subsequently . "cleansed" according to this example[93].

But not only Philipp Schaefer and Rudolf Karstadt AG were working towards a uniform architectonic image based on the facade. Erich Mendelsohn, too, developed "in his buildings for the Schocken company, a new expression for the department store, which became the quintessence of a 'city architecture' and, in its effect, surpassed its own significance by a wide margin."[94] This may be associated with the fact the Nürnberger branch of the Schocken store, built by Mendelsohn in 1926 (Figure 42), emerged out of a factory conversion; for its part, the architecture indeed corresponded altogether with the interpretation of a modern form, but the Nürnberger department store is rated by modern critics as "the first and still uncertain attempt at giving a modern form to a large store."[95] Already in 1917, Mendelsohn had provided parts of a design of a "House of Friendship" with horizontal rows of windows, as were to reappear in the design of the high rise building on Kemperplatz in Berlin in 1922 and, in collaboration with Richard Neutra, in the conversion of the Berliner Tagesblatt offices, the so-called "Mossehaus" (Fig. 43, 44). He eventually achieved a combination of the two in the building for the furriers C.A. Herpich on Leipziger

41 Ph. Schaefer, Karstadt, Hamburg-Barmbek, 1928

seinerzeit als "Schande für die Stadt" und als "grobes Durcheinander von Umrissen und Massen"[96] geschmähten Gebäude (Abbildung 45). "Die Fassade ist von der eigentlichen Konstruktion losgelöst, so daß sich ihre Glasflächen ausdehnen können."[97] Doch ist dies nur eine motivisch vorbereitende Zwischenstufe zu der extrem den horizontalen Fensterbändern frönenden Architektur Mendelsohns, die in den späten zwanziger und beginnenden dreißiger Jahren sein Markenzeichen werden sollten. Die Einsicht, daß die in den oberen Geschossen liegenden Fenster als Schaufenster nicht zweckmäßig seien, führte zum Wandel in der Auffassung dessen, was eine Fassade zu leisten imstande sei.[98] Die Ausprägung ihres Erscheinungsbildes konnte auf die Funktionen reduziert werden, die im Inneren verlangt waren. Ein Interpret der Architektur Ludwig Mies van der Rohes formulierte dies so: "Aus den Wänden sind Öffnungen aus den Stellen herausgeschnitten, wo sie zur Beleuchtung und für die Aussicht notwendig sind. Die Unabhängigkeit der Wand von ihrer ehemaligen Tragefunktion ermöglicht jeden beliebigen Ausschnitt, so daß überraschende Wirkungen entstehen, die lastende Körperlichkeit der Baumassen aufgehoben, eine schwebende Leichtigkeit erzielt wird."[99]
Der Verzicht auf Lasten und Ruhen, das Einführen eines Schwebens hängt eng mit dem allgemeinen Lebensgefühl der Unrast zusammen, wie es sich auch in der zeitgenössischen Lyrik äußerte.

"Lichtbänder zucken über
Häuserschächten.
Steile Fassaden stehen stramm.

42 Erich Mendelsohn, Schocken, Nürnberg, 1926

Rolltreppen schaufeln Menschen aus
den Nächten
Der Untergrundbahn auf den
Straßendamm.

Geschrei. Geklingel. Hupen und
Sirenen.
Schaufenster. Banken. Warenhäuser.
Bars.
Haushoch und lächelnd mit
entblößten Zähnen
Das Riesenbrustbild eines Kinostars.

Zigarrenhandlungen. Cafés mit
Diele.
Bei Bogenlampen Straßenübergang.
In weiter Schlangenflucht
Automobile,
Sechsfache Reihen, unabsehbar
lang."[100]

Der Beginn von George A. Goldschlags Gedicht "City" steht im Einklang mit Erich Mendelsohns Benennung des "neuen Partners" in der Umgebung des Menschen, der die äußere Form der Architektur bestimmt: "Es ist der Verkehr auf der Straße. In der hymnischen Verklärung des Verkehrs, des Passantenstroms, der Maschinen und des Lärms der Großstadtstraße leben futuristische Motive auf: '... hier ist das Haus kein unbeteiligter Zuschauer der sausenden Autos, des hin- und herflutenden Verkehrs, sondern es ist

43 E. Mendelsohn, Entwurf zu einem Haus der Freundschaft, 1917

Strasse in Berlin, reviled in his time as a "disgrace to the city" and as "a great confusion of outlines and masses"[96] (Figure 45). "The facade has become separated from the actual construction, so that its glass surfaces could expand at will."[97] But this is only an intermediate step, preparing a motif for the architecture of Mendelsohn, extreme in its indulgence in the horizontal rows of windows which were to become his trade mark in the late 1920s and early 1930s. The insight that the windows on the upper floors were not appropriate as display windows lead to a change in the interpretation of what a facade was in a position to achieve[98]. The characterisation of its image could be reduced down to those functions that were required for the interior. An interpreter of the work of Ludwig Mies van der Rohe formulated this as follows: "Out of the walls, openings have been cut from the positions where they are required for lighting and for a view to the outside. The independence of the wall from its original supporting function enables any desired cut out, so that surprising effects arise and, with the burdening corporeality of the buildings mass neutralised, a floating lightness can be aimed at."[99]

Alleviating heaviness, load and mass, and introducing a floating lightness, is closely associated with the more general feeling of restlessness, as also expressed in the opening lines of a contemporary poem "City" by George A. Goldschlag:

Lichtbänder zucken über
Häuserschächten.
Steile Fassaden stehen stramm.
Rolltreppen schaufeln Menschen aus
den Nächten
Der Untergrundbahn auf den
Straßendamm.
Geschrei. Geklingel. Hupen und
Sirenen.
Schaufenster. Banken. Warenhäuser.
Bars.
Haushoch und lächelnd mit

44 E. Mendelsohn und Richard Neutra, Umbau des "Mossehauses", Berlin, 1923

zum aufnehmenden, mitwirkenden Bewegungselement geworden'."[101] Die Konkordanz ist frappierend. Das Chrysler-Zeitungsinserat (Abb.46)[102] greift gewissermaßen den Grundriß des Stuttgarter Schocken-Warenhauses auf, das sich auch von seiner Fassadengestaltung her für eine plakative Darstellung zu Werbezwecken geradezu anbot (Abb.47).[103] Aber nicht nur Automobil und Architektur wurden einander motivisch angenähert; auch der Mode unterstellte man eine gewisse Affinität zur Architektur: "Der Geist der neuen Mode entspricht dem Geist der neuen Architektur", konnte man in einem Modeheft des Lette-Hauses lesen (Abbildung 48).[104] Hier bedurfte es nicht einmal einer real vorhandenen Testimonial-Architektur. Der Wettbewerbsentwurf der Brüder Luckhardt gab das Motiv ab (Abbildung 49). Doch nicht alle waren bereit, den Zug der Avantgarde zu besteigen, auch wenn sich dazu selbst Traditionalisten neoklassizistischen Ursprungs überwinden konnten, wie etwa der stark von Schinkel geprägte Peter Behrens, der jedoch auch Zeichen nicht nur einer modernen Architekturauffassung setzte; er hatte schließlich einmal auch sogenannte Reformkleider kreiert. Sein zusammen mit Alexander Popp entworfener Neubau der Linzer Tabakfabrik (Abbildung 50) paßt sich dem vorhandenen Baugrundstück ähnlich wie Mendelsohns Warenhaus Schocken in Chemnitz (Abbildung 51) dem Verkehrsfluß an[105] und nimmt im Motiv der horizontalen Bänder "das Moment der Bewegung des vorbeiflutenden Verkehrs auf. Die Wirkung dieser Fassade war so prägnant, daß Mendelsohn alle weiteren Gestaltungselemente reduzierte. Der sonst so übermächtige Namen des Hauseigentümers war nur noch in kleinen Buchstaben über den Eingängen angebracht."[106] Ungeachtet der Tatsache, daß noch weitere Ähnlichkeiten zwischen dem Linzer Fabrik- und dem Chemnitzer Warenhausbau anklingen,[107] sei auf eine Gemeinsamkeit zwischen letzt-

45 E. Mendelsohn, C. A. Herpich, Leipziger Straße, Berlin 1924

entblößten Zähnen
Das Riesenbrustbild eines Kinostars.

Zigarrenhandlungen. Cafés mit
Diele.
Bei Bogenlampen Straßenübergang.
In weiter Schlangenflucht
Automobile,
Sechsfache Reihen, unabsehbar
lang.[100]

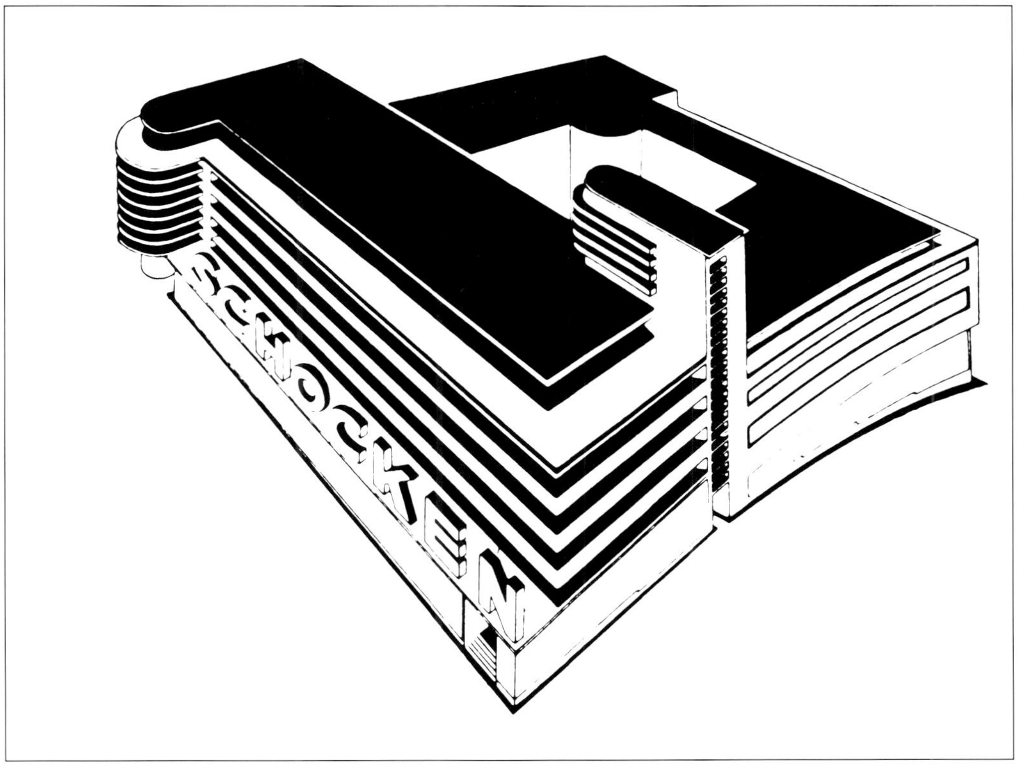

47 E. Mendelsohn, Schocken, Stuttgart, Axonometrie, 1928

These lines are in harmony with Erich Mendelsohn's naming of the "new partner" in the human environment that determines the exterior form of architecture: "It is the traffic on the street. In the hymnic transfiguration of the traffic, of the stream of passers by, of the machines and the noise of the city street, futuristic motifs come to life. '...here, the store is no uninvolved observer of the whirring cars and the traffic streaming here and there; rather, it has become an absorbing, participating element of motion'."[101] *The conformity is remarkable. To a certain extent, this Chrysler newspaper advertisement (Fig. 46)*[102] *siezes upon the outline of Schocken's Stuttgart department store that, with its facade design, seems an obvious choice for a poster (Figure 47)*[103]*. But not only the automobile and architecture were closely compared as motifs: fashion, too, was granted a certain affinity with architecture: "The spirit of the new fashion corresponds with the spirit of the new architecture", could be read in the pages of a Lette store fashion magazine (Figure 48)*[104]*. Here, it didn't even require a real, existing architecture. The competition design by the Luckhardt brothers delivered the motif (Figure 49). But not everybody was prepared to climb on the avant-garde bandwagon, even if traditionalists of neoclassicist origin could bring themselves to: Peter Behrens, for example, who, strongly influenced by Schinkel, nevertheless set the style of an interpretation of architecture that was not only modern. (He had once also created designs within the "Reform Movement" in Germany). His new building for the Linzer Tabacco factory, designed together with Alexander Popp (Figure 50), is in keeping with the existing site, just as Mendelsohn's Schocken department store in Chemnitz (Figure 51) is adapted to the traffic flow*[105]*, and adopts in the motif of the horizontal bands "the moment of motion of the traffic flowing by. The effect of this facade is so pregnant that Mendelsohn reduced all further elements of the design. The otherwise so overpowering name of the store owner was written only in small lettering above the entrances."*[106]
Regardless of whether further similarities between the Linzer factory store and the Chemnitz department store building can be seen[107]*, a common feature may be pointed out between the latter and the Tietz building as featured in the Luckhardt design: the globe, recognisable from Sehring's generous facade design of 1899/1900, adorns the building as a very reduced company logo, every bit as restrained as the "Schocken" lettering in Chemnitz, next to the overdimensioned Tietz lettering – which is almost imperceptibly integrated into the facade and illuminated at night like an advertisement. Increasingly, the integral value of the facade as an individual design element was to lose significance in the same way as the staged sales space: "Whereas the dream palace of the turn of the century united many areas such as catering, reading rooms and winter garden, which were not dedicated to actual sales but were really to attract custom, now the department store was to return to its actual*

genanntem und dem Tietz-Bau im Luckhardt-Entwurf aufmerksam gemacht. Ebenso zurückhaltend wie der Schriftzug "Schocken" in Chemnitz ziert dort neben dem fast unmerklich in die Fassade integrierten überdimensionierten und auf nächtliche Leuchtreklamewirkung abzielenden Tietz-Schriftzug die aus Sehrings üppiger Fassadengestaltung von 1899/1900 als Markenzeichen bekannte Weltkugel das Gebäude als sehr reduziertes Firmensignet.

Der Eigenwert der Fassade als individuelles Gestaltungselement verlor ebenso wie der inszenierte Verkaufsraum zunehmend an Bedeutung. "Vereinigte der Traumpalast der Jahrhundertwende noch viele Bereiche wie Gastronomie, Lesehallen und Wintergärten, die nicht dem eigentlichen Verkauf dienten, sondern die Kunden anlocken sollten, so zog sich jetzt das Warenhaus auf seine eigentliche ökonomische Aufgabe zurück: Quantität und Umsatz dominierten".[108] Die Tatsache, daß "das moderne Geschäftshaus keine Architekturfassade im alten Sinne mehr" hat und "seine Außenhaut ... nur das Gerüst für Reklame aller Art" ist,[109] spiegelt eine Auffassung wider, die aus ökonomischer Sicht verständlich ist, jedoch nicht in jedem Falle und vor allem nicht auf alle Käuferkreise zutrifft: "Man rechnete mit einer Kundschaft, die mit der Institution Warenhaus vertraut war ... jedes einzelne Produkt mußte durch Reklame und Design die potentielle Käuferschar erreichen."[110] Viel wichtiger als das unverwechselbare architektonische Antlitz der Warenhäuser, stellt Rainer Stommer in diesem Zusammenhang fest, wurden "Annoncen in Zeitungen und Zeitschriften, Produktwerbung und Markenimage im Kontext der Propagierung eines zeitgemäßen Lebensstiles in Illustrierten und Film", die "den medialen Überbau" bildeten (Abbildung 52).

48 Aus einem Modeheft des Lette-Hauses, 1929

46 Chrysler-Zeitungsinserat, um 1929

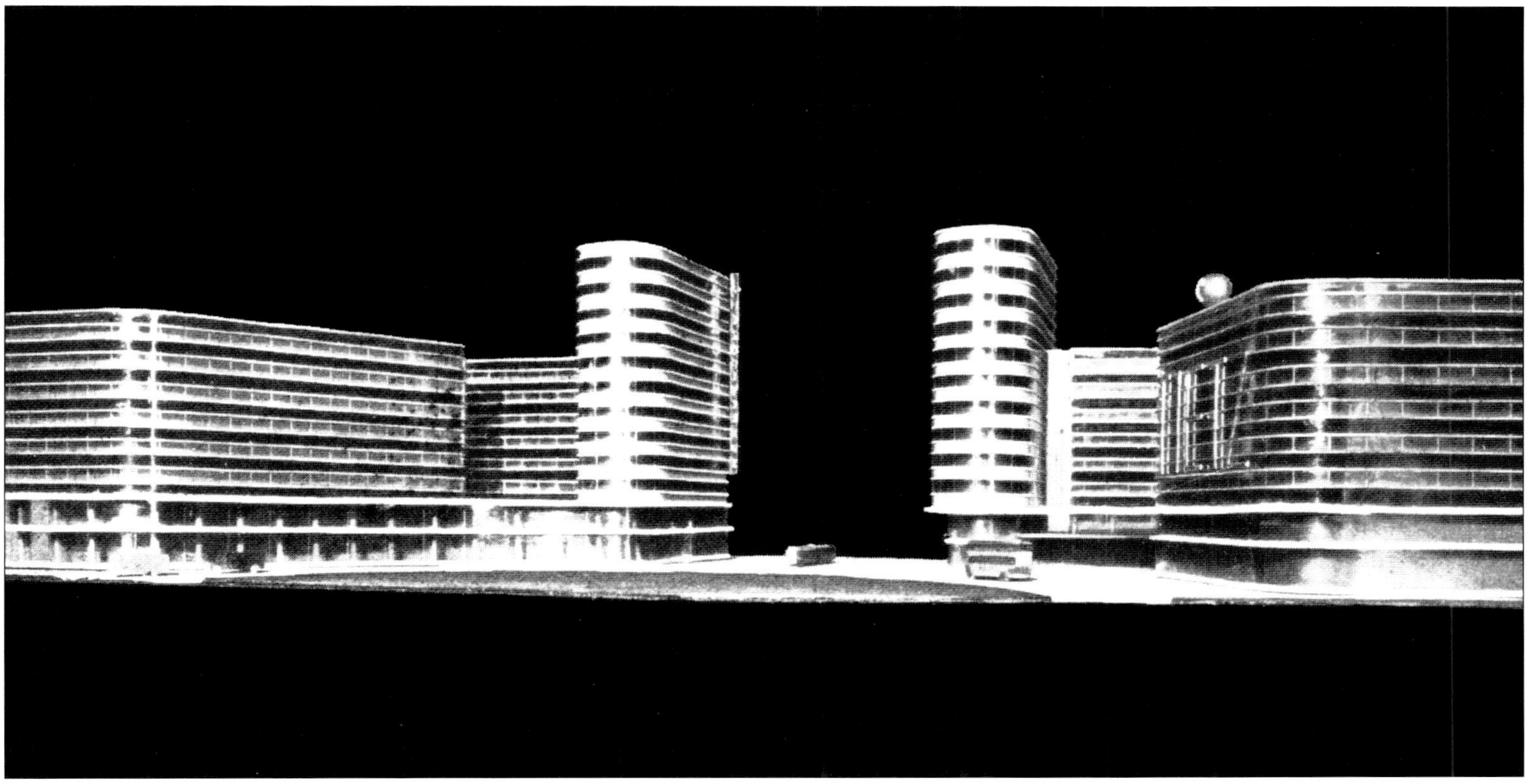

49 Hans und Wassili Luckhardt, Alexanderplatz Berlin, Wettbewerbsentwurf, 1929

economic purpose: quantity and turnover dominate."[108] The fact that the "modern department store had no longer an architectural facade in the old sense, and its exterior shell... is only a framework for advertisements of all kinds"[109], reflected an interpretation that is understandable from the economic point of view, although not applicable in every case, and above all not for all classes of customer: "One reckons on a type of customer that is familiar with the department store institution... each individual product must, by means of advertising and design, reach its potential horde of customers."[110] In this respect, according to Rainer Stommer, much more important than the architectonic countenance of the department store were "announcements in magazines and newspapers, as well as product advertising and brand-image in keeping with the proliferation of a modern lifestyle as seen in illustrated magazines and motion pictures", which formed "the medial superstructure." (Figure 52)

It may be that, for the period in question, this modern day judgement is rather premature, and possibly Klaus-Dieter Weiss also generalises, for example in relation to the events following Mendelsohn's Stuttgart Schocken building (1927): "The reduction of the formal means", he says "leads all too rapidly to the slippery slope of vulgarism, however, and to the minimal catalogue without any attempt at design", and therefore "the modern department store (can) maintain the pragmaticism of its dynamic form only for a short time before rentability once again becomes the issue." This trend was only fully felt after World War II.
In the period between the wars – at least until the 1930s – the trend was the same as had continuously developed since the turn of the century and the invention of the arched street-lamp: the reduction of the theatrical setting for the presentation of merchandise; a reduction of architectonic elements, to thus strip away emotional content; an increased allowance for the economic concerns of the store combine through enlargement of total display area; greater attention to lighting which, also at night, presented an unmistakable image of the store to the outside world. Not least, however, the relatively recent development history of department store architecture had caused an increased awareness of the urban planning premise with regard to the location of stores, with the result that their exterior appearance became adapted to the relevant economic processes of transformation and restructuring.

Ludwig Hilberseimer recognised in the architecture of the city "a new type of architecture with its own forms and laws."[111] The buildings should adapt to the modern circum-

Es mag dieses in unserer heutigen Zeit gebildete Urteil hinsichtlich des hier behandelten Zeitraumes verfrüht sein, und möglicherweise verallgemeinert auch Klaus-Dieter Weiß unter anderem bezüglich der Nachfolgeerscheinungen von Mendelsohns Stuttgarter Schocken-Bau (1927) allzu sehr: "Die Reduktion der formalen Mittel", sagt er, "führte jedoch allzu schnell auf die schiefe Bahn des Vulgärfunktionalismus, zum Minimalkatalog ohne Gestaltungsabsicht", und deshalb "(kann) das moderne Warenhaus ... die Sachlichkeit seiner dynamischen Formen nur für kurze Zeit vor weitergehenden Rentabilitätsabsichten bewahren". Diese Tendenz sollte dann doch erst nach dem Zweiten Weltkrieg zur vollen Geltung kommen.

Für die Vorkriegszeit, wenigstens bis in die dreißiger Jahre, galt, was sich seit der Jahrhundertwende und der Erfindung der Bogenlampen kontinuierlich weiterentwickelt hatte: Reduktion des theatralischen Rahmens der Warenpräsentation, Reduktion der architektonischen Elemente im Sinne einer Versachlichung, zunehmende Berücksichtigung auch ökonomischer Faktoren seitens der Warenhauskonzerne durch Vergrößerung der Präsentationsflächen, stärkerer Einbezug des Faktors Beleuchtung, der den Warenhäusern auch nachts ihr unverwechselbares Gepräge nach außen hin verlieh. Nicht zuletzt aber hatte die relativ junge Entwicklungsgeschichte des Warenhausbaues eine gesteigerte Sensibilisierung bezüglich städtebaulicher Prämissen für die Situierung von Warenhäusern bewirkt, mit der Folge, daß sich deren äußere Erscheinungsform an die jeweiligen volkswirtschaftlichen Wandlungs- und Umstrukturierungsprozesse anpaßte.

Ludwig Hilberseimer erkannte in der Großstadtarchitektur "eine neue Architekturart mit eigenen Formen und Gesetzen".[111] Die Bauten hätten sich den Gegebenheiten des modernen, jeweils für 25 Jahre vorausberechneten Großstadtverkehrs anzupassen, "danach sollten sie ersetzt werden". Dabei wäre dann, wie Martin Wagner feststellte, "die formale Gestaltung, die Zweckform, von sekundärer Bedeutung", da "die den Platz umgebenden Bauten keine bleibenden wirtschaftlichen wie architektonischen Werte besitzen".[112]

50 Peter Behrens und Alexander Popp, Zigarettenfabrik der Österreichischen Tabakgesellschaft, Linz, 1930-34

51 E. Mendelsohn, Schocken, Chemnitz, 1929

stances, namely the city traffic, which had been reckoned with for 25 years: "Accordingly, they should be replaced." With that, as Martin Wagner was to point out, "the formal design, the functional form, would be of secondary importance", since "the buildings around the square possess no lasting economic or architectonic value."[112] With regard to the concentration of the buildings, it was also true that they should adapt "in their 'alignment', to the directional line of the pedestrian, and therefore the consumer force."[113]
In an entirely similar way to Martin Wagner, the architect Marcel Breuer saw the specific moment to respond in the changing relationships, whereas architecture only functioned as a backdrop. With Wagner, the "main architectural elements" of "colour, form and light (advertisement)" appear as changeable, and with Breuer, the architecture of the city square as a "structure of clearly optimally constructed buildings in the most simple form" remains the factor whose "exterior merely assumes the form of a fundamental rhythm to the continually changing, surprising and individually versatile colours and lights of the city." The buildings are "the naked body which changing time will clothe, currently and variably."[114]

Tempora mutantur: as shown by Norbert Huse, "the whole problem of the city" is articulated around the "two styles (Erich Mendelsohn and Bruno Taut) of 'Das Neue Bauen' represented in Berlin: here, traffic, commerce, city, capitalism; there, the fulfilment of socialism." This duality is also the conclusion of Alexander Schwab's 1930 attempt "to unravel the social physiognomy of 'Das Neue Bauen': 'Das Neue Bauen' (will) mainly be supported by socialist groups and the upper classes... and will nowhere have such bitter enemies as amongst the middle and lower middle classes."[115] Alexander von Senger sees 'Das Neue Bauen' as more biased; for him, it is the "product of a pact between Bolshevism and 'Mammon'." He immediately examines its economic effect: "It is anti-people, it destroys middle class and culture, tears apart the entire spiritual complex which crystallises the term architecture: patriotism, community spirit, a sense of history and family, past and future. It degrades architects to the

Und auch für die Konzentration der Bauten gelte, daß sie "sich in ihren 'Fluchtlinien' den Ganglinien der Fußgänger, also der Konsumkraft, anzuschließen habe".[113]

Ganz ähnlich wie Martin Wagner sah auch der Architekt Marcel Breuer in den sich wandelnden Verhältnissen das jeweilige Moment, auf das man eingehen müsse, wogegen der Architektur lediglich noch die Funktion einer Hintergrundsfolie zukomme. Während sich bei Wagner die "Hauptbauelemente" "*Farbe, Form* und *Licht* (Reklame)" als veränderbar herausstellen, bleibt bei Breuer die Platzarchitektur als "Struktur eindeutig bestens konstruierter Gebäude in einfachster Form" der Faktor, dessen "Äußeres nur einen Grundrhythmus zu den dauernd wechselnden, überraschenden und individuell-vielseitigen Farben- und Lichtformen der City bildet". Die Gebäude "sind der nackte Körper, den die wechselnde Zeit aktuell-verschiedenartig bekleidet". [114]

Tempora mutantur: An den "zwei in Berlin vertretenen Stilvarianten des Neuen Bauens" – Erich Mendelsohns und Bruno Tauts – artikulierte sich, wie Norbert Huse aufgezeigt hat, "das ganze Problem der Großstadt": "Dort Verkehr, Handel, City, der Kapitalismus, hier Erfüllung der Forderungen des Sozialismus." Dieser Dualismus ist auch das Ergebnis des 1930 von Alexander Schwab unternommenen Versuchs, "die gesellschaftliche Physiognomie des Neuen Bauens zu entschlüsseln": "Das Neue Bauen (werde) vor allem von den sozialistischen Gruppen und vom Großbürgertum getragen ..., während es nirgends so erbitterte Feinde habe wie im Mittelstand und im Kleinbürgertum."[115] Tendenziöser sieht Alexander von Senger das Neue Bauen verankert. Für ihn ist es das "Produkt einer Verschwörung von Bolschewismus und 'Mammonismus'". Er geht sogleich auf seine ökonomischen Auswirkungen ein: "Es ist volksfeindlich, Kultur und Mittelstand vernichtend, ... reißt ... den ganzen seelischen Komplex, der sich um den Begriff Architektur kristallisiert, zusammen: Heimatliebe, Volksgefühl, geschichtlicher Sinn, Familie, Vergangenheit und Zukunft. Es degradiert den Architekten zum Bank- und Industrieagenten; es zerstört und proletarisiert hunderttausende selbständiger Baugewerbeexistenzen; es vernichtet das Herz des Mittelstandes."[116] Und genau den hatte die nationalsozialistische Propaganda im Blick, als sie "mit sicherem Gespür für Ressentiments ... bereits im Parteiprogramm der NSDAP die Warenhausbekämpfung als Köder für den Mittelstand ausgelegt" hatte.[117] Aber nicht nur aus politischen und ökonomischen Gründen richtete sich die nationalsozialistische Ideologie gegen das Neue Bauen und das es tragende Großbürgertum. Auch rassistische Motive trugen die nur kurze Zeit nach Hitlers Machtübernahme schon am 1. April 1933 proklamierten "Boykottmaßnahmen gegen Warenhausgroßbetriebe, deren Besitzer Juden waren. Das richtete sich ... nicht gegen das Warenhaus schlechthin, sondern hatte seine Ursache in der antisemitischen Einstellung der Nationalsozialisten." [118] "Die im Juli 1934 eingeführte Konzessionspflicht für Warenhäuser ('Verordnung zur Durchführung des Gesetzes zum Schutze des Einzelhandels' vom 23. Juli 1934), die bis zum Ende des Nationalsozialismus gültig blieb, führte zu einer zwölfjährigen allgemeinen Neubau-, Umbau- und Erweiterungssperre."[119] Daran änderte auch ein 1936 allgemein feststellbarer wirtschaftlicher Aufschwung, der allerdings ein Resultat der Kriegsrüstung war, nichts. "Nach Kriegsbeginn 1939 unterlagen die Warenhäuser den organisatorischen Maßnahmen der Kriegswirtschaft."[120] Und deren Erfolg ließ sich noch lange Zeit nach Kriegsende ablesen (Abbildung 53).

52 Karstadt-Magazin, 3. Jg., Nr. 12, 1930

role of agents acting on behalf of the banking establishment and industry; it destroys and prolatarises hundreds of thousands of independent construction industry jobs; it destroys the heart of the middle classes."[116] This was exactly what National Socialist propaganda had in mind as, "with a sure feeling for resentment, the fight against the department store was included in the NSDAP manifesto as a bait for the middle classes."[117]

But it wasn't only for political or economic reasons that National Socialist ideology was directed against "Das Neue Bauen" and its upper class supporters; the racist "boycott of department stores whose owners were Jews" was proclaimed on 1 April 1933, only a short time after Hitler came to power. That was directed not simply against the department store, but had its origin in the anti-semitic attitude of National Socialism."[118] "The introduction of government controls for department stores on 23 July 1934, ('Verordnung zur Durchführung des Gesetzes zum Schutze des Einzelhandels), which remained in force to the end of the National Socialist era, led to a twelve year long halt to general new construction, conversion and extension."[119]
In spite of the generally felt economic upswing (naturally the result of war preparations) felt in 1936, nothing of this was to change. "After war broke out in 1939, the department stores came under the organisational measures of a war economy."[120]
And after the war's end, their success was evident for a long time (Figure 53).

53 Zerstörter Karstadtbau, Hermannplatz, Berlin, 1945

Die Entwicklung von Kauf- und Warenhäusern in Deutschland von der Nachkriegszeit bis heute

Hans-Georg Pfeifer

Die Jahre des Wiederaufbaus

1945 war Deutschland zerstört und mit ihm, da meist in den Stadtzentren gelegen, die Vielfalt der Architekturen der ersten beiden Warenhausgenerationen. Nur wenige der vor 1918 entstandenen Warenhausbauten hatten, sofern sie nicht schon früher aus ökonomischen Gründen aufgegeben worden waren, die Zerstörungskraft der Bomben der alliierten Streitkräfte auf Hitler-Deutschland überstehen können. Und auch die Mehrzahl der Bauten der zwanziger und dreißiger Jahre hatte Schaden genommen. Vieles war - in den Dreißigern - schon im Projektstadium stecken geblieben.[1]

Waren in den Jahren seit 1933 Konzernveränderungen auf Notverkäufe oder Zwangsenteignungen zurückzuführen, so sind sie nach 1945 die Folge von kriegsbedingten wirtschaftlichen Zusammenbrüchen. Auch standen Schwarzmarkt und Kontingentwirtschaft einem neuerlichen Aufschwung entgegen, zumal zunächst auch noch an den Wiederaufbau der Bausubstanz gedacht werden mußte. Dennoch ließ sich zum Beispiel der Wertheim-Konzern nicht entmutigen und begann schon kurz nach Kriegsende am 16. Juli 1945 im Columbushaus am Potsdamer Platz in Berlin das Erd- und erste Obergeschoß provisorisch zu nutzen.

Das Columbushaus (Abbildung 1) war 1928 für die Galeries Lafayette A.G. von Erich Mendelsohn projektiert und 1931/32 als "sein letztes Meisterwerk aus der deutschen Periode"[2] im Stile des Neuen Bauens - dann aber als Bürohaus - realisiert worden. Als Ironie des Schicksals dieses am 17. Juni 1953 abgebrannten Bauwerks mag man die Tatsache bezeichnen, daß es sowohl in der Nachkriegs- als auch bereits während seiner Entstehungszeit nur als Provisorium genutzt wurde: Der Bauzaun präsentierte sich als "20 m hohe architektonische Durchbildung mit großen Reklameflächen und Ladeneinbauten"[3] im Erdgeschoß (Abbildung 2). Mendelsohn, der zunächst nach London emigrierte, hatte mit diesem Bau am Potsdamer Platz einen Markstein der Architekturgeschichte des Neuen Bauens

1 E. Mendelsohn, Columbushaus, Potsdamer Platz, Berlin, 1932

2 Bauzaun der Galeries Lafayette, Potsdamer Platz, Berlin, 1928

hinterlassen.[4] Er hätte richtungweisend werden können für die Architektur der Nachkriegszeit, die sich auch im Bereich der Architektur für den Handel jenem "Gleichmachungs - und Verflachungsprozess" nicht entziehen konnte, "der sich im 'International Style' manifestiert hat. Dieser 'Stil', in dem die meisten Gebäude nach dem Zweiten Weltkrieg gebaut wurden, hat sich der äusseren Formen des Rationalismus bedient, dabei aber die umstürzlerischen Aspekte wie Asymmetrie, Dissonanz und volumetrische Zerlegung ausgeschaltet und völlig den Raum-Zeit-Aspekt und das Einsteinsche 'Feld' ignoriert, die sich in Wrights und Mendelsohns Architektur widerspiegeln. Wie vorauszusehen war, ja wie es sogar Organiker und Expressionisten seit Jahrzehnten vorausgesagt haben, sind die Folgen verheerend: Eindimensionalität, Monotonie, Identitätsverlust und Bedeutungslosigkeit."[5]

Doch schlimmer noch! Wo man nicht wie nach der mehrheitlichen Übernahme des Hauses Wertheim durch die Hertie Waren- und Kaufhaus GmbH am 12. Juli 1952 "in der Schloßstraße in Steglitz ein großzügig geplantes Warenhaus"[6] errichtete,

The Development of Department Stores in Germany from World War II to the Present Day

Hans-Georg Pfeifer

The Years of Reconstruction

In 1945, Germany lay in ruins, along with the varied architecture of the first two department store generations – mostly situated in city centres. Assuming they had not already been torn down for economic reasons, it was seldom that pre-1918 department store buildings survived the onslaught of allied bombing on Hitler's Germany. Most 1920s and 30s buildings had suffered damage, too, or had got no further than the project stage during the 30s.[1]

Whereas changes within the department store companies were, since 1933, due either to compulsory sale or confiscation, after 1945 any such changes can be traced back to the consequences of post-war economic collapse. Rationing and the black-market were an additional hindrance to growth, and particularly affected building reconstruction. But the Wertheim concern was not to be deterred and, on 16 July 1945, began using the ground and first floors of its Potsdamer Platz store in Berlin on a makeshift basis.

The project for the Columbus building (Figure 1) was completed in 1928 for Galeries Lafayette by Erich Mendelsohn, in the style of Das Neue Bauen in 1931/32 as "his final masterpiece dating from the German period"[2]*. It is an irony of fate that this building, which burned to the ground on 17 June 1953, was never put to more than temporary use, neither immediately after its construction nor in the period following World War II: the hoardings around the site proclaimed it as a "20-metre-high architectonic construction, with large display areas and shop units"*[3] *on the ground floor (Figure 2). Mendelsohn, who had initially emigrated to London, bequeathed this building on Potsdamer Platz as a memorial to Das Neue Bauen.*[4] *It could have pointed the way to post-war architecture: an architecture that – in the area of trade, too – was unable to distance itself from the "equalisation and levelling" process*

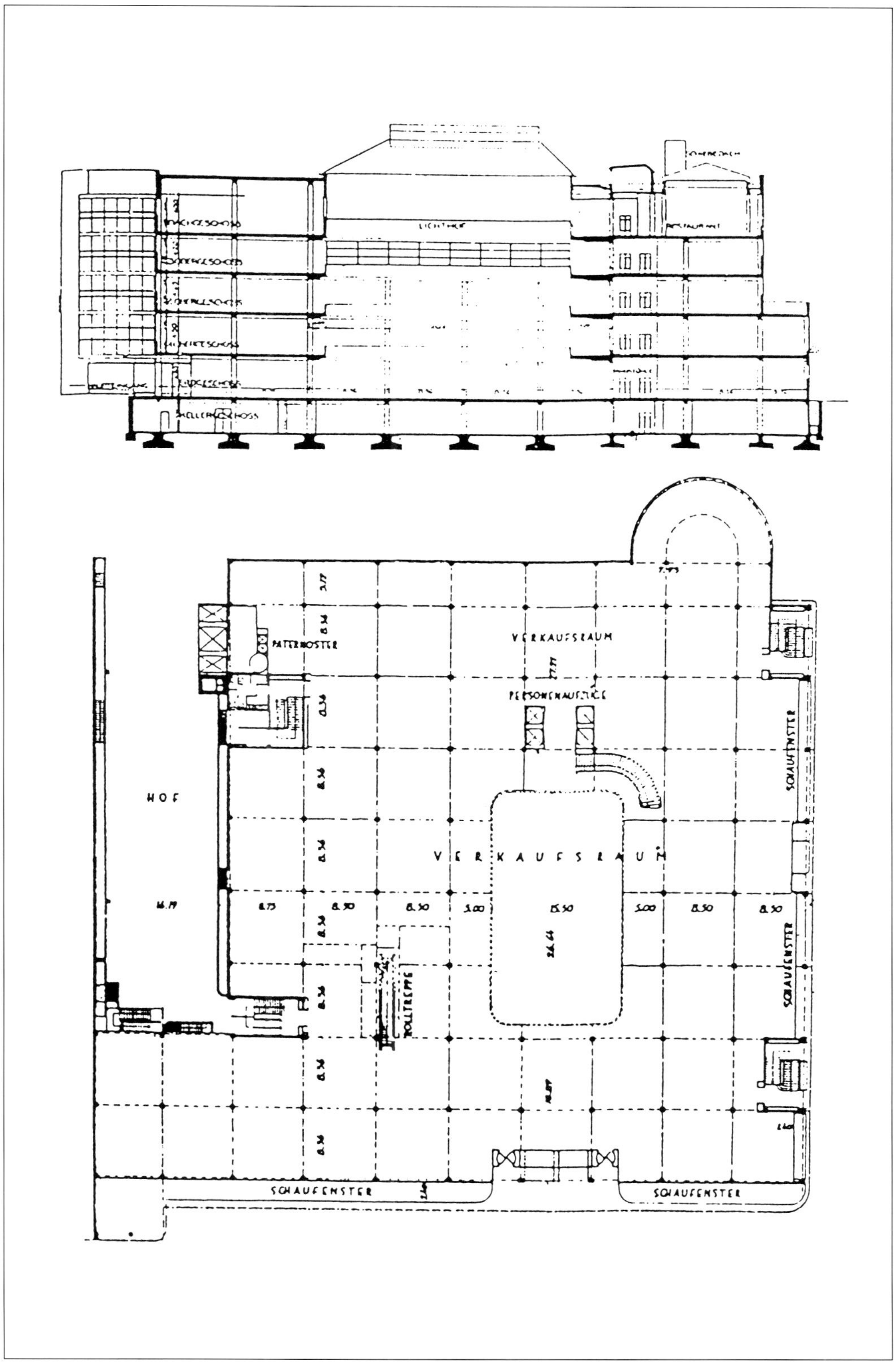

3 O.R. Salvisberg, Wertheim, Schloßstraße, Berlin, 1928

4 H. Soll, Wiederaufgebautes KaDeWe, Tauentzienstraße, Berlin, 1950

dessen Gestaltung durch Hans Soll auf einen von den Brüdern Luckhardt überarbeiteten Entwurf von Otto Rudolf Salvisberg aus dem Jahre 1928 zurückgriff (Abbildung 3), hatte man etwa 1950 beim Wiederaufbau des KaDeWe (Abbildung 4) eine Formensprache wiederaufgenommen, die man aus heutiger Sicht dem schematischen Gestus vom Pathos getragener NS-Architektur zuweisen möchte. Doch muß man sich hüten, dem Charakter der NS-Architektur mehr als die Phrasen eines ideologieüberfrachteten architektonischen Auswuchses anzulasten. Nicht minder pathetische Elemente waren schon in der Architektur des kaiserzeitlichen Deutschen Werkbundes und seiner formen-sprachlichen Ahnen bis hin zu Karl Friedrich Schinkel vorzufinden.[7]

Die Fusion Wertheim/Hertie gibt Anlaß, die neuen Konzernstrukturen nach dem Zweiten Weltkrieg zu beleuchten. Vor der Machtübernahme der Nationalsozialisten zählten zu den "5 Großen" die Rudolph Karstadt AG, die Kaufhof AG, die Schocken KG aA, Hermann Tietz und Wertheim.[8] Daß Wertheim und Hermann Tietz 1951 zur Hertie Waren- und Kaufhaus GmbH fusionierten, ist bereits bekannt. Die 1936 vom Einkäufer der Leonhard Tietz AG gegründete Helmut Horten GmbH (1968 Horten AG) verleibte sich 1953 die Merkur AG ein, unter deren Bezeichnung nach dem Krieg auch die Gebr. Schocken firmierten. Es begann "die Konsolidierung der Unternehmen, die bis heute führend sind; von den '5 Großen' der Weimarer Zeit bleiben die Rudolf Karstadt AG (ab 1963: Karstadt AG), die Westdeutsche Kaufhof AG (ab 1953: Kaufhof AG)", [9] Hertie (1951) und Horten (1953).[10] Infolge der Teilung Deutschlands in Bundesrepublik und Deutsche Demokratische Republik und, damit verbunden, in zwei unterschiedliche Gesellschaftssysteme wurden auch die Firmenzentralen verlagert, was wiederum - neben dem Wiederaufbau zerstörter Filialen - eine verstärkte Bautätigkeit der Warenhauskonzerne auf dem Boden der Bundesrepublik in Gang setzte. Letzteres hatte seinen Grund darin, daß neben dem Aspekt der Versorgung der Bevölkerung auch die Konkurrenz der Unternehmen eine Rolle spielte und man neben der Erhaltung vorhandener Firmenstandorte auf eine Ausweitung der Filialnetze bedacht war. Die Zunahme der Zahl der Filialen und den Zuwachs an Verkaufsflächen gibt Thomas Irrgang wieder[11]:
Karstadt (ohne die Kepa-Kaufhäuser) z.B. verfügt:
"1950 mit 43 Filialen über 96.500 m^2 Verkaufsfläche
1954 mit 46 Filialen über 169.000 m^2 Verkaufsfläche
1960 mit 50 Filialen über 267.300 m^2 Verkaufsfläche
und erreicht 1960 den vergleichbaren Vorkriegsstand.
Kaufhof (ohne die Kaufhalle-Kaufhäuser) erreicht seinen Vorkriegsstand bereits 1956:
1950 etwa 98.000 m^2 Verkaufsfläche
1954 mit 35 Filialen etwa 168.000 m^2 Verkaufsfläche
1960 etwa 236.000 m^2 Verkaufsfläche."

Selbst dem "Newcomer" Horten gelang es, Anschluß zu finden: "Insgesamt deckt Horten seinen 'Nachholbedarf' an Standorten gegenüber den 3 etablierten Konzernen durch Übernahme von 34 Filialen im Zeitraum von 1950 - 59."[12]
Bei diesem Expansionsdrang verwundert es nicht, daß Horten auch zu den ersten gehörte, die nach 1945 mit Neubauten wieder in Erscheinung traten.

Die Wirtschaftswunderjahre

1948 begonnen, wurde nach Vollendung der dritten Bauphase im Jahr 1950 mit der Duisburger Horten-Filiale der erste Nachkriegsneubau eines Warenhauses eröffnet. Als Architekt zeichnete Emil Fahrenkamp verantwortlich. Fahrenkamp war bereits 1930 zusammen mit G. Schäfer mit dem Bau des Kaufhauses *that had become part and parcel of the "international style". While serving the outer form of rationalism, this "style" – common to most post-World War II buildings – excluded such revolutionist aspects as asymmetry, discord and volumetric disintegration, and completely ignored the space-time factor and Einstein's "field" as reflected in the architecture of Wright and Mendelsohn. As was to be predicted, indeed as had already been anticipated even by organicists and expressionists over a number of decades, the consequences were alarming: unidimensionality, monotony, loss of identity and meaninglessness."[5]*

But worse was to come! Following the majority take-over of Wertheim by Hertie Department Stores GmbH on 12 July 1952 a "generously planned store on the Schlossstrasse in Steglitz"[6] based on a plan by Hans Soll - which, in turn, had been inspired by a 1928 design of Otto Rudolf Salvisberg (Figure 3), later reworked by the Luckhardt brothers - was built. But that was an exception: the reconstruction of the KaDeWe building (Figure 4) 1950 returned to a formal language which, today, one would be tempted to attribute to the schematic gesture of pathos in national socialist architecture. But one must guard against blaming the character of NS architecture on the phrases of an ideologically excessive architectonic outgrowth. Elements no less pathetic were already evident in the architecture of the Deutsche Werkbund of the Kaiser's time, and its ancestral formal language, traceable to Karl Friedrich Schinkel.[7]
The Wertheim and Hertie merger revealed the new company structures prevalent after World War II. Prior to the Nazis coming to power, the 5 major companies were: Rudolf Karstadt AG; Kaufhof AG; Schocken KG aA; Hermann Tietz; and Wertheim.[8] That Werthein and Hermann Tietz merged to become Hertie Department Stores GmbH in 1951 is already known. In 1953, Helmut Horten GmbH, (1968 Horten AG), founded in 1936 by the former Leonhard Tietz AG buyer, merged with Merkur AG.(The Schocken Brothers also operated under that name after the war). "The consolidation of today's leading companies had thus begun; from the '5 majors' of the Weimar era, Rudolf Karstadt AG (from 1963 – Karstadt AG), the Westdeutsche Kaufhof AG (from 1953 – Kaufhof AG),[9] Hertie (1951) and Horten (1953)[10] remained.

The relocation of company headquarters was a further consequence of the division of Germany into BRD and DDR, and thus two different systems. This gave rise to additional building activity by the store companies on BRD soil, in addition to the reconstruction of destroyed branches. Notwithstanding the need to provide for the immediate needs of the population, the increase in activity was due both to competition and the desire to extend the existing branch network. The actual increase in the number of branches and the growth in sales area is listed by Thomas Irrgang[11]: for Karstadt (excluding the Kepa stores), for example, the figures were:

1950 with 43 branches over 96,500 m² sales area,
1954 with 46 branches over 169,000 m² sales area,
1960 with 50 branches over 267,300 m² sales area,

thus reaching a size in 1960 comparable with its pre-war situation.

Kaufhof (excluding the Kaufhalle stores), had already reached its pre-war situation in 1956:

1950, approximately 98,000 m² sales area
1954 with 35 branches, approximately 168,000 m² sales area
1960, approximately 236,000 m² sales area.

Even the "newcomer" Horten managed to make its mark: "Generally speaking, by taking over 34 branches between 1950 and 1959, Horten was able to "make up for lost ground" on sites opposite the three established companies."[12] With its aggressive expansion policy, it is no wonder that Horten was also one of the first companies to resort to new buildings after 1945.

The Years of the Economic Miracle

After completion of the third building phase in 1950, Horten's Duisburg branch, begun in 1948, was opened as the first new building of the post-war years. Emil Fahrenkamp was the architect responsible: Fahrenkamp had already joined forces with G. Schäfer for the building of the Michel store in Wuppertal (Figure 5) in 1930. This was a building that, from the point of view of form language, was committed to the tradition of rational realism founded by Erich Mendelsohn[13]. This tradition

Michel in Wuppertal (Abbildung 5) hervorgetreten, einem Bauwerk, das von seiner Formensprache her der von Erich Mendelsohn begründeten Tradition rationaler Sachlichkeit verpflichtet war.[13] Diese Tradition hatte ihren Anfang 1926 im Nürnberger Schockenbau genommen und ihren Höhepunkt - weil frei von jeglichen Stilanleihen - 1930 in der konsequenten Durchgestaltung der Chemnitzer Filiale desselben Unternehmens gefunden. Die Konsequenz lag im bedingungslosen "Wegfall des repräsentativen Lichthofes und eine(r) schlichte(n) Innenarchitektur zugunsten der ausgestellten Waren".[14] Tatsächlich waren schon im Falle des Kaufhauses Michel der Lichthof und die stockwerkübergreifenden Kundenverkehrszonen an die Hinterwand des Gebäudes gedrängt worden.

Von seinem äußeren Erscheinungsbild her scheint Fahrenkamps Duisburger Bau auf ein benachbartes Tietz-Warenhaus zu verweisen, das 1930 von Georg Falck in Hamborn errichtet worden war (Abbildung 6). Noch augenfälliger als Fahrenkamp ist Falck bei seinem 1928 entstandenen Solinger L. Tietz-Warenhaus (Abbildung 7) durch Mendelsohnsches Formengut beeinflußt worden. Wenngleich noch weit von Mendelsohns Virtuosität der Verschachtelung der einzelnen Gebäudekompartimente entfernt, läßt sich dort eine gewisse Annäherung an die Kompositionsschemata ausmachen, die Mendelsohn an den gleichzeitigen (1926 - 1928) Stuttgarter Schocken-Kaufhaus und Berliner "Universum"-Kino (Abbildung 8) vorgegeben hatte. Doch weder bei Falcks 1930 entstandenem Hamborner noch bei Fahren-

5 E. Fahrenkamp und G. Schäfer, Michel, Wuppertal, 1930

6 G. Falck, Tietz, Duisburg-Hamborn, 1930

7 G. Falck, Tietz, Solingen, 1928

kamps 1948 bis 1950 errichtetem Duisburger Bau sind die Ahnen gut zu erkennen. Diese feiert Bruno Zevi noch emphatisch mit den Worten: "Man kann Schönberg zitieren: 'Der Ausdruck 'Emanzipation der Dissonanz' bedeutet, dass er genauso verständlich ist wie die Konsonanz. ...'. Hier triumphiert die Dissonanz: auf der einen Seite der Kaufhausblock, ... auf der anderen Seite die beiden halbrunden Erker ... Viele Kritiker haben hier von Musiktechnik gesprochen, gespielt zwischen 'Modulation und Kontrapunkt'."[15]

Von all dem kann bei Fahrenkamp 1950 nicht gesprochen werden. Zwar ist nicht zu leugnen, daß Fahrenkamp in der Fassadengestaltung auf Motive der ersten und zweiten Warenhausgeneration zurückgriff, seine 1930 mit dem Warenhaus Michel in Wuppertal dokumentierte Befähigung zur "neusachlichen" Bauweise schien indes vergessen. "Seine Fassade für den Horten-Neubau in Duisburg zeigt eine geschlossene, steinverkleidete Außenwand mit einzelnen Fensteröffnungen in den Verkaufsobergeschossen und größeren Schaufensteröffnungen im Erdgeschoß"[16], konstatiert Thomas Irrgang nüchtern und vergleicht ihn mit Philipp Schaefer, der mit dem ersten Neubau für die Karstadt AG ebenfalls nicht die Architektur seines wegweisenden Baues von 1929 am Berliner Hermannplatz aufgreift. Als Reminiszenzen an die ausgeprägte Vertikalisierung der Außenhaut dieses Berliner Bauwerks und (wahrscheinlicher noch) der in Olbrich-Engler-Manier bereits 1912 in Gelsenkirchen für Alsberg und 1912 und 1914 in Essen bzw. Leipzig für Theodor Althoff errichteten Filialen wurden (Abbildung 9, 10),[17] ließen sich bestenfalls die durch Steinlamellen unterbrochenen Vertikalfenster im Eingangsbereich des Theodor-Althoff-Baues in Gladbeck (Abb. 11) interpretieren. Diese Fenster hat Schaefer in ähnlicher Weise beim Gebäude desselben Karstadt-Partners (seit 1920) in Bottrop eingesetzt. In Bottrop griff Schaefer sogar noch einmal das Lichthof-Motiv auf, indem er es im ersten Bauabschnitt über zwei Ver-

8 E. Mendelsohn, Universum, Kino im Woga-Komplex, Berlin, 1928

that had its beginnings in Nürnberg's 1926 Schocken building and, being free of any stylistic influences, reached its zenith in 1930 in the resolute and detailed design of the Chemnitz branch for the same company. Such resoluteness was based on the unconditional "omission of the representative inner courtyard, coupled with a straightforward interior design to the benefit of the merchandise on display".[14] With the Michel store, the glazed inner courtyard and customer access wells had indeed been relegated to the rear of the building.

The exterior of Fahrenkamp's Duisburg building seems to relate to a neighbouring Tietz store built by Georg Falck in Hamborn in 1930 (Figure 6). But with his 1928 L. Tietz store in Solingen (Figure 7), Falck is even more obviously influenced by Mendelsohn's vocabulary than Fahrenkamp: although still far removed from Mendelsohn's virtuosity with regard to the interrelationship of the building's individual compartments, it is nevertheless possible to deduce a certain similarity to the compositional schematics produced by Mendelsohn for the contemporary (1926-1928) Schocken store in Stuttgart, and the "Universum" cinema (Figure 8) in Berlin.

But neither with Falck's 1930 Hamborn building nor Fahrenkamp's 1948-1950 building in Duisburg are the forebears easily recognisable – a fact that is emphatically praised by Bruno Zevi, who quotes Schönberg: "The expression 'Emancipation of Discord' means that discord becomes every bit as comprehensible as consonance...", and goes on to say: "In this case, discord triumphs: on the one side, the store block... on the other side, the two half-round bay-windows... Many critics have spoken here of the technicalities of music, played between 'modulation and counterpoint'."[15]

All this cannot be said à propos Fahrenkamp in 1950. Indeed, that Fahrenkamp borrowed motifs from the first and second department store generations for the design of the facade is undeniable; his talent for the architecture of the "New Realism", as illustrated in 1930 by

9 W. Kreis, Althoff, Limbecker Platz, Essen, 1912

10 Pflaume, Althoff (heute Karstadt), Leipzig, 1914

kaufsgeschosse wirksam werden ließ; im zweiten Bauabschnitt installierte er dann dort die Rolltreppen und wurde damit für weitere über Lichthöfe verfügende Bauten bei deren Anpassung an die neuen technischen Möglichkeiten der Kundenverkehrsführung beispielgebend. Und noch eine Neuerung wies Bottrop auf: Hier entstand in der Lebensmittelabteilung der erste Selbstbedienungsmarkt in einem deutschen Warenhaus. Vorbild waren im allgemeinen die px-Läden in den Depots der US (Besatzungs-)Army.

Als Versuche, an die Tradition der Neuen Sachlichkeit anzuknüpfen, dürfen von Feldmanns Bau in Hamburg-Eppendorf für Karstadt (Abbildung 12) und Theo Pabsts und Hermann Wunderlichs Bau für den Kaufhof am Münchener Stachus (Abbildung 13) gelten, die beide 1951 entstanden. In beiden sind Gestaltungselemente von bereits angesprochenen Bauwerken enthalten.[18] Thomas Irrgang hält "diese Fassade ... bereits für eine Weiterentwicklung der bislang üblichen Lochfassaden, deren Verwandtschaft mit den Bürohausfassaden dieser Jahre unverkennbar ist",[19] berücksichtigt dabei aber nicht, daß der phänotypisch vergleichbare Vorläuferbau bereits den Jahren 1931/32 entstammte und von dem der Urheber behauptete: "Es ist mein erstes Bauwerk mit vertikaler Ausrichtung. Alle Fensterfassungen sind tragend, Teile der Konstruktion, um ein Maximum an Flexibilität im Innern zu gewährleisten."[20] Und dieses Prinzip geht auf einen noch früheren Vorläufer zurück: Peter Behrens' 1912 fertiggestelltes Düsseldorfer Mannesmann-Verwaltungsgebäude, das schon Paul Joseph Cremers als einen Bau rühmte, in dem "... sich Vergangenes und Zukünftiges baulicher Gesetzlichkeit in einer Weise (begegnen), wie es offenkundiger kein Bau jener Zeit zeigt. ... Um diesen Bau durchführen zu können, mußte Behrens bei der Konstruktion des Hauses auf tragende Mauern verzichten und das ganze auf einem offenen Pfeilersystem aufbauen. ... Dieses unerhört zeitgemäße Problem der Arbeits- und Bürogruppierung, das damals vielleicht erstmalig mit solch sorgfältiger Systematik behandelt wurde, besteht heute bei Inangriffnahme eines jeden großen Bürogebäudes fort."[21] Und nicht nur dort, sondern wie das Beispiel Columbushaus bewiesen hat, ermöglichte es auch eine Koinzidenz der Zweckbestimmung als Warenhaus oder als Bürogebäude.

Aber nicht nur bezüglich möglicher Nutzbarkeit kam es zu einer Art Gleichmacherei, die besagte Monotonie in der Architektur zeitigte. Auch

11 Ph. Schaefer, Althoff (2. Bauabschnitt), Gladbeck, 1954

12 Von Feldmann, Karstadt, Hamburg-Eppendorf, 1951

13 T. Pabst und H. Wunderlich, Kaufhof am Stachus, München, 1951

the Michel store in Wuppertal, however, appeared overlooked. "His design for the new Horten building in Duisburg shows a closed, stone-clad exterior elevation with separate window openings in the upper sales floors and larger window openings on the ground floor"[16] notes Thomas Irrgang soberly, and compares him with Philipp Schaefer who, with the first new Karstadt AG building, also fails to draw upon the architecture of his trail-blazing 1929 building on Berlin's Hermannplatz. At best, the vertical windows and stonework slats in the entrance area of the Theodor Althoff building in Gladbeck (Figure 11) can be interpreted as reminiscent of the marked verticalisation of the exterior skin of the Berlin building, and more probably, the branches that he built in the Olbrich-Engler style for Alsberg in Gelsenkirchen in 1912, and for Theodor Althoff in Essen (Figures 9,10)[17], in 1912 and 1914. In Bottrop, Schaefer had used these windows (since 1920) in a similar way in buildings for the same Karstadt partners, even resurrecting the inner courtyard motif, to use it over two sales floors in the first building phase; in the second phase, he installed escalators, thus setting an example for the adaptation of other buildings with inner courtyards to the new technical possibilities of customer flow. There was another development at Bottrop: the food department had the first self-service market of any German department store – modelled on the American Forces PX stores.

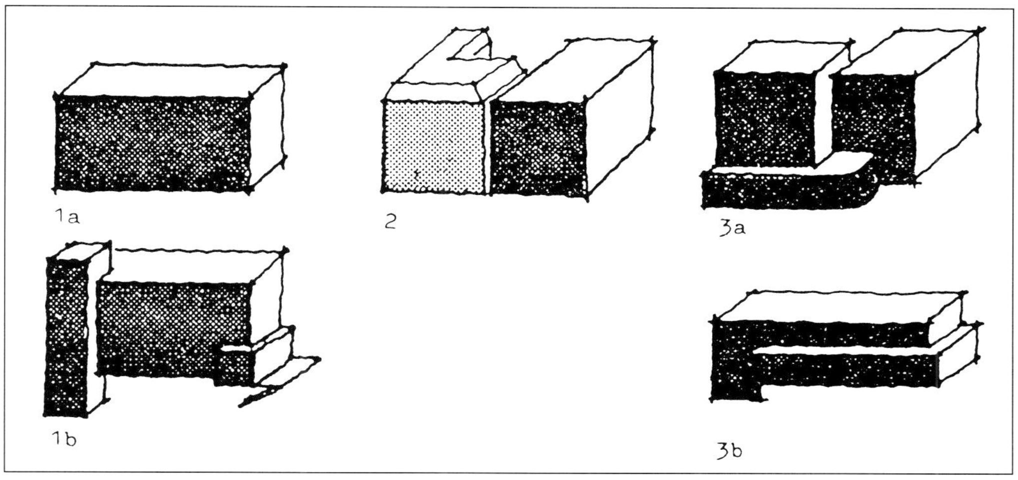

14 3. Warenhausgeneration, Gebäudekuben

Feldmann's Karstadt building in Hamburg-Eppendorf (Figure 12) and the Theo Papst/Hermann Wunderlich Kaufhof building on Munich's Stachus (Figure 13) can be seen as attempts to follow in the tradition of the New Realism – both were built in 1951, and both exhibit design elements taken from buildings already discussed.[18] Thomas Irrgang maintains that "this facade is a further development of the punctuated facades found up to that time, showing unmistakable links with contemporary office building facades"[19], but at the same time fails to consider that the phenotypic predecessor is a building dating from 1931/32; its originator claimed: "This is my first building with a vertical emphasis. All window frames are an integral part of the supporting structure, and thus ensure maximum flexibility for the interior".[20] This principle dates back still further: Peter Behrens' Mannesmann administrative building in Düsseldorf, completed in 1912, and praised by Paul Cremers as a building in which "...past and future architectural laws meet in a way evidently demonstrated by no other contemporary building... To make the building possible, Behrens was compelled to dispense with supporting walls and use an open system of pillars...This unprecedented modern problem of the grouping of working area and office space, which had perhaps never before been approached so carefully and systematically, is still encountered when tackling any large office block."[21] As the Columbus building shows, the problem is also relevant when coordinating functions, either as department store or offices.

But it wasn't only potential usefulness that gave rise to a kind of egalitarianism and thus the aforesaid monotony in architecture. Now, in the third generation of department store buildings, the decisive criteria also appear less differentiated than in the two preceding pre-war generations. Whereas Peter Stürzebecher limits himself to the remark that "the use of simple geometrical forms for the building's main body, such as the upright, narrow or longitudinal slab type mostly resting on a supporting storey or the upright but squat building type"[22], was now characteristic, Thomas Irrgang chooses to differentiate according to facade height, the shape of the die Unterscheidungskriterien erscheinen nun, für die dritte Generation der Warenhausbauten, weniger differenziert als in den beiden voraufgegangenen Vorkriegsgenerationen. Beschränkt sich Peter Stürzebecher auf den Hinweis, daß nun "die Verwendung einfacher geometrischer Formen für den Baukörper" kennzeichnend wurde, "wie der Typus des hochstehenden, schmalen oder länglichen Quaders, zumeist auf einem Stützengeschoß aufruhend, oder der Typus des hochstehenden, flach liegenden Baukörpers",[22] so differenziert Thomas Irrgang nach Fassadenhöhen, Formen des Hauptbaukörpers, Erdgeschoßgestaltung und darüber angelegter Fassadengestaltung, die wiederum jeweils über ein diversifiziertes Erscheinungsbild verfügten.

Die Formen des Hauptbaukörpers gliedert Irrgang in drei Gruppen, die ihrerseits auch wieder unterteilt werden können: 1. Kubus ungegliedert, a) "Kiste", b) mit einzelnen Bauteilen; 2. Gliederung mit Bauabschnitten, z.B. Erweiterung, Alt- und Neubau, Parkhaus; 3. Kubus gegliedert, a) einzelne Baukörper, b) Auskragung eines Geschosses (Abbildung 14). Und noch ein Kriterium typologischer Unterscheidbarkeit kam hinzu: "Als unterer Abschluß des Gebäudes und Kontaktzone Straße-Verkaufsraum kommt dem Erdgeschoß besondere Bedeutung zu; diese drückt sich nach wie vor in einer vom Hauptbaukörper deutlich unterschiedlichen Gestaltung aus. Die Elemente (Vordach, Eingänge und Schaufenster) sind geblieben, es lassen sich jedoch drei unterschiedliche Lösungen im Fassadenschnitt und somit auch in der Erscheinungsform erkennen"[23] (Abbildung 15).
Die erste Lösung entspricht dem traditionellen Muster der zwischen den Stützen liegenden Eingangsbereiche und Schaufenster. Innen und Außen sind klar getrennt. Der Betrachter steht draußen und schaut in das Warenhaus hinein. Ein Erdgeschoß und erstes Obergeschoß trennendes Vordach greift das Motiv der mit Markisen versehenen Schaufenster früherer Warenhausgenerationen auf. Rechtwinklig zur Fensterfront angeordnete Vitrinen unterstützen die Präsentation in den Schaufenstern; sie tragen das Angebot gewissermaßen auf die Straße, in die Verkehrszone der Passanten. Zu dieser Kategorie gehören Fahrenkamps Duisburger Horten-Bau, dessen Einzelmarkisen Fahrenkamp im übrigen erst 1959 durch ein Vordach ersetzte, wie auch von Feldmanns Karstadt-Warenhaus in Hamburg-Eppendorf. Auch die Adaption des Salvisbergschen Entwurfes von 1928 für den 1952 eröffneten Steglitzer Wertheim-Bau gehört schon zu diesem Typus.[24]

15 3. Warenhausgeneration, Schaufensterzonen

Beim zweiten Beispiel liegen die Glasflächen der Eingangszonen und der Schaufenster vor den innenliegenden Stützen. Es scheint, als komme das Warenhausangebot dem flanierenden Passanten unter dem auch hier vorhandenen Vordach entgegen. Die Trennung von Innen und Außen wird nicht mehr durch die Architektur, sondern durch die Fensterflächen vollzogen, die nur von kaum mehr auffallenden Metallprofilen gerahmt sind. Diese geben zusammen mit der Verwendung von "Spiegelglas ... den Schaufenstern vitrinenartigen Charakter".[25] Die Horizontalbetonung der zweiten Warenhausgeneration findet hier bis in die zweite Hälfte der fünfziger Jahre zumindest im Erdgeschoß ihre Fortführung.

Schon fast im Innern des Warenhauses muß sich der Passant im Falle der dritten Möglichkeit der Erdgeschoßgestaltung wähnen. Die tragenden architektonischen Elemente rücken noch weiter nach innen, wodurch der Vitrinencharakter der Schaufenster noch verstärkt wird. Und anstelle des kragenden Vordaches ragt nun das erste Obergeschoß weit über die Schaufensterfront hinaus.
Wo es aufgrund der Zahl der Stockwerke oder auch aus formalästhetischen Gründen notwendig erschien, eine außenstehende Pfeilerstellung zu erhalten, wurde - bei zurückliegender Fensterfront und dadurch ermöglichter Passage - auf die beiden zuvor genannten Möglichkeiten zurückgegriffen.
Es fällt auf, daß die in der zweiten

building's body, and the design of the ground floor and the facade above it – all of which, once again, have led to a diversification of appearance.

Irrgang divides the main building body shapes into three subdividable groups: 1. Plain cube, a) box, b) with individual building components; 2. Articulation with building sections, for example extension, existing and new buildings, multi-storey car park; 3. Composite cube, a) individual building body, b) protrusion of a storey (Figure 14). There is a further typological criterium of distinctiveness: "As a lower conclusion for the building and a contact zone between the street and sales area, the ground floor is especially important; as ever, it finds expression in a main body of clearly differentiated design. The elements (canopy roof, entrances and display windows) indeed remain, but three different solutions can be seen in the facade section and thus also in the general appearance"[23] (Figure 15).

The first solution borrows from the tradition that locates entrance areas and display windows between the supports, with clear separation of interior and exterior. The observer is outside, looking into the store. The canopy roof motif that separates the ground and first floors is like the marquee-adorned display windows of earlier store generations. Glass cabinets arranged at right angles to the window front emphasise the displays; they transport the merchandise out into the street, so to speak, into the stream of passers-by. Fahrenkamp's Duisburg building for Horten falls into this category, as does Feldmann's Karstadt store in Hamburg-Eppendorf. (Incidentally, Fahrenkamp only replaced the separate awnings in Duisburg with a canopy roof in 1959). The adaptation of the 1928 Salvisberg design for the Steglitz Wertheim building, opened in 1952, is also of this type.[24]

With the second example, the glass entrance area and display windows are placed in front of the interior supports. The display seems to be on the pavement outside, beneath the canopy. It is not architecture, but the window surfaces – which have as their borders barely noticeable metal frames – that now separate interior and exterior. Combined with the use of mirror glass, these impart "a cabinet-like character to the windows".[25] On the ground floor anyway, the horizontal emphasis of the second store generation has here been continued into the second half of the 1950s.

The third design possibility for the ground floor gives the passer-by the feeling of being almost inside the store: the structural architectonic elements edge still further inwards to add emphasis to the showcase character of the display windows. And in place of the protruding canopy roof, it is now the first floor that protrudes outwards, way beyond the window frontage.

It is evident that in the second half of the 1950s, stores built to the third principle either possessed fewer storeys, or were of an homogenous if not actually planar exterior skin design, to thus stress the volume of the building's block-like body. This may be an opportune moment to cast another look at Thomas Irrgang's system of facade design.
The diversity of shapes is surprising. Turning first of all to facades influenced by the first and second store generations (Figure 16), type 1a, the first generation, covers four punctuated facades: with separate windows (Fahrenkamp: Horten, Duisburg; von Feldmann: Karstadt, Hamburg-Eppendorf; Pabst and Wunderlich: the Kaufhof building on the Stachus, in Munich); with horizontal rows of windows (Schaefer: Althoff, Gladbeck); with vertical rows of windows (for example, Ernst Kreytenberg: Karstadt, Giessen, 1954, Figure 17) and glazed (Schaefer: Althoff, Bottrop). Type 1b, and the second generation, involves stores with a strip facade (Soll: Wertheim, Berlin-Steglitz, to an earlier Salvisberg design; Soll: Hertie, Berlin, 1952/56, Figure 18; Eiermann and Hilgers: Merkur, Heilbronn, 1951). Despite all this variety, Thomas Irrgang still laments the loss of architectonic quality due to the "schematically suggested re-use" of conventional design ideas that ignore new building materials, technical innovations and a "Zeitgeist" presenting itself as "optimistic, easy and almost vivacious – on the up and up!"[26]

Automobile, Mobility and Economic Mobilisation

A lively boom exemplifies the atmosphere of the years of economic miracle. Architectural and politically, it may have just been the conservative persistence of conventional life – in other words, the official maintenance of conservative macrostructural values – that, after the years of "collective

16 3. Warenhausgeneration, Fassadentypen nach Vorbildern der 1. und 2. Generation

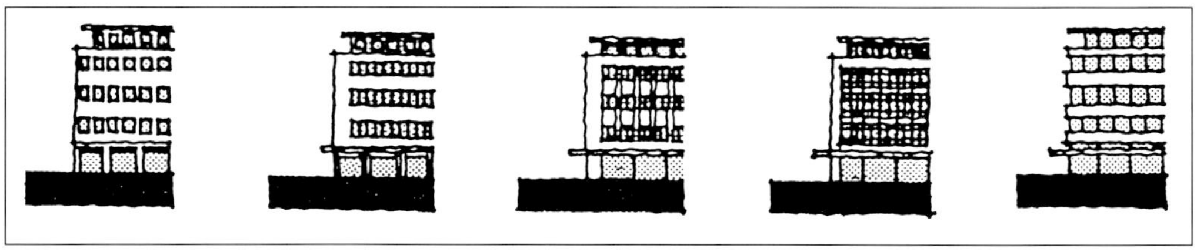

Hälfte der fünfziger Jahre nach dem dritten Schema errichteten Warenhausbauten entweder über eine relativ homogen, um nicht zu sagen flächig gestaltete Außenhaut verfügten und damit das Volumen des Baukörpers in seiner Blockhaftigkeit unterstrichen oder aber nur geringe Geschoßzahlen aufwiesen. Dies veranlaßt, auch hier einen Blick auf die von Thomas Irrgang vorgenommene Systematisierung der Fassadengestaltung zu werfen.

Dabei überrascht die Vielfalt der Formen: Zunächst muß auch hier auf die sich an der ersten und zweiten Warenhausgeneration orientierenden Fassaden geblickt werden (Abbildung 16). Die Typenreihe 1a, nach Vorbildern der ersten Warenhausgeneration, umfaßt vier Lochfassaden: mit Einzelfenstern (Fahrenkamp: Horten, Duisburg; von Feldmann: Karstadt, Hamburg-Eppendorf; Pabst und Wunderlich: Kaufhof am Stachus, München), mit horizontalen Fensterbändern (Schaefer: Althoff, Gladbeck), mit vertikalen Fensterbändern (u.a. Ernst Kreytenberg: Karstadt, Gießen, 1954, (Abbildung 17) und mit Fensterfläche (Schaefer: Althoff, Bottrop). Den Typus 1b, der sich nach Vorbildern der zweiten Generation richtet, bildet das Warenhaus mit Bandfassade (Soll: Wertheim, Berlin-Steglitz - nach früherem Entwurf von Salvisberg; Soll: Hertie, Berlin, 1952/56, (Abbildung 18); Eiermann und Hilgers: Merkur, Heilbronn, 1951).
Bei aller Vielfalt beklagt Thomas Irrgang dennoch den Verlust architektonischer Qualität wegen der "schematisch anmutenden Wiederverwendung" überkommenen Formenguts, die neue Baumaterialien, technische Neuerungen und auch einen Zeitgeist außer Acht läßt, der sich "optimistisch, leicht und fast beschwingt - es geht ja wieder aufwärts!" gibt.[26]

Automobil, Mobilität und wirtschaftliche Mobilmachung

Ein beschwingter Aufschwung kennzeichnete also das Lebensgefühl in den Jahren des Wirtschaftswunders. Möglicherweise war es gerade das konservative Verharren in überkommenen Formen der Lebenswelt - der Architektur ebenso wie der Politik -, die offizielle Aufrechterhaltung eines makrostrukturellen Wertekonservativismus also, die eine mikrostrukturelle Revolte auslöste, die nach Jahren eines "kollektiven Wahnsinns" das Postulat subjektiver Entfaltung auf der Basis individueller Entscheidung aufstellte. Wie man sich dies vorzustellen hatte, wurde den Deutschen auf der Leinwand mit amerikanischen Importen à la James Dean und Marilyn Monroe vorgemacht und mit eigenen Produktionen nach Art einer "Wir Wirtschaftswunderkinder"-Mentalität wieder relativiert. Dennoch, eines hatten alle verstanden: Das Ausleben einer modernen Demokratie erforderte Entfaltungsmöglichkeiten, die individuelle Ausgestaltung der persönlichen Lebensumwelt nach eigenem Geschmack und die Einblicknahme in die Lebenswelten anderer. (Natürlich nur, um festzustellen, daß es einem selbst schon wieder besser oder mindestens ebenso gut erging). Dazu bedurfte es eines entsprechenden Fortbewegungsmittels, das selbstverständlich auch beruflich unverzichtbar wurde. Man wanderte nicht mehr auf "Schusters Rappen", sondern man wurde automobil und erfand damit ein typisches Paradoxon der Nachkriegsjahrzehnte - das "Autowandern" im eigenen PKW oder breitenwirksam im Setra-Reisebus. Natürlich bestimmte diese Art individueller Mobilität auch zunehmend den Alltag. "Nicht nur geschäftlich waren DKW, Volkswagen, Isetta und Goggomobil unterwegs, son-

17 E. Kreytenberg, Karstadt, Gießen, 1954

madness", triggered a microstructural revolution and gave rise to the postulate of self-realisation based on individual decision-making. As can be imagined, the German people became exposed to American cultural imports like the big screen's James Dean and Marilyn Monroe, and were subjected to a further process of relativisation with homegrown productions of the "we, the children of the economic miracle" mentality. Nevertheless, one thing was understood by all: the realisation of a modern democracy required development potential, individual structuring of a personal environment according to individual tastes, and an insight into the life-styles of others (merely to establish, of course, that one's own life was if not better, then just as good as anybody else's). To this end, an appropriate means of transport was required, which quite naturally was also indispensable from the work point of view: "Shanks' Pony" had become a thing of the past; "auto-mobility" the thing of the present, heralding the invention of a typical paradox of the post-war years – "tootling" in the private car, or cruising along in a charabanc.

And quite naturally, this kind of individual mobility became an increasing determinant of everyday life. "DKW, VW, Isetta and Goggomobil were not only travelling for business, but were also on the road to that never-never land of the 1950s – the department stores .."[27]

With regard to department store architecture, then, two factors first of all arise to determine future developments: the crucial planning of multi-storey car parks, and a facade design that, from a moving vehicle, is identifiable with a specific company. Not only the passing motor car, but also internal organisation is of considerable importance in the design of the facade – also with very early buildings, as already established. When, after being first employed by Gropius and Mies van der Rohe, administrative and department store buildings used the suspended glass-curtain facade (the "Curtain Wall"), there was still an obvious disadvantage: they required sophisticated air-conditioning to avoid a greenhouse effect. The use of blinds, inside and outside, was already traditional in punctuated and strip facades.[28] A kind of enlarged vertical blind was used by Hermann Wunderlich in the design of the 1953 Kaufhof facade in Darmstadt (Figure 19), and was also employed at right angles to the front of the Karstadt building in Giessen by Ernst Kreytenberg in 1954, penetrating into the space like saw toothed elements.[29] They ensured a reduction of oblique sunlight, while lending a characteristic tone to a facade that otherwise possessed the monotonous character of perforated or strip windows.
The idea of using the facade as a form of trademark for a specific company stemmed from various quarters, and thus expressed an collective attempt by several companies. The specifications in a competition held by the Karstadt company in 1953 for the proposed building's facade required that "... through its exterior design, the facade should possess a character representative and thus commercially advantageous to Rudolf Karstadt AG".[30] Initial thoughts didn't go further than an identity for the site. It was mainly Kaufhof AG who, with their grid-type facades, took up the idea of an actual company identity as already prepared

18 E. Eiermann und R. Hilgers, Merkur, Heilbronn, 1951

19 H. Wunderlich, Kaufhof, Darmstadt, 1950

20 Ph. Schaefer, Karstadt, Hamburg-Barmbeck, 1928

dern auch auf dem Weg ins Schlaraffenland der fünfziger Jahre - in die Kaufhäuser ... ."[27]
Hinsichtlich der Warenhausarchitektur resultierten daraus zunächst zwei die weitere Entwicklung in den kommenden Jahre bestimmende Faktoren: die unverzichtbare Planung von Parkhäusern und eine Fassadengestaltung, die vom fahrenden Auto aus als für ein bestimmtes Unternehmen charakteristisch erkannt werden konnte. Doch nicht nur das Auto, sondern auch interne Organisationsaspekte beeinflußten maßgeblich die Fassadengestaltung - und das, wie bereits aufgezeigt wurde, schon bei sehr frühen Bauten.
Auch wenn sich bei Verwaltungsbauten und Warenhäusern seit Gropius' und Mies van der Rohes ersten Anwendungen zunehmend die vorgehängte Glasfassade ("Curtain Wall") durchsetzte, so lagen doch deren offensichtliche Nachteile klar zu Tage: sie erforderten ein durchdachtes klimatechnisches Konzept, um einen Treibhauseffekt zu vermeiden. Jalousien, innen wie außen, besaßen schon eine Tradition in Loch- und Bandfassaden.[28] Quasi vergrößerten vertikalen Jalousien entsprechend setzte Hermann Wunderlich 1953 bei der Gestaltung der Kaufhof-Fassade in Darmstadt (Abbildung 19) ebenso wie Ernst Kreytenberg 1954 beim Karstadt-Haus in Gießen rechtwinklig zur Gebäudefront in den Raum greifende "lisenenartige" bzw. "sägezahnförmige" Elemente ein.[29] Bei schräg einfallendem Licht sorgten sie für eine Minderung der Sonneneinstrahlung und gaben gleichzeitig der Fassade ein über den monotonen Charakter der Loch- und Bandfassaden hinausgehendes charakteristisches Gepräge.

21 P. Grund, Kaufhof, Frankfurt a.M. (Wettbewerbsentwurf), 1950

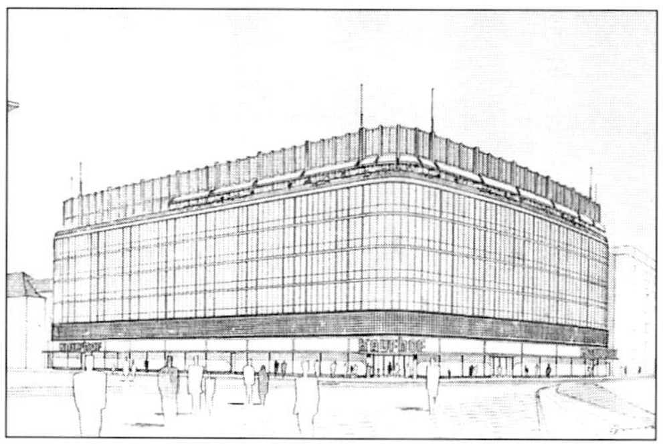

22 H. Wunderlich und R. Klüser, Kaufhof, Frankfurt a.M., 1955

Die Idee, die Fassade als Wiedererkennungssignal für ein bestimmtes Unternehmen einzusetzen, kam allerdings aus ganz verschiedenen Ecken und drückte damit ein einheitliches Bestreben ganz unterschiedlicher Unternehmen aus. In einem Ausschreibungstext von 1953 forderte die Firma Karstadt mit Blick auf die Fassade des zu errichtenden Baues, daß dieser "... durch seine äußere Gestaltung einen die Rudolf Karstadt AG repräsentierenden und damit für sie werbenden Charakter besitzen" sollte.[30] Damit war zunächst nur an eine Standortidentität gedacht. Den Gedanken an eine Unternehmensidentität, wie sie bereits Philipp Schaefer in der Architektur seiner Bauten für Karstadt am Hermannplatz in Berlin und für das Verwaltungsgebäude in Hamburg vorbereitet hatte, griff zunächst die Kaufhof AG mit ihren Rasterfassaden auf. An unterschiedlichen Orten sollte das einheitliche Erscheinungsbild dem Kunden über das Moment der Wiedererkennung die Präsenz dieser Firma signalisieren. Tatsächlich gelang es der Kaufhof AG, sich auf diese Weise mit der Fassadengestaltung der Bauten in Hamburg (Abbildung 20) und Frankfurt (Abbildung 21, 22) eine "Art Markenzeichen"[31] zu verleihen. In allen drei Fällen hatte Hermann Wunderlich seine Hand im Spiel, der sich schon mit dem Münchener Kaufhof am Stachus einen Namen als Fortsetzer der Tradition der Neuen Sachlichkeit gemacht hatte.
Zu sehr glichen jedoch auch diese Bauten, die mit ihrem Raster auf die Geschoßeinteilung der Wohnarchitektur Rücksicht nahmen, ihrer Umgebung und boten dementsprechend dem Automobilisten, der zum Einkauf eilte, kein allzu deutliches Unterscheidungsmerkmal. Trotzdem blieb die Rasterfassade als neuer Fassadentyp der fünfziger Jahre, meist unter Verwendung von Glas und Opakglas innerhalb eines Aluminiumprofilrahmenrasters, auch weiterhin gebräuchlich. Ebenfalls zu den neuen Fassadentypen mit zukunftweisendem Charakter zählen für Thomas Irrgang die Gitterwerkfassade und als "Sondertyp" die Bandfassade mit wechselnder Brüstungshöhe (Abbildung 23).[32]

Um von dem mit 50 km/h durch die Straßenschluchten der Städte fahrenden Kunden wahrgenommen zu werden, bedurfte es einer Fassadengestaltung, die sich vom architektonischen Umfeld als Blickfang abhob und zugleich über Merkmale verfügte, die auch andernorts eine Wieder-

by Philipp Schaefer in the architecture of his Karstadt building on Hermannplatz in Berlin and his administrative building in Hamburg. The "moment of recognition" was to convey the presence of the company to the customer at various sites. Kaufhof AG did actually succeed in transforming their facades in Hamburg (Figure 20), and Frankfurt (Figure 21, 22) into a kind of trademark.[31] *Hermann Wunderlich who, with the Munich Kaufhof am Stachus, had already made a name for himself perpetuating the tradition of New Realism, was involved in all three.*

But these buildings, with their grid-pattern borrowing from the floor plan of residential buildings, were too indistinct, and thus failed to offer the motorist a clear and recognisable goal as he hurried towards his shopping task. Nevertheless, the grid-facade continued as one of the new 1950s types, mostly employing clear and opaque glass within an aluminium profile framework pattern. The lattice facade and, as a "special type", the strip facade with alternating parapet height (Figure 23), are also viewed by Thomas Irrgang as new and futuristic.[32]
In order to attract the attention of potential customers as they speed at 50 kilometres an hour through the city's canyon-like streets, an eye-catching facade design was required that elevated itself above the general architectonic environment, while possessing features also recognisable in other areas. Helmut Rhode was a pioneer in this respect: his lattice facade, employed for the first time on Merkur's Duisburg building in 1958 (Figure 24), fulfilled this requirement. "This net-like curtain facade (type 3), 40 cm away from the actual facade as a second skin, was to gain a kind of key function during the following two decades."[33]

Not only Rhode, whose facades disguised a basic conception by Harald Loebermann, but also Egon Eiermann and Helmut Hentrich had recognised the signal effect of the lattice facade and henceforth elevated it to a preferred design tool. But even if distinct in relation to their environment, aesthetically they were never very fortunate: "Helmut Rhode's artificial stone lattice in Dyckerhof-Weiss forms a neutral packaging for the actual building, and only a suggestion of the floors remains; the windows behind are hardly visible at all."[34] *But of course, we can't really talk about "neutral packaging"; the intrinsic value of the facade opposed this idea; in the forefront was its recognisability, in the sense of the increasingly important identity of the company in question.*

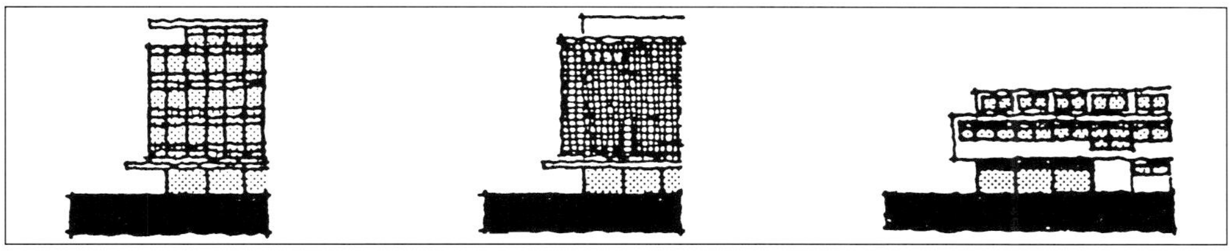

23 3. Warenhausgeneration, Neue Fassadentypen der 50er Jahre

Architectonically harmonious integration into the immediate environment often fell victim to this corporate identity requirement, as Egon Eiermann and R. Hilgers made only too clear with their Horten store in Heidelberg, dating from 1961. (Figure 25).

If Heidelberg's city fathers had shown themselves as very flexible with regard to Wunderlich,[35] *the new Kaufhof architect, their capitulation was complete under the argumentative onslaught of Egon Eiermann who, in the soundness of his arguments, was in no way second to his client.*[36] *Nevertheless, both made verbal and design concessions to the city: "At this stage of planning, what needed to be sanctioned was the shape of the building. This was originally conceived by both Eiermann and Horten as a closed cube, and was discussed from the point of view of the number of storeys. Director E. of Horten said in this respect: 'We know that the square where we are putting up this building demands a great commitment, since it's one of the best and most wonderful in the city ... from the architectural point of view it is true that a building must be erected that does justice to this representative*

24 H. Loebermann und H. Rhode, Merkur, Duisburg, 1958

25 E. Eiermann und R. Hilgers, Horten, Heidelberg, 1961

erkennung zuließen. Hier leistete Helmut Rhode Pionierarbeit. Seine erstmals 1958 am Merkur-Gebäude in Duisburg eingesetzte Gitterwerkfassade (Abbildung 24) erfüllte diese Ansprüche. "Dieser netzartigen Vorhangfassade (Fassadentyp 3), die sich als zweite Haut 40 cm vor der eigentlichen Fassade befindet, kommt für die Erscheinungsformen der folgenden zwei Jahrzehnte eine Art Schlüsselfunktion zu."[33]

Aber nicht nur Rhode, dessen Fassade eine Konzeption Harald Loebermanns verkleidete, sondern auch Egon Eiermann und Helmut Hentrich hatten die Signalwirkung der Gitterwerkfassade erkannt und erhoben sie zum fortan bevorzugten Gestaltungsmittel. Auch wenn sie sich klar vom Umfeld abhob, so kontrastierte sie dieses in ästhetischer Hinsicht im Grunde nie geglückt. "Helmut Rhodes Kunststeingitterwerk in Dyckerhoffweiß verpackt das eigentliche Gebäude neutral: nur eine Andeutung von Geschossen bleibt ablesbar, dahinter liegende Fenster sind kaum noch sichtbar."[34] Von einer "neutralen Verpackung" konnte freilich nicht die Rede sein; denn dagegen stand die Eigenwertigkeit der Fassade und somit ihr Wiedererkennungswert im Sinne eines immer wichtiger werdenden Corporate Design des jeweiligen Unternehmens. Und dem Corporate Design fiel nicht selten auch die architektonisch harmonische Einfügung in das Umfeld zum Opfer, wie Egon Eiermann und R. Hilgers mit ihrem Heidelberger Warenhaus Horten aus dem Jahr 1961 allzusehr verdeutlichten (Abbildung 25). Hatten sich Heidelbergs Stadtväter schon dem Architekten des neuen Kaufhofs, Wunderlich, gegenüber als sehr nachgiebig gezeigt,[35] so kapitulierten sie vor der argumentativen Macht Egon Eiermanns, der in der Stichhaltigkeit seiner Argumente seinem Auftraggeber in nichts nachstand.[36] Dennoch machten beide der Stadt gegenüber verbale und gestalterische Zugeständnisse. "Abzuringen war in diesem Stadium der Planung folgendes. Abgesehen von der Anzahl der Geschosse stand die Form des Baukörpers zur Diskussion, von Eiermann und Horten ursprünglich als geschlossener Kubus gedacht. Dazu Direktor E. von Horten: 'Wir wissen, daß der Platz, auf dem *site. We are convinced that a department store is part of the concept of the inner city." However, he goes on to say: "We were also of the opinion that, in spending so much on the acquisition of a site, this building must also be of a size that justifies such expenditure."*[37]

The size had indeed provided food for thought: " ...'this building should be designed in a more elegant way'. Phrases were used such as 'unusual facade', 'suspend netting around it,' with the city maintaining that such a solution was unfortunate because 'there was no recognisable scale(!)'"[38] *Horten suggested a solution in line with Rhode's lattice facade in Duisburg. Dated 25. April 1960, Horten recommended a working trip, at his cost, to the Merkur store in Duisburg. "As a reward – to quote the text literally – should the gentleman of the city be given 'visual instruction?"*[39]

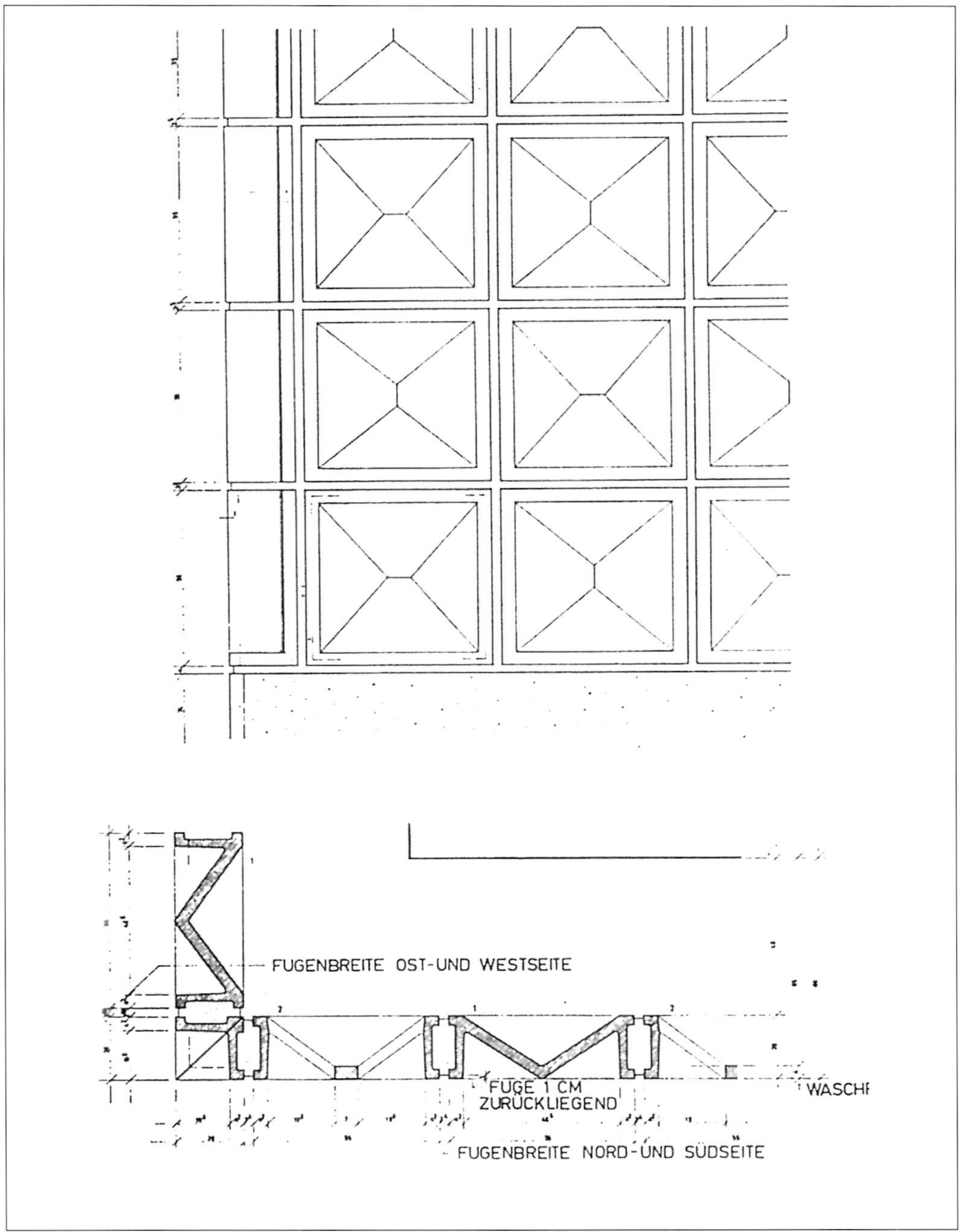

26 H. Hentrich und H. Petschnigg, Merkur, Neuss, 1962

The Helmut Rhode ancestry of Eiermann's lattice facade is here clear. With Eiermann, only the use of ceramic material for his facade elements is new. It was to become evident that, due to their weight and despite their filigree character similar to diaphanous wall structures (sic!), a kind of corset of rods was required to hold them at the stipulated 80 cm distance from the actual front of the building. The motif for the lattice facade elements (Figure 26), also used in the form of conventional brickwork by Helmut Hentrich and Hubert Petschnigg in the design for Merkur's new 1962 Neuss building, was the stylised letter 'H'. This was originally designed in 1961 by Helmut Rhode according to the dictates of corporate identity for the door latch motif on Helmut Horten's central administration building in Düsseldorf (Figure 27). In his attempt to correct the usual view in architectural literature that "Egon Eiermann was the spiritual father of this type of facade", Thomas Irrgang establishes another relationship: "Helmut Rhode's solution was probably inspired by Marcel Breuer's lattice facade on the 'Bijenkorf' in Rotterdam, wir ein Kaufhaus erstellen, uns eine große Verpflichtung auferlegt, da er einer der besten und der schönsten der Stadt ist. ... Vom baulichen Standpunkt aus gesehen ist es doch so, daß man dort einen Baukörper erstellen muß, der der repräsentativen Lage gerecht wird. Wir sind davon überzeugt, daß ein Kaufhaus in die Innenstadt gehört', jedoch '... waren wir auch der Ansicht, wenn man so viel Geld für den Erwerb aufwendet, dann muß dies Haus auch eine Größe haben, die den Einsatz lohnt. Das wäre zu der Größe des Hauses zu sagen.'"[37]

Die Größe hatte wohl auch zur Überlegung geführt, "... 'daß man diesen Baukörper etwas eleganter gestalten muß.' Es fallen Worte wie 'ungewöhnliche Fassade', 'mit einem Netz verhangen', und die Stadt hält diese Lösung für unglücklich, 'weil kein Maßstab (!) erkennbar wird.'"[38] Horten schwebte eine Lösung gemäß Rhodes Duisburger Gitterwerkfassade vor. "Mit Datum vom 25. 4. 1960 schlug Horten auf seine Kosten eine Dienstreise zu Kaufhaus 'Merkur Duisburg' vor. Sollte den Herren von der Stadt zur Belohnung (?) - so wörtlich in dem Schreiben - 'Anschauungsunterricht' gegeben werden?"[39]

Hier zeichnet sich nun auch eindeutig die Deszendenz der Eiermannschen Gitterwerksfassade von der Helmut Rhodes ab. Neu bei Eiermann ist lediglich der Einsatz keramischen Materials für seine Fassadenelemente; diese bedurften, wie sich herausstellen sollte, trotz ihres diaphanen Wandstrukturen (sic!) gleichenden Charakters, wegen ihres Gewichtes einer Art Korsettstangen, um sich an dem ihnen zugedachten Platz etwa 80 cm vor der eigentlichen Gebäudefront halten zu können. Das Motiv des Grundbausteins der Gitterwerkfassadenelemente (Abbildung 26), das auch Helmut Hentrich und Hubert Petschnigg 1962 in Form von Standardsteinen bei der Fassadengestaltung des Merkur-Neubaues in Neuss verwendeten, war der stilisierte Buchstabe H, den Helmut Rhode 1961 als der Corporate Identity förderliches Türdrückermotiv für die von ihm errichtete Zentralverwaltung Helmut Hortens in Düsseldorf entworfen hatte (Abbildung 27). Bei seinem Versuch, die in der Literatur

27 H. Rhode, Türgriff, Horten, Zentralverwaltung, Düsseldorf, 1961

übliche Auffassung zu korrigieren, "Egon Eiermann sei der geistige Vater dieses Fassaden-Typs" gewesen, stellt Thomas Irrgang noch eine andere verwandtschaftliche Beziehung fest. "Pate gestanden für Helmut Rhodes Lösung hat vermutlich die von Marcel Breuer für den 'Bijenkorf' in Rotterdam entworfene Gitterwerksfassade aus sechseckigen Elementen, die als Symbol der Bienenwabe für das holländische Warenhausunternehmen ein Erkennungszeichen ist."[40] Helmut Rhode wiederum nennt den Nürnberger Architekten Harald Loebermann als Impulsgeber für die vorgehängte Gitterfassade in den fünfziger Jahren. Das Prinzip führt Rhode auf die erstmals 1952 von Skidmore, Owings and Merrill am Lever House (New York) richtungweisend verwirklichte vorgeblendete Glasfassade zurück,[41] die ihrerseits ohne die bahnbrechenden Entwicklungen Walter Gropius' beim Bau der Fagus-Werke oder auch in Entwürfen Ludwig Mies van der Rohes nicht denkbar wäre. Diesen Fassadentypus verwandte Rhode dann auch bei der Horten-Hauptverwaltung in Düsseldorf.

Der Umzug der Horten-Verwaltung in einen Neubau ist symptomatisch für die durch den Ausbau des Filialnetzes gefestigte Situation eines der vier großen deutschen Warenhauskonzerne. Auch die drei übrigen hatten ihre Verwaltungen verlagert oder ließen dies in den sechziger Jahren folgen: Kaufhof 1955 nach Köln, Hertie 1969 nach Frankfurt-Niederrad und schließlich Karstadt nach Essen-Bredeney. Abgesehen von 8 Kaufhäusern und 167 Kleinpreisfilialen verfügten die vier Großen über insgesamt 226 Warenhäuser. Warenhäuser und Kleinpreisgeschäfte aller vier Konzerne verzeichneten von 1960 bis 1969 einen stetigen Anstieg der Zahl der Filialen, der Quadratmeter an Verkaufsfläche und der Umsätze. Im gleichen Zeitraum stiegen Bestand und Dichte der Personenkraftwagen in der Bundesrepublik Deutschland. Zudem war eine Umstrukturierung im Handel zu erkennen. Organisierter und vor allem nichtorganisierter mittelständischer Einzelhandel hatten Einbußen an

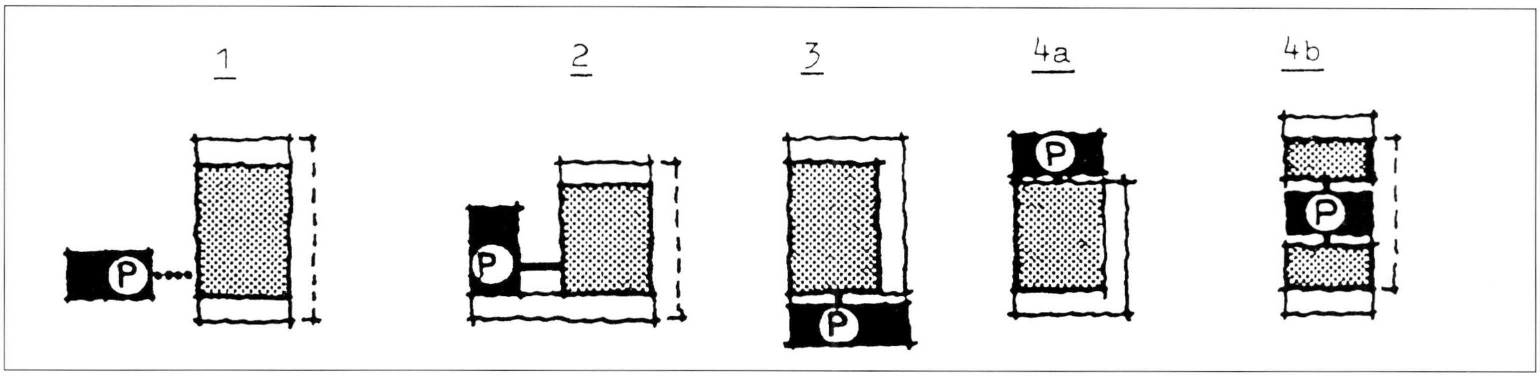

28 3. Warenhausgeneration, Zuordnung der Parkhäuser

comprising hexagonal elements as a symbol of the honeycomb – the trade mark of the Dutch store chain."[40] Helmut Rhode also mentions the Nürnberg architect Harald Loebermann as being the other creative force behind the hung curtain lattice facade in the 1950s. Rhode dates the principle back to the trend-setting glass facade on Lever House in New York by Skidmore, Owings and Merrill[41]. This would itself have been inconceivable without trail-blazing developments by Walter Gropius incorporated into the Fagus works, as well as in designs by Mies van der Rohe. Rhode also used this facade type for Horten's administrative building in Düsseldorf.

Relocation of Horten's administration is symptomatic of the expansion of the branch network of one of Germany's four major department store companies. The other three had also moved their administrative departments, or had planned to do so in the 1960s: Kaufhof to Cologne in 1955, Hertie to Frankfurt Niederrad in 1969; Karstadt to Essen Bredeney. Disregarding eight main department stores and 167 cut-price branches, the four major companies had a total of more than 226 local stores.

With all four companies, there was a constant rise in the number, sales area and turnover of local stores and cut-price stores between 1960 and 1969. Within the same period, the number and density of private cars also rose throughout Western Germany, accompanied by a restructuring of commercial activity. It was mainly non-organised, although also organised, medium-sized specialty trade that suffered a loss of market share, while stores, chain-stores selling specialised goods, and cut-price stores could boast continuous growth. The proportion of mail-order trade also increased slightly. On the other hand, as if from nowhere, the market share of the so-called discount stores for the consumer market simply rocketed in the second half of the 1960s; consumer markets, shopping centres and larger self-service stores also expanded their sales areas with similar speed[42] – dependent, of course, on the traditional sites at traffic centres or important inner city transit points for pedestrians, and later vehicles.

Department store architecture was also subjected to this influence: after spotting 'his' (or at least 'a') department store on the way in from the surrounding region, the next thing for the motorist was to park the car as efficiently as possible. The number of cleared bombsites, which had been used as large-area car parks well into the 1970s, now began to decline – they had become sites for inner city shopping centres, bringing a corresponding rise in building activity. Multi-storey car parks were to provide a solution. According to Irrgang's system (Figure 28), such car parks were linked to sales areas in very different ways. The integration of multi-storey car parks into the main building, and the concentration of the design on the facade, allowed a differentiated cubic building to be dispensed with. Thomas Irrgang found that about 70% of buildings were plain cubes (Figure 29);[43] at best, they possessed a composite facade (Type 1b) or – as with Walter Brune's 1956 Karstadt building in Celle – a building with a honeycomb-like structure extending into the roof design (Type 1c; Figure 30).[44] Irrgang arrives at the rarer and less differentiated cube via the intermediate type (3a,Sic!)[45] of accumulative adjacent triplet elements with in-line facades, but differing heights to the eaves; he believed that he could identify two types here: the horizontally and the vertically accumulative and compos-

Marktanteilen hinzunehmen, wogegen Filialunternehmen mit Fachsortiment, Warenhäuser und Kleinpreisgeschäfte einen kontinuierlichen Zuwachs verbuchen konnten. Auch der Anteil des Versandhandels war leicht angestiegen. Quasi aus dem Nichts schossen dagegen in der zweiten Hälfte der sechziger Jahre die Marktanteile der aus den sogenannten Discounthäusern hervorgegangenen Verbrauchermärkte empor. Und ebenso rapide vergrößerten sich auch die Verkaufsflächen der Verbrauchermärkte, der Einkaufszentren und der größeren Selbstbedienungswarenhäuser.[42] Dies konnte selbstverständlich nur bedingt an den traditionellen Standorten der Warenhäuser an Verkehrsknotenpunkten oder wichtigen Durchgangs-, später dann Durchfahrtsbereichen der Innenstädte geschehen.

Auf die Gestaltung der Warenhausarchitektur hatte auch dies seine Auswirkung. Hatte der mit dem Auto aus dem Umland kommende Kunde (s)ein Warenhaus entdeckt, stellte sich die Frage nach einer möglichst transportgünstigen Unterbringung des Autos. Die Zahl der geräumten Trümmergrundstücke, die zum Teil noch bis in die siebziger Jahre als großflächige Parkräume dienten, nahm - nun als Baugrund für innerstädtische Einkaufszentren genutzt - mit zunehmender Bautätigkeit ab. Parkhäuser sollten Abhilfe schaffen. Nach Irrgangs Schema (Abbildung 28) wurden diese in ganz unterschiedlicher Weise zu den Verkaufsgeschossen situiert. Die Integration der Parkhäuser in den Gebäudekörper sowie die gestalterische Konzentration auf die Fassaden ließen den Verzicht auf ein kubisch differenziert gegliedertes

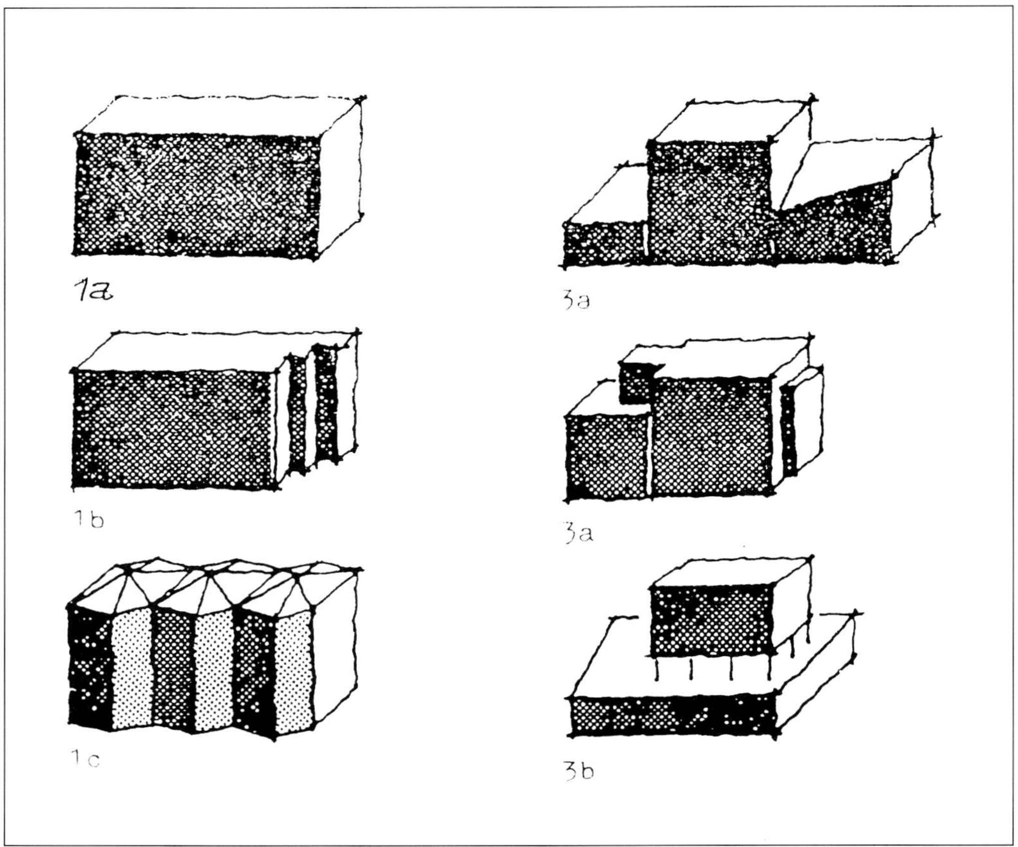

29 3. Warenhausgeneration, Gebäudekuben der 60er Jahre

Bauwerk zu. Thomas Irrgang stellte zu rund 70% Bauten ohne kubische Gliederung fest (Abbildung 29).[43] Neben dem völlig ungegliederten Kubus verfügten sie bestenfalls über eine gegliederte Fassade (Typ 1b) oder - wie Walter Brunes Karstadt-Bau in Celle aus dem Jahr 1965 - über einen bis in die Dachgestaltung wabenartig gegliederten Baukörper (Typ 1c; Abbildung 30).[44] Über den Zwischentypus (3a, sic!)[45] von additivem Nebeneinander dreier Baukörper, deren Fassaden in einer Flucht stehen, jedoch unterschiedliche Traufhöhen aufweisen, leitet Irrgang zu den zahlenmäßig geringeren gegliederten Kuben über, bei denen er zwei Typen glaubt feststellen zu können: den horizontal und vertikal addiert und gegliederten (3a) und den vertikal addierten Typus (3b). Was die Fassadengestaltung betrifft, so weisen die sechziger Jahre das wohl breiteste Spektrum auf. Hier den Versuch zu unternehmen, typologische Unterscheidungskriterien zur Aufstellung ebensolcher Reihen zu entwickeln, würde zum Selbstzweck und müßte zwangsläufig scheitern; es sei denn, man unterschiede nicht nach der Form, sondern nach den eingesetzten Materialien. Auch Irrgangs Versuch einer Typologie kann nicht überzeugen. Was er als für diese Dekade typische Lamellenfassaden (Typ 5), unterschieden in horizontale (5a) und vertikale Lamellen (5b), und geschlossene Fassaden (Typ 6), mit Gliederung (6a)

ite type (3a), and the vertically accumulative type(3b).
As far as the design of the facades is concerned, the 1960s produced the widest spectrum, although the attempt to evolve criteria for differentiating between types became an end unto itself, and was therefore doomed to fail unless differences could be drawn not according to shape, but materials. Irrgang's attempts at a typology were also unconvincing. It wasn't particularly novel to sort the slatted facades (type 5) typical of the decade into vertical and horizontal slats (5b) or, with closed facades (type 6), to distinguish between composite (6a) and flat(6b), for example (Figure 31). Hans Soll's 1952/56 Hertie store in Berlin, and Ernst Kreytenberg's 1954 Karstadt store in Giessen, preempted the Irrgang situation. It is only his Type 6 – the closed facade – that can be granted a certain autonomy; examples of this composite type (6a) are the 1964 Neckermann building in Berlin-Charlottenburg by Paul Schwebes and Schossberger, and the leased Karstadt branch in the Solingen-Neumarkt shopping centre by Kurt Baden (Figure 32).[46] The smooth, closed facade (Type 6b), however, can justifiably claim total typological autonomy. It was mainly applied to buildings with a single upper storey, and was thus similar to the ever-present shopping centres that, at that time, were already found before many a city gate.[47]

The tendency to strip the outer skin of department stores of their typological individuality was obvious: it was not only that the outer walls of a department store no longer played a decisive role in the architectonic sense; now, they even lacked a "membrane-like character as postulated in the 1920s".[48] Even when Egon Eiermann, as justification of his design for the Horten building in Heidelberg, expressly refers to the membrane function of the aforementioned diaphanous wall structure as a communicative element, and holds up the economic plausibility of department store architecture, his words must still be taken merely as a declaration of bankruptcy with regard to the perseverance of design, as opposed to commercial, potential[49] – neither physical nor metaphysical transparency was evident. The former was called into question by the fire-brigade; the latter offered absolutely no comparison, for example with the diaphanous wall structure of a Gothic cathedral, as formulated by Alfred Messel (naturally only in terms of motif) at the beginning of the century.
In the 1960s, there was now confirmation that, as a result of the break in continuity following the Hitler dictatorship and World War II, German architecture had indeed sustained tangible damage that continued to exclude future and further adaptation to international trends. This is particularly so since the protagonists of the 20th century avant-garde had fled the power politics of the era; an exterior emigration as far as the political situation was concerned, but in terms of society, a kind of inward withdrawal, too. Many, Peter Behrens (Figure 33) for example, who would probably have been in a position to latch onto a "modern tradition", had in the meantime either died or, because of their age, no longer saw themselves in a position to start again. At the beginning of a period of "economisation" in everyday life, it proved fortunate to retain similarly economic parameters as a reference for an architecture that, because of its practicality, was deemed good. That its effectiveness was to suffer under the dictates of economic viability was, in the postwar years, at first accepted without protest; the assurance that the world's merchandise was laid out at one's feet was enough. With the growth of affluence, the world and its produce became ever more accessible, so that with the opening of its Reutlinger store, Horten was eventually to use the slogan "An entire world on 5 floors" to head a newspaper advertisement showing a schematic view of floors otherwise hidden by the lattice cage of the facade (Figure 34).[50]

30 W. Brune, Karstadt, Celle, 1965

31 3. Warenhausgeneration, Fassadentypen

und flächig (6b), herauszustellen versucht, ist so neu nicht (Abbildung 31). Schon Hans Solls Berliner Hertie-Warenhaus von 1952/56 und Ernst Kreytenbergs 1954 entstandenes Karstadt-Warenhaus in Gießen entsprachen bereits unter typologischen Gesichtspunkten der Analyse Irrgangs. Allein seinem Typ 6, der geschlossenen Fassade, ist eine gewisse Eigenständigkeit zuzusprechen; zu diesem Typ, mit Gliederung (6a), gehören z.B. das Haus Neckermann von 1964 in Berlin-Charlottenburg von Paul Schwebes und Schoßberger sowie die angemietete Karstadt-Filiale im Einkaufszentrum Solingen-Neumarkt von Kurt Baden (Abbildung 32) [46] Ein Anspruch auf gänzliche typologische Eigenständigkeit steht dagegen der flächig geschlossenen Fassade (Typ 6b) zu. Sie wurde vor allem bei Bauten mit nur einem Obergeschoß angewendet und glich damit den bereits zur gleichen Zeit vor den Toren der Städte allgegenwärtigen Einkaufszentren.[47]

Die Tendenz, die Außenhaut der Warenhäuser ihrer typologischen Individualität zu entkleiden, war unübersehbar. Nicht nur daß die Außenwände eines Warenhauses im architektonischen Sinne keine tragende Rolle mehr spielten; sie verfügten nicht einmal mehr über den "schon in den zwanziger Jahren postulierten Membrancharakter."[48] Selbst wenn Egon Eiermann zur Begründung seiner Gestaltung des Heidelberger Horten-Baues ausdrücklich auf die Membranfunktion einer - wie schon angedeutet worden ist - diaphanen Wandstruktur als kommunikatives Element hinweist und ökonomische Plausibilität der Warenhausarchitektur einfordert, so sind seine Worte doch nur als Bankrotterklärung der Durchsetzungsfähigkeit gestalterischer gegenüber kommerzieller Potenz zu werten.[49] Denn weder physische noch metaphysische Durchlässigkeit waren vorhanden. Ersteres Defizit monierte die Feuerwehr, und das zweite hielt nun überhaupt keinem Vergleich etwa mit der diaphanen Wandstruktur einer gotischen Kathedrale stand, wie sie - allerdings nur motivisch - von Alfred Messel zu Beginn des Jahrhunderts aufgegriffen worden war.

32 K. R. Baden, Karstadt, Solingen-Neumarkt, 1969

Jetzt, in den sechziger Jahren des 20. Jahrhunderts, bestätigte sich, daß die deutsche Architektur durch den Kontinuitätsbruch infolge von Hitler-Diktatur und Zweitem Weltkrieg einen auch für die Folgezeit spürbaren Schaden genommen hatte, der noch immer die Angleichung an internationale Tendenzen ausschloß. Dies vor allem deshalb, weil die Protagonisten der Avantgarde des 20. Jahrhunderts aufgrund der macht- und gesellschaftspolitischen Situation emigriert waren: aus machtpolitischen Gründen in die äußere, aus gesellschaftspolitischen Gründen in die innere Emigration. Viele, wie zum Beispiel Peter Behrens (Abbildung 33), die ein Anknüpfen an eine "moderne Tradition" hätten vermitteln können, waren inzwi-

33 P. Behrens, Entwurf für "Haus der Mode" in Frankfurt a.M., 1926

With the building of the new Wertheim store in 1971 on Berlin's Kurfürstendamm, Wolfgang Fritz Haug even saw "the celebration of 'the resurrection of the seven worlds of the globe'."[51] Hans Soll, advised in urban planning matters by Werner Düttmann, interrupted the chain of entirely plain or slightly differentiated facades (Figure 35) with this building. The bay-windows protruding between the supports of the first floor, which housed the restaurant, break up the closed upper half of the facade through the upper and lower floors, and revert to the tradition of a transparent building concept. A conscious relationship is formed with the character of the Kurfürstendamm as a promenade. In the 1960s, department stores still tended to be seen more or less as warehouses, incorporating the most efficient possible arrangement for the full range of merchandise. In the 1970s, the trend was towards a more attractive display of goods, and this also involved the planning of customer flow. In the 1950s, a multitude of basically inadequate traffic elements – lift, stairways, escalators – had persisted, evenly distributed throughout the sales area as a whole. With the combination of stairway and escalator elements in a central location, and lifts decentralised, although not entirely remote, the layout of the Merkur branch in Duisburg pointed to the future. Additionally, "the earlier disadvantages of visual obstruction (and thus difficulties in orientation)" was solved "through a lighter and more transparent construction using free standing public staircases and glassed-in escalators".[52]

This increase in customer appeal was also necessary because of the competition from self-service stores and consumer markets outside the city. In only fifteen years prior to 1978, these businesses had attained turnover volumes – which have since been sustained with only slight fluctuations – for which in 1968 the department stores had needed all of ninety years.[53] The department stores responded by increasing customer accessibility and satisfaction

34 Eröffnungsanzeige der Reutlinger Hortenfiliale

schen verstorben oder sahen sich aus altersbedingten Gründen zu einem Neubeginn nicht mehr in der Lage. Insofern erwies es sich zum Beginn einer Zeit der Ökonomisierung des Alltags geradezu als Glücksfall, für eine gute, weil zweckmäßig gestaltete Architektur als Vorgabe ebenfalls ökonomische Parameter zu erhalten. Daß unter dem Diktat der Wirtschaftlichkeit der Architektur deren Wirtlichkeit zu leiden hatte, nahm man im Nachkriegsdeutschland zunächst klaglos hin. Es genügte, sich zu vergewissern, daß die Waren der Welt zur Verfügung standen; wahre Welt und Warenwelt wurden mit wachsendem Wohlstand der Gesellschaft immer verfügbarer, so daß schließlich Horten anläßlich der Eröffnung seines Reutlinger Hauses mit einer Zeitungsanzeige aufwarten konnte, die einen schematischen Einblick in die Geschosse des ansonsten dem Auge des Betrachters verschlossenen Gitterwerkskäfigs gewährte und die Schlagzeile trug: "Eine ganze Welt in 5 Etagen" (Abbildung 34).[50]

Mit dem Bau des neuen Wertheim-Warenhauses 1971 am Kurfürstendamm in Berlin sah Wolfgang Fritz Haug sogar "... 'die sieben Welten des Globus' bereits ihre Auferstehung ('feiern')".[51] Hans Soll, städtebaulich von Werner Düttmann beraten, durchbrach mit diesem Bau die Kette der gar nicht oder nur wenig gegliederten Fassaden (Abbildung 35). Zwischen den Stützen im ersten Obergeschoß auskragende Erker, die die Gastronomie beherbergen, brechen mit dem darunter und dem darüber gelegenen Geschoß die in ihrer oberen Hälfte geschlossene Fassade auf und schließen an die Tradition der auf Transparenz bedachten Bauten an. Konsequent wurde auf den Charakter des Kurfürstendamms als Flaniermeile Bezug genommen. Noch in den sechziger Jahren war man der Auffassung gewesen, Warenhäuser mehr oder weniger als Warenlager mit möglichst effizienter Sortimentsanordnung anzusehen. Jetzt in den siebziger Jahren kristallisierte sich der Trend zu einer Ausgestaltung mit größerer Attraktivität für den Kunden heraus. Dies betraf auch die Planung der Kundenwege. In den

35 H. Soll und W. Düttmann, Wertheim, Kurfürstendamm, Berlin, 1971

Fünfzigern hatte es noch eine Vielfalt nur unzureichend koordinierter Verkehrselemente - Lift, Treppe, Rolltreppe - in gleichmäßiger Verteilung über die gesamte Verkaufsfläche gegeben. Mit dem Zusammenschluß der Elemente Treppe und Rolltreppe in zentraler und Kundenlifts in dezentraler, jedoch nicht allzu weit entfernter Lage wies die Merkur-Filiale in Duisburg schon auf zukünftige Gestaltung hin. Hinzu kam, daß es gelang, "den früheren Nachteil der Sichtbehinderung (und damit der Orientierungserschwernis) durch leichtere und transparente Konstruktion von Kunden- und Rolltreppen mit freitragenden Treppen und gläsernen Treppenwänden zu beheben".[52]
Die Steigerung der Attraktivität für den Kunden hatte sich auch durch die Konkurrenz der Verbrauchermärkte vor den Toren der Stadt und die Selbstbedienungswarenhäuser als notwendig erwiesen. Innerhalb von nur fünfzehn Jahren (Stand 1978) hatten diese das Umsatzvolumen erzielt, für das die Warenhäuser neunzig Jahre (Stand 1968) benötigt hatten und das sie seitdem bis auf nur geringfügige Abweichungen beibehalten konnten.[53] Für die Warenhäuser lautete die Konsequenz, im Gegensatz zu den entfernteren Verbrauchermärkten für den Kunden besser erreichbar zu werden, seinen Bedürfnissen besser entsprechen zu können.

"Diversifikation" wurde zum Schlagwort der Unternehmenspolitik; dazu zählen nach Irrgang:

"1. Anpassung des Sortiments und des Kundendienstangebots an die jeweilige Marktsituation.
2. Rationalisierungsmaßnahmen im Verkaufssystem und in der Filialorganisation.
3. Verkaufsflächenexpansion durch Übernahme fremder oder (Erweiterung, d. Verf.) konzerneigener Bausubstanz.
4. Erschließung neuer Standorte.
5. Entwicklung neuer Betriebsformen, die den jeweils notwendigen Maßnahmen adäquat sind."[54]

Die Erweiterung des Dienstleistungs- und Warenangebots ging mit einer enormen Filialzuwachsrate einher. Auch außerhalb der Zentren, in den Randbereichen der Großstädte und in kleineren Städten wurden Filialen errichtet. Ein auf den jeweiligen as a direct contrast to the more remote consumer markets. Diversification became the key policy word, which according to Irrgang entailed:

"1. Tuning of goods and services on offer to the respective market situation.
2. Rationalisation in the sales system and branch organisation.
3. Expansion of sales area by taking over outside or (expanding, ed.) existing company buildings.
4. Accessing new sites.
5. Development of new kinds of viable business."54

The expansion of goods and services was accompanied by an enormous increase in the number of branches. Branches were also set up outside the main centres, on the periphery of cities and in towns. Diversified interior fittings went hand in hand with the specific merchandise offered at each site. "Trading-up" coupled with "Shop-in-the-shop" furnishings, and "trading-down" as an answer to consumer demand, were now integrated into the sales policy of the store chain. At the same time, consumer markets adapted to the distribution of department store branches. "The amendment of BauNVO 1977 has made the construction of large-area retail businesses outside the city much more difficult, and for the department store operators this has meant an increase in direct competition in the cities."[55] But the rise of the department store companies was not to be stopped. Within a decade, between 1970 and 1979, the number of branches rose by 67% from 226 to 378. Karstadt, with 91, an increase of 144%, had the largest share, followed by Kaufhof (32/+58%) and Horten (14/+33%).

From Sales-Box to Illusion Factory

At first glance, the exterior image of the 1970s department store gives as multifaceted an impression as the preceding decade. But something had changed: department stores were no longer individual buildings set within the structure of the bombed out inner cities. Company policies as expressed by Horten's Heidelberg director at the beginning of the 1960s were a thing of the past. Indeed, lawmakers, clients and architects alike would still have believed that "in terms of scale, the department store would have to be a viable proposition", but would no longer have felt that "this architectural (more or less inevitable, ed.) interpretation should of necessity lead to box-like buildings with overdimensioned, uninterrupted, wide and high lattice-like, strip, cassette or honeycomb facades". Eiermann justifies this, in that "a department store, if only because of the constant need for change within its departments, could never be built in obeisance of purely architectural principles."[56] He obviously misunderstood Ludwig Mies van der Rohe who, in demanding adaptability from post-war architecture, thought in other dimensions entirely: "We do not follow the general notion that form follows function; we do exactly the opposite. We first create a practical and satisfying design, and then adapt the function to it. These days, that is the only practical and satisfactory way to build, because the functions of most buildings are in a constant state of flux, and for purely economical reasons, so that the building itself can no longer be altered."[57]

36 H. Hentrich, H. Petschnigg und Partner, Horten, Krefeld, 1970

Of course, in view of such programmatic statements, it appears questionable as to whether, "on the basis of the aesthetic idea of technical perfection, and the use of the technical products of post-war department store architecture",[58] it is justified to develop a diversely applied repertoire of forms that "also puts the average architect in the position of producing 'decent' architecture".[59] And Jürgen Joedicke's tendency, too, toward a "(hidden) risk of deeply conformist paralysis" rather than a "canon that is seen as a commitment", and without which there can be no cultural époque, appears to me as highly questionable. We should rather agree with Gerhard Ullmann who, in 1973, was of the opinion that "the post-war department stores are totally rationalised merchandise and sales boxes, closed off on the outside, illusion factories on the inside".[60]
With their Horten building in Krefeld, Hentrich, Petschnigg and Partner (HPP) had built such a "box" – a

Standort ausgerichtetes Warenangebot führte zu differenzierter Innenausstattung. "Trading up"-Maßnahmen, gekoppelt mit "Shop in the shop"-Möblierung, und "Trading down" als Antwort auf die Verbrauchermärkte bestimmten nun die Verkaufpolitik der Warenhäuser. Gleichzeitig paßten sich die Verbrauchermärkte der Filialstreuungsstruktur der Warenhäuser an. "Mit der Novellierung der BauNVO 1977 wird der Bau großflächiger Verkaufsbetriebe außerhalb der Städte wesentlich erschwert, was für die Warenhausunternehmen in den Städten eine Zunahme der direkten Verbrauchermarktkonkurrenz bedeutet."[55] Noch aber war der Aufstieg der Warenhauskonzerne nicht zu bremsen. Innerhalb des Jahrzehnts von 1970 bis 1979 stieg die Zahl der Filialen um 67% von 226 auf 378. Den größten Anteil sicherte sich Karstadt mit 91 Filialeröffnungen, was eine Steigerung von 144% bedeutete, gefolgt von Kaufhof (32/+58%), Hertie (15/+23%) und Horten (14/+33%).

Von der Verkaufsschachtel zur Illusionsfabrik

Auf den ersten Blick zeigt sich, was die äußere Erscheinungsform der Warenhäuser betrifft, für die siebziger Jahre ein ähnlich vielfältiges Bild wie im Jahrzehnt zuvor. Etwas aber hat sich geändert: Warenhäuser sind nicht mehr die Solitärbauten im Gefüge der kriegszerstörten Innenstadtbereiche. Stellungnahmen, wie sie Anfang der sechziger Jahre aus dem Munde des Heidelberger Horten-Direktors zu vernehmen waren, sind nicht mehr opportun. Zwar hätten Gesetzgeber, Auftraggeber und Architekt sicher noch die Ansicht geteilt, daß "ein Warenhaus ... in seinen Größenverhältnissen rentabel gebaut werden (müsse)"; nicht mehr vertreten hätten sie allerdings die Meinung, "daß diese Architekturauffassung des Warenhausbaues (dadurch quasi zwangsläufig, d. Verf.) zu kastenähnlichen Bauten mit überdimensioniert breiten und hohen glattflächig gerasterten, gestreiften, kassettierten oder wabenähnlichen Fassaden führen muß". Eiermann rechtfertigte sich damit, "daß ein Kaufhaus schon wegen der ständig notwendigen Wandlungsfähigkeit innerhalb seiner Abteilungen niemals nach den architektonisch sauberen Prinzipien gebaut werden könne",[56] und mißverstand damit ganz offensichtlich den in größeren Zusammenhängen denkenden Ludwig Mies van der Rohe, der zur variablen Nutzbarkeit der Architektur der Nachkriegszeit gefordert hatte: "Wir folgen nicht der allgemeinen Diktion: Form folgt Funktion. Wir tun gerade das Gegenteil. Wir schaffen zuerst eine praktische und befriedigende Gestalt, und dann erst passen wir die Funktion darin ein. Das ist heute der einzige praktische und befriedigende Weg zu bauen, weil die Funktionen der meisten Gebäude sich fortwährend wandeln, aber das Gebäude selbst kann aus wirtschaftlichen Gründen nicht mehr verändert werden."[57]
Es erscheint allerdings fraglich, ob man angesichts solcher programmatischer Aussagen berechtigt ist, "ausgehend von der ästhetischen Vorstellung der technischen Perfektion in Verbindung mit der Verwendung technischer Produkte der Architektur des Warenhauses der Nachkriegszeit"[58] auf ein vielseitig zu verwendendes Formenrepertoire zu schließen, "das auch den durchschnittlichen Architekten in die Lage (versetzte), 'anständige' Architektur zu produzieren".[59] Und auch Jürgen Joedickes Annäherung einer "in jeder Regelhaftigkeit (verborgene) Gefahr einer formalen Erstarrung" als einen "als verbindlich anerkannten Kanon", ohne den eine Kulturepoche nicht bestehen kann, erscheint mir höchst bedenklich. Eher ist dann schon Gerhard Ullmann zuzustimmen, der 1973 befand, "die Nachkriegswarenhäuser sind durchrationalisierte Waren- und Verkaufsschachteln, abgeschlossen nach außen, Illusionsfabriken im Inneren."[60]

Mit ihrem Krefelder Horten-Bau hatten Hentrich, Petschnigg und Partner (HPP) 1970 noch eine solche "Schachtel", einen ungegliederten viergeschossigen Baukörper mit zurückgesetztem Dachgeschoß, errichtet (Abbildung 36). Deren Gitterwerkfassade bestand einmal mehr aus den auf der Basis von Helmut Rhodes stilisiertem "H"-Motiv entwickelten Grundelementen. Rhode schloß sich 1970 mit dem von HPP gekommenen Hans-Günter Wawrowsky und Friedel Kellermann, der einschlägige

38 Architekten RKW, Horten, Gießen, 1976

37 H. Rhode, F. Kellermann, H.G. Wawrowsky (Architekten RKW), Horten, Hannover, 1975

plain, four-storeyed main body with recessed roof level (Figure 36). As a basic element, its lattice facade once again reverted to the stylised 'H' motif developed by Helmut Rhode. In 1970, Rhode joined forces with Hans-Günter Wawrowsky, who had come from HPP, and Friedel Kellermann to form the Architectural Cooperative RKW. Kellermann, along with Bruno Hennig, had gained relevant experience in the department store area with the "Kaufring" administration building and central warehouse in Düsseldorf. RKW used the basic facade element in Horten's Hannover (Figure 37) and Giessen (Figure 38) branches and – in a more reserved way – in Essen (Figure 39).

Much to the displeasure of Joseph Wiedemann from Munich, who had reviewed the RKW plan, Helmut Horten also continued to use this facade element in the Regensburg branch in 1973 (Figure 40). Wiedemann attested that he had only agreed to the work "on condition that no Horten bricks were used".[61] In addition to functional and aesthetic considerations, planning aspects became predominant in the 1970s, in order to avoid the mistakes of the 1960s. In addition to general matters such as maintenance of the urban landscape, the conservation of historical monuments was to become ever more important when choosing the site. Location in inner city pedestrian areas now demanded new concepts of customer flow. Economically speaking, the exclu-

Erfahrungen im Warenhausbereich mit Bruno Hennig beim Bau von Verwaltung und Zentrallager des "Kaufring" in Düsseldorf gesammelt hatte, zur Architektengemeinschaft RKW zusammen. RKW verwendete das Fassadengrundelement dann bei den Horten-Filialen in Hannover (Abbildung 37) und Gießen (Abbildung 38) und - zurückhaltender - in Essen (Abbildung 39). Sehr zum Mißfallen von Josef Wiedemann (München), der den RKW-Entwurf überarbeitete, setzte Helmut Horten die Verwendung dieses Fassadenelements auch beim Bau der Regensburger Filiale im Jahr 1973 durch (Abbildung 40). Wiedemann hatte nämlich nach eigenem Bekunden nur "unter der Bedingung zu(gesagt), daß keine Horten-Steine... zur Verwendung kommen müssen".[61]
Neben funktionalen und ästhetischen Erwägungen traten, um die Fehler der sechziger Jahre zu vermeiden, in den siebziger Jahren zunehmend Planungsaspekte in den Vordergrund. Bei der Wahl des Standorts wurden neben allgemeinen Fragen der Stadtbildpflege immer mehr Belange des Denkmalschutzes berücksichtigt. Die Situierung in verkehrberuhigte Innenstadtlagen erforderte neue Überlegungen bezüglich der Kundenverkehrswege. Unter ökonomischen Gesichtspunkten durfte auch eine Fremdnutzung von Teilbereichen der Gesamtbausubstanz nicht ausgeschlossen werden.
Thomas Irrgang fiel bei der Zuordnung der Kundenerschließungselemente "besonders eine Eigenheit auf, die erstmals in diesem Jahrzehnt bei den Kaufhofbeispielen auftritt: bei der zentralen Lösung bilden Rolltreppen und Kundenlifte in der Raummitte eine Einheit. ... Die Lösung knüpft direkt an die ersten Beispiele der 1. Warenhausgeneration an. Sinn dieser Anordnung ist es, durch konsequente Zusammen-

39 Architekten RKW, Horten, Essen, 1977

40 Architekten RKW und J. Wiedemann, Horten, Regensburg, 1973

sion of alternative uses for certain areas of the complex was not permissible. It was apparent to Thomas Irrgang that, with the allocation of customer access elements, "In the Kaufhof examples, one aspect in particular arose for the first time during this decade: with the centralised solution, escalators and lifts form a unit in the centre of the space ... this solution draws directly upon the first generation of department stores. The purpose of this arrangement is, using a carefully thought out concentration of customer flow techniques in the centre of the space, to maintain the highest possible degree of flexibility when dividing the general sales area into individual sections at a later stage. In line with the requirements of self-service, these sections can be then grouped around the central customer access core, with their 'check-in' and 'check-out' points."[62]

Reinforced concrete construction techniques enabled an increasingly widely spaced grid-pattern of supports. The individual companies had their own distinct ideas: "Kaufhof used a pillar spacing of only 10x10 metres (with an furnishing module of 1,25 metres); Horten preferred 9,6x9,6 metres or 10,8x10,8 (furnishing module 1,20); Karstadt tended to adapt the grid dimensions to local requirements, and "in an attempt to organise private vehicles as comfortably and economically as possible, used a right-angled grid with a longitudinal dimension in the region of 15x16,8 metres"[63].

fassung der Kundenverkehrstechnik in der Raummitte, ein Höchstmaß an Flexibilität bei einer eventuellen späteren Aufteilung der allgemeinen Verkaufsfläche in Einzelbereiche zu erhalten, die dann selbstbedienungsgerecht mit 'check-in' und 'check-out' um den zentralen Kundenerschließungskern gruppiert werden können."[62]
Stahlbetonbaukonstruktionen ermöglichten ein immer größeres Stützenrastersystem, wobei sich bei den einzelnen Konzernen Festlegungen erkennen lassen. "Kaufhof verwendete nur noch Stützenraster von 10 x 10m (bei einem Ausbaumodul von 1,25m), Horten bevorzugt 9,6 x 9,6 oder 10,8 x 10,8 (Ausbaumodul 1,20) und Karstadt paßt das gewählte Rastermaß weitgehend den jeweiligen Erfordernissen an", und "auf das Bestreben, eine möglichst bequeme und wirtschaftliche PKW-Aufstellung zu ermöglichen, weisen die Rechteckraster mit einer Längsseite von 15 - 16,8m ... hin".[63]

Auch die Warenhäuser der 3. Generation in den siebziger Jahren hat Thomas Irrgang typologisch zu erfassen versucht. Zunächst unterschied er drei Gruppen: "1. Warenhäuser, 1.a: ohne sichtbare Parkgebäudeteile, 1.b: mit sichtbaren Parkgebäudeteilen; 2. Warenhäuser mit fremden Gebäudeteilen" (dazu u.a. in einer Anmerkung: "Ebenfalls in dieser Gruppe sind die Neubauten erfaßt, die aus denkmalpflegerischen Gründen wesentliche Gebäudeteile erhaltenswerter Bausubstanz enthalten."); "3. Warenhäuser ohne eigene Erscheinungsform."[64] Dies waren in der Regel in Denkmalsubstanz untergebrachte oder hinter Denkmalfassade verborgene Warenhäuser.

Da das Jahrzehnt von 1960 bis 1969 bereits eine Vielzahl kubischer Erscheinungsformen des Baukörpers aufzuweisen hatte, beschränkten sich die nun feststellbaren Eigenarten auf die Dach- oder Obergeschoßgestaltung. Irrgang unterscheidet: "1. Im Bereich der Hauptfassade gestaffelte 'Pseudodachgeschosse', als horizontal gliederndes Element und zur optischen Senkung der Gebäudehöhe. ... 2. Gliedernde Dachelemente, wie auf Dachterrassen aufgesetzte Glashauben und ganze Dachlandschaften, aber auch in Hausgrößen benachbarter gegliederter Steildächer ... führen an die Grenze der gegliederten Gebäudekuben. 3. Aufsatzkörper über offenen Terrassen ... 4. Teil-Obergeschosse, die bei niedrigen Warenhäusern vor Parkdecks liegen ... 5. Addition von fremden Gebäudeteilen über dem Warenhaus, die zu zusätzlichen Fassaden führen."[65] Diese haben aber mit der zuvor üblichen Gestaltung der Warenhausfassade nach Wiedererkennbarkeitsmomenten, und sei es in reduziertester Form, nichts mehr gemein. So lockerten RKW bei Karstadt in Mönchengladbach-Rheydt den ungegliederten Kubus durch Fensterreihen auf (Abbildung 41), ein konzernspezifisches Erscheinungsbild erlaubten sie jedoch nicht mehr. Der Versuch, ein Corporate Image durch Architektur zu vermitteln, mußte bei den Warenhäusern als gescheitert gelten. Die Funktion des Imageträgers und Vermittlers einer Corporate Identity wurde deshalb auf andere Kommunikationsmittel oder personale Kommunikatoren übertragen.

41 Architekten RKW, Karstadt, Mönchengladbach-Rheydt, 1976

Die Architektur der Warenhäuser war nicht mehr länger Bedeutungsträger. Wie hatte sich doch Günter Bandmann über die Architektur als Bedeutungsträger geäußert? "Durch verschiedene Umstände werden wir veranlaßt, für das Bauwerk und seine Teile bestimmte Bedeutungen anzunehmen, die folgenreich für die Wahl und auch die Durchformung der Glieder waren. Diese Bedeutungen beziehen sich nicht auf die

Thomas Irrgang had also attempted to typologically list the third 1970s generation of department stores. He initially defined three groups: " 1. Department stores 1a: without visible multi-storey car park extensions, 1b: with visible multi-storey car parks; 2. Department stores with extra building sections" (and in notation: "Included in this category are new buildings that contain principle components worthy of conservation."); 3. Department stores without their own individual image."[64] Generally, these were housed in listed buildings or behind listed facades.

Because the decade between 1960 and 1969 had already spawned a great number of buildings with a cubic appearance, distinguishable characteristics were thus reduced to the design of either the roof or the upper floor. Irrgang differentiates: "1. Staggered 'pseudo roof level' in the area of the main facade serving as a horizontal element for the optical limitation of the overall building height... 2. Differentiating roof elements, such as glass covers and entire gardens placed on roof terraces, but also in house dimensions corresponding to the steep neighboring roots up to the edge of the building cubes. 3. Separate bodies placed upon open terraces... 4. Partial upper floors that, in the case of low stores, abut parking decks... 5. The addition of extra building sections above the department store which result in additional facades."[65] However, even in the most reduced form, these no longer have anything to do with department store facades designed along the lines of earlier principles usually associated with customer recognition. Thus, with Karstadt in Mönchengladbach-Rheydt, RKW loosened up the plain cube with rows of windows (Figure 41), but excluded a company-specific identity for the building. The attempt to produce a corporate identity though architecture must be considered as a failure in the case of department stores. The function of image vehicle and perveyor of identity was transferred to other communication techniques or communicators on a more personal level.

Department store architecture was no longer the carrier of a message. In this respect, Günter Bandmann says about architecture: "For various reasons, we were compelled to assume specific meanings for the building and its components. These meanings were important in the selection and forming of individual elements. These meanings are related neither to the static performance within the building's tectonic relationships, nor to the artistic "meaning" or "content" that is new in the realisation of every form. They are rather of an a priori character, in that they refer to a dominant content, an association of meaning... If one says that a work of art has a meaning, one means it refers to something that exceeds both material and formal organisation of the work – an alignment with a greater association of meaning."[66]

There is therefore no point in arguing with Egon Eiermann about whether department store architecture is art or not. "Eiermann stressed that his architecture could not be art and indeed should not be art; it's singular purpose was 'to be functional' – and he restricted the term "art" to being without purpose and not applicable to department store architecture. Without reservation, he here condones an architecture that is exclusively economically governed."[67] In the light of all this, could department store architecture still be art? It doesn't anyway imply that everything that had given the earlier stores the character of cathedrals would have been forgotten – stores in which trade had become the liturgy of everyday life. There had only been a shifting of values.

After the immediate needs of post-war life had been satisfied, there was an almost unstoppable desire on the side of the consumer for novelty as part of a production surplus aimed at the awakening of demand. Whereas in earlier times such novelty was aimed at easing life with appropriately conceived products and so forth, there was now an increasing need for novelty in order to satisfy the consumer mentality. The wishes of the consumer also changed: the actual utility value of the consumer article became overshadowed by the greater value attached to shiny appearances – this in turn creating still more new needs. As the consumer began to reject the purely material world and placed more emphasis on aesthetics, architecture responded to this shift. While, in the beginning, it was sufficient to provide the consumer with an easily recognised structure in which to satisfy his desires, the site slowly underwent a transformation from sales-box to illusion factory – exactly what the producer intended. As a typical symptom of the affluent society, this consumer drive, no longer directed statische Leistung innerhalb des tektonischen Zusammenhangs im Bauwerk und auch nicht auf den künstlerischen 'Sinn' oder den 'Gehalt', der mit jeder Form in der Verwirklichung neu entsteht. Sie sind vielmehr apriorischen Charakters, indem sie auf einen übergeordneten Inhalt, einen Sinnzusammenhang hinweisen. ... Wenn man sagt, das Kunstwerk habe eine Bedeutung, so meint man damit einen Hinweis auf etwas, das über die materielle und formale Organisation des Kunstwerks hinausgeht, eine Einordnung in einen größeren Sinnzusammenhang."[66] Es erübrigte sich deshalb, mit Egon Eiermann zu streiten, ob Warenhausarchitektur Kunst sein könne oder nicht. "Eiermann betonte, seine Architektur könne keine Kunst sein und solle dies auch nicht, sie habe einzig zweckmäßig zu sein - womit er den Begriff von Kunst als zweckfrei und nicht auf die Warenhausarchitektur anwendbar einengt. Uneingeschränkt spricht er sich hier für eine ausschließlich ökonomisch bestimmte Warenhausarchitektur aus."[67] Und hätte unter diesem übergeordneten Aspekt Warenhausarchitektur dann vielleicht doch Kunst sein können? Jedenfalls hieß es nicht, daß all das in Vergessenheit geraten wäre, was in früheren Zeiten Warenhausbauten den Charakter von Kathedralen verliehen hatte, in denen die Kaufhandlung zur Liturgie des Alltags gehörte. Es hatte lediglich eine Werteverschiebung stattgefunden.

Nachdem die unmittelbaren Lebensbedürfnisse der Nachkriegszeit befriedigt waren, war im Zuge einer auf Bedürfnisweckung hin orientierten Überschußproduktion bei den Verbrauchern der geradezu zwanghafte Wunsch nach Neuem entstanden. Dienten aber früher die angepriesenen Novitäten dem Prinzip der Lebenserleichterung durch zweckentsprechendes Gerät etc., so wurden sie nunmehr zunehmend erworben, um die Kauflust und das Besitzstreben zu befriedigen. Damit veränderten sich auch die Präferenzen der Konsumenten: Der Nutzwert des alltäglichen Gebrauchsgegenstandes trat hinter den Mehrwert des schönen Scheins zurück, wodurch wiederum neue Bedürfnisse entstanden. Von der Abkehr des Verbrauchers von der Dingwelt des Alltags und seiner Zuwendung zu dessen Ästhetisierung war auch die Architektur betroffen. Während man anfangs lediglich ein wiedererkennbares Gehäuse zur Triebbefriedigung benötigte, begann der Ort nun - ganz im Sinne der Warenproduzenten - von der Verkaufsschachtel zur Illusionsfabrik zu konvertieren. Der Trieb richtete sich nicht mehr auf das Objekt, sondern - als ein typisches Symptom der Wohlstandsgesellschaft - auf den Akt der Bedürfnisweckung und -befriedigung als solchen. Dies hatte zu den schon angeführten Wandlungen in der Innenausstattung der Warenhäuser geführt, um damit mehr Transparenz im Labyrinth der Sortimentssegmente herzustellen.

Auch die im Laufe der Nachkriegsjahrzehnte immer stärker ökonomisierte Architektur, die die alltägliche Dingwelt widerspiegelte, wurde zunehmend von einer ästhetisierten Architektur abgelöst, die Sinnbild der Vorstellung von einer neuen Bildwelt war. Mit anderen Worten: Der Alltag wurde ästhetisiert.

Potemkinsche Dörfer

Nun hatte es sich aber ergeben, daß in der Bundesrepublik Deutschland eine kontinuierliche Entwicklung der Architektur durch die Auswirkungen von Nazi-Regime und Zweitem Weltkrieg unterbrochen worden, wenn nicht gar zum Stillstand gekommen war. Das Anknüpfen an eine jüngere Tradition war schwierig und führte zu den bekannten architektonischen und städteplanerischen Fehlentscheidungen, die sich an der Nachkriegsarchitektur bis in die sechziger, ja, auch noch bis in die siebziger Jahre ablesen lassen. Daß dabei sich an gewachsenen Strukturen orientierende ästhetische Gesichtspunkte unberücksichtigt blieben, war offenbar; denn einerseits war gewachsene Architektur zerstört, andererseits waren die Vermittler, die an das Zuvor hätten anknüpfen können, bis auf einige wenige nicht mehr da.

Was lag also näher, als sich an im Bewußtsein festsitzende ältere traditionelle Werte zu erinnern, die Joachim Petsch 1981, unter Bezugnahme auf Charles Jencks, als Basis für die drei Hauptströmungen der bundesdeutschen Architektur angeführt hat:

"1. Eine Baukunst, die ihre Formensprache aus dem lokalen und regionalen Kontext bezieht.
2. Eine Baukunst, die sich um historische Kontinuität bemüht.
3. Eine Baukunst, die den Kunstcharakter ihrer Architektur besonders hervorhebt und aus ästhetischen Gründen Form-, Ordnungs- und Strukturelemente der klassizistischen und konstruktivistischen Architektur verwendet (rationalistische Architektur)."[68]

at the object, centred on the act of need creation per se, and led to the aforementioned transformation of the interior design of department stores, to create more transparency in the maze of different sales segments.

The increasingly economically influenced architecture of the post-war decades, a reflection of everyday materialism, was also gradually replaced by a more aesthetic architecture, as a symbol of the new visual world. In other words, everyday life was falling under the influence of "aesthetics".

42 Architekten RKW, Horten, Regensburg, 1973

Potemkin Villages

It was a fact that a continual development in department store architecture in Western Germany had been interrupted, if not completely extinguished, by the effects of the Nazi regime and World War II. The reversion to an earlier tradition was difficult, and resulted in the architectonic and urban planning errors familiar in post-war architecture up to the 1960s, and even the 70s. That at the same time aesthetic aspects remained neglected on mature structures was obvious: on the one hand, mature architecture had been destroyed. On the other, interpreters able to resurrect former styles were no longer present.

There could have been nothing more immediate than to recall the older traditional and familiar values taken on from Charles Jencks by Joachim Petsch in 1981 as a basis for the three main categories of West German architecture:

"1. An architecture that drew its form language from the local and regional context.
2. An architecture that concerned itself with historical continuity.
3. An architecture that particularly emphasised its artistic character and, for aesthetic reasons, used elements of form, order and structure from classicist and constructivist (rationalised) architecture."[68]
This may have been theoretical wishful thinking in anticipation of a future dialogue. In the practical architectonic environment of the late 1970s and early 80s, the classification is best related to facade design. Here, too, the argument is restricted to exterior image, and the protection of the aesthetic and now also historicising appearance.

The maintenance of the facade, as dictated by the conservational methods of the classicistic old guard in Regensburg, and its subsequent integration into department stores, may well be typical of an attitude towards preservable buildings that began in the 1970s and basically continues to this day (Figure 42). Far removed from the identifying features and gradings applicable to the historical significance of a monument (artistic, urban planning, historical, scientific or folkloric, etc.[69]), within the confines of a misunderstood historicism it was only the – in the literal sense – most superficial element that was considered: namely, the facade. On a building rated as being historically significant, only the facade was to survive; a form of "conservation" that, locked within its superficiality, continued to maintain that identity could be created merely by means of an equally superficial aesthetic view. From the conservational point of view, "an actual, inspiring, satisfying local image, or a painterly building situation, are in themselves not a legitimate element within an 'ensemble'". Architecture – above all urban archi-

Es mag sich dabei um ein theoretisches Wunschdenken mit prospektivem Blick auf eine beginnende Diskussion gehandelt haben. In der architektonischen Praxis der späten siebziger und frühen achtziger Jahre ist es bestenfalls auf die Fassadengestaltung zu beziehen. Auch hier beschränkte sich nämlich die Argumentation auf das äußere Erscheinungsbild, auf die Wahrung des schönen und jetzt auch noch historisierenden Scheins.
Die denkmalpflegerisch erzwungene Fassadenerhaltung der klassizistischen Alten Wache in Regensburg und ihre Integration in die Warenhausfassade mag paradigmatisch für die in den siebziger Jahren beginnende und im Grunde bis heute wirksame Auseinandersetzung mit erhaltenswerter Bausubstanz gelten (Abbildung 42). Weitab von den Identifikationsmerkmalen und Bedeutungskategorien für die Erhaltungswürdigkeit eines Monumentes, zum Beispiel dem künstlerischen, städtebaulichen, historischen, wissenschaftlichen oder volkskundlichen Wert,[69] wurde in einem falsch verstandenen Historismus lediglich des - im wahren Wortsinne - oberflächlichsten Elements des Bauwerks gedacht: der Fassade. Sie allein blieb von einem bedeutsam eingestuften historischen Objekt übrig. Es wirft ein bezeichnendes Licht auf diese oberflächenverhaftete "Denkmalpflege", die (noch immer) glaubt, Identität allein durch eine oberflächliche ästhetische Gestaltung zur Befriedigung einer ebenso oberflächlichen ästhetischen Wahrnehmung schaffen zu können. "Die Tatsache eines reizvollen, gefälligen Ortsbildes oder einer malerischen Bausituation sind für sich allein noch keine legitimen denkmalpflegerischen Ensemblemomente." Architektur - zumal städtische - ist grundsätzlich vom Ensemblebegriff nicht zu trennen. "Das Ensemble ist Teil des heute in der Wissenschaft aktuellen Ganzheitsbegriffs, mit dem die Denkmalpflege das einzelne Kunstwerk nicht nur für sich isoliert bewertet, sondern auch in den formalen und inhaltlichen Bezügen seiner Umgebung sieht, qualifiziert und restauratorisch berücksichtigt."[70]
Und wie bei der Erhaltung historischer Bausubstanz können auch bei der Gestaltung historisierender Neubauten die inhaltlichen Bezüge zur Umgebung ökonomischer Natur sein. Für Joachim Petsch spielt "die historisierende Architekturauffassung ... vor allem bei Warenhausneu- und -umbauten in der Bundesrepublik eine große Rolle". Er bemüht sich, "da Analyse und Bewertung der historischen Architektur in der Literatur vorwiegend auf formalästhetischen Kriterien basieren, die geänderten ökonomischen Rahmenbedingungen als Ursachen für den Formenwandel aufzuzeigen und die historisierende Architekturauffassung als neueste ästhetische Strategie der die Stadtentwicklung und Stadtgestaltung bestimmenden wirtschaftlichen Gruppen nachzuweisen".[71]

Die jüngste Geschichte der Warenhausarchitektur schien ihn zu bestätigen. Was sich in Heidelberg, Regensburg und anderenorts abgespielt hatte, konnte nicht anders gewertet werden, als daß sich der Architekt den ökonomischen Interessen des Auftraggebers zu beugen hatte. Und diese bestanden nicht mehr darin, dem Merkantilismus einen angemessenen Ort, eine für den Handel repräsentative Architektur zu schaffen, sondern mit möglichst geringem Material-, Zeit- und somit auch finanziellem Aufwand rasch überschaubare "Verkaufs-

43 H. Wunderlich, Kaufhof, Bonn, nach 1950

tecture – is basically not separable from the ensemble idea. "The word 'ensemble' is an integral part of the current scientific term for an entirety used by building conservationists not only to assess an individual work of art in isolation, but to see, qualify and consider its restorational aspects within the formal relationships and content of its surroundings."[70] As with the maintenance of historical buildings, in the design of historicising new buildings, the inherent environmental relationship can also be of an economic nature. For Joachim Petsch, "the historicising attitude towards architecture is of great importance in Western Germany mainly with new and renovated department store buildings." Since, according to Petsch, in the professional literature "analysis and evaluation of historical architecture is based predominantly on formal-aesthetic criteria", he attempts to "-present the changed economical conditions as a reason for the changes in form, and establish the historicising concept of architecture as the most recent aesthetic strategy of those economic groups instrumental in determining both urban design and development".[71]

44 H. Kammerer, W. Belz und Partner, Kaufhof, Bonn, 1979

The most recent history of department store architecture appears to confirm his view. The events in Heidelberg, Regensburg and elsewhere could only be interpreted as the "architect succumbing to the economic interests of his client". Such interests entailed not only the creation of an representative commercial architecture or an appropriate venue for mercantilism, but also the construction of highly distinctive "sales-boxes", using material, time and financial means as sparingly as possible. The requirements (more aptly the awakening desires) of the public were to be satisfied by the complete and almost imperceptible transformation into so-called "illusion factories". Department stores were presented as "friendly stores"[72], sympathetic to customer needs. Community leaders were proud to have such a store in their midst; one representative of the chamber of industry and commerce described them as "an enrichment of the city"[73]; and in Bonn, officials even went so far as to present them as a "Christmas gift", and a "contribution to the adornment of the city."[74]

In Bonn, it is the aesthetic requirement that is held up as justification of the new design for Münsterplatz. Its northern border was previously occupied almost entirely by Hermann Wunderlich's Kaufhof facade, bolstered by the company's image and influenced by New York's Lever House (Figure 43). Ultimately, any renovation that aimed at an expansion of sales area from 11,000 to 15,000 square metres was not to be underestimated.[75] The new facade, developed by Hans Kammerer and Walter Belz & Partner in Stuttgart (the interior fittings and design of the display window area were the responsibility of Eugen Schattevoy in Bonn) were in marked contrast to Wunderlich's suspended glass curtain facade (Figure 44).
Notwithstanding the window area on the ground floor, the comparision demonstrates the earlier curtain wall facade – a genuine contrast to the surrounding architecture despite the adaptation of storeys and conceived transparency – as clearly contrasting with the barrack-like architecture and unfriendly upper-storey design of the modern building.
The declared intention that "inspite of its existing dimension ... there should be a division in both plan and elevation to allow association

schachteln" zu errichten. Mit deren sich fast unmerklich vollzogenem Wandel zu "Illusionsfabriken" wollte man den Bedürfnissen (zutreffender wäre: Bedürfnisweckungen) der Bürger entgegenkommen. Man präsentierte sich bürgernah als "freundliches Warenhaus",[72] Oberbürgermeister waren stolz, es im Zentrum der Stadt zu haben, Vertreter der Industrie- und Handelskammer bezeichneten es als "Bereicherung der City",[73] und in Bonn verstieg man sich sogar dahin, es der Stadt und ihren Bürgern als "Weihnachtsgeschenk" und "Beitrag zur Stadtverschönerung" zu präsentieren.[74]

In Bonn rechtfertigte man die Neugestaltung des Münsterplatzes mit ästhetischem Anspruch, dessen nördlicher Abschluß zuvor fast gänzlich von Hermann Wunderlichs vom Corporate Image getragener und dem New Yorker Lever House entlehnter Kaufhof-Fassade eingenommen worden war (Abbildung 43). Doch dürfte letztlich eine mit dem Umbau erzielte Erweiterung der Verkaufsfläche von 11000 auf 15000 Quadratmeter eine nicht zu unterschätzende Rolle gespielt haben.[75] Die von Hans Kammerer + Walter Belz und Partner (Stuttgart) entwickelte neue Fassade (der Innenausbau und die Gestaltung der Schaufensterzone lag in den Händen von Eugen Schattevoy, Bonn) stellte einen starken Kontrast zur vorgehängten Glasfassade Wunderlichs dar (Abbildung 44).

45 H. Kammerer, W. Belz und Partner und E. Schattevoy, Umbau Kaufhof, Bonn, 1978/79

Der Vergleich zeigt die frühere, trotz Geschoßangleichung zur umgebenden Architektur ehrlich kontrastierende, auf Transparenz bedachte Curtainwall-Fassade als sich deutlich - von der Fensterzone des Erdgeschosses abgesehen - von der wehrarchitekturartig abweisenden Obergeschoßgestaltung des heutigen Baues absetzend. Die erklärte Absicht, daß "trotz seiner nun einmal vorhandenen Dimension ... eine Gliederung im Grundriß und Aufriß entstehen (sollte), die es dem Maßstab der kleiner parzellierten Nachbarbebauung zuordnen lasse",[76] ist nicht nachzuvollziehen und läßt das Scheitern der Architekten in der Bewältigung des von ihnen erkannten "Dilemma des Kaufhauses als bauliche Erscheinung"[77] deutlich werden. Hinzu kommt, daß "der Rückgriff auf historische Formen ... willkürlich (erfolgt). Es ist nicht ersichtlich, welche Epoche aufgegriffen wird bzw. in welcher Zeit die historischen Formen verankert werden sollen - dies zeigt der völlige Verzicht auf historische Architekturdetails und auf Dekor."[78] Die Unentschiedenheit zwischen einer konsequent neuen Fassadengestaltung, die motivisch und formal auf den alten Baubestand eingeht, und dem Verzicht auf ein ebenso konsequent entworfenes architektonisches "Disneyland" erfährt schließlich ihre Kompensation im Bereich benachbarter, in die Gesamtkonzeption des Warenhauses integrierter Bauten. "Daß die Fassadengestaltung als Ergebnis einer oberflächlichen Anpassung an die historische Baukunst und das Verhältnis dieser historisierenden Architektur zur Stadtgeschichte als rein formaler Rückzug in die Geschichte zu werten sind, offenbart sich in der Tatsache, daß für die Erweiterung der rückwärtigen Warenanlieferung und für die Auslagerung einiger Fachabteilungen kombinierte Wohn- und Geschäftshäuser aus der Gründerzeit aufgekauft und durch Neubauten ersetzt wurden, die sich in einzelnen Fällen hinter kulissenähnlich stehengelassenen Fassaden versteckten"[79] (Abbildung 45). Vor dem Hintergrund dieser an die Errichtung Potemkinscher Dörfer erinnernden Verfahrensweisen ist es dann auch nicht verwunderlich, wenn nach Fertigstellung der baulichen Maßnahmen die Architekten fatalistisch das Unverständnis für den Ensemblecharakter konstatieren und ihre Hilflosigkeit gegenüber denkmalpflegerischen Vorgaben eingestehen: "An ein und demselben Platz das eine Gebäude stehenzulassen, seine 'moderne' Fassade aus den fünfziger Jahren aber zu entfernen und durch eine neue (alte) Fassade zu ersetzen und auf der anderen Seite eine alte Fassade stehenzulassen und dahinter ein neues Haus zu bauen, das kennzeichnet die Situation unserer Tage."[80]

with the scale of the smaller subdivision of the neighbouring building"[76] *is incomprehensible, and illustrates the failure of the architects in mastering the "dilemma of the department store as an architectural phenomena"*[77]*. That "the return to historical forms ... is random" is an additional factor: it is not evident which époque is being evoked, or in which era such historical forms should find their roots – this is illustrated by the complete absence of architectural details or decor."*[78] *The irresolution that exists between a new and painstaking design that deals with the existing building in terms of motif and form, and the renouncement of the design of an equally thorough architectonic "Disneyland", ultimately finds compensation in the neighbouring buildings that are integrated into the general concept of the store. "For the expansion of rear area delivery, and the outplacing of some technical departments, combined residential and office blocks dating from the 'Gründerzeit' were acquired and replaced by new buildings which, however, in some cases were to retain and 'hide' behind the original scenery-like facades."*[79] *(Figure 45). It is here evident that this facade design is to be judged as the consequence of a superficial adaptation to historical architecture, and that the relationship of this historicising architecture to the city's past is to be viewed as a purely formal retreat into history. Keeping this procedure in mind (so reminiscent of Potemkin villages), it is hardly surprising that when all was completed, the architects fatalistically noted a failure to comprehend the "ensemble" character of the work, and admitted their helplessness when confronted by the regulations imposed on building conservation: "To permit the construction of a single building on one and the same square, but to remove its 1950s facade and replace it with a new (old) facade, and then to permit an old facade to remain and put a new building behind it, is characteristic of the situation of our modern age."*[80]

Architecture as Theme Park

Although he may still be the subject of dispute in architecture, the Karlsruhe architect Hans Mohl should point the way out of such undecidedness. From as early as 1970, Mohl had worked on the Schneider store, opened in 1975 on the sensitive corner site on Freiburg's historic Münsterplatz. The solution was convincing in its combination of historic design and ordering elements with modern forms and materials (Figure 46).[81] *Mohl was only too aware of the "problem of integrating new and different structures into the old city quarter", and admitted that "the difficulty was that the vocabulary, the repertoire, offered by functionalist architecture cannot be properly extended, is not suitable for solving this and other problems, and has remained at the level of the great masters of modern architecture."*[82]

Mohl's awareness distinguished him as one of the few from the group of architects whose relationship with historic architecture was aptly described by the critic Joachim Petsch as "ahistorical": "It is purely aesthetic. Historic architecture is given no new weight; rather the opposite:

46 H. Mohl, Schneider, Freiburg i. Br., 1975

Architektur als Erlebniswelt

Der Karlsruher Architekt Hans Mohl sollte gegenüber solcher Unentschiedenheit einen - in der Architekturkritik jedoch nicht unumstrittenen - Ausweg aufzeigen. Schon seit 1970 hatte er für den 1975 eröffneten Bau des Kaufhauses Schneider, an konfliktträchtiger Eckposition am historischen Freiburger Münsterplatz gelegen, "durch Kombination historischer Gestaltungs- und Ordnungselemente mit modernen Formen und Materialien zu einer überzeugenden Lösung" gefunden (Abbildung 46).[81] anbietet, nicht für die Lösung dieser und ähnlicher Aufgaben geeignet ist, weil dieses Repertoire nicht angemessen erweitert wurde und auf dem Stand der großen Meister der modernen Architektur stehengeblieben ist."[82] Dieses Bewußtsein hob Mohl als einen der wenigen Architekten aus der Gruppe derer heraus, für die die Kritik Joachim Petschs zutraf, ihr Verhältnis zur historischen Architektur sei "ahistorisch": "Es ist rein ästhetisch. Die historische Architektur erhält kein neues Gewicht, im Gegenteil, sie interessiert nur solange, wie sie der kommerziellen Verwertung nicht im Wege steht. ... Man glaubt, die sich auflösende Stadt der Gegenwart durch die Wiederherstellung der ästhetischen Ganzheit wieder zusammenfügen zu können, dem Zerfall des historischen Stadtgefüges durch historisierende Fassaden entgegenzutreten."[83] Nicht so bei Mohl: Schon seinen Freiburger Bau hatte er als bauliches Experiment aufgefaßt, das die Innenräume seiner Architektur in ein bedeutungsvolles Beziehungsgeflecht zu den "anderen Innenräumen der Stadt, der Gassen, Straßen und Plätze" zu setzen habe. Nur so könne man "Architektur als Erlebnisfeld" anbieten.[84]

47 H. Mohl, Schneider II, Ettlingen, 1977

Mohl war das "Problem der Integration neuer, anderer Bausubstanz in die alte Stadt" sehr wohl bewußt, und er gestand ein: "Die Schwierigkeit ist dadurch entstanden, weil das Vokabular, das Repertoire, das uns die funktionalistische Architektur

Auch Mohls Kaufhäuser Schneider in Bretten (1975) und Ettlingen (Schneider II, 1977) gehen von der Maßstäblichkeit des architektonischen Umfeldes aus (Abbildung 47). "Maß und Ordnung der bestehenden alten Bürger-, Handwerker- und Geschäftshäuser bilden" in Bretten "den Hintergrund für die neue Baustruktur",[85] und "für das Ettlinger Kaufhaus wurde der Versuch gemacht, eine auf architektonischen Ordnungen beruhende Komposition zu entwickeln, die auf der einen Seite die Forderungen nach Integration des Gebäudes in seine Umgebung berücksichtigt, auf der anderen Seite aber auch deutlich macht, daß ein Kaufhaus auch ein öffentliches Gebäude sein und eine eigene unverwechselbare Bedeutung besitzen kann. Damit begreife es sich auch als Teil der Stadt."[86] Da Hans Mohls Ettlinger Kaufhausbau in unmittelbarer Nähe des Rathauses liegt und den Neuen Markt flankiert, steht es somit in der Tradition mittelalterlicher Kaufhäuser, deren Formensprache Mohl mit den hinter Pfeilerstellungen und Arkaturen verlaufenden Laubengängen aufgegriffen hat.

"Ein Stadtbild ... steht und fällt mit der Maßstäblichkeit der Bauwerke", bemerkte Alexander Freiherr von Branca 1980 zu seiner Konzeption *it is only interesting as long as it does not obstruct commercial ends... One would believe oneself capable of reconstructing the present self-dissipating city by recreating an aesthetic entirety, and of combating the decay of the historic urban structure by employing historicising facades."[83] Not so with Mohl: since his Freiburg building, he had seen the placement of the interior spaces in his architecture in a significant and complex juxtaposition with the "other urban interior spaces, the streets and the squares" as experimental – only in this way was it possible to present "architecture as a field of experience".[84]*

Mohl's Schneider stores in Bretten (1975) and Ettlingen (Schneider II, 1977) relate to the essential scale of their architectonic environment (Figure 47). In Bretten, the "scale and order of existing town, artisan and commercial houses forms the backdrop for the new building's structure",[85] and "the Ettlingen store attempts to develop a composition based upon ordered architectonic structures that, on the one hand, cater for the demands for integration of the building into its surroundings, but on the other hand also stress that a department store can be a public building with its own unmistakable meaning. It can thus also be seen as part of the city."[86] Because Hans Mohl's store in Ettingen is situated near the town hall and borders on the New Market, it is entirely within the tradition of Mediaeval stores, whose form language – with access galleries running behind pillars and arches – has been adopted by Mohl.

48 Kappler-Nützel Architekten, Karstadt, Nürnberg, 1978

"A cityscape ... stands or falls with the scale of its buildings", said Alexander Freiherr von Branca in 1980 about his conception of the Hertie store by the old bridge over the Main in Würzburg. Very decisively, he opposed the vision of Manfred Sack, the architectural critic who wanted to see a "Pompidou Centre" on the site.[87] Von Branca replaced the ruined centuries-old diversity of architectonic river bank development with a building that, while clearly distancing itself from historic architecture, was still capable of integration into the city's existing structure. Joachim Petsch deemed it a "misunderstanding to suggest that the building appeared to have evolved over a period of centuries", but at the same time criticised the disquiet emanating from the building caused by the "muddleheadedness of the window layout on the Main side" and the "romanticising diversity ... that doesn't even suit Würzburg's buildings". Von Branca indeed placed historic or historicising set pieces as architectural spolia into pedestals and walls.

Other architects from the second half of the 1970s are equally seductive. Like Hans Mohl's aedicule-like outgrowth of window framing in Bretten. The Kappler-Nützel Architekten und Ingenieurgesellschaft mbH also adopted the neighbouring, historic architecture (Figure 48) for their Karstadt store in Nürnberg with its bay-window motif. Although the Nürnberg building was not aimed at the (modern) architectonic independence of Mohl's Freiburg building, des Kaufhauses Hertie an der alten Mainbrücke von Würzburg. Entschieden wandte er sich gegen die Vision des Architekturkritikers Manfred Sack, der an dieser Stelle ein "Centre Pompidou" verwirklicht sehen wollte.[87] Von Branca ersetzte die zerstörte, jahrhundertelang gewachsene Vielfalt architektonischer Uferbebauung durch einen sich deutlich von historistischer Architektur absetzenden, dennoch aber in das Stadtbild integrierbaren Bau. Joachim Petsch befand, es sei "ein Mißverständnis, wenn man dem Bau unterstellt, er täte so, als ob er in Jahrhunderten gewachsen sei", bemängelte aber gleichzeitig die von dem Bauwerk ausgehende Unruhe, die er von der "Zerfahrenheit der Befensterung auf der Mainseite" und der "romantisierende(n) Vielfalt ..., die so gar nicht zu Würzburgs Bauten paßt", ableitete. Tatsächlich hat von Branca historische oder historisierende Versatzstücke spolienartig in Sockelzone und Wände eingesetzt.

Auch andere Architekten verfuhren in der zweiten Hälfte der siebziger Jahre so. Wie Hans Mohl mit aedikulenartig auswuchernden Fensterrahmungen in Bretten übernahm auch die Kappler - Nützel Architekten- und Ingenieurgesellschaft mbH beim Bau des Warenhauses Karstadt in Nürnberg mit Erkern Motive benachbarter, historisch gewachsener Architektur (Abbildung 48). Wenngleich der Nürnberger Bau nicht die trotz harmonischer Einbindung (moderne) architektonische Eigenständigkeit des Mohlschen Freiburger Baues erzielte, so stellte er im Vergleich mit dem von Walter Brune + Partner ebenfalls 1978 fertiggestellten

49 W. Brune und Partner, Karstadt, Goslar, 1978

Warenhaus Karstadt im historischen Zentrum Goslars (Abbildung 49) ganz eindeutig die gelungenere Lösung im Sinne einer die alten Strukturen repetierenden neuen Bausubstanz dar (Abbildung 50). Zwar folgte auch Brune dem Prinzip der plastischen Fassadengliederung bei traufständigen Dachflächen, doch wurde seine wenig flexible Fassadengestaltung dem Umfeld nicht gerecht, sowohl was deren grafische Auflösung als auch die materiale Umsetzung betrifft. Verwendeten Kappler - Nützel einen ortsüblichen Sandstein,[88] so beschränkten sich Brune + Partner gemäß der Gestaltungssatzung auf Baumaterialien natürlichen Ursprungs, das heißt auf Betonwerkstein mit Granitsplittern, Granit und Naturschiefer. "Die Fenster sind aus schwarzbraun eloxierten Alu-Profilen."[89]

Brunes Goslarer Bau steht als Variante noch ganz in einer Tradition, die sich von den geschlossenen Fassadentypen der späten fünfziger Jahre bis hin zu den ebenfalls geschlossen anmutenden Mischformen der Gitterwerkfassade, entsprechend der des Regensburger Horten-Baues der Architektengemeinschaft Rhode, Kellermann und Wawrowsky zieht. Und in einer ganz anderen Hinsicht knüpfte der Nürnberger Bau an eine noch ältere Tradition an: Nach dem wohl repräsentativsten Karstadt-Bau von 1929 am Berliner Herrmannplatz wurde in Nürnberg das Karstadt-Warenhaus an das dortige U-Bahnnetz "über eine Verteilerebene unmittelbar angebunden".[90]
Welch wichtige Rolle inzwischen der nicht-automobilen Verkehrsführung der Kunden im urbanen Gefüge

when compared with the Karstadt store by Walter Brune & Partner (also completed in 1978) in the historic centre of Goslar (Fig. 49), it does represent a clearly successful solution in the sense of a new building that repeats the old structures. (Figures 50). Indeed, Brune also adhered to the principle of a plastic subdivision of the facade with roof surfaces blended at eave level, but as far as graphic treatment and the application of materials was concerned, his rather inflexible facade design did not do justice to the surroundings. Where Kappler and Nützel used a local sandstone,[88] Brune & Partner limited themselves to materials of natural origin, in other words cement bricks with granite chips, granite and natural shale, as stipulated by design regulations. "The windows are black-brown anodised aluminium extrusions."[89] As a variation, Brune's building in Goslar falls entirely within a tradition that derives from the closed facade types of the late 1950s and continues on to similarly closed, although rather odd, mixed forms of the type of lattice facades found on RKW's Horten building in Regensburg. In a completely different way, the Nürnberg building also draws upon a still older tradition: like probably the most representative of the Karstadt buildings, the 1929 store on Berlin's Hermannplatz, Karstadt's Nürnberg store was "connected via a distribution level" to the city's subway network.[90]

Otto Engler's 1913/14 Carsch building in Düsseldorf may illustrate the important role granted to pedestrian, as opposed to automobile, customer transit flows within an urban structure: damaged by bombing in World War II (Figure 51), it still continued a twilight existence up until the 1970s, in spite of its prominent site between Olbrich's Tietz/Kaufhof

50 Kappler-Nützel Architekten, Karstadt, Nürnberg, 1978

51 Blick aus der Schadowstraße auf das Carsch-Haus, Düsseldorf, 1945

zukam, mag auch das Beispiel des Düsseldorfer Carsch-Hauses Otto Englers aus den Jahren 1913/14 belegen. Von Luftangriffen im Zweiten Weltkrieg zerstört (Abbildung 51), führte es, obwohl an exponierter Stelle zwischen Olbrichs Tietz/Kaufhof-Bau (1907-1909)(Abbildung 52) und dem Wilhelm-Marx-Haus von Wilhelm Kreis (1922-24) gelegen, bis in die siebziger Jahre ein Schattendasein. Erst der wegen eines möglichen Scheiterns des U-Bahn-Baues drohende Abriß weckte das Interesse der Horten AG. Man kam mit der Stadt überein, das historische Bauwerk abzutragen und um 23 Meter aus der Fassadenflucht der Heinrich-Heine-Allee in Richtung Altstadt versetzt wiederaufzubauen, es mit Nachbildungen fehlender Originalbausteine zu ergänzen und im Inneren völlig neu zu konzipieren. In Zusammenarbeit mit HPP Hentrich Petschnigg Partner, Düsseldorf, erzielten die Architekten RKW Rhode Kellermann Wawrowsky + Partner zwischen 1979 und 1984 ein architektonisches Ergebnis, das unter städtebaulichen, verkehrstechnischen, denkmalpflegerischen und nicht zuletzt damit - aus der Sicht des Auftraggebers - ökonomischen Gesichtspunkten alle an eine Architektur des Handels gestellten Anforderungen erfüllt. Sechs oberirdische Etagen, vier davon für den Verkauf, ruhen auf einem weiträumigen Untergeschoß, das, wie auch der schräg gegenüberliegende "Kaufhof an der Kö", an die Verteilerebene des U-Bahnhofs Heinrich-Heine-Allee angeschlossen ist. Noch darunter erstrecken sich zwei Tiefgeschosse mit 560 Parkplätzen. Hinzu kommt, daß die Horten AG hier erstmals ein neues Konzept verwirklichte. "Während in den Obergeschossen ein textiles *building (1907-1909) (Figure 52) and the Wilhelm-Marx building by Wilhelm Kreis (1922-24). Horten AG's interest was only awakened by the buildings possible demolition, which was in turn linked with possible cancellation of the subway scheme. Dismantling of this historic building, with reconstruction some 23 metres towards the old city quarter, aligned with the Heinrich-Heine Allee facades, was agreed with the city authorities. Some of the original masonry was to be reinstated, and the interior was to be totally new. Between 1979 and 1984, in association with Hentrich Petschnigg & Partner of Düsseldorf, the architects Rhode, Kellermann, Wawrowsky & Partner produced an architectonic solution that managed to fulfil all the demands placed upon commercial architecture in respect of urban planning, traffic, conservation, and not least economics. Six upper floors, four of them dedicated to sales, rest upon a generously spaced lower storey that, as with the "Kaufhof on the Kö" diagonally opposite, is connected to the access level of the Heinrich-Heine-Allee subway station. Two basement levels extend below the building, with 560 parking spaces. Here, Horten AG have also realised a new concept: "While the upper floors are dedicated to the sales of high quality textiles, a new marketing concept has been developed for the lower floor: in addition to household goods, china, luxury articles and music etc., we have devoted a considerable lower floor area to high quality food franchises. 'The Delikatessa' is, as ever, a great attraction, and provides a quick snack to Düsseldorf's shopping public."[91] Even if "this form of attractive shopping installation, catering for a more refined demand with its boutiques and specialty character, is only possible on a few sites throughout Germany"[92], and although, in their branches, Horten AG had made earlier efforts to present their merchandise appealingly and thus create a pleasant shopping atmosphere, the Carsch building was still a milestone for future developments.[93] Since the possibilities for expansion of the branch network, limited as it was to two large combined department store companies (Kaufhof with Horten; Karstadt with Hertie), was no longer feasible on the previous scale – also a result of the 1980 recession – the Shop-in-the-Shop and franchising systems had been adopted from American shopping malls, after the concept's frequent repetition through-*

52 J.M. Olbrich, Tietz, Kaufhof, Düsseldorf, 1909

Warenangebot auf hohem Niveau präsentiert wird, wurde für das Untergeschoß ein neues Marketingkonzept erdacht: Neben Haushaltswaren, Porzellan, Geschenkartikeln, Schallplatten etc., wurde der größte Teil des Untergeschosses für Franchiser mit einem hochwertigen Food-Angebot vorgesehen. Die 'Delikatessa' ist für das Publikum in Düsseldorf nach wie vor eine Attraktion für den Einkaufsbummel oder einen kurzen Snack zwischendurch"[91].
Auch wenn "diese Form einer attraktiven Einkaufsstätte für den gehobenen Bedarf mit Boutiquen- und Fachgeschäftscharakter ... sich naturgemäß nur an einigen wenigen Standorten in Deutschland realisieren (läßt)"[92] und obwohl sich die Horten AG auch schon früher bemüht hatte, in ihren Filialen die Waren ansprechend zu präsentieren und eine angenehme Einkaufsatmosphäre zu schaffen, war mit der Konzeption des Carsch-Hauses ein Meilenstein für künftige Entwicklungen gesetzt.[93] Das Shop-in-the-shop- und Franchising-System war von den amerikanischen Shopping Malls übernommen worden, nach deren Konzept nun auch in Deutschland vermehrt vorgegangen wurde. Denn die Möglichkeiten zur Ausweitung des Filialnetzes der sich mit Kaufhof (samt Horten) und Karstadt (mit Hertie) schließlich nur noch auf zwei Großkonzerne beschränkenden Warenhauskonzerne waren - auch aufgrund der nach 1980 einsetzenden Rezession - nicht mehr im vorherigen Umfang gegeben. Eine Änderung der Situation kam erst in Sicht, als 1989 in Deutschland mit der Öffnung der Grenzen und dem Fall der Berliner Mauer tiefgreifende politische und gesellschaftliche Wandlungsprozesse in Gang gesetzt wurden. Damit erschloß sich ein neues Kundenpotential und erlaubte die Ausweitung des freien marktwirtschaftlichen Handels in den östlichen Teil Deutschlands. Nicht daß es im Osten keine Kaufhäuser gegeben hätte; sie waren jedoch nach sozialistisch-planwirtschaftlichen Gesichtspunkten situiert und organisiert worden und waren auch von der architektonischen Innen- wie Außengestaltung her - wie im Westen der fünfziger und sechziger Jahre - von modernistisch-nüchterner Sachlichkeit geprägte "Kaufhallen" oder "Großraumverkaufsstellen"; diese, so hatte man gehofft, würden "als Kompaktbauten oder innerhalb einer kompakten Bebauung ... helfen, das Problem der Strukturierung unserer Städte zu lösen".[94] Jetzt, nach der Wiedervereinigung im Jahre 1990, entdeckte man die in den neuen Ländern noch vorhandene Bausubstanz und ging daran, diese ihrer einstigen Zweckbestimmung gemäß mit historisierendem, nunmehr verstärkt ästhetisierendem

53 C. Schmanns, Kaufhaus zum Strauss, Görlitz, 1913

out Germany.
A change in the situation only came after Germany's deep political and social transformation in 1989 – the opening of borders and collapse of the Berlin wall brought access to new customers and a subsequent expansion of the free market in Eastern Germany. Not that there was an absence of department stores in the East, but they were sited and organised according to the dictates of a socialist planned economy and, with regard to architectonic interior and exterior design, marked by the modernistic and sober realism of "sales halls" and "large area sales outlets" common in the West during the 50s and 60s; such installations, it was then hoped, would "as compact buildings or within a compact development... assist in solving the problem of structuring our cities".[94] Now, after reunification, available buildings have been discovered in the new Germany and, revived with a historicising – and by this time aetheticising – glance at their exterior appearance, have been returned to their original functions.

54 Karstadt (vormals Kaufhaus zum Strauss), Görlitz, 1991

Between Economy, History and Aesthetics

The "Kaufhaus zum Strauss" in Görlitz, a building by Carl Schmanns dating from 1912/14, now said to be "Germany's most beautiful department store", may well serve as an example (Figure 53).[95] "Rudolf Karstadt AG had acquired the store in 1929. Expropriated in 1949, the firm was able to repurchase the building in 1991. In the intermediate years, the 'Kaufhaus zum Strauss' has changed its name many times: from 1958 it was 'Centrum'.[96] Similar to Horten and the Carsch building, Karstadt renovated the Görlitz store using the original materials according to conservational building codes – they even employed the original 1913 contractor (Figure 54). The history of the Görlitz department store demonstrates one further aspect, already mentioned with regard to the design for Münsterplatz in Bonn and nowadays more worthy of consideration:
In 1912, too, some structures in the "evolved"(?) Demianiplatz Gründerjahre development – including the "Hotel zum Strauss" from which the Kaufhaus zum Strauss takes its name – had to make room for the "new department store, a trade palace of unique splendour and monumental impact"[97]– to modern eyes, an act of conservational barbarism. Nevertheless, no tears have since been shed for this or more recent demolitions. Why should they be? When seen from the urban planning and sociological viewpoint, a department store surely fulfils the same function as previous commercial and residential architecture? But now, of course, the commercial role takes precedence – as long as consumerism, under the guise of goods acquisition, could be indulged in; as long as one could surrender to the fantasy of an economic boom; as long as aesthetic consciousness, too, was oriented towards an idea of modernity, marked by economic pragmatism.[98] But, as already shown, aesthetic consciousness as such was unable

Blick auf das äußere Erscheinungsbild wiederzuerwecken.

Zwischen Ökonomie, Historik und Ästhetik

Das Görlitzer "Kaufhaus zum Strauß", ein Bau Carl Schmanns' aus den Jahren 1912/13, dem man nachsagt, er sei "Deutschlands schönstes Kaufhaus", mag als Beispiel dienen (Abbildung 53).[95] "1929 erwarb die Rudolf Karstadt-AG das Warenhaus. 1949 enteignet, konnte sie das Haus 1991 wieder zurückkaufen. In den dazwischenliegenden Jahren wechselte das 'Kaufhaus zum Strauß' oft seinen Namen; ab 1958 hieß es dann 'Centrum'."[96] Ähnlich wie die Horten AG das Carsch-Haus ließ Karstadt das Görlitzer Warenhaus nach denkmalpflegerischen Gesichtspunkten unter Verwendung der originalen Materialien - und sogar von dem schon 1913 tätigen Unternehmen - sanieren (Abbildung 54). Und noch ein weiterer, gerade heute bedenkenswerter und am Beispiel der Bonner Münsterplatzgestaltung schon angesprochener Aspekt läßt sich anhand der Entstehungsgeschichte des Görlitzer Kaufhauses demonstrieren.

Auch für den Neubau im Jahre 1912 hatten etliche Bauten der "gewachsenen" (?) gründerzeitlichen Demianiplatzbebauung, darunter das namensgebende "Hotel zum Strauss", dem "neue(n) Warenhaus, ein Geschäftspalast von eigenartiger Pracht und monumentaler Wucht" weichen müssen:[97] ein aus gegenwärtiger denkmalpflegerischer Sicht barbarischer Akt. Dennoch wurde darüber wie auch über andere und anderenorts vorgenommene Abbruchmaßnahmen bislang offenbar kein Wort verloren. Warum auch? Erfüllte doch ein Kaufhaus städtebaulich-soziologisch betrachtet die gleiche Funktion wie die vorherige Geschäfts-/Wohnarchitektur, nur daß nun dem Kommerziellen eindeutig Vorrang eingeräumt wurde. Solange dem Konsum allein unter dem Gesichtspunkt des Warenerwerbs gefrönt werden konnte, solange man sich Aufschwungphantasien hingeben konnte, solange orientierte sich auch das ästhetische Bewußtsein an einem Modernitätsdenken, das von ökonomischem Pragmatismus geprägt war.[98] Aber es hatte sich, wie aufgezeigt worden ist, als ästhetisches Bewußtsein nicht ungebrochen in die Zeit nach dem Zweiten Weltkrieg retten können. Als dann zu einem Zeitpunkt, an dem die meisten Deutschen - trotz differenzierter Gesellschaftsstruktur - der Wohlstandsgesellschaft teilhaftig geworden waren, die Ökonomie ins Stocken zu geraten drohte, hatte sich im Bereich des Ästhetischen - auch international - ein Wandel vollzogen.

Die Diskussion um den Begriff der sogenannten Postmoderne hatte vor allem in den architekonischen Diskurs Eingang gefunden. "Und diese postmoderne Wirklichkeit ist ebenso geschmacksbezogen wie technologieorientiert", sagte Charles Jencks in seinem Versuch über die Frage "Was ist Postmoderne?"[99] Geschmack als der "gute Geschmack" konnte sich jedoch nur dort entwickeln, wo Verbindlichkeit gefragt war, wo der "gute Geschmack" nicht nur ästhetisch, sondern auch ethisch und moralisch von "Stil" zeugte. In einer Zeit, die vom Geschmack der Massen geprägt war, wobei nicht von einem Massengeschmack, sondern von einem Geschmackspluralismus ausgegangen werden muß,[100] in der es also an einer gewissen Verbindlichkeit ästhetischer Orientierungshilfen mangelte, verlagerte man sich auf das Historische, in der Hoffnung, dort den gewünschten Halt zu finden.[101] "Die Aneignung historischer Architektur im Sinne einer Weiterentwicklung und Neuinterpretation hat es in der Geschichte der Architektur immer wieder gegeben, sie trifft jedoch nicht für die historistische Architektur der 70er Jahre zu."[102] Doch stellt "der scheinbare Rückzug in die Geschichte" nicht, wie Petsch unter Bezugnahme auf Hoffmann-Axthelm behauptet hat, "einen Verzicht auf Geschichte dar".[103] In Ermangelung einer aus historischer Kontinuität gewachsenen Identität, die eine "promodernistische" Gegenwartsaffirmation durch Vergangenheitsnegation zugelassen hätte nach der Handlungsmaxime "Die moderne Gegenwart ist Fortschritt; und die Zukunft ist nur die Konsequentmachung der Gegenwart mit gegenwärtigen Mitteln", verlagerte man sich auf eine "präterital antimodernistische" Haltung und betrieb "Gegenwartsnegation durch Vergangenheitsaffirmation".[104] Es handelte sich also nicht um einen Verzicht auf Geschichte, sondern vielmehr um einen Verzicht auf Gegenwart, die mit Blick auf den sich mit ihr identifizierenden Menschen als die ihm aufgrund des Kontinuitätsbruchs einzig zugängliche Geschichte erscheinen mußte. Notwendig gewesen wäre eine "tiefgreifende prozessuale Identität. Diese gewinnt ihren Halt ebenso in der reflektierten Vergangenheit wie in einem aktiven Gegenwartsverständnis, das jede jeweilige Zukunft konsequent als neue Gegen-

to re-emerge unscathed in the post-war period. At a time when the economy threatened to falter, and most Germans – inspite of a differentiated social structure – had become instrumental players in the affluent society, a transformation had taken place, internationally too, in the area of aesthetics.

The discussion, centred on the theory of the so-called post-Modern, had gained a foothold mainly in the architectonic dialogue. "And this post-Modern reality is as much related to taste as technology", to quote Charles Jencks in his What is Post-Modernism?[99] Taste as "good taste" could, however, only develop where commitment was called for; where "tastefullness" was not only aesthetic but also, ethically and morally, evidence of "style". At a time marked by the taste of the masses, where not a mass taste as such, but a taste pluralism, had to be assumed,[100] – in which, therefore, a certain lack of commitment to aesthetic orientational aids was evident – there was a shift towards the historic in the hope of finding there the desired foothold.[101] "The trend towards historic architecture in the sense of a further development and re-interpretation has been repeated throughout history, but does not apply to the historicist architecture of the 1970s."[102] But "the apparent retreat into history" does not, as maintained by Petsch in relation to Hoffmann-Axthelm, represent "a foregoing of history".[103] There was an absence of an identity rooted in historical continuity that would have allowed a "post-Modernistic" affirmation of the present through a negation of the past under the maxim: "The modern present is progress; and the future is merely the consolidation of the present with current means". A shift thus took place towards a "preteritive anti-modernistic" view, to perform a "negation of the present through affirmation of the past".[104] This does not amount to a denouncement of history, but rather a denial of the present. In order to develop new strategic maxims, a "fundamental processual identity" would have been necessary. "Such an identity gains a foothold as much in the reflected past as in an active sympathy for a present that fully understands any respective future as a new present. An inconsiderate disregard of this principle will inevitably lead to conditions as described by Walter Curt Behrendt, with a glance toward the 19th century: 'Critical observers of art rightly held up the absence of a solid, lively and persevering tradition as the main reason for the instability and insecurity of creative art that, in the second half of the 19th century, caused that unambitious and ill-conceived eclecticism and random imitation of all existing styles'."[105]

Should the wise Rabbi Ben Akaba, with his "We've seen it all before!" always be in the right?[106] This attempt at sketching the development of department stores[107] leads us to suspect that remain forever, despite the break in the 1930s and 1940s, the relatively linear development up to the early 1970s will not culminate in a fourth generation of store buildings, as Thomas Irrgang had speculated in 1980.[108] The spread of a new historicism is obviously also to be excluded: with regard to historicising and neo-eclectic architecture, it generally seems that restorative tendencies have more recently proved themselves inadequate and not futureoriented; we can instead expect that the architecture of the future will take up its position in the arena between economics, history and aesthetics.

Where conservational concessions had not been demanded, the trend towards a re-opening of the department store facade persisted. What had begun rather timidly on the Wertheim building by Hans Soll and Werner Düttmann in 1971, to be adopted by Rhode, Kellermann Wawrowsky in 1976 for Karstadt in Mönchengladbach-Rheydt and integrated into a historicising concept by Walter Brune, also for Karstadt, in 1978 in Goslar, was now continued into the 1980s: whereas, it was initially the costumer relaxing in department store cafés and restaurants who could "take in" the outside world as a passive participant, now because walls were interrupted by windows and bay areas extending over all storeys merchandise could "reach out" and communicate with the outside world.

More and more display windows were either replaced or combined with "viewing" windows. Almost a third of all 1960s third-generation stores also exhibited "a total replacement of display windows by viewing windows".[109] The equally apt term "contact window" stressed the double communications character. No longer was the merchandise itself used as a signal; the sales environment itself was made more evident to the customer. Opening up of walls also ran contrary to critics' wishes for a return to a smaller scale.

wart begreift und daraus neue Handlungsmaximen entwickelt. Ein achtloses Übergehen dieses Prinzips führt zwangsläufig zu Verhältnissen, die Walter Curt Behrendt mit Blick auf das neunzehnte Jahrhundert folgendermaßen beschrieben hat: 'Das Fehlen einer bodenständigen, lebendig fortwirkenden Tradition wurde von kritischen Kunstbetrachtern mit Recht als Hauptgrund für die Haltlosigkeit und Unsicherheit des Kunstschaffens angeführt, die in der zweiten Hälfte des 19. Jahrhunderts jenen ziel- und planlosen Eklektizismus und jene willkürliche Nachahmung aller vorhandenen Stilarten verursacht hat'."[105]

Sollte der weise Rabbi Ben Akiba mit seinem Spruch "Alles schon dagewesen" noch immer Recht behalten? [106] Der hier unternommene Versuch einer Skizze der Warenhausentwicklung[107] läßt vermuten, daß sich der - trotz des Bruches in den dreißiger ind vierziger Jahren - bis in die frühen siebziger Jahre relativ linearen Entwicklung im Kauf- und Warenhausbau eine vierte Generation von Warenhausbauten, auf die Thomas Irrgang um 1980 spekuliert hat,[108] nicht anschließen wird. Auszuschließen ist offensichtlich auch, daß ein neuer Historismus um sich greifen wird; denn bei allem Anschein restaurativer Tendenzen haben sich die seitherigen Versuche einer historisierenden und neo-eklektizistischen Architektur als unzureichend und nicht zukunftweisend herausgestellt. Vielmehr steht zu erwarten, daß die Architektur zukünftig ihre Position im Spannungsfeld zwischen Ökonomie, Historik und Ästhetik behaupten wird.
Wo nicht aus denkmalpflegerischen Gründen Rücksichtnahmen geboten waren, setzte sich der Trend zur Wiederöffnung der Warenhausfassade fort. Was bei Hans Solls und Werner Düttmanns Berliner Wertheim-Bau 1971 zaghaft begann, von Rhode Kellermann Wawrowsky 1976 bei Karstadt in Mönchengladbach-Rheydt aufgegriffen und von Walter Brune bei Karstadt Goslar 1978 in ein historisierendes Konzept integriert worden ist, fand seine Fortsetzung in den achtziger Jahren: War es zunächst der sich in den Cafés und Restaurants der Warenhäuser ausruhende Kunde, dem die passive Teilnahme am Draußen ermöglicht wurde, so dienen nun die durch geschoßübergreifende Fenster und Erkerzonen aufgebrochenen Wände der Kommunikation des Warenangebotes nach draußen.

Immer mehr Schaufenster wurden durch "Einsichtfenster" ersetzt oder mit ihnen kombiniert. Schon bei den Warenhäusern der dritten Generation in den siebziger Jahren zeigt "ein knappes Drittel aller Beispiele ... den völligen Ersatz von Schaufenstern durch Einsichtfenster".[109] Die ebenfalls gebräuchliche Bezeichnung "Kontaktfenster" macht den in beide Richtungen wirksamen Kommunikationscharakter deutlich. Nicht mehr die Ware selbst ist der Signalgeber, sondern der Ort des Verkaufs wird dem Kunden nähergebracht. Auch kam das Aufbrechen der Wände dem von den Kritikern geäußerten Wunsch nach Rückgewinnung der Kleinmaßstäblichkeit entgegen; diese wurde - wie schon aufgezeigt worden ist - durch Anpassung an das Stadtbild unter denkmalpflegerischen Aspekten oder durch Auflösung der Blockhaftigkeit mit Hilfe von die Wand sprengenden Öffnungen erzielt. Letzteres ermöglichte es, die Kongruenz zwischen dem großräumigen Inneren des Warenhauses und der das Innere durchscheinen lassenden äußeren Hülle beizubehalten. Dennoch war diese Hülle zu einer "Sekundärarchitektur" avanciert, "deren Beurteilung auf Fragen des Geschmacks und der Stadtbildpflege reduziert werden müsse".[110]

Daß Inneres und Äußeres durchaus getrennt behandelt werden konnten, zeigte das Kaufhaus Peek & Cloppenburg in Frankfurt a.M. (Abbildung 55). Einst als Warenhaus für Karstadt / Neckermann errichtet, war es nach seiner Schließung 1986 von Peek & Cloppenburg erworben und den Architekten RKW + Partnern zur 1987/88 erfolgten Sanierung überantwortet worden. "Das Altgebäude wurde bis auf das Stahlbetonskelett, auf Stützen, Unterzüge und Deckenplatten reduziert. Davon ausgehend entstand ein Neubaukonzept, das Treppen-/Aufzugskerne, eine neue Fassadengestaltung und im rückwärtigen Bereich die Überbauung der Reineckstraße bis an das vorhandene Parkhaus Konstabler Wache mit einbezog. In Abstimmung mit der Stadtplanung wurde im Zuge der stillgelegten Reineckstraße eine hausinterne Passage als 'Boutiquenstraße' angelegt."[111] Das Kaufhaus Peek&Cloppenburg stand mit dieser Konzeption bereits im typologischen Übergangsbereich von Kauf- bzw. Warenhaus zu Galerie, Center und Passage; von allen entlehnte es etwas.

Neu im Vergleich zum Gros der früheren Bauten war der Einsatz edler Materialien, die dem Bekleidungshaus einen Hauch von Luxus verliehen, der - ganz im Sinne des Bauherrn -

55 Architekten RKW, Peek & Cloppenburg, Frankfurt a.M., 1989

As already shown, this was achieved by means of an adaptation to the city environment according to aspects of conservation or a break-up of the block-like appearance by openings that burst through the walls. The latter enabled a congruence to be maintained between the open-plan interior of the store and the outer cladding that let this interior show through. Nevertheless, this cladding was advanced to the level of a "secondary architecture, the assessment of which must be reduced to questions of taste and the preservation of the city's image".[110]

That interior and exterior could be treated in a totally separate way is illustrated by the Peek & Cloppenburg store in Frankfurt am Main (Figure 55). Originally built as a department store for Karstadt/ Neckermann, after its closure it was acquired by Peek & Cloppenburg in 1986, and handed over to RKW for the 1987/88 renovation. "The old building was reduced to reinforced concrete framework, girders, supports, and ceilings. On this basis, a new concept was created that integrated the stairs and lift wells, the new facade design, and to the rear, the development of Reineckstrasse up to the existing Konstabler Wache multi-storey car park. With the agreement of the urban planning authorities, and taking advantage of the closing-off of Reineckstrasse, an interior passage was installed as a "Boutique Arcade".[111] With this conception, the Peek & Cloppenburg

56 Architekten RKW, Peek & Cloppenburg, entkernter Altbau, Essen 1989

"Solidität und Kompetenz als Profil des Unternehmens ... zum Ausdruck bringen" sollte.[112] Bei anderen Beispielen erzeugten darüber hinaus "Licht, Marmor, Messing und helle hochwertige Teppichböden ... das für die Warenpräsentation ideale Ambiente".[113] Diesem Ambiente sollte nun bis in die neunziger Jahre große Aufmerksamkeit geschenkt werden.

Dominanz des Ästhetischen versus ästhetische Dominanz

Eine vierte Warenhausgeneration war zu Beginn der achtziger Jahre also noch nicht in Sicht. Vieles, was sich in den Siebzigern vorbereitet hatte, fand seine konsequente Fortsetzung nach 1980. Denkmalpflegerische Rücksichtnahme war auch jetzt noch eine der bestimmenden Komponenten beim Bau urbaner Architektur. Doch waren eigenartigerweise die einem kritisch-historischen Bewußtsein entsprungenen Versuche, architektonische Ensembles zu bewahren respektive nicht zu (zer-)stören, im Schwinden begriffen. Neuer Maßstab für die Erhaltungswürdigkeit - zumeist nur der Fassade; aber auch das war ja schon nichts Neues mehr - war deren repräsentativer Charakter. Nostalgisches oder unreflektiert antiquarisches Denken war die Ursache - einerseits; andererseits wohl auch der Reiz, eine moderne Architektur, zum Beispiel der zwanziger Jahre, mit einer "moderneren" zu kontrastieren, sie dadurch zu modulieren, zu akzentuieren. So zeigt der in den Jahren 1988/89 sanierte Peek & Cloppenburg-Bau in Essen nach völliger Entkernung (Abbildung 56) einen reizvollen Kontrast zwischen dem aus den Jahren 1925 und 1929 stammenden historistisch bossierten Fassadenanteil und dem gläsernen Curtainwall der Architekten RKW, der die nach Kriegszerstörung unzureichend restaurierte neusachliche Architektur der späten zwanziger Jahre ersetzt.
Ein ähnliches Verfahren zeigt dieselbe Architektengruppe im Wettbewerbsbeitrag zur Karstadt-Erweiterung in Leipzig, der ihr einen 1. Preis einbrachte und von der Jury folgendermaßen charakterisiert wurde: "Der Verfasser führt die vorhandene historische Kaufhausarchitektur ... sinnvoll fort und setzt kontrastierend dazu ... einen innovativen Akzent mit bemerkenswerter Ausdruckskraft. In der Auseinandersetzung mit den bestehenden Architekturqualitäten zeigt er sich souverän und erreicht dabei insgesamt eine überzeugende eigenständige Architekturhaltung für das Gesamtareal."[114] Vorgabe für die Planung war, daß die Karstadt AG im Areal zwischen Petersstraße, Neumarkt, Preußergäßchen und Peters-Kirchhof unter Einbezug alter Bausubstanz ein Warenhaus errichten wollte. Dabei sollten die historischen Fassaden der Bürgerhäuser, des ehemaligen Centrum-Warenhauses (ursprünglich aus dem Jahre 1914) und des Messehauses "Stentzlers Hof" von 1916 erhalten bleiben. Zu überbrücken war eine ca. 40 Meter große Lücke zwischen den beiden letztgenannten Gebäuden. Den Rhythmus der Pfeiler des Waren- und des Messehauses aufgreifend, entwickelten die Architekten RKW eine Glasfront, die zwischen den an der Petersstraße stumpfwinklig zueinander abgeknickten Fassaden konkav zurückschwingt. Ihr vorgelagerte Pfeiler und Doppelpfeiler tragen das Dach, das Gesims und Trauflinie der flankierenden Gebäude formal einbindet. Darüber erheben sich noch zwei der Neigung der benachbarten Dächer angepaßte stufig zurückspringende Geschosse. Segelartig ausschwingend vermitteln zwei ebenfalls an den Pfeilern verankerte Vordachkonstruktionen zwischen der Höhe des Laubengangs des Warenhauses und den niedriger gelagerten Vordächern von Stentzlers Hof. Der in diesen Neubau dezentral eingebrachte Eingangsbereich des Karstadt-Warenhauses soll über die mit

store found itself occupying the space between department store, gallery, centre and arcade; it had borrowed something from all of them.
An innovation over and above the main elements of early buildings was the use of high quality materials, and this gave a feeling of luxury to the fashion store that – totally in line with the wishes of the client – should "as the company profile, express solidity and competence".[112] Additionally, other examples created "the ideal ambience for the presentation of merchandise by the use of lighting, marble, brass and bright, luxurious carpets".[113] Into the 1990s, a great deal of attention was now to be devoted to this ambience.

Dominance of the Aesthetic versus Aesthetic Dominance

As already stated, a fourth generation of department stores was not yet evident at the beginning of the 1980s. Much of what had been set into motion in the 1970s was resolutely continued after 1980. The principles of conservation were now also one of the factors determining urban architecture, but, oddly, attempts based on a critical and historical awareness of the need to protect the architectonic ensemble – not, in other words, to disturb or destroy it – began to dwindle. The ensemble's respective character became the new standard for preservability – mostly concentrating on the facade, which wasn't anything new. The cause was, on the one hand, a nostalgic or unreflected antiquarian thought process, and on the other, the motivation to contrast modern architecture (from the 1920s, for example) with a "more modern", and as a result to modulate and accentuate it. Thus, The Peek & Cloppenburg building in Essen (Figure 56), renovated in 1988/89 after first being completely gutted, illustrates an inspiring contrast between the historic embossed facade section dating from 1925 and 1929, and the glass curtain wall introduced by the RKW cooperative to replace the inadequately restored New Realist architecture of the late 1920s .
A similar system is shown by the same group of architects in their competition entry for the Karstadt extension in Leipzig, which won them first prize and was described by the jury as follows: "The originator logically brings the existing historic department store architecture a step further, and as a contrast, employs a distinctively articulated and innovative accent. In the juxtaposition with existing architectural qualities, he has shown himself to be sure-footed, and thus attains a convincing and distinct architectural posture for the area as a whole."[114]
Karstadt AG's brief required a department store to be built in the area between Petersstrasse, Neumarkt, Preussergässchen and Peters-Kirchhof, and also integrate the existing architecture. The facades of the historic homes of wealthy burghers, together with the former Centrum store (originating in 1914) and "Stentzler's Hof" trade fair building from 1916, were to remain intact. A vacant lot of about 40

57 Architekten RKW, Karstadt, Leipzig (Wettbewerb, Situationsplan) 1990/91

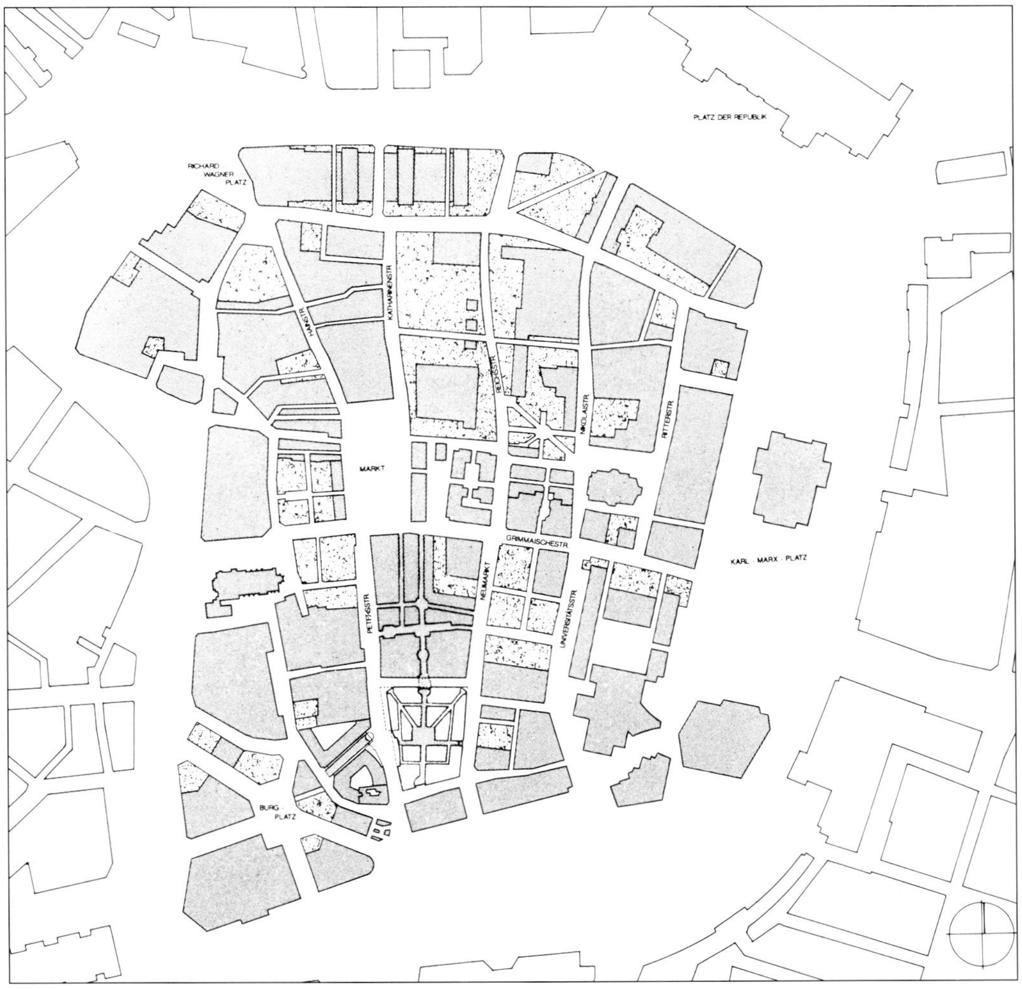

der eingezogenen Fassade erzielte "platzartige Raumbildung ... das umfangreiche Passagensystem ergänzen und mit dem südwestlich gegenüberliegenden Baublock der geplanten Burgplatzpassage korrespondieren".[115] Hier gingen die Architekten RKW noch einen Schritt weiter als in Frankfurt a.M., wo auch schon in städtebaulichem Sinn übergreifende Bezüge erkennbar geworden sind. Die Jury bestätigte dem Leipziger Entwurf ausdrücklich "quartierübergreifende Bezüge"; im Inneren greift das Kundenwegeleitsystem des Warenhauses nicht nur die umgebenden Straßenzüge optimal auf, sondern mündet darüber hinaus in das Passagensystem der nördlich anschließenden Messehöfe ein (Abb. 57).

Hier bewahrheitet sich vollends das, was Peter Stürzebecher bereits 1979 bezüglich der Wilmersdorfer Straße in Berlin festgestellt hatte: Die Straße wird zum Warenhaus, und das Warenhaus wird zur Straße.[116] Daß diese Wertung auch konzeptioneller Ansatz zur Neugestaltung eines Areals mit Warenhaus und Einzelhandelsgeschäften sein kann, zeigt der mit einem 2. Preis prämierte Wettbewerbsentwurf für die Burgseegalerie in Schwerin. Rhode Kellermann Wawrowsky + Partner entwickelten für dieses zwischen dem Altstadtkern und den Gründerzeitvillen am Seeufer angesiedelte Projekt eine Konzeption, die die gewachsene Blockbebauung Schwerins wiederholt und in der - ganz ähnlich dem Leipziger Beispiel - die Wegführung innerhalb des Warenhauses (Karstadt) zu einer Passage des benachbarten (Neu-) Baublocks der Einzelhandelsgeschäfte überleitet (Abbildung 58). Auch hier fügt sich die Warenhausarchitektur in die Umgebung ein. Sich der unregelmäßigen Form des Grundstücks anpassend, überragt das Gebäude weder die seewärts gelegenen benachbarten Villen noch die traufständige geschlossene Architekturfront der gegenüberliegenden Straßenseite. Die rhythmischen Intervalle vierer Gebäudekuben, die bei zurückgezogener Gebäudefront bis zur Straßenflucht vorspringen, greifen maßstäblich die Vertikalgliederung der Häuserzeile auf. Übrige Elemente der Fassadengestaltung kehren in der nördlich anschließenden Galerie wieder. Deren durch Pfeiler stark vertikalisierter Fassadencharakter wird durch eine mit den Öffnungen der Wand korrespondierende Reihe von Fensterlöchern und

58 Architekten RKW, Burgseegalerie, Schwerin (Wettbewerbsmodell), 1991

59 Architekten RKW, Wettbewerb Peek & Cloppenburg, Berlin, 1. Entwurfsmodell

metres size between both these latter buildings was, at the same time, to be bridged over. Taking up the rhythm of the store and trade fair pillars, RKW developed a glass frontage that curves concavely rearwards between the two gently angled facades on the Petersstrasse. Freestanding pillars and double pillars support the roof, and the line of sills and eaves formally integrates the buildings at each side. Two floors, staggered to the rear to conform to the line of the neighbouring roofs, rise above. Two canopy roof structures, likewise fixed to the pillars and curving outwards like sails, indicate the height of the store's access galleries and the lower canopies of Stentzler's Hof. By means of the "city square-like formation of space" that incorporates the concave facade, the entrance area, which is offset in this new Karstadt store building, is intended to "supplement the expansive passage system" and "correspond with the block of the planned Burgplatz arcade opposite, to the southwest".[115] RKW go a stage further than in Frankfurt am Main where, in the urban planning sense, overlapping references became recognisable. The jury expressly confirmed the "references relating to the district" in the Leipzig design: in the interior, the customer flow system does not only take up the pattern of the surrounding streets in an optimal way, but also opens out into the arcade system of the trade fair courtyards immediately to the north (Figure 57).

Peter Stürzebecher's 1979 assessment for Wilnmersdorferstrasse in Berlin turns out to be completely true in this respect: the street becomes the store, and the store becomes the street.[116] That this assessment can also be taken as a conceptional basis for the new design of an area that incorporates both department store and specialty businesses is illustrated by the second prize competition entry for the Burgsee Gallery in Schwerin. Rhode, Kellermann Wawrowsky & Partner developed a concept for this project between the old city quarter and the Gründerzeit villas on the lake shore. The design repeated the evolved block development and, very similar to the Leipzig example, transferred the passage layout in the store (Karstadt) to an arcade within the neighbouring new specialty business block (Figure 58). Here, too, the store architecture has been integrated into the environment. Conforming to the irregular shape of the site, the building does not intrude upon the neighbouring villas on the lake side, or interrupt the regular height of eaves on the homogenous architectural front on the opposite side of the street. The rhythmic intervals of four building cubes that extend, with their recessed frontage, to the edge of the street, adopt the vertical subdivision on the scale of the line of houses. Other design elements of the facade are again repeated in the gallery adjacent to the north, the character of which, strongly verticalised by the pillars, is alleviated by a

60 Architekten RKW, Peek & Cloppenburg, Berlin, 2. Entwurfsmodell

den sich darüber anschließenden überdeckten Laufgang abgemildert. Dieses Fassadenschema, das in der Überlagerung von Grob- und Feinraster an Bauten vor dem Ersten Weltkrieg anknüpft, findet sich an einem Kaufhausentwurf der Architekten RKW Rhode Kellermann Wawrowsky + Partner für Peek& Cloppenburg Berlin aus dem Jahr 1991 (Abbildung 59). Erste Entwürfe lassen einen Zusammenhang (nicht nur) mit der historischen Fassade in Leipzig erahnen (Abbildung 60, 60a, 60b). Auch hier "... besitzt (das Projekt) Prestigecharakter und entbehrt nicht einer gewissen Tradition".[117] Denn nicht nur "Karstadt erkannte früh die Chancen architektonischer Corporate Identity" und "verlegt sich ... auf denkmalorientierte Umbauten". Die "Ära der Klötze" ist jedoch damit noch längst nicht vorbei, vergleicht man die parallel eingereichten Wettbewerbsarbeiten. Sie spiegeln nicht in jedem Fall ein Bild zeitgenössischer Warenhausarchitektur wider, bei dem man von einer Festigung der Formensprache sprechen könnte; denn nicht jedes Beispiel berücksichtigt die eine Architektur mit Corporate Identity heute begleitenden Faktoren; auch heben sie sich weder von der gestalterischen Monotonie noch von der typologischen Vielfalt der vergangenen Jahrzehnte ab. [118]
So will es denn scheinen, als hätten allein der zur Realisierung vorgesehene Entwurf von Gottfried Böhm (Abbildung 61) und der der Architekten RKW den Genius loci verinner-

60a/b Architekten RKW, Entwurfsskizzen Peek & Cloppenburg, Berlin

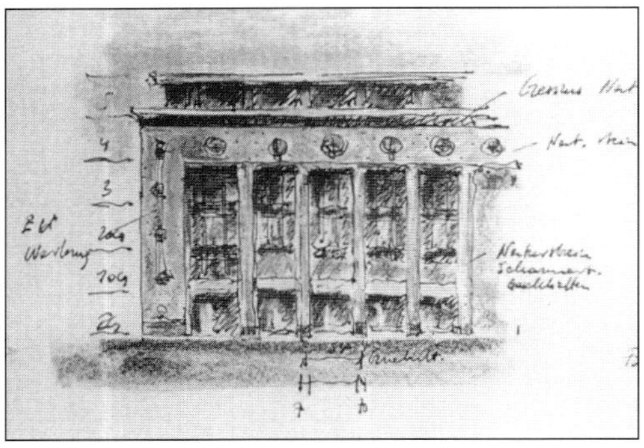

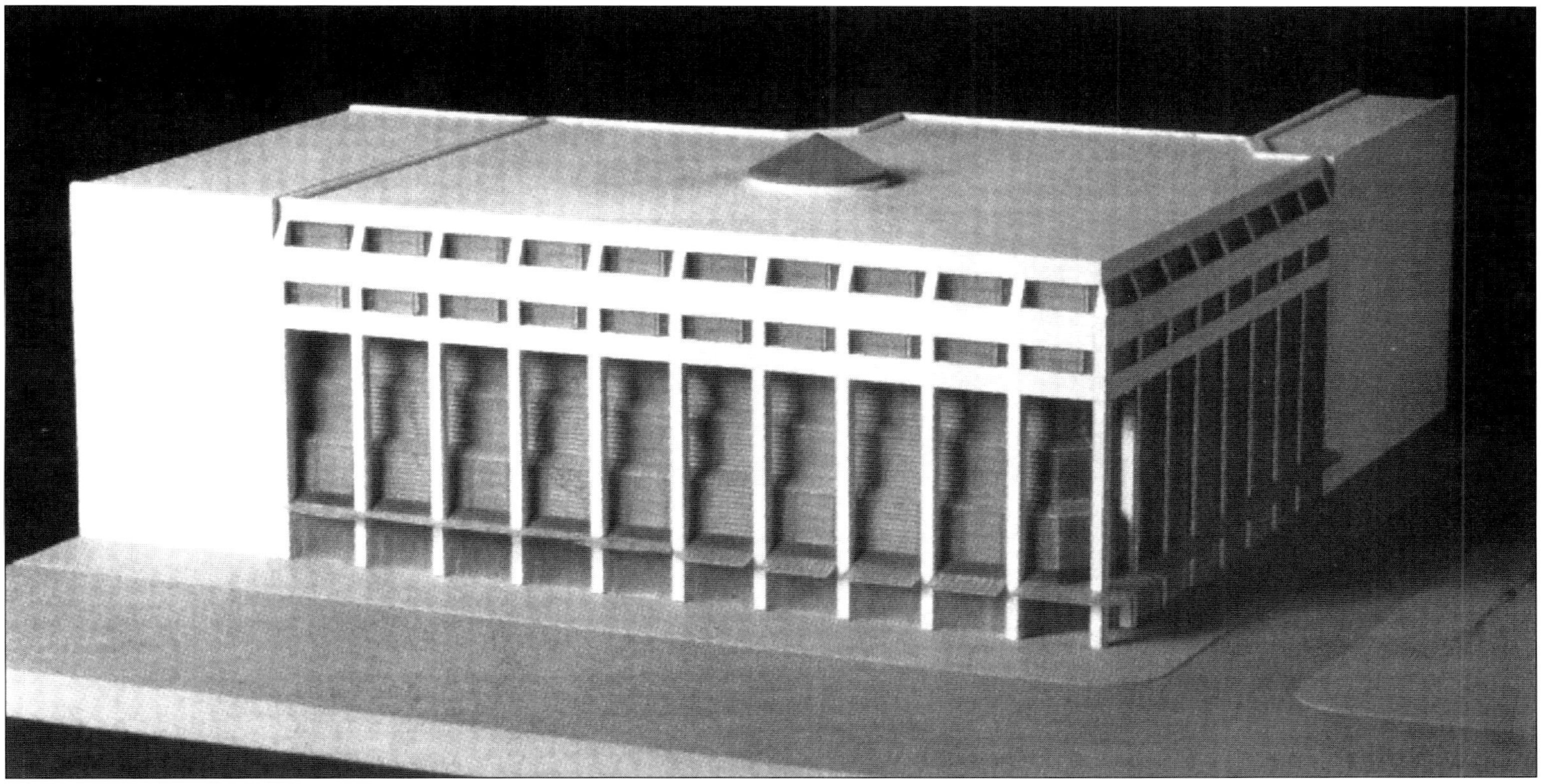

61 G. Böhm, Peek & Cloppenburg, Berlin, Entwurfsmodell

series of window openings that correspond to openings in the wall and the covered walkway adjacent and above.

This facade scheme, a reversion to the layering of coarse and fine grid-patterns of pre-World War I buildings, can be found in a 1991 RKW store design for Peek & Cloppenburg in Berlin (Figure 59). Initial designs suggest a relationship with, for example, the historic facade in Leipzig (Figure 60, 60a, 60b). Here, too, "... the project has a prestige character and is not without a certain tradition"[117]; not only "Karstadt was quick to recognise the potential of corporate identity" and "went over to conservation-oriented renovations". Judging by the other competition entries, however, the "age of the clump" is still by no means over. The entries do not, in all cases, reflect an idea of contemporary department store architecture, where a consolidation of formal language is evident; not every example takes the factors into account that nowadays accompany an architecture with corporate identity, they also fail to rise above the design monotony and typological diversity of form typical of the preceding decades.[118]

62 Peek & Cloppenburg, Berlin, Altbau

It seems, therefore, that only the design by Gottfried Böhm (Figure 61) and RKW would have possessed the genius loci still present to a rudimentary degree in the neighbouring, reconstructed 1950 KaDeWe, by Hans Soll. It also seems that only

63 ABB W. Hanig, H. Scheid, J. Schmidt, Entwurfszeichnung, Peek & Cloppenburg, Berlin

licht, der in Ansätzen noch präsent ist im benachbarten von Hans Soll 1950 wiederaufgebauten KaDeWe, als versuchten nur sie, eine Warenhaustradition wiederzubeleben, die einst von Berlin ihren Ausgang genommen hatte, von den Kriegswirren unterbochen und in der Nachkriegszeit in Zweckbauten wie dem nun zu ersetzenden Peek & Cloppenburg-Kaufhaus (Abbildung 62) nicht weiter fortgeführt worden war. Andere Entwürfe besitzen zeitgenössische Parallelen. So kommt etwa der Entwurf der Architekten ABB (Abbildung 63) dem Frankfurter Peek&Cloppenburg-Bau der Architekten RKW nahe. Alle übrigen Entwürfe lassen ein Eingehen auf ein firmenspezifisches Erscheinungsbild vermissen (Architekten KSP, Abb. 64; Moore, Ruble, Yudell), verlieren sich in der Verwendung bestimmter, nicht gerade souverän eingesetzter Motive des "Zeitgeists" (Arthur Erickson, Abbildung 65; Pysall, Stahrenberg & Partner, Abbildung 66) oder ergehen sich in eitler Selbstbespiegelung des internationalen Renommées, das ihre Architektur genießt (Hans Hollein, Abbildung 67; Murphy & Jahn Inc. - Helmut Jahn). Diese Architektur läßt jedoch nicht in jedem Falle eine formensprachliche Übertragung von einer architektonischen Aufgabe auf eine andere zu und macht damit den spezifischen kommunikativen Charakter der Warenhausarchitektur zunichte. Das - um noch einmal auf den weisen Rabbi Ben Akiba zurückzukommen - ist bis dato noch nicht dagewesen und hat den Architekten Aldo Rossi zu der Bemerkung veranlaßt, daß "Märkte, Kathedralen, öffentliche Gebäude ... eine komplexere Geschichte der Stadt und des Menschen (eröffnen). Die Verkaufstände auf den Märkten oder die Beichtstühle und Kapellen innerhalb der Kathedralen zeigen diese Beziehung zwischen dem Einzelnen und dem Ganzen, indem sie uns den Bezug zwischen dem Innen und Außen der Architektur offenbaren."[119]

64 KSP Kraemer, Sieverts & Partner GmbH, Entwurfsmodell, Peek & Cloppenburg, Berlin

these architects were attempting to revive a department store tradition that took its initial impetus from Berlin, became interrupted by the confusion of war and, in the post-war era, no longer persisted in the purpose-oriented buildings that the Peek & Cloppenburg store is intended to replace (Figure 62). Other designs possess contemporary parallels: the design by ABB architects, for example (Figure 63), comes near to the RKW Peek & Cloppenburg building in Frankfurt. All other designs forego a commitment to a company specific image (KSP architects, Figure 64; Moore, Ruble, Yudell) and lose themselves in definite, not so confidently applied "Zeitgeist" motifs (Arthur Erickson, Figure 65; Pysall, Stahrenberg & Partner, Figure 66) or indulge in the vain introspection of the international reputation their architecture enjoys (Hans Hollein, Figure 67; Murphy & Jahn Inc. - Helmut Jahn). This architecture does not always permit the transfer of form language from one subject to another, however, and thus frustrates the specifically communicative character of department store architecture. To return once more the wise rabbi Ben Akiba, this we have not seen before, thus causing the architect Aldo Rossi to remark that "markets, cathedrals, public buildings – all reveal a more complex history of city and mankind. Whether sales stands in the markets or the confessional booths in the cathedrals, both illustrate this relationship between the separate and the whole, in that they reveal the relationship between the inner and outer of architecture".[119]

65 A. Erickson, Entwurfsperspektive, Peek & Cloppenburg, Berlin

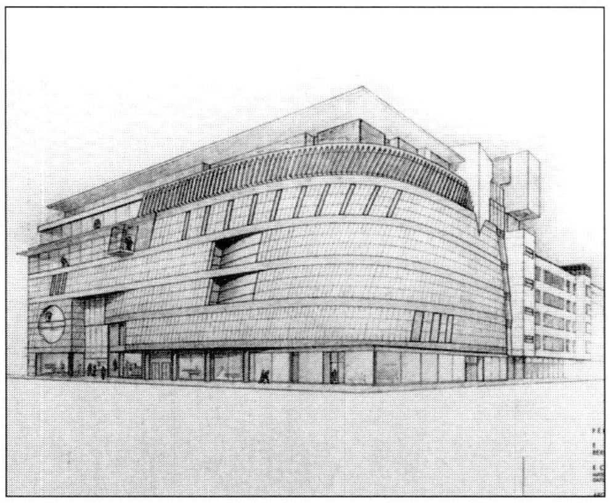

67 H. Hollein, Entwurfsperspektive, Peek & Cloppenburg, Berlin

66 Pysall, Stahrenberg & Partner, Entwurfsperspektive, Peek & Cloppenburg, Berlin

Peek & Cloppenburg

1 Peek & Cloppenburg an der Frankfurter Zeil

2 Die Zeil in ihrer Funktion als stark frequentierte Geschäftsstraße

3 Mode-Präsentation bei P & C Frankfurt

4 Herrenkonfektion im Obergeschoß Peek & Cloppenburg Duisburg

5 Rückfront im Sinne des Denkmalschutzes Peek & Cloppenburg Essen

6 Obergeschoß Peek & Cloppenburg Neuss

Appelrath-Cüpper

1 Restaurierung der denkmalgeschützten Fassade Appelrath-Cüpper Essen

2 Trend Shop im Untergeschoß

3 Warenpräsentation unter Glas, Appelrath-Cüpper Dortmund

4 Verspiegelter Treppenaufgang Appelrath-Cüpper Aachen

Karstadt Dresden

1 Neubau an der Prager Straße mit 30.000 m² Verkaufsfläche

2 Arkaden in Richtung Dresdner Altmarkt

3 Lichtdecke und gläserne Brücke im Gastronomiebereich

Buchhandlung Baedeker, Essen

1 Erinnerung an die Industrieaufzüge der ehemaligen Bergbauregion

2 Gläserne Erweiterung im Hof

3 Blick in die Verkaufsetagen der Buchhandlung

4 Publikumsmagnet Erdgeschoß

Lloyd Passage, Bremen

1 Glasüberdachung von öffentlichem Straßenraum

2 Ein offener Durchgang auch für späte Stadtwanderer

Galerie Kleiner Markt, Saarlouis

1 Gläserne Ergänzung von historischer Bausubstanz

2 Das Innenleben der mit dem BDA Preis des Saarlandes und dem Walter Hesselbach Preis ausgezeichneten Galerie

3 Sonnensegel in der zentralen Glaskuppel

Die Architektur des Handels hat das Erscheinungsbild der deutschen Großstädte seit dem Wiederaufbau der 50er Jahre wesentlich bestimmt. Alle großen Warenhaus- und Textilhauskonzerne haben sich in den Innenstädten niedergelassen und in den vergangenen Jahrzehnten ihre Präsenz mit wechselnden Konzepten gefestigt. Die architektonische Gestaltung der Bauten ist einer der entscheidenden Faktoren für den Erfolg und die Darstellung der Firmen sowohl gegenüber den Kunden als auch im städtischen Kontext. Friedel Kellermann, Gesellschafter des Düsseldorfer Büros Architekten RKW, ein führendes Architekturbüro in Deutschland, hat diese Entwicklung seit Beginn der 60er Jahre verfolgt und wesentlichen Einfluß auf die Konzeption und Gestaltung der Handelsarchitektur ausgeübt. Im folgenden Gespräch mit Johannes Busmann äußert er sich über verschiedene Aspekte zum Bau von Galerien, Einkaufszentren und Handelshäusern, ihre städtebauliche Einbindung, architektonische Gestalt sowie zu grundsätzlichen technischen Aspekten.

Frage: Herr Kellermann, seit über 30 Jahren bestimmen Sie als Architekt die Gestalt der Handelsbauten wesentlich mit. Was war im Rückblick auf die 50er und 60er Jahre für den Bau von Warenhäusern wie Karstadt, Kaufhof, Hertie oder Horten wichtig? Welchen Kriterien folgte die Architektur?

Kellermann: Im Vergleich zu den Anforderungen in den 50er/60er Jahren an Handelsbauten hat sich heute viel verändert. Damals war in erster Linie die Wiedererkennung und Vereinheitlichung von Fassaden und Baukörpern wichtig. Auf städtebauliche Bezüge wurde verzichtet. Große Kubaturen sollten die Erkennbarkeit im Stadtbild sichern und sich mit seriellen Fassadensystemen von der kleinteiligen innnerstädtischen Bebauung abheben. Für die Eigendarstellung im Innenstadtbereich war vor allem eine auffällige Wirkung aus der Ferne von Bedeutung.

Frage: Gab es in den 50er Jahren ein Interesse, bestehende Gebäude umzunutzen und historische Bausubstanz wiederzubeleben?

Kellermann: In der Regel nicht. Konzerne wie Kaufhof und Karstadt bildeten aufgrund ihrer wertvollen Bausubstanz zum Teil eine Ausnahme. Häufig wurden für die neuen Kaufhausfilialen bestehende Bauten wie leider z.B. auch das Kaufhaus Schocken von Erich Mendelsohn in Stuttgart abgerissen. Die flächenhafte Verkleidung bestehender Fassaden spielte eine wesentliche Rolle im Umgang mit historischer Bausubstanz.

Frage: Hatte die Maxime der Wiedererkennbarkeit und des Corporate Identity Vorbilder in Amerika?

Kellermann: Nein. Die amerikanischen Warenhäuser und Shopping Center haben auch heute noch im wesentlichen geschlossene Fassaden. Ein Corporate Identity, wie in Deutschland, kennen die Amerikaner - bis auf wenige immer wiederkehrende Details, so z.B. die Ausbildung von Eingängen oder ergänzenden Motiven - nicht.

Frage: Was änderte sich im Laufe der Zeit?

Kellermann: Die Architekten, speziell die Stadtplaner, haben in den 70er Jahren mit Recht diese Einheitsfassaden kritisiert. Es setzte sich das Bewußtsein durch, daß städtebauliche Zusammenhänge für einen funktionierenden und attraktiven innerstädtischen Organismus von entscheidender Bedeutung sind. Wir haben die Größe der Gebäude durch plastische Fassadenstrukturen und unterschiedliche Materialien differenziert. Ein typisches Beispiel dieser Entwicklung ist das Warenhaus Horten in Hannover, das wir Ende der 70er Jahre realisiert haben. Im Blick auf das Umfeld erhielt das Haus ein Ziegeldach, die Fassaden wurden durch horizontale und vertikale Fugen gegliedert.

Frage: Spielten bei dieser Entwicklung auch Bedürfnisse der Käufer eine Rolle?

Kellermann: Neben den Textilhäusern bevorzugen inzwischen auch die Warenhäuser das Tageslicht, da sich die Ware so besser verkaufen läßt. Ein Unternehmen, das in diesem Sinne schon früher eine Ausnahme bildete, ist die Firma Boecker, da eine natürliche Belichtung Voraussetzung für den Verkauf von Pelzen ist.

Frage: Wie hat sich die innere Organisation der Gebäude, die Inneneinrichtung und die Präsentation der Waren verändert?

Kellermann: Anfangs wurde vor allem versucht, in jedem Geschoß ein Maximum an Verkaufsfläche zu erzielen. Rolltreppenaugen wurden minimiert oder bei Altbauten die Lichthöfe geschlossen, z.B. Kaufhof Düsseldorf. Geschlossene Vorhangfassaden ermöglichten eine völlig freie Innenausstattung: Sämtliche Außenwände konnten als Stellflächen für Ware genutzt werden. Die Außenfassaden wurden wie Gardinen vor die Außenwände gehängt, denken Sie an die Aluminiumfassade des Kaufhofs von Professor Wunderlich oder die Keramikmodule der Firma Horten, die Egon Eiermann entwickelte und die mittlerweile in die Architekturgeschichte eingegangen sind. Hertie dagegen erkannte man an den senkrechten Lamellenfassaden. Der einzige Konzern, der sich dieser Ent-

Architecture for trade has played a principle role in transforming the image of the German city since the reconstruction of the 1950s. All large department and textile store companies have opened branches in the inner cities, and in recent decades consolidated their presence in a variety of ways. The architectonic design of buildings has become one of the decisive factors in the success and image of these companies, in respect of both customers and urban context. Friedel Kellermann, a partner in RKW Architects, Düsseldorf, one of Germany's leading architectural practices, has followed this development from the beginning of the 1960s. He has influenced the conception and design of architecture for trade to a considerable degree. In the following discussion with Johannes Busmann, he comments on various matters connected with the building of arcades, shopping centres and stores, as well as their urban integration, architectonic design and fundamental technicalities:

Question: *Friedel Kellermann, as an architect, for more than 30 years you have had considerable influence on the design of trade buildings. Looking back on the 1950s and 60s, what was important for the building of department stores like Karstadt, Kaufhof or Horten? What criteria were applied to their architecture?*

Kellermann: *A lot has changed if a comparison is made with the requirements placed upon trade buildings of the 1950s and 60s. In those days, recognition and the integration of facades and main body was of primary importance. Any association with urban planning was dispensed with. Large cube-shaped buildings were intended to ensure recognition within the urban setting, using series facade systems to stand out from small-scale inner city buildings. The distinctiveness of a building from a distance was important in providing a characteristic image within inner city areas.*

Question: *In the 1950s, was there an interest in the conversion of existing buildings and the reinstatement of historic buildings?*

Kellermann: *Not as a rule. Companies like Kaufhof and Karstadt are an exception in this respect, largely because of the valuable architecture of their buildings. Unfortunately, existing buildings, such as Erich Mendelsohn's Schocken store in Stuttgart, for example, were frequently torn down to make way for new store branches. The two-dimensional cladding of existing facades played a considerable role when dealing with historic buildings.*

Question: *Did the maxim "Recognition and Corporate Identity" have its origins in the United states?*

Kellermann: *No. The American stores and shopping centres have mainly closed facades, even today. A corporate identity on the German model – with exception of some constantly repeated details like the design of entrances or supplementary motifs, for example – is something unknown to Americans.*

Question: *What has changed in the course of time?*

Kellermann: *In the 1970s, architects, and particularly urban planners, were critical of these uniform facades, and rightly so. There is a general awareness now that urban relationships are decisive when it comes to a functional and attractive inner city organism. We have differentiated the size of buildings using graphic facade structures and varying materials. A typical example of this development is Horten's store in Hannover, which we built at the end of the 1970s. With one eye on its surroundings, the building was given a tiled roof and the facades were divided horizontally and vertically.*

Question: *Within this development, are customer requirements important?*

Kellermann: *In addition to the textile stores, department stores, too, have in the meantime come to prefer daylight as an aid to better sales. A company that was always an exception here was Boecker – natural light is a basic requirement when selling furs.*

Question: *What changes have taken place with the internal organisation of the buildings – the interior fittings, and the presentation of merchandise?*

Friedel Kellermann

wicklung nicht angeschlossen hat und eine individuelle Architektur bevorzugte, war Karstadt.

Frage: Welche Überlegungen nehmen Einfluß auf die Planung und Präsentation der Verkaufsflächen?

Kellermann: Heute wird der Warenpräsentation mehr Raum zugestanden. Ein Gesamtprogramm, das in den 60er Jahren auf einer Fläche von 6.000 m^2 untergebracht wurde, benötigt heute 9.000 m^2. Die großflächige Planung sieht vor allem breitere Wege und größere Innenhöfe vor, durch die das Tageslicht zum Teil sogar bis in alle Etagen dringen kann. Entgegen den früheren Versuchen einer Maximierung der Angebotsflächen steht nun die attraktive und atmosphärische Präsentation der Waren im Vordergrund.

Frage: Sehen Sie hier eine Beziehung zu den Kaufhäusern der Jahrhundertwende?

Kellermann: Die architektonischen Konzepte und damit auch die Warenpräsentation lassen sich tatsächlich weitgehend vergleichen. Leider sind viele dieser vorbildlichen Bauten in der Nachkriegszeit in Westdeutschland stark verändert worden. In den neuen Bundesländern haben hingegen zahlreiche Warenhäuser die Um- und Anbauten überstanden und ihren ursprünglichen Zustand bewahren können. In Görlitz und Potsdam existieren historische Warenhäuser, die noch über mehrgeschossige Innenhöfe und schön gestaltete Glasdecken verfügen. Sie werden im Sinne des Denkmalschutzes in ihrer ursprünglichen Form erhalten.

Frage: Kann man davon sprechen, daß gegenwärtig ein Trend besteht, alte Gebäude umzunutzen?

Kellermann: Die Umnutzung alter Bausubstanz ist mehr Zufall als Teil eines Marketingkonzeptes. Bestimmend sind nach wie vor pragmatische Überlegungen, die sich zum großen Teil an betriebswirtschaftlichen Gesichtspunkten orientieren. Die Firma Appelrath-Cüpper z.B. besitzt eine Reihe von Filialen in Altbauten, so auch das neue Essener Haus. Hier wurde bei unserer Planung viel Wert auf die Restaurierung der Fassade gelegt, während die innere Konzeption und Struktur den Erfordernissen einer modernen Präsentation folgte.

Frage: Entsteht beim Umbau eines solchen Hauses ein notwendiger Interessenskonflikt zwischen Denkmalschutz und Bauherren?

Kellermann: Nein, denn wenn sich z.B. ein Textilhaus wie Appelrath-Cüpper für ein solches Gebäude entscheidet, wird es auch im Sinne der Denkmalpflege perfekt restauriert. In Essen hat das Unternehmen eine aufwendige, architektonisch wertvolle Wiederherstellung der alten Fassade für richtig befunden und damit alle notwendigen Baumaßnahmen getragen.

Frage: Lohnen sich derartig hohe Investitionskosten für die sorgfältige Restaurierung eines Gebäudes?

Kellermann: Wird die Entscheidung zum Umbau eines alten Gebäudes getroffen, dann mit allen finanziellen Konsequenzen. Weder die Stadtverwaltung noch die Bürger, sprich Kunden, würden heutzutage Verständnis für einen mangelhaften und halbherzigen Umbau aufbringen. Wichtig ist, daß durch den Umbau die eigenständige Qualität der Architektur hervortritt, die dem Unternehmen als positives Signal dient. Die Warenhäuser entwickeln und verfolgen ständig neue Konzepte, um eine höhere Einkaufsfrequenz zu erreichen. Hierzu gehört der Denkmalschutz ebenso wie lichtdurchflutete Innenhöfe oder eine attraktive Innenraumgestaltung. Ein gutes Beispiel für die erfolgreiche Umsetzung dieses Gedankens ist die Buchhandlung Baedeker in Essen. In Korrespondenz zur historischen Fassade haben wir hier einen kompletten Neubau mit einem beispielhaften Innenraumkonzept errichtet. Die offene Planung der Geschosse ermöglicht eine transparente und aufwendige Warenpräsentation. Vorbild für derartige Konzepte ist die große Glaskuppel der Galeries Lafayette in Paris.

Frage: Welche architektonischen Ziele verfolgen Sie heute bei der Planung von Warenhäusern?

Kellermann: Die Ansprüche an die Fassadengestaltung sind gestiegen. Hier gilt das gleiche wie im Innenausbau. Wir nähern uns wieder dem Charakter der Architektur, die Anfang des Jahrhunderts realisiert wurde. Eine maßstäbliche Gliederung der Fassade, wertvolle Materialien in warmen, sympathischen Farben und Oberflächen bestimmen die Gestaltung.

Frage: Läßt sich hier ein grundsätzlicher Wandel bei der Architektur von Handelsbauten erkennen?

Kellermann: Die Architektur folgt wieder strenger der klassischen Beziehung zwischen Außen- und

Kellermann: *At the beginning, a maximisation of sales area was the main objective on each floor. Escalator wells were reduced to a minimum, and in some of the old buildings, such as Kaufhof in Düsseldorf, the inner courtyards were closed. Closed curtain facades made a completely free interior possible: all outside walls could be used as display surfaces. The outside facades were hung like a curtain in front of the exterior walls – remember Professor Wunderlich's aluminium facade for Kaufhof, for instance, or the ceramic modules developed for Horten by Egon Eiermann, which in the meantime have become a part of architectural history. Hertie, on the other hand, can be recognised by their vertical louvered facades. The only company that did not associate itself with this development was Karstadt, who preferred an individual architecture.*

Question: *What are the important considerations in the planning and presentation of sales areas?*

Kellermann: *Nowadays, the presentation of merchandise is allocated more space. In the 1960s, a full product range was accommodated in a total of 6.000 m², and today requires 9.000 m². The open-plan concept now involves wider passages and larger interior wells, so that daylight can often penetrate to all floors. As opposed to earlier attempts at maximising sales area, the main thing now is an attractive and atmospheric presentation.*

Question: *Do you see a possible link here to department stores at the end of the 19th century?*

Kellermann: *The architectonic concepts, and thus also the presentation of merchandise, can in fact be subject to some considerable comparison. Unfortunately, in western Germany, many of these exemplary buildings have been heavily altered since World War II. In eastern Germany, however, several stores have survived conversion and extension, and maintain their original condition. In Görlitz and Potsdam, there are historic buildings that have inner light-wells extending over several floors with beautifully designed glazed ceilings. Conservation will ensure that they will be retained in their original form.*

Question: *Is it possible to talk of a present trend towards the alternative use of old buildings?*

Kellermann: *The alternative use for old architecture is more a coincidence than part of a concise marketing program. As ever, pragmatic considerations are crucial, based to a large part on the demands of economics. The company Appelrath-Cüpper, for example, owns a series of branches housed in old buildings; the new Essener store, too. In our planning, great value has been placed on the restoration of the facade, while the interior concept and structure conforms with the requirements of modern presentation.*

Question: *When converting such a building, is there an unavoidable conflict between conservationists and client?*

Kellermann: *No. When a textile company like Appelrath-Cüpper decides on such a building, that building will be restored as a listed building. In Essen, the company found a complex, architectonically valuable reconstruction of the original facade to be the right approach, and thus supported all the measures required.*

Question: *Is the high cost of such careful restoration justified as an investment?*

Kellermann: *When the decision is made to convert an old building, then all financial consequences are taken into account. Neither the municipal authorities nor the public, in other words the customer, would have much sympathy for an inadequate and half-hearted renovation. It is important that, by means of the renovation, a distinct quality comes to the fore which serves as a positive signal for the company. Department stores develop and conform to constantly changing concepts in order to achieve a higher purchase frequency. In this respect, whether illuminated inner courtyards, the constraints of conservation, or an attractive interior design, all play their part. A good example of the successful transformation of this idea are the booksellers Baedeker, in Essen. In a correspondence with the historic facade, we have built a complete new structure with an exemplary interior design. The open plan of the floors enables the transparent and complex display of goods. The great glass dome on the Galeries Lafayette in Paris served as the model for these concepts.*

Question: *What are your present architectonic goals when planning department stores?*

Innenraum. Transparente Fassaden, entweder als Lochfassaden oder Stahl-Glas-Konstruktionen, sind der sichtbare Ausdruck dieser neuen und zugleich alten Einstellung zur Bauaufgabe. Der Bezug zum öffentlichen Raum wird durch großzügige und markante Eingangsgestaltungen unterstrichen. Ein bauliches Engagement in der Innenstadt bedeutet zugleich ein Engagement für die Innenstadt selbst. Bei der Architektur des Handels geht es uns heute nicht mehr nur um Warenpräsentation, sondern um die Stärkung der City.

Frage: Das wurde nicht immer so gesehen. Ein wesentlicher Grund für die zunehmende Verödung der Innenstädte stellte das Aufkommen der Einkaufszentren in den Vorstädten dar. Wann begannen sich die Center in Deutschland durchzusetzen?

Kellermann: Diese Entwicklung setzte in den 60er Jahren ein, als die großen Selbstbedienungsmärkte nach amerikanischem Vorbild zunehmend Fuß faßten. Nach anfänglicher Skepsis haben auch zahlreiche Handelsketten inzwischen Filialen in den Zentren eröffnet. Bedeutende Beispiele sind das Main-Taunus-Zentrum bei Frankfurt oder der Ruhrpark in Bochum. Wie die Umsätze zeigen, hatte diese Entwicklung ihre unbedingte Berechtigung.

Frage: Wie unterschied sich das von Ihnen umgeplante Nord-West-Zentrum in Frankfurt von den vorgenannten Zentren?

Kellermann: Das Nord-West-Zentrum wurde in den 60er Jahren gebaut und sollte der Versorgung einer neuen Wohnsiedlung dienen. Die Architektur war der Zeit entsprechend sachlich und funktionell ausgerichtet. Im Laufe der Jahre stellte sich jedoch heraus, daß es vom Publikum nicht mehr angenommen wurde und in den 80er Jahren restlos verödete. Weder die Dimensionen noch der Handelsbesatz waren auf den Bedarf abgestimmt. Es entsprach nicht mehr den veränderten Lebensgewohnheiten der Menschen. Beim Umbau des Nord-West-Zentrums waren daher wesentliche Korrekturen notwendig.

Frage: Welche Veränderungen haben Sie vorgenommen?

Kellermann: Als wir Mitte der 80er Jahre den Planungsauftrag erhielten, haben wir uns zuerst für eine Vergrößerung des Handelsbesatzes eingesetzt. Baulich haben wir den gesamten Einkaufsbereich überdacht und so für eine wetterunabhängige Atmosphäre gesorgt. Das Zentrum erhielt neue Attraktivität und strahlt jetzt aufgrund seiner richtigen Dimensionierung und interessanten architektonischen Gestalt auch auf andere Wohngebiete aus.

Frage: Eine wichtige Versorgungsaufgabe übernahmen die Einkaufszentren, die auf der grünen Wiese entstanden. Welche Gründe bewirkten diese Entwicklung?

Kellermann: Die Innenstädte konnten das stark ansteigende Verkehrsaufkommen nicht mehr bewältigen. Selbst die autogerechten Verkehrskonzepte der Nachkriegszeit waren für derartig hohe PKW-Zahlen nicht ausgelegt. Um den Kunden ein bequemes Einkaufen mit dem Auto zu ermöglichen, wich der Handel auf vergleichsweise preiswerte Grundstücke in Vorstadtbereichen aus und bot dort in konzentrierter Form Warensortimente an. Erst mit der Ölkrise Anfang der 70er Jahre setzte ein langsames Umdenken ein und die unbegrenzte Freiheit der individuellen Mobilität wurde zunehmend hinterfragt. Neue Standorte werden in Westdeutschland nur noch da zugelassen, wo eine Verödung der Innenstädte nicht droht. Anders in Ostdeutschland, hier besteht weiter Nachfrage nach derartigen Zentren, obwohl auch hier schon teilweise über den Bedarf hinaus geplant wurde.

Frage: Welche Aspekte sind bei der Planung von Shopping Centern zu beachten?

Kellermann: Die Grünplanung nimmt im Innen- und Außenbereich einen sehr hohen Stellenwert ein. Wir orientieren uns vor allem an amerikanischen Vorbildern, bei denen die Verbindung von Architektur und Grün wesentlich ausgeprägter ist als hierzulande. Eine besondere Beachtung findet diese Entwicklung bei unserem Entwurf zum Goldberg-Park in Halle/ Saale. Wir haben hier auf den typischen rechteckigen Kubus verzichtet und statt dessen die leichte Hangsituation genutzt, um den Baukörper nahezu vollständig unter begrünten Flächen verschwinden zu lassen. Das, was wir in Halle präsentiert haben, wurde aus der Sicht eines Architekten geplant. Wir wären froh, wenn ein derart richtungsweisender Entwurf auch realisiert werden könnte. Zu befürchten ist jedoch, daß wir hier auf sehr hohen Widerstand stoßen, da die optische Wirkung, also die Werbewirksamkeit, nicht im gewünschten Umfang gegeben ist.

Frage: Welche Parameter sind beim Bau von Einkaufszentren weiterhin wichtig?

Kellermann: *The demands placed upon the facade have intensified. Here, there is the same requirement as with the interior. Once again, we are approaching the character of architecture built at the turn of the century. A scaled subdivision of the facade combines with surfaces and quality materials in warm and sympathetic colours to determine the design.*

Question: *Is there a basic transformation of trade architecture to be recognised here?*

Kellermann: *Architecture is again conforming more strictly to the classical relationship between exterior and interior space. Transparent facades, either as perforated facades or steel and glass structures, are here the visible expression of this new, and equally traditional, attitude to the commission. The relationship to public space is emphasised by generous and imposing entrance designs. An architectural commitment within the inner city is at the same time a commitment to the inner city itself. With trade architecture, the main concern is no longer the presentation of the merchandise, rather the enhancement of the city.*

Question: *That was not always seen in this way. A principle reason for the increasing desolation of inner cities is the rise of the shopping centre in the outer areas. When did such centres begin to establish themselves throughout Germany?*

Kellermann: *That started in the 1960s, when the largest of the American-style self-service markets increasingly began to take root. After initial scepticism, in the meantime several store chains have opened branches in these centres. Important examples here are the Main-Taunus centre near Frankfurt, or the Ruhrpark in Bochum. Turnover shows that such developments are entirely justified.*

Question: *How did your replanned North-West centre in Frankfurt differ from these centres?*

Kellermann: *The North-West centre was built in the 1960s to provide for a new housing development. At the time, the architecture was both realistic and functional. Over the years, however, it became apparent that the centre was no longer accepted by the public, and it became completely desolate during the 1980s. Neither dimensions nor trading facilities were tuned to demand, and it no longer conformed to changing customs. Considerable correction was thus needed when converting the North-West centre.*

Question: *What changes did you make?*

Kellermann: *When we were commissioned with planning in the mid-1980s, we decided on an enlargement of the trading facilities. Structurally, we roofed over the whole of the sales area and thus provided an atmosphere independent of the elements. The centre has become more attractive and, due to its correct proportions and interesting architectonic design, is a positive influence on other residential areas.*

Question: *Shopping centres on green-field sites assumed an important supply role. What was the basis of this development?*

Kellermann: *The inner cities were no longer able to cope with the heavy increase in traffic. Even traffic systems tuned to the automobile were not conceived for such high private vehicle volume. In order to provide the motorist with comfortable shopping, trading facilities were relocated to comparatively cheap sites on the edge of cities, where products were offered in a concentrated form.*
A gradual rethink only began with the oil crisis at the start of the 1970s. After that, the unlimited freedom of individual mobility became increasingly suspect. In western Germany, new sites were still permitted only where desolation of the inner city was not imminent. There was a further need for this kind of centre in eastern Germany, although here, too, planning had already to look beyond immediate requirements.

Question: *What are the main considerations when planning shopping centres?*

Kellermann: *Planning of greenery is becoming a major factor in inner and outer areas alike. By and large, we conform to the American model, where the combination of architecture and greenery is considerably more marked than in this country. This development was particularly heeded in our design for the Goldberg Park in Halle/Saale. We dispensed with the typical right-angled cube here, and instead used the gentle slope of the site in order to almost bury the building under a grass surface.*
What we presented in Halle was planned from an architect's point of view. We would be happy if this kind of landmark design could also be realised. Nevertheless, I suspect that we will meet with strong opposition

Kellermann: Wie immer, die richtige Wahl des Standortes. Einkaufszentren müssen über weite Entfernungen schnell erreichbar sein. Am günstigsten stellt sich hier die Lage an Autobahnkreuzen dar. Darüber hinaus muß das Grundstück groß genug sein, um eine hohe Zahl an Parkplätzen anbieten zu können.

Frage: Wie sieht die innere Struktur der Einkaufszentren aus?

Kellermann: An den Kopfenden der Malls werden normalerweise zugkräftige Unternehmen vorgesehen, d.h. Großanbieter wie Warenhäuser, SB-Märkte oder Textilhäuser, während das Zentrum architektonisch hervorgehoben wird. Ein wichtiger Bereich im Einkaufszentrum ist der sogenannte 'Foodcourt' mit gastronomischen Angeboten, der je nach Grundrißkonzept in der Mitte einer Mall oder im Zentrum verschiedener Malls liegt, wie z.B. in der Wuppertaler Rathaus-Galerie.

Frage: Was sind die markanten Unterschiede zwischen Zentren und innerstädtischen Galerien?

Kellermann: Die innerstädtischen Galerien sind zumeist wesentlich kleiner. Wenn sie gut dimensioniert sind, liegen sie im Schnitt bei 15 - 20.000 m^2. Zentren in Vorstadtbereichen verfügen hingegen über ein Flächenangebot von 35 - 50.000 m^2, d.h. es entstehen Fachmarktzentren, die vornehmlich großflächigen Einzelhandel betreiben. Hier dominieren einfachere Bauweisen, zumeist Fertigbauteile. Fast immer wird erdgeschossig, selten zwei- oder dreigeschossig gebaut.

Frage: In welchen Fällen planen Sie mehrgeschossige Malls?

Kellermann: Nur bei sehr großen Einkaufszentren, denn die maximal mögliche Länge einer Mall sollte 400 Meter nicht überschreiten. Bei längeren Distanzen kann nicht davon ausgegangen werden, daß Besucher das ganze Zentrum durchqueren. In solchen Fällen winkeln wir die Malls in den mittleren Bereichen leicht ab, um so eine höhere optische Spannung zu erreichen und den Durchblick über die gesamte Länge zu verhindern. Ein Zentrum mit 60.000 m^2 wird daher zweigeschossig vorgesehen, wie z.B. das Blautal-Center in Ulm. Hier haben wir die Mall durchgängig zweigeschossig geplant und auf der Südseite ein drittes Geschoß für Büronutzung geplant.

Frage: Also ist die Zweigeschossigkeit nicht nur eine Notlösung, sondern eröffnet zusätzliche architektonische Möglichkeiten?

Kellermann: Sicherlich lassen sich mit derartigen Vorgaben variantenreiche Lösungen erarbeiten. Dieser Typus bietet einen interessanten Querschnitt durch die Mall und ermöglicht eine spannungsreiche Lichtführung. Zudem wird das Warenangebot komprimiert, wobei die Vielfalt auf einem kürzeren Bereich viel besser ablesbar ist. Im ersten Obergeschoß einer Mall reduzieren wir die Fußwege auf seitlich laufende Galerien. Dies ermöglicht zahlreiche Durchblicke und Sichtverbindungen innerhalb des Zentrums und steigert die Attraktivität.

Frage: Im Gegensatz zu den Vorstadt-Centern existiert der Typus der Galerie oder Passage schon seit über 100 Jahren. Wann begann man in Deutschland, sich wieder hierfür zu interessieren?

Kellermann: Der Beginn war wohl die Calwer-Passage in Stuttgart, an der deutlich wurde, daß dieser Bautypus eine optimale Ausnutzung innerstädtischer Grundstücke ermöglicht. Dieser Aspekt spielte für eine Reaktivierung und Verdichtung des städtischen Raumes eine entscheidende Rolle. Weiter bietet die Einkaufsgalerie den Vorteil, daß im Blockinnenbereich zusätzliche Verkaufsflächen erschlossen werden können.

Frage: Haben die Städte diese Entwicklung positiv beurteilt?

Kellermann: Durchaus! Nach der Zersiedelungspolitik der 50er und 60er Jahre und den Shopping Center vor den Toren der Stadt, die letztlich maßgeblich zur Aushöhlung der Innenstädte beitrugen, haben Galerien und Passagen eine Wiederbelebung der Innenstädte bewirkt, was auch für den Handel eine glückliche Entwicklung war.

Frage: Würden Sie so weit gehen, Galerien als ein Instrument der städtebaulichen Planung zu bezeichnen?

Kellermann: Ich meine schon. Ein gutes Beispiel ist Hamburg. Um die Stadt hatten sich zahlreiche suburbane Zentren gebildet, die Funktionen der Innenstadt übernahmen. Als Anfang der 80er Jahre gezielt mit dem Bau von Galerien begonnen wurde, kehrte sich die Entwicklung um. Die City gewann zunehmend an Attraktivität und Hamburg ist heute wegen seiner vielfältigen Warenhaus- und Galeriearchitektur bekannt und beim Publikum beliebt.

because the optical effect, and thus the advertising value, is not present to the desired degree.

Question: *Which parameters will continue to be important when building shopping centres?*

Kellermann: *As ever, the correct choice of site. Shopping centres must be reachable over great distances, quickly. At best, the site will be near a motorway intersection. Apart from that, the site must be sufficiently large for a great number of parking spaces.*

Question: *How does the inner structure of a shopping centre appear?*

Kellermann: *At the heads of the malls, companies with great pulling power are foreseen, and that means anchor stores like department stores, SB markets or textile stores.*
At the same time, the centre is given an architectonic emphasis. The so-called "food court", with restaurants and so forth, is an important area in the shopping centre; depending on the concept for the basic plan, this is placed in the centre of a mall or at the centre of several malls, like in Wuppertal's Rathaus-Galerie.

Question: *What are the significant differences between centres and inner city arcades?*

Kellermann: *Inner city arcades are mostly much smaller. If they are properly proportioned, they will average 15 - 20.000 m². Centres on the edge of cities, on the other hand, have an area of 35 - 50.000 m². These are mostly centres with large-scale retail formats. Here, the more simple constructional methods dominate, such as prefabricated structures. They are almost always single storeyed; seldom with two or three floors.*

Question: *When do you plan for multi-storeyed malls?*

Kellermann: *Only for very large shopping centres, because the maximum possible length of a mall should be no more than 400 metres. With greater distances, you can't assume that visitors will cross the entire centre. In such cases, we gently angle the malls in the middle in order to create greater optical tension and prevent an immediate view down their entire length. A centre with 60.000 m², like the Blautal centre in Ulm, will thus be designed with two storeys. With Blautal, we have planned the mall to be two-storeyed along its entire length, and have placed a third storey for offices on the southern side.*

Question: *So the two-storeyed concept is not merely a makeshift solution, but presents additional architectonic possibilities?*

Kellermann: *With these kinds of concepts, versatile solutions can certainly be found. This type offers an interesting cross section through the mall and enables a dramatic fall of light. In addition, there will be a greater density for the merchandise, so that the variety will be all the easier to see over a short distance. On the first floor of a mall, we reduce the passageway down to galleries at the sides. This makes for a variety of viewing angles and visual references within the centre, and increases its overall attractiveness.*

Question: *In contrast to suburban centres, the arcade or passage has existed for more than 100 years. When was an interest in arcades and passages regenerated in Germany?*

Kellermann: *Probably with the Calwer Passage in Stuttgart, where it was clear that this building type enabled optimal use of inner city sites. This is something of decisive importance for the reactivation and increase in density of urban spaces. The shopping arcade brings the additional advantage that, in the area contained within the block, access can be created to additional sales areas.*

Question: *Have cities viewed this development in a positive way?*

Kellermann: *Completely! After the detrimental policies of the 1950s and 60s, and the siting of shopping centres outside the city gates – which, incidentally, were major contributors to the gutting of inner city areas – arcades and passages have brought about the revitalisation of the inner cities: a development that is also fortunate for trade.*

Question: *Would you go so far as to say that arcades are an urban planning instrument?*

Kellermann: *I think so. A good example is Hamburg. Numerous suburban centres had developed around Hamburg to assume the function of the inner city. With the targeted construction of arcades beginning in the early 1980s, this development was reversed: the city gained increasingly in attractiveness, so that Hamburg is now known for its varied store and arcade architecture, and has become a great favourite with the public.*

Frage: In letzter Zeit wird häufig kritisiert, daß durch Galerien besondere Teile der Innenstadt aufgewertet werden, während andere Bereiche zunehmend veröden. Stimmen Sie einer solchen Polarisierung zu?

Kellermann: Nein, das sehe ich grundsätzlich anders. Die Galerien bringen intensives Leben in die Innenstadt und schaffen Urbanität. Das beweist beispielhaft die Lloyd-Passage in Bremen. Sie entwickelte sich zu einem Publikumsmagneten und führte dazu, daß auch die angrenzenden Bereiche neu belebt wurden. Die Passage nahm schließlich sogar positiven Einfluß auf die Entwicklung des gesamten Innenstadtgebietes. Ähnliches ist auch in Wuppertal zu sehen. Mit dem Bau der Rathaus-Galerie sind gleichzeitig Umfeldverbesserungsmaßnahmen ergriffen worden, die dem ganzen Innenstadtgebiet entscheidende Impulse gegeben haben.

Frage: Welche Materialien werden im Innenbereich bevorzugt benutzt?

Kellermann: Anfangs herrschte die Meinung vor, daß die Verwendung von Naturstein zu Schwellenangst führen könnte. Aus diesem Grunde wurden die ersten Center mit Fliesenmaterialien oder Kunststein ausgekleidet. Inzwischen sind wir dazu übergegangen, für die Grundelemente sehr wertvollen Naturstein, zumeist widerstandsfähigen Granit, zu verwenden.

Frage: Steht auch die Wahl der Farben unter einem bestimmten Aspekt?

Kellermann: Auf mich wirken Edelstahl und grauer Granit sehr kühl. Die farbliche Gestaltung eines Zentrums sollte aber möglichst zurückhaltend sein, damit die Warenpräsentation in den Vordergrund rückt. Bei der Innenraumgestaltung z.B. von Textilhäusern gelten andere Voraussetzungen. Hier sind wir zu dem Ergebnis gekommen, daß sich samtige und weiche Farbtöne wesentlich positiver auswirken. In allen Bereichen sollten jedoch die Oberflächen und Materialien in ihrer Struktur immer eine angenehme und sympathische Atmosphäre schaffen, wobei dem Kunstlicht eine besondere Bedeutung zufällt.

Frage: Welche Möglichkeiten bieten sich bei der Planung der Beleuchtung?

Kellermann: Die Lichtplanung hat eine ganz zentrale Bedeutung. Sie ist Bestandteil der Architektur und vermittelt durch Farbtöne und die Gestalt der Leuchtkörper Atmosphäre und Sympathie. Da sich das Einkaufen immer mehr auf die Abendstunden verlagern wird, ist eine perfekte Lichtgestaltung nicht nur für die städtischen Galerien, sondern auch für die Shopping Center vor der Stadt sehr bedeutsam.

Frage: Wie bewerten Sie den Trend, in Galerien wie Shopping Centern das Tageslicht einzubeziehen?

Kellermann: Sehr positiv, solange dieser Aspekt nicht übertrieben wird. Gegenwärtig bemühen wir uns bei der Planung um eine Ausgewogenheit zwischen natürlichem und künstlichem Licht. Zuviel Licht beeinflußt die Präsenz der Ware negativ. Hierfür gibt es warnende Beispiele. Im Mülheimer Forum, einer Passage zwischen Bahnhof und Innenstadt, wurde das Dach aus diesem Grund partiell geschlossen. Darüber hinaus werden Dachgläser häufig auch abgedunkelt, um die Ware durch gezielte künstliche Beleuchtung hervorzuheben.

Frage: Es fällt auf, daß in letzter Zeit Glasflächen häufig farbig gestaltet werden. Glauben Sie, daß dies in Zukunft selbstverständlich sein wird?

Kellermann: Diese Entwicklung kommt mit Sicherheit auf uns zu. Die Galerien müssen attraktiver werden. Der englische Künstler Brian Clarke hat mit seinen Glasmalereien interessante Beispiele gegeben. Er bemalte in Leeds erstmalig ein ganzes Dach und hat in den Düsseldorfer Schadow-Arkaden in ähnlicher Art eine Kuppel farbig abgesetzt.

Frage: Für den erfolgreichen Betrieb eines Einkaufszentrums ist der hochwertige Eindruck des Gebäudes sehr wichtig. In welcher Beziehung steht die Architektur der Galerien zu den Bedürfnissen der Mieter?

Kellermann: Über dieses Verhältnis wird viel diskutiert. Es gibt unterschiedliche Auffassungen, wie weit man auf den Mieter eingehen kann und soll. Ich stehe auf dem Standpunkt, daß sich der Architekt um die Grundgestaltung der Mall zu kümmern hat, um Boden, Decke, Stützen und Licht. Er muß vorgeben, an welcher Stelle die Schaufensterfronten sein sollen und auch bezüglich der Fassadengestaltung Einfluß auf den Nutzer nehmen, um das Gesamtbild zu erhalten. Wir bieten dem Mieter verschiedene Varianten zur Fassadengliederung an. Eigene Gestaltungsideen versuchen wir mit den Vorgaben in Einklang zu bringen.

Frage: Wieweit darf der Mieter auf dem sensiblen Gebiet der Werbung seine eigenen Vorstellungen umsetzen?

Question: *Recently, criticism has often been voiced that arcades have inflated prices in specific areas of the inner city, while other areas are increasingly subjected to decay. Do you agree with such a polarisation?*

Kellermann: *No, I see it in another way entirely: arcades bring more life to inner cities, and create urbanity. The Lloyd passage in Bremen demonstrates that in an exemplary way: it developed into a magnet for the general public, causing the revitalisation of bordering areas. In the end, the arcade has even had a positive influence on the whole inner city area. Wuppertal is a similar situation. With the construction of the Rathaus-Galerie, measures were at the same time introduced for an improvement to the immediate surroundings, and this has given a decisive impulse to the inner city area as a whole.*

Question: *Which materials are preferred for use in inner city areas?*

Kellermann: *Originally, there was some hesitance in using natural stone, and so the first centres were clad in tile materials or artificial stone. In the meantime, we've adopted very valuable natural stones for the basic elements – mostly very resistant granites.*

Question: *What about the choice of colour?*

Kellermann: *Stainless steel and grey granite are very cold to me. The colours foreseen in the design of a centre should nevertheless be as restrained as possible in order to emphasise the presentation. Other rules can apply to interior design, especially with textile stores. We now feel that subdued and soft colours basically have a more positive effect. In all areas, surfaces and textures should create a pleasant and sympathetic atmosphere at all times, with particular significance being placed on artificial light.*

Question: *When planning the lighting, what are the possibilities?*

Kellermann: *Planning the lighting is of very central importance. It is an integral component of architecture, and also provides atmosphere and ambiance through colour and the design of the light fittings themselves. Because shopping will take place more and more towards the evening, a perfect lighting design is significant not only with regard to urban arcades, but also shopping centres outside the city.*

Question: *How do you rate the trend towards the inclusion of daylight in both arcades and shopping centres?*

Kellermann: *Very positively, as long as its not exaggerated. At present, when planning, we try and make sure that there's a balance between natural and artificial light. Too much light effects the presentation of the merchandise negatively. There are specific examples that serve as a warning: in the Mülheimer Forum, an arcade between station and inner city, the roof has been partially closed off for this reason. Frequently, glazed roofing is also toned down to emphasise the merchandise by means of special artificial lighting.*

Question: *Recently, it seems that glazed areas have often been coloured. Do you think this trend will become established?*

Kellermann: *This is certainly going to happen. Arcades must become more attractive. The English artist Brian Clarke has produced interesting examples with his painted glass. In Leeds, he has been the first to paint an entire roof and, in a similar way, has also coloured a whole dome in Düsseldorf's Schadow arcades.*

Question: *For the successful running of a shopping centre, the impression of quality given by the building is extremely important. How important is the architecture of arcades to tenants?*

Kellermann: *A lot is spoken about this relationship. There are various opinions about the extent to which the tenant can and should be considered. I am of the opinion that the architect should concern himself with the basic design of the mall: the floor, ceilings, supports and lighting. In order to maintain an overall image, he must specify where the display window fronts should be, and influence the user, too, through the design of the facade. We offer tenants a variation in the subdivision of facades. We attempt to harmonise our own ideas with the actual circumstances.*

Question: *To what extent is the tenant able to realise his ideas in the sensitive area of advertising?*

Kellermann: *We assume that the tenants decide on setting up a business in an arcade because they wish to profit from the its elevated image. Nevertheless, such an image can only be attained when the overall architectonic character of the arcade*

Kellermann: Wir gehen davon aus, daß sich die Mieter für ein Geschäft in der Galerie entscheiden, weil sie vom gehobenen Image der Galerie profitieren wollen. Ein solches Image läßt sich jedoch nur erreichen, wenn nicht jeder Mieter durch seinen Geschmack den architektonischen Gesamt-Charakter der Galerie gefährdet. Aus diesem Grund hat er sich an die Vorgaben zu halten, die wir als Architekten uns vorstellen.

Frage: Läßt sich dieser Standpunkt gegenüber den Eigeninteressen der Mieter durchsetzen?

Kellermann: Wir haben die Erfahrung gemacht, daß die Nutzer der innerstädtischen Galerien positiv auf unsere Angebote reagieren und wir so unsere vorgesehene Architektur durchsetzen können. Das liegt sicherlich auch daran, daß wir durchweg konstruktive Vorgaben machen. In den Zentren auf der grünen Wiese werden die Rahmenbedingungen dagegen toleranter ausgelegt.

Frage: Was sind Ihrer Meinung nach die entscheidenden Faktoren für eine erfolgreiche Planung von Galerien und deren Realisation?

Kellermann: Zunächst einmal ein Architekt, der über langjährige Erfahrung auf diesem Gebiet verfügt. Jeder Architekt ist allerdings auf einen ebenso guten Stab von Fachplanern angewiesen, die die ihnen übertragenen Bereiche zuverlässig und kreativ ausführen. Mir ist es immer sehr wichtig, mit sensiblen Lichtplanern zusammenzuarbeiten, die ein Gespür für die Akzente der Architektur besitzen und dies durch ein Beleuchtungskonzept geschickt zu unterstreichen wissen. In gleicher Weise erwarte ich eine qualitätvolle Arbeit von den Grünplanern, denn die Galerien leben von ihrer sympathischen Ausstrahlung und dem Erlebniswert. Licht- und Grünplanung stehen daher besonders im Vordergrund. Ein solches Fachplanerteam baut sich wie eine Pyramide auf. Der Architekt muß sich an die Spitze stellen. In seiner Hand laufen alle Fäden verantwortlich zusammen.

Frage: Werden die Städte bald mit Galerien gesättigt sein ?

Kellermann: Nein, wenn die Entwicklung von Seiten der Stadtplanung geschickt begleitet wird. Leipzig ist ein typisches und positives Beispiel für die Ausbaumöglichkeiten innerhalb des Innenstadtbereiches. Hier finden sich überall Galerien und Höfe, die ganz selbstverständlich zum Stadtbild gehören. Bei der Neuplanung für Peek & Cloppenburg haben wir eine Passage angelegt, die nun bis zur Mädler-Passage fortgeführt wird.

Frage: In welche Richtung wird sich die Handelsarchitektur in Zukunft entwickeln?

Kellermann: Ich glaube, daß sie sich in Relation zu unserem alltäglichen Lebensanspruch entsprechend unseren Wohn- und Arbeitsverhältnissen verändern wird. Den gewohnten Anspruch wollen wir an unser weiteres Umfeld weitergeben. Damit wird auch die Galerie weiter im Trend liegen. Die Handelsarchitektur wird eleganter werden und auch die gesamte Schaufenster- und Warenpräsentation wird an Großzügigkeit zunehmen.

Frage: Ist es nicht ein Widerspruch, trotz des Platzmangels in den Innenstädten auf Großzügigkeit zu setzen?

Kellermann: Nein, dies ist nur eine Frage der architektonischen Kreativität. Wir haben die Pflicht, die Innenstädte, die wir nach dem Krieg so sträflich vernachlässigt haben, wieder zu echten städtischen Zentren zu machen. Die Galerie als historischer Bautypus bietet eine gute Möglichkeit, zusätzliche Fläche zu schaffen und das Stadtbild interessanter und abwechslungsreicher zu gestalten. Dadurch wird die Innenstadt auf einem abgemessenen Raum sinnvoll verdichtet.

Frage: Sie plädieren für die Stärkung der City durch Verdichtung und eine anspruchsvolle und lebendige Architektur. Glauben Sie, daß die Zukunft des Handels in den Innenstädten liegt?

Kellermann: Wenn wir echte Urbanität haben wollen, dann muß der Handel auch eine entsprechende Entfaltungsmöglichkeit besitzen. Das zeigen unsere europäischen Nachbarn. In zahlreichen Großstädten Europas freuen wir uns über ein lebendiges Treiben in den Innenstädten bis spät in die Nacht. Dies sind Qualitäten, die eine Innenstadt hinsichtlich ihres Freizeitwertes attraktiv machen. Durch unser Ladenschlußgesetz sind die deutschen Innenstädte um 18.30 Uhr, spätestens aber um 20.00 Uhr wie ausgestorben. Wenn sich hier etwas ändern würde, stünde in meinen Augen der positiven Entwicklung der Innenstadt für die Zukunft kaum noch etwas im Wege.

remains intact, and is not compromised by individual tenants and their own taste. For this reason, he must abide by a set of standards that we, as architects, have compiled.

Question: *Is it possible to reconcile this view with the tenant's own interests?*

Kellermann: *We have seen that the tenants on inner city arcades react very positively to what we offer, and we can therefore persevere with our architecture as foreseen. This is certainly also because we set very constructive standards. On green-field centres, the preconditions are, in contrast, much more tolerant.*

Question: *What, in your opinion, are the decisive factors when planning and realising an arcade?*

Kellermann: *First and foremost, that an architect has many years experience in this area. Every architect is obviously dependent on an equally experienced team of professional planners who can reliably and creatively carry out their tasks in the areas allocated to them. To me, it is always very important to work with sensitive lighting planners with a feel for the accent of the architecture and an ability to emphasise it with a competent lighting concept. In the same way, I expect quality work from greenery planners, because arcades live from an inherent radiance and their value as an experience. Lighting and the planning of greenery are thus particularly important. Such a team of professional planners has a pyramid structure: the architect must place himself at its tip, and in his hands are all the reins of responsibility.*

Question: *Will cities soon be overrun with arcades?*

Kellermann: *No, not if the development is competently followed by the planning authorities. Leipzig is a typical and positive example of the possibilities for development in an inner city area: arcades and courtyards are everywhere, and are a completely natural part of the urban landscape. With the new plan for Peek & Cloppenburg, we have drawn up an arcade that will now extend to Mädler Passage.*

Question: *In which direction will trade architecture now go?*

Kellermann: *I think that it will change in line with our daily demands, according to the way we all live and work; we wish to pass our customary demands on to a wider sphere, and the arcade will continue as a trend. Architecture for trade will become more elegant, and the display window and presentation of goods will become more generous.*

Question: *Isn't it contradictory to emphasise generosity, in spite of a lack of space in inner cities?*

Kellermann: *No, its only a question of architectural creativity. After having been so criminally neglected after the war, we now have a duty to return inner cities to real urban centres. The arcade as an historic building type offers a good opportunity to create additional space and design the city in a more interesting and contrasting way. The inner city will be sensitively condensed into a measured space as a result.*

Question: *You support the augmentation of the city through an increase in density and a demanding and lively architecture. Do you think that the future of trade architecture lies within the city?*

Kellermann: *If we wish to have real urbanity, then trade must have a corresponding chance to unfold. Our European neighbours are an example of this: in several European inner cities, we enjoy lively commercial activity until late at night. These are qualities that enhance an inner city area in terms of its recreational value. Because of our closing laws, German cities become dead at about six-thirty in the evening – at the latest at eight o'clock. If something would change here, in future there would, in my opinion, be almost nothing to stand in the way of a positive development for inner cities.*

Warenaustausch nach amerikanischem Vorbild
Einkaufszentren, Shopping-Center, Mega-Malls

Klaus-Dieter Weiß

"music-hall, not poetry, is a criticism of life"
James Joyce

"Über 800 Meter überdachte Bummelmeile - die Mall im Paunsdorf-Center (Abbildung 1) sorgt für Superlative. Hier kann man auch im Sturm oder Regen einen Schaufensterbummel unternehmen, ohne naß oder vom Wind zerzaust zu werden. Cafés, Imbißmöglichkeiten und Sitzgruppen machen das Einkaufen wirklich zum 'Bummel'."[1] Unter dem Titel "Modernes Shopping" wird in der 20-seitigen Verlagsbeilage der Leipziger Volkszeitung der Mund sehr voll genommen: "Erlebnispark - Paunsdorf verbessert Lebensqualität".[2] Wie das geht? Ein komplettes Einkaufscenter mit etwa einhundert verschiedenen Anbietern plus 7.300 kostenlose, zum Teil überdachte Parkplätze plus (in Planung) Freizeitzentrum mit Hotel (291 Zimmer), Boardinghouse (143 Suiten), Sportpark mit Tennishalle und anderen Fitneßbereichen, Spaßbad mit Solarium, Sauna und Wasserfällen. "Hier wird" - welch hübsche Logik - "das Leben zur Attraktion", auf 57 Hektar wenigstens. Von Architektur keine Rede, ein aufgeblähter Supermarkt ohne Gesicht. Der Haupteingang findet sich, anderen Erlebniswelten in Bahnhofsnähe vergleichbar, zwischen separaten Toilettenhäuschen. Ein Behördenzentrum, kleinster Bestandteil des den Parkplatz wie eine Wagenburg umschließenden riesigen Festungsrings, dokumentiert staatlichen Beistand. Ohnehin hat Landesvater Kurt Biedenkopf diesem Unort schon beim Richtfest eine rosige Zukunft vorhergesagt. Obwohl die Linie 6 der Leipziger Straßenbahn die Konsumburg mit ihrer letzten Schiene gerade noch erreicht, handelt es sich um ein schlechtes Beispiel. Existieren bessere?

1 Paunsdorf-Center, Leipzig 1994

Gegenwärtig gibt es in Deutschland 135 regionale Shopping-Center mit einer Mietfläche von insgesamt 4,2 Mio. Quadratmetern.[3] Besonders in den neuen östlichen Bundesländern ist die Nachfrage wegen des Fördergebietsgesetzes und der degressiven Abschreibungsmöglichkeit groß. "Mit der zwingenden Logik des Geldes findet in den Städten Ostdeutschlands zur Zeit ein Prozeß statt, der zum Tode der Stadt führen kann, wie wir sie verstehen. ... Jedes der Einkaufszentren könnte an jedem Ort stehen. Alle sind austauschbar. Architektur als Maschine zum Gelddrukken, nicht als etwas, das mit einem bestimmten Ort und einer bestimmten Zeit zu tun hat. ... Wir müssen uns also selbst und den Politikern die Frage stellen, was wir wollen. Die Zwei-Drittel-Gesellschaft der Einkaufszentren auf der grünen Wiese, in der diejenigen in Ruhe gelassen werden, die es sich leisten können? Oder eine sehr viel unbequemere Gesellschaft, in der die Auseinandersetzung verschiedener Interessengruppen das wichtigste Mittel von Politik ist? Wollen wir Konsumenten oder Bürger?"[4] Die dramatische Verlagerung des Handels von der Innenstadt auf die grüne Wiese ist den Stellen, die diese Entwicklung steuern könnten, durchaus als solche bekannt. In einer "Momentaufnahme zur Verkaufsflächenentwicklung in den neuen Bundesländern" stellte das Bundeswirtschaftsministerium in Bonn am 27. September 1994 die

Merchandising, American Style Shopping Centres and Mega Malls

Klaus-Dieter Weiß

"Music-hall, not poetry, is a criticism of life"
James Joyce

"More than 800 metres of covered walkway – the Paunsdorf Mall (Figure 1) really is something. In storm-force winds or lashing rain, you can go window shopping in the warm and dry. Cafés, snack bars and groups of benches make buying relaxed and easy"[1]. Under the title "Modern Shopping", the 20-page Leipziger Volkszeitung supplement goes a step further: "Theme Park Paunsdorf Brings More Quality to Life".[2] You may well ask how. A complete shopping centre with about 100 individual traders, plus 7,300 free parking spaces (some covered), plus a planned recreation centre with hotel (291 rooms), boarding house (143 suites), sports complex (indoor tennis courts and other fitness facilities), and a fun pool with solarium, sauna and waterfalls. "Here", and what sweet logic this is, "life becomes an attraction" – spread over all of 57 hectares: an over blown supermarket without character; no mention of architecture. The main entrance – like any other "adventure world" in convenient reach of a railway station – is sandwiched between two public toilets. An administrative centre, the smallest section of a huge ring of fortifications that surround the car park like a circle of wagons, is sound evidence of government support. And as if that wasn't enough, at the official opening, Kurt Biedenkopf, president and father of the people, predicted a rosy future for this nondescript place. Even if Leipzig's tram line number 6 does just make it to this consumer stronghold, he picked a bad example. Are there better ones?

At present, there are 135 regional shopping centres throughout Germany, with a total rental area of 4,2 million square metres.[3] Especially in the East, demand is high due to regional development policies and the inherent opportunities of sliding-scale depreciation. "In the cities of eastern Germany, the compelling logic of money has sparked off a process that could lead to the death of the city as we know it... Every one of these shopping centres could be anywhere. All are interchangeable – architecture as a machine for printing money; nothing to do with a particular place or a particular time... We must ask ourselves and the politicians one question: what do we want? The shopping centre fraternity's masses out there on the green and pleasant meadows where those who can afford it are otherwise left in peace? Or a very much more uncomfortable society, in which the most important political mechanism is the conflict between various interest groups? Do we want to be consumers or citizens?"[4] The dramatic relocation of trade from inner city to countryside is fully acknowledged by those in a position to control it; on 27 September 1994 in a document entitled: Short-term Review of Sales Developments in the New parts (Länder) of the Federation, the Bundeswirtschaftsministerium in Bonn unequivocally described the development as a vicious circle. In the DDR, trade was by and large tied to the inner city where, with an average of only 68 square metres of sales space (compared to 200 in the West), it was organised in the direct vicinity of residential areas. Nevertheless, the shopping tourism that followed Reunification could only be held in check with very rushed and provisional measures, mainly located in green areas. Rapidly, very often without observing regular planning procedures, these temporary installations became permanent. So while tax revenues now enrich the smallest of communities with between five hundred and a thousand inhabitants, the cities, encumbered as they are by numerous restrictions to their development (unsettled ownership claims, poor infrastructure, high land prices, rigorous conservation laws), have no such means for fundamental expansion and revival. In turn, the migration of purchasing power, dwindling customers and inadequate infrastructure all combine to inhibit the resettlement of larger trading concerns to inner city areas. The incongruity between available sales area in the city and the countryside thus becomes ever more aggravated: "If available sales area in the centre is related to the number of inhabitants, then Leipzig, with 0,009 square metres per inhabitant, comes off the worst... In West German cities, it can be as much as 0,4 square metres. In the inner cities of eastern Germany, inadequate provision of specialist sales space is also expressed in a comparison by the Bundesministerium: "In eastern Germany, 56 percent of sales area was relocated to peripheral sites in 1995, compared to 22 percent in the West."[5] This politically liberal ministry goes on to draw a remarkable conclusion – without even considering the possibility of their own coun-

Entwicklung unmißverständlich als einen Teufelskreis dar. War zu DDR-Zeiten der Handel vor allem an die Innenstadt gebunden und dort mit vielen kleinen Betrieben von durchschnittlich nur 68 Quadratmetern Verkaufsfläche (gegenüber 200 Quadratmetern im Westen) sehr wohnungsnah organisiert, konnte der Einkaufstourismus nach der Wende nur durch schnelle Provisorien vor allem auf der grünen Wiese gestoppt werden. Aus den Provisorien wurden sehr schnell und vielfach ohne reguläre Raumordnungsverfahren stationäre Einrichtungen. Die Steuereinnahmen bereichern Kleinstgemeinden zwischen fünfhundert und tausend Einwohnern. Den Städten, ohnehin durch zahlreiche Restriktionen in ihrer Entwicklung behindert (ungeklärte Eigentumsfragen, schlechte Infrastruktur, hohe Bodenpreise, rigorose Denkmalschutzvorschriften), fehlen diese Mittel für grundlegende Ausbau- und Erneuerungsmaßnahmen. Abgewanderte Kaufkraft, sinkende Kundenfrequenz und mangelhafte Verkehrsverhältnisse hemmen wiederum die Ansiedlung neuer großer Handelseinrichtungen in der Innenstadt. Das Mißverhältnis zwischen den Verkaufsflächen in der Stadt und auf der grünen Wiese wird so immer gravierender. "Bezieht man die im Zentrum vorhandene Verkaufsfläche auf die Einwohnerzahl, so weist Leipzig mit 0,099 Quadratmetern Verkaufsfläche je Einwohner den schlechtesten Wert aus... In westdeutschen Großstädten liegt dieser Wert bei bis zu 0,4 Quadratmetern je Einwohner. Die unzureichende Ausstattung der Innenstädte in den neuen Bundesländern mit Einzelhandelsfläche gegenüber den alten Bundesländern kommt auch in der vom Bundesbauministerium veröffentlichten Relation, wonach für 1995 bei der Flächenumsetzung in den neuen Bundesländern 56 Prozent in peripherer Lage installiert sind gegenüber 22 Prozent in den alten Bundesländern, zum Ausdruck."[5] In der Summe zieht das politisch liberal dominierte Ministerium eine erstaunliche Bilanz - ohne die Möglichkeit eigener Gegensteuerung etwa durch standortbezogene Fördermittel auch nur zu erwähnen. Das Leipzig 1165 verliehene Stadtrecht war dagegen sehr weitsichtig mit der Regelung verbunden, im Umkreis einen keinen der Stadt schadenden Jahrmarkt zuzulassen. Das Stapelrecht der 1507 etablierten Leipziger Messe reichte sogar über eine Distanz von 100 Kilometern. Während in Ostdeutschland die Innenstadt heute noch zu zwei Dritteln für Wohnzwecke genutzt wird, wird der Einzelhandelsumsatz dort nur zu einem Drittel realisiert, zu zwei Dritteln dagegen auf der grünen Wiese. In Westdeutschland wohnt man dagegen in Stadtrandlagen und fährt zum Einkauf in die Innenstadt. Einkaufszentrum und Shopping Mall stellen das, was landläufig unter Architekturkritik verstanden wird, auf eine harte Probe. Denn in diesem Fall ist es nicht damit getan, ein überschaubares Gehäuse für eine Handvoll Funktionen nach baugeschichtlichen Kriterien in den persönlichen Geschmack einzusortieren. Ohne längeres Nachdenken stellen den abseits der endlosen Käuferströme gerne gesehenen Verriß der Konsumwelten Anleihen bei der Utopie auf die Beine. Etwa die, gebäudebezogen die "wahrhaft urbane Mischung von Wohnen, Arbeiten, Kaufen und Vergnügen" anzumahnen, "die erst das Großstadtleben rund um die Uhr garantiert".[6] Bei den historischen Warenhäusern von Paris, den traditionellen Markthallen (Abbildung 2) des 19. Jahrhunderts, den Basaren des Orients, selbst bei den stupiden, vornehmlich Parfümerien, Optiker, Boutiquen und Reisebüros versam-

2 Historische Markthallen Paris, 1858 (V. Baltard)

termeasures, such as site-related incentives. In the Leipzig of 1165, the status of the city was linked with the very farsighted ruling that no detrimental annual market could be held within a radius of one mile. In the principle law of the Leizig market founded in 1507, this distance was no less than 100 kilometres. In eastern Germany, up to two thirds of inner city areas are still residential, but specialty turnover in inner city areas is running at only one third, with the other two thirds out in the countryside. In western Germany, on the other hand, the population, located around the edge of the cities, travels to the centre to go shopping.

3 Les Grands Magasins du Louvre, Saal Palais Royal, Paris 1877

Both shopping centre and shopping mall are a hard test for what is customarily understood as architectural criticism; such criticism is in this case not made in order to sort a simple box serving a handful of functions into a category of personal taste in line with the criteria of architectural history. Set apart from the endless streams of customers, the devastating critique of the consumer worlds encourages those with leanings toward Utopia; those who, for example, thinking only of buildings, remind us of the "true urbane blend of life, work and fun – the only real guarantee of round the clock city life."[6] When applied against a backdrop of historic Paris department stores, the bazaars of the Orient or the traditional market halls (Figure2) of the 19th century – even those stupid pedestrian areas that seem to collect perfumeries, opticians, boutiques and travel agencies – this noble argument swiftly goes up in a puff of smoke. Who, after all, would want to risk ridicule in that way? Living in a department store, with artisans in the pedestrian areas, and cabaret in the market hall... The second line of defence in the doctrine of the true city's salvation is based on the following: "The private arrangements of the arcade at present offer the only guarantee of open movement, without confrontation at every step with the misery, not so much of the current recession as society's gradually real and existing hoi polloi"[7]. With dogmatic clarity (although without the two fully inebriated dossers originally depicted), this claim is also easy to expose as a fog-machine – at least within the more narrow context of this book.
Besides, it would be foolhardy to even hint at the idea that one moves "publicly" in an arcade. Since the phenomenon 'city' shall on no account be the subject of derision, not so much as a breath of 'public life' is allowed to waft through these reviled shopping centres. Instead, identity checks are reported – but no mention of the specific code of behaviour imposed by the popular arcades of the 19th century (Figure3). Take the example of the Burlington Arcade in London: "It is permitted neither to whistle, sing or play a musical instrument, to carry a parcel, nor put up an umbrella. The walking pace should not be increased in such a way that the impression of running is awakened."[8] Thirdly, the attempt to condemn the ICE city-centre Railway station, labelling itself a shopping centre specifically because of its overlapping functions, is strange (compare with argument No. 1).
"Where travellers are nowadays still able to celebrate arrival and departure, then they must fight their way against the flow of passing shoppers; they are no longer rail passengers, soothed by a sympathetic architecture; with their baggage and their luggage trolleys, with their fumbling and searching as, bemused, they

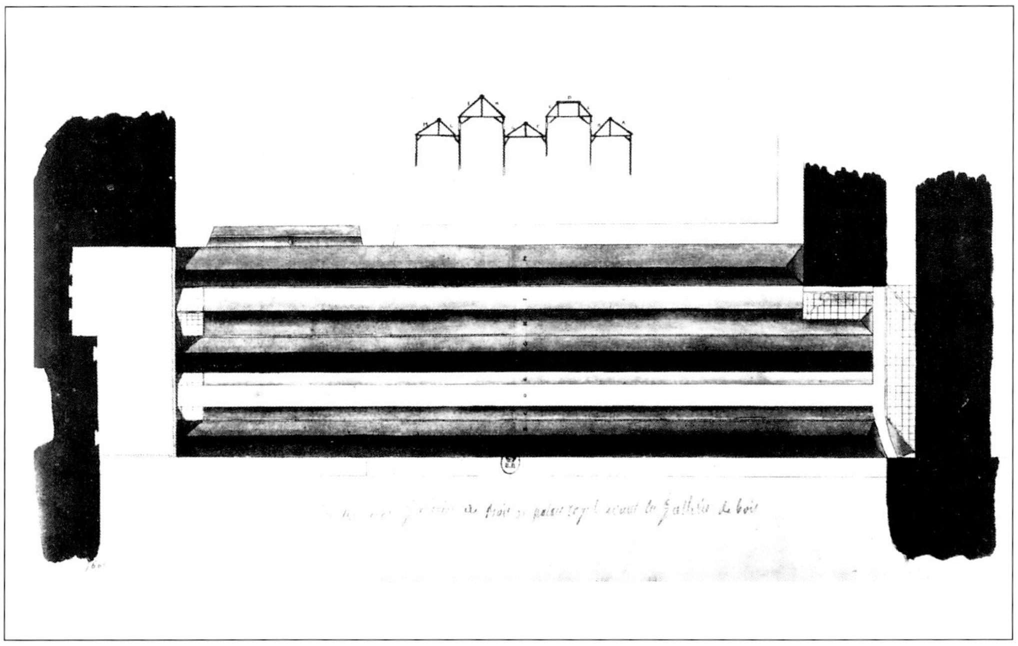

4 Palais Royal, Galeries de Bois, Paris 1788 (V. Louis)

melnden Fußgängerzonen rutscht dieses hehre Argument flink in den Ärmel zurück. Wer wollte riskieren, sich derart lächerlich zu machen: Wohnen im Warenhaus, Handwerker in der Fußgängerzone, Kabarett in der Markthalle... Der zweite Verteidigungsring der Heilslehrer von der wahren Stadt steht auf diesem Fundament: "Momentan bieten die geschlossenen Veranstaltungen der Passage die einzige Gewähr, sich öffentlich bewegen zu können, ohne auf Schritt und Tritt mit den Verelendungsfolgen nicht nur der aktuellen Rezession, sondern vor allem der allmählich real existierenden Zwei-Drittel-Gesellschaft konfrontiert zu werden".[7] In ihrer apodiktischen Klarheit und ohne die beiden ursprünglich daneben abgebildeten Stadtstreicher im Vollrausch ist auch diese Behauptung leicht als Nebelkanone zu entlarven - zumindest im engeren Verbreitungsraum dieses Buches. Leichtsinnig obendrein, auch nur anzudeuten, man bewege sich in einer Passage "öffentlich". Da das Phänomen Stadt nicht in Bann zu legen ist, darf keines der geschmähten Einkaufszentren auch nur ein Hauch von Öffentlichkeit durchwehen. Von Ausweiskontrollen wird stattdessen berichtet. Kein Hinweis darauf, daß die geliebten Passagen des 19. Jahrhunderts (Abbildung 3) sehr dezidierte Verhaltensregeln erließen. Beispiel Burlington Arcade London: "Es ist weder gestattet zu pfeifen, zu singen, ein Musikinstrument zu spielen, ein Paket zu tragen, noch einen Regenschirm aufzuspannen. Auch darf man seinen Schritt nicht derartig beschleunigen, daß man den Eindruck zu laufen erweckt."[8] Nur noch kurios zum Dritten der Versuch, das sich abzeichnende neue Einkaufszentrum ICE-Bahnhof, mitten in der Stadt, ausgerechnet wegen seiner Funktionsüberlagerung zu verdammen (vgl. Gegenargument Nr. 1): "Wo Reisende Ankunft und Abfahrt heute noch zelebrieren können, müssen sie sich dann durch den Querstrom der Einkaufspassanten kämpfen. Sie sind nicht mehr Eisenbahnkunden, die sich per Architektur umworben fühlen könnten, sondern sie sind mit ihren Gepäckstücken und Kofferkulis beim suchenden Stehenbleiben und Umschauen bloß noch Hindernisse im Passantenfluß."[9] Der Bahnreisende braucht im Bahnhofsgebäude mehr Raum zum Rangieren als außerhalb, auf der Straße? Während die ersten neuzeitlichen Passagenräume der Galerie de Bois in Paris (Abbildung 4) aus dem Jahr 1788 mit ihren "diskussionsschwirrenden Gängen" (Balzac zufolge Holzbaracken, schlecht überdacht und spärlich beleuchtet) heute als "Nachrichtenbörsen, Salons und zuweilen gar konspirative Keimzellen revolutionärer bürgerlicher Umwälzungen" gefeiert werden[10], findet sich das Einkaufszentrum des 20. Jahrhunderts gegenwärtig beständig auf dem Index der Kulturkritik. Unabhän-

5 Zeilgalerie Les Facettes, Frankfurt 1992 (R. Kramm)

look about them; they are merely a hindrance in the endless flow of passers by."[9] Since when did a rail traveller need more space to manoeuvre inside the station than outside, on the street? Whereas the first modern arcade areas of the 1788 Galeries de Bois in Paris (Figure 4), with "their buzzing passages" (according to Balzac: wooden huts, badly roofed and dimly lit) are celebrated nowadays as "news exchanges, parlours and, occasionally, even conspiratory nests of revolutionary unrest"[10], the shopping centre of the 20th century has become the permanent subject of cultural criticism – independent from architecture, independent from location and independent from a service and culture program that strives, over and above mere commercialism, to equal the historical supplements of panorama, waxworks, concert, conference rooms, post office... The experiment of the 1992 Zeilgalerie Les Facettes (Figure 5) in Frankfurt has at least proven that[11], even if accompanied by a mystery story to haunt the media. The clever news magazine Der Spiegel fell for it, too, in January 1994, three months before the disappearance of its spectacular developer: "Nowhere is there a more extravagant builder or tasteful restorer than Schneider."[12] The gently sloping arcade, with its 750 metres, almost achieves a scale to match the Paunsdorf walkway – spread over only two thousand square metres, of course, being in the middle of the city, and with architectonic aspirations de rigueur. Nevertheless, still a mall.

Recently, only a few German publications have made any attempt at impartiality when discussing the shopping centre.[13] In terms of scope or social and cultural quality, any criticism has tended to let slip a highly significant theme. The origin of all the present controversy was in 1951. Created by the architectural group Ketchum, Giná and Sharp, "Shoppers World" (Figure 6), 19 miles west of Boston, was the first of the modern pedestrian shopping centres. But the numbers of suburban shopping centres in the USA then simply rocketed: in 1960 there were 3000; fifteen years later there were 18,500 (now more than 25% of the total specialty trade turnover), and in a further ten years 25,000 (more than 50% of total turnover). The first equivalent German shopping centre, the "Main Taunus Centre" in Sulzbach near Frankfurt, with 70,000 square metres, was opened in 1964. Switzerland's Glatt Centre, in Wallisellen – still the country's largest shopping centre with 45,300 square metres – opened in 1975. The resultant outcry is so much the louder: "A history (let alone a philosophy) of the mall that is worthy of its name has not existed so far – which may be just as well, since it would mean the death knell of the city."[14] Once again the city is laid to rest, although the problem is actually its uncontrolled growth.

6 Shoppers' World, Framingham/Massachusetts 1951 (Ketchum/Giná/Sharp)

To anticipate future developments, it would at this point be as well to define the social and urban planning conditions with regard to both history and the present day, and the inherent risks of building. Of one aspect, however, there is still no clear definition: namely, the subject of this investigation. As already implied, the concept is too closely focused on an offensive stance: "A shopping mall, as its name implies, is a street where you shop; but a covered street – a bastardised descendant of the arcade developed in Paris in the 19th century. It is no real invitation to promenade; it presses sensitively on gig von der Architektur, unabhängig vom Standort und unabhängig von einem den historischen Ergänzungen (Panorama, Panoptikum, Konzert- und Konferenzsäle, Poststation...) nacheifernden Service- und Kulturangebot über den Kommerz hinaus. Zumindest das hat das Experiment Zeilgalerie Les Facettes (Abbildung 5) 1992 in Frankfurt bewiesen[11], wenn auch in Begleitung einer durch alle Medien geisternden Kriminalstory, auf die selbst das clevere Nachrichtenmagazin SPIEGEL noch im Januar 1994, drei Monate vor dem Verschwinden des spektakulären Bauherrn, hereinfiel: "...kein anderer baut aufwendiger und restauriert schöner als Schneider".[12] Die als leicht geneigte Rampe angelegte Passage der Zeilgalerie erreicht mit einer Länge von 750 Metern fast die fußläufige Dimension des Paunsdorf-Centers, allerdings auf nur zweitausend Quadratmetern Grundstücksfläche mitten in der Stadt und mit architektonischem Anspruch. Auch eine "Mall".

In jüngster Zeit haben nur wenige deutschsprachige Publikationen versucht, die Auseinandersetzung um das Einkaufszentrum sachlich zu führen.[13] Die Kritik hat ein, gemessen an seinen Dimensionen wie an seiner gesellschaftlichen und kulturellen Qualität, überaus bedeutendes Thema vielmehr glatt verschlafen. Die Premiere der heute strittigen Aufführung fand nämlich bereits 1951 statt. "Shoppers' World" (Abbildung 6), 19 Meilen westlich von Boston, kreiert von derArchitektengemeinschaft Ketchum, Giná und Sharp, war das erste moderne, fußläufig erschlossene Einkaufszentrum. In den USA explodierte die Zahl der suburbanen Einkaufszentren geradezu. 1960 waren es 3.000, fünfzehn Jahre später 18.500 (über 25 Prozent des gesamten Einzelhandelsumsatzes), weitere zehn Jahre später 25.000 (über 50 Prozent des Gesamtumsatzes). Das erste deutsche Einkaufszentrum dieser Art, das "Main-Taunus-Zentrum" (Abbildung 7), in Sulzbach bei Frankfurt mit 70.000 Quadratmetern Verkaufsfläche, wurde 1964 eröffnet, das mit 45.300 Quadratmetern bislang größte Shopping-Center der Schweiz, das Glattzentrum in Wallisellen, 1975. Hinterher ist das Geschrei naturgemäß um so größer: "Eine Geschichte, geschweige denn eine Philosophie der Mall, die ihren Namen zu Recht trägt, gibt es bisher nicht. Das ist gut so, da sie das Totenbuch der Stadt sein müßte".[14] Schon wieder wird die Stadt beerdigt, obwohl doch gerade ihr ungebremstes Wachstum das eigentliche Problem darstellt.

Der Versuch an dieser Stelle kann nur dem Ziel gelten, die gesellschaftlichen und städtebaulichen Bedingungen und Risiken der Bauaufgabe im historischen Rückblick wie im aktuellen Überblick zu definieren, um daraus eine Perspektive für die zukünftige Entwicklung abzuleiten.

Doch nicht einmal der Gegenstand der Untersuchung ist eindeutig definiert, zu eng orientiert sich das Begriffsbild an der angedeuteten Abwehrhaltung: "Eine shopping mall ist, wie der Name sagt, eine Einkaufsstraße, aber eine überdachte, ein bastardisierter Nachfahr der im 19. Jahrhundert in Paris entwickelten Passage. Wenig lädt sie zum Flanieren ein, allenthalben und von allen Seiten drückt sie empfindlich auf die Konsumdrüsen. ... Die typische Mall ist ebenerdig und enthält etwa einhundert Geschäfte beidseits der Promenade, deren Enden in je ein Kaufhaus münden. Sie ist von einem Parkplatz umgeben, schwimmt sozusagen inmitten eines Asphaltteichs und ist zumeist nur per Auto oder per Autobus zu erreichen."[15] Der Witterungsschutz fehlt dem frühen Beispiel Shoppers' World ebenso wie dem 40 Jahre aktuelleren Saale-Park in Günthersdorf, zehn Kilometer vor Leipzig, mit 93.000 Quadratmetern Verkaufsfläche bislang das größte Einkaufszentrum Deutschlands. Da die Überdachung nicht zwingendes Bauteil der Shopping Mall ist, reduziert sich die Abgrenzung gegenüber historischen

7 Main-Taunus-Zentrum, Sulzbach bei Frankfurt

the consumer glands, from all sides and at every possible point... The typical mall is at street level, and contains about one hundred businesses on two sides of the central walkway, both ends of which lead into a department store. It is surrounded by a car park, floating, so to speak, in the middle of an asphalt lake, and mostly reachable only by bus or car"[15]. With the early example of Shoppers' World, there was no protection from the weather, and the same can be said for Saale Park (Figure 7) – with its 93,000 square metres of sales area the largest shopping centre yet in Germany – opened forty years later in Günthersdorf, ten kilometres from Leipzig. Because the roof is not actually an obligatory part of the shopping centre, the term "bastardised arcade" as a comparison to its historical counterpart has been reduced to an almost universal stock phrase to express annoyance. Indeed, without a realistic alternative, and despite its moral quality, the thesis: "In the end, the merchandise purchases the consumer, who must still fork out dearly for this monstrous act of love"[16] (which is ardently and repeatedly expounded in all its variations), will end up just like all those other good intentions to ban advertising, private television or the automobile. "The criticism of the belief in blind technological expansion has indeed grown very loud in recent years; nevertheless, none of the anti-growth ideologies (be they conservative or extreme left in flavour) can provide a satisfying picture of a "zero growth" society. Until now, nobody has really tried – such is the overpowering presence of the 'Zeitgeist'. Is there something confusing in all of this? Should one not first attempt, objectively, to clarify how life could be in a definitive society, within set material and ecological limits, long-term, before demanding a turn-around?"[17] With inner city historical buildings now the subject of total conservation, a sobering look at their condition at the beginning of the century is recommended: advertising slogans (Figure 8), with large letters took up the whole of the balustrade, often even covering the windows, and set the tone in the city; Leipzig's market square in 1930 saw outsized imitation products simply placed in the way of passers by.

8 Marktplatz, Leipzig 1930

A Car Driver's Dreams of a City

The first question thus concerns the sequence of typological development; in other words, the "discovery" of a new way to shift merchandise. Victor Gruen, the Austrian architect who went on to become the father of the shopping centre in the USA, not quite justifiably as already implied, described 1930s Vienna from the experience of his parents apartment in the heart of the inner city: "In accordance with an 'old fashioned' but nonetheless practical custom, office and apartment were adjacently arranged on the same floor. For my father (a lawyer), routine requirements in terms of mobility were: from the bedroom into the bathroom, from bathroom into the breakfast room, from there to the office (which also doubled as a so-called gentlemen's room in the evening), and from office to family lunch in the dining room; after lunch, a ten minute walk to a coffee house on Stephansplatz, and another walk back; business in the district court, right opposite the apartment, and then in the evening a longer walk through the city with my mother to visit theatre, wine bars, restaurants and coffee houses... For my mother, the situation was similar. Her shopping was done 'around the corner' in various

Vorläufern fast ausnahmslos auf einen mit dem Begriff "bastardisierte Passage" nur pauschal zum Ausdruck gebrachten Unmut. Auch die in allen Variationen und immer wieder mit Inbrunst vorgetragene These: "Am Ende kaufen sich die Waren die Konsumenten, die für diesen monströsen Liebesakt teuer berappen müssen"[16], ähnelt trotz ihrer moralischen Qualität ohne realistisches Gegenbild lediglich den guten Vorsätzen, die Werbung, das private Fernsehen oder gar das Auto zu verbieten. "Die Kritik am blinden Wachstumsglauben der technologischen Expansion ist zwar in den letzten Jahren sehr laut geworden; dennoch kann keine der Anti-Wachstums-Ideologien (sei sie nun konservativ oder extrem links gefärbt) ein befriedigendes Bild von einer Gesellschaft mit 'Null-Wachstum' anbieten. Man hat es bisher auch kaum versucht - eben weil man fühlt, wie sehr man damit gegen den Zeitgeist verstieße. Liegt darin nicht ein Irrtum? Müßte man nicht zuerst versuchen, in objektiver Weise klarzulegen, wie man in einer endgültigen Gesellschaft innerhalb gegebener materieller und ökologischer Grenzen leben kann - und zwar auf Dauer -, bevor man Umkehr verlangt?"[17] Zur Ernüchterung empfiehlt sich ein Blick von den heute ganz im Zeichen der Denkmalpflege stehenden historischen Bauten der Innenstädte zurück auf ihren Zustand zu Beginn des Jahrhunderts. Werbeslogans (Abbildung 8), mit großen Lettern die ganze Höhe der Brüstung ausnutzend und oft sogar die Fenster verdeckend, bestimmten den Stadtraum. Auf dem Marktplatz von Leipzig wurden 1930 dem Passanten überdimensionierte Produktnachbildungen einfach in den Weg gestellt.

Träume des Autofahrers von Stadt

Die erste Frage gilt damit der typologischen Entwicklungsreihe im Vorfeld bzw. der "Entdeckung" einer neuen Form des Warenumschlags. Victor Gruen, der österreichische Architekt, der in den USA zum "Vater des Einkaufzentrums" avancierte, wie schon angedeutet, nicht ganz zu Recht, schildert das Wien der dreißiger Jahre aus der Erfahrung der elterlichen Wohnung im Herzen der Innenstadt: "Einem 'altmodischen', aber praktischem Gebrauch folgend, waren Büro und Wohnung auf derselben Etage nebeneinander angeordnet. Die Routinefortbewegungs-Bedürfnisse meines Vaters [Rechtsanwalt von Beruf, der Verf.] waren folgender Art: Aus dem Schlafzimmer ins Badezimmer, vom Badezimmer ins Frühstückszimmer, von dort in sein Büro, das gleichzeitig, während des Abends, auch als sogenanntes Herrenzimmer diente, vom Büro zum Familienmittagsmahl ins Speisezimmer. Nach der Mahlzeit ein 10-Minuten-Spaziergang ins Kaffeehaus am Stephansplatz, ein weiterer Spaziergang zurück, Verhandlungen im Bezirksgericht, das vis-à-vis der Wohnung gelegen war, und am Abend ein längerer Spaziergang mit meiner Mutter, um Theater, Weinstuben, Restaurants und Kaffeehäuser im Verlauf eines Bummels durch die Stadt zu besuchen. ... Für meine Mutter war die Situation ähnlich. Ihre Einkäufe besorgte sie 'um die Ecke' in verschiedenen Geschäften."[18] Leicht vorherzusehen, daß auch Schule und Spielkameraden in wenigen Minuten

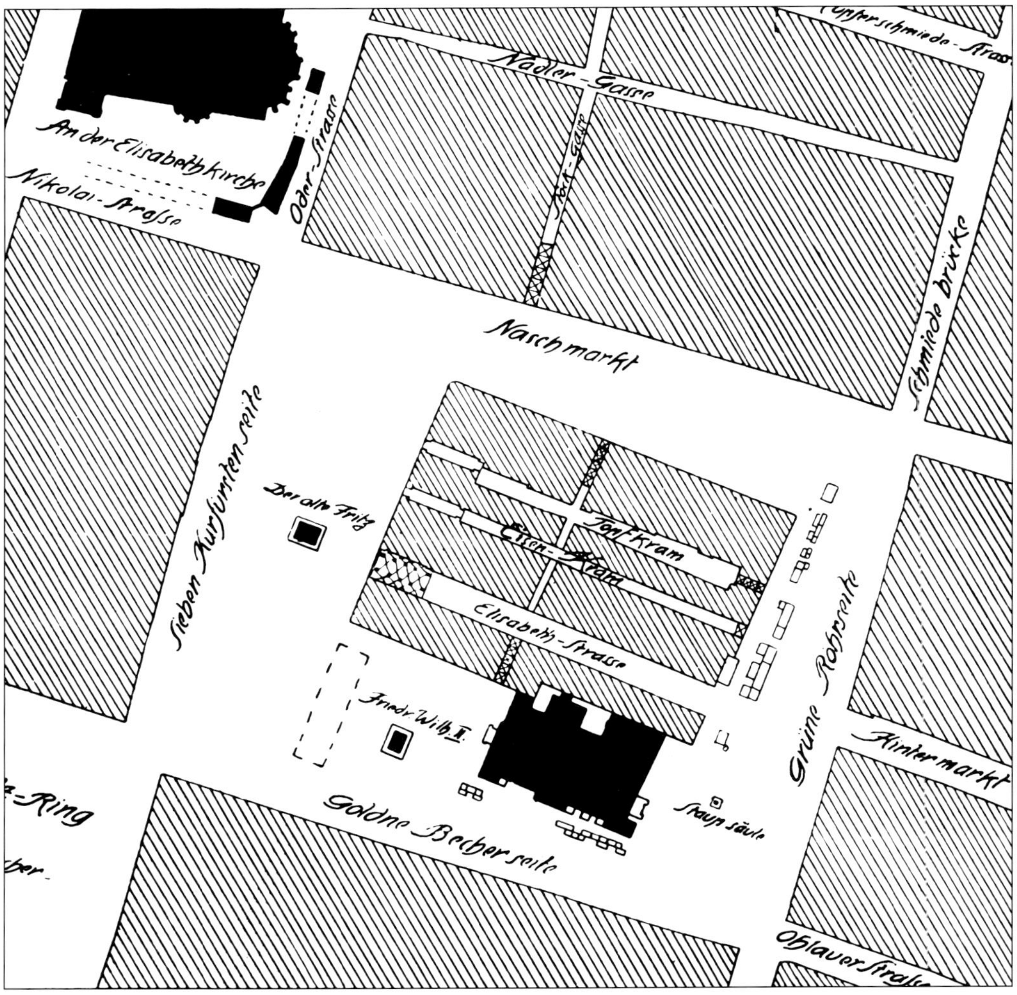

9 Großer Ring, Breslau nach 1241

shops."[18] It doesn't take much to guess that school and playmates were also within a few minutes walk. Disregarding holiday journeys which, because of the luggage, necessitated a handsom cab to the station, there was not the slightest reason to possess an automobile. Reasonably enough, such an acquisition was also foregone by the comfortably off. The shopping centre was the city – a function that was one of the original reasons for founding the city. Trade, production, culture and living had been inextricably part of the city for an age: "The economy of the mediaeval city was not concentrated separately into special individual buildings; rather, the entire city was geared to the production and exchange of goods."[19]

The Oriental city, conversely, did not follow the principle of equal priority in the pattern of its streets: centred on the bazaar (Figure 10), which was almost exclusively involved with production and trade, the street network was branched out in a more hierarchical fashion. Nonetheless, very early on, and mainly in the cities of the eastern part of Germany – Breslau's "Grosse Ring" (Figure 9), for example – there were noticeable combinations of both city forms, and these played an important role in the development of the modern shopping centre. A description of Breslau from 1911 explains the typological relationship between the central market square of the Middle Ages, borrowed from the emporium of antiquity, and modern shopping centres: "Surrounding a single block of houses, which in turn encloses narrow lanes serving small traders, wide streets are extravagantly laid out like city squares: the 'Ring'."[20] The first element of this trading centre in Breslau, which comprised four parallel, product related 'malls', originated with the construction of a cloth or garment store in 1241. Two parallel, approximately 100 metre long, 8 metre wide buildings edged onto a 13,5 metre wide street-like yard that was closed off by a gate at each end. The indi-

10 Schneiderbazar, Isphahan

zu Fuß zu erreichen waren. Abgesehen von Ferienreisen, die wegen des Gepäcks einen Einspänner zum Bahnhof erforderlich machten, gab es nicht den geringsten Grund, sich ein eigenes Fahrzeug zuzulegen. Vernünftigerweise unterblieb diese Anschaffung selbst in wohlhabenden Kreisen. Einkaufszentrum war die Stadt, eine Aufgabe, die schon in der Gründungsabsicht zu den ersten Stadtursprüngen enthalten gewesen war. Handel und Produktion, Kultur und Wohnung waren im Bild der Stadt lange Zeit unauflöslich verbunden. "Das Wirtschaftsleben der mittelalterlichen Stadt konzentrierte sich nicht punktuell in speziell dafür entwickelten Einzelbauwerken, vielmehr war die ganze Stadt eine Anlage der Produktion und des Austauschs von Waren."[19]

Die orientalische Stadt verfolgte dagegen nicht das Prinzip der Gleichrangigkeit und Verknüpfung der Straßen. Ausgerichtet auf den Basar (Abbildung 10), in dem fast ausschließlich produziert und gehandelt wurde, war das Straßennetz vielmehr hierarchisch verästelt. Dennoch gab es, zum Beispiel mit dem "Einkaufszentrum" am Großen Ring in Breslau (Abbildung 9), schon früh und vor allem in den Städten der deutschen Ostsiedlung bemerkenswerte Überschneidungen zwischen beiden Stadtformen, die bei der Entwicklung zum modernen Einkaufszentrum eine bedeutende Rolle spielten. Eine Beschreibung Breslaus aus dem Jahr 1911 verdeutlicht die typologische Verwandtschaft zwischen dem zentralen Handelsplatz des Mittelalters, dem Emporium der Antike entlehnt, und modernen Einkaufszentren: "Um einen Häuserblock, der in sich wieder schmale, dem Kleinhandel dienende Gassen einschließt, sind in verschwenderischer Breite platzähnliche Straßen herumgelegt: der 'Ring'."[20] Der erste Baustein dieses aus vier parallel angelegten produktspezifischen "Malls" bestehenden Einkaufszentrums in Breslau enstand mit dem Bau eines Kaufhauses als Tuch- oder Gewandhaus im Jahr 1241. Zwei parallel gestellte, etwa 100 Meter lange und 8 Meter tiefe Gebäude begrenzten später einen 13,5 Meter breiten straßenartigen und an seinen Enden durch Tore geschlossenen Hof. Diesem mall-artig entwickelten "magnet store" wurden die einzelnen "Bauden" (Buden) bzw. Läden der Reichskrämer, der Leinwandreißer, der Bäcker und Schuhmacher in separaten Gängen bzw. Gassen gleichgerichtet angelagert - ein stationärer, architektonisch fixierter "Straßenmarkt". Bekannt ist, daß die mittelalterlichen Läden in der Addition ihrer Vordächer auch einen zusammenhängenden Witterungsschutz realisieren konnten. Der mitten in der Stadt angelegte und gegenüber dem Stadtgrundriß um 7 Grad verschwenkte Handelskomplex wurde Ende des 13. Jahrhunderts durch den Bau des Rathauses ergänzt, das sich unmittelbar an das Kaufhaus anschloß. Weitere Ämter wie das Hopfenamt und das Waageamt waren in die Querflügel der Gesamtanlage integriert. Die gesamte Anlage beschränkte sich damit nicht auf die Funktionen in ihrem Inneren, sondern war nach innen wie nach außen orientiert. Im Umfeld boten, weniger streng gruppiert, weitere Ladenzeilen und Budengassen ein wiederum spezifisches Warensortiment, so der Fischmarkt, die Handwerkerbauden und weitere Krämerabteilungen. Mit ganz ähnlichen Konfigurationen vorindustrieller städtischer Märkte beschäftigte sich Victor Gruen im Vorfeld seiner eigenen Planungen, so mit dem Farmer's Market von Los Angeles (Abbildung 11), dessen "Ring" allerdings hauptsächlich als Parkplatz genutzt wurde.[21] Die heutige Nutzung des Covent Garden in London, im Jahr 1830 weit vor den Pariser Markthallen eröffnet und 1980 zur Zweigeschossigkeit umgebaut, belegt - in den Grenzen der

11 Farmer's Market, Los Angeles ca. 1920

12 Faneuil Hall, Boston/Massachusetts 1826/1976 (B. Thompson)

13 Eaton Center, Toronto

vidual buildings – the appointed storekeepers, linenshredders, baker and cobbler – were arranged in separate passages or alleys, similarly aligned with this 'magnet store', and developed as a kind of mall – a stationary, architectonically fixed "street market". It is known that mediaeval shops, through the addition of their awnings, were also able to provide some protection from the weather. At the end of the 13th century, this trading complex, set in the middle of the city and pivoted 7 degrees from the general axis of the city plan, was extended by the construction of the town hall directly onto the store. Further government offices, like the hop administration and weights and measures, were integrated into the lateral wings of the layout, which was thereby not limited to its interior functions, but was oriented both outwards and inwards. In the immediate neighbourhood were less strictly grouped alleys, with shops and stalls, the fish market, artisan trades and other shopkeeper departments which, again, offered a specific assortment of goods. It was just these pre-industrial market types that occupied Victor Gruen when planning the Farmer's Market in Los Angeles, for example – although, of course, the surrounding "ring" was mainly used as a car park.[21] The present use of Covent Garden in London, originally opened in 1830, long before the Paris markets, and converted in 1980 to two storeys, is also evidence – within the bounds of the city – of the continuity of the development. Similarly fascinating is the current use of the Faueuil Hall in Boston (Figure 12), dating from 1826. Using historic buildings, the shopping experience is here reduced to a single, in this case authentic, theme. Here, the principle of Disneyland – the spatial concentration of various synthetic backdrops as applied in the American and Canadian mega malls, for example the Eaton Center (Figure 13) or the West Edmonton Mall – is completely reversed; each year, Faneuil Hall can boast the same number of visitors

Stadt - die Kontinuität der Entwicklung. Ähnlich faszinierend ist die aktuelle Nutzung der Faneuil Hall in Boston (Abbildung 12) aus dem Jahr 1826. Mit Hilfe historischer Bauten wird das Einkaufserlebnis auf ein einziges, noch dazu authentisch belegtes Thema begrenzt. Das Prinzip Disneyland, die räumliche Verdichtung verschiedener synthetischer Kulissen, wie sie die amerikanischen und kanadischen Mega-Malls zeigen - zum Beispiel das Eaton Center (Abb. 13) oder die West Edmonton Mall -, wird dabei völlig in das Gegenteil verkehrt. Eine einzelne authentische innerstädtische Situation bietet für den kommerziellen Erfolg eines Einkaufszentrums die gleiche Gewähr. Faneuil Hall hat jährlich ebensoviele Besucher wie Disneyland.

So zu wohnen, wie von Victor Gruen beschrieben, gilt unter Kennern längst wieder als chic, sogar als verantwortungsbewußt. Wobei die ökologische oder gar politische Einsicht vermutlich eher der Bequemlichkeit und dem Geldbeutel zu danken ist. Schon vor zwanzig Jahren hat sich die Wohnbevölkerung der Kernstadt Wiens von 100.000 auf 25.000 Personen reduziert. Die Sehnsucht nach dem traditionellen Bild von Stadt führt heute zwischen Naturkostladen, Italiener, Fahrradwerkstatt und Dritte-Welt-Shop (die bevorzugte Wohnlage der eingangs zitierten Kritiker?) vielfach zu Mißverständnissen, was die Aufgabe und den Entwicklungsbedarf von Stadt angeht - Fortschritt mit anderen Worten, der allen Stadtbewohnern gilt. "Stadtbildpflege, beruhigendes Tätscheln inklusive Denkmalschutz und allgemeine Betulichkeit des 'Nur-ja-nicht-wecken-Wollens' ist en vogue. Fortschritt, diesen Fortschritt organisierende Wirtschaft, Handel und Gewerbe, Konkurrenz - all dies ist die Wurzel der Städte - wird als kaum noch tolerierbares Übel empfunden. ... Eine steigende Zahl pantoffelbewehrter Kustoden schlurft, höchst unurban anzusehen, durch die Städte, versucht breit und ausgiebig zu wohnen, mit Lebensqualität versteht sich, und putzt das Gestern, das so nie war, vor allem das das ihre nicht war, auf Hochglanz."[22] Die schon vor zehn Jahren von Christoph Hackelsberer geäußerte Warnung vor dem Stillstand der Stadt, scheint in Ostdeutschland heute völlig neue Dimensionen zu gewinnen. In Abgrenzung zur architektonischen Geschichts- und Gesichtslosigkeit des DDR-Regimes erstickt die Stadt an Forderungen der Denkmalpflege, die in ihrem finanziellen und zeitlichen Rahmen noch gar nicht zu übersehen sind.

Die unmittelbare Folge: Die notwendige wirtschaftliche Entwicklung findet außerhalb der Stadtgrenzen statt, der Stadtkern hat Schonzeit. Ohne ein Zentrum, das seiner Aufgabe Warenaustausch hinsichtlich Verkehr und Angebot gewachsen ist, gehören Versorgungs-Satelitten in Form von reinen Einkaufszentren ebenso zu den Lebensnotwendigkeiten der Freizeit-Stadt wie die seit langem ausgelagerten Produktions-Satelitten (für welche allerdings bereits Architekturpreise ausgeschrieben werden, was an dem Notstand der Entmischung jedoch nichts ändert). Da mag es in der City leichtfallen, sich darüber zu ereifern, daß der Flickschuster im Hinterhof sein Gewerbe aufgegeben hat. Die reale, produktive Welt außerhalb der musealen Debattierwinkel der Innenstadt sieht etwas anders aus. In der Provinz Jiangxi der Volksrepublik China, so heißt es, wird derzeit die größte Schuhfabrik der Welt gebaut. In Hallen, die sich über 9 Quadratkilometer ausdehnen, sollen jährlich 300 Millionen Paar Schuhe hergestellt werden: 70 Prozent davon für westliche Märkte. Ob das Einfluß auf die architektonische Qualität unserer Schuhläden haben wird? Die Gegenbewegung, die das zu vermeiden sucht, nach Zahl und Umsatz hoffnungslos unterlegen, greift notgedrungen selbst zur Zentralisierung. Rahmengenähtes Schuhwerk aus England läßt sich über den Versandhandel "Manufactum" beziehen. Werbeslogan: "Es gibt sie noch, die guten Dinge". Die Preise für ein Paar Schuhe liegen zwischen 439 und 529 DM, der Gutschein für das Besohlen in England kostet einschließlich Fracht 98 DM. Über Standort und Architektur des Warenlagers "Manufactum" verrät der episch angelegte Katalog nichts. Bei einem Umsatz von 32 Millionen DM im Jahr dürfte es sich jedoch kaum von der Container-Architektur anderer Handelsriesen unterscheiden. Die größere Zahl der Verbraucher, die das heute als notwendig erachtete luxuriöse Warenangebot ebenfalls nicht mehr "um die Ecke" vorfinden, wollen nur einigermaßen praktisch und effektiv - d.h. möglichst selten, aber viel - einkaufen, am liebsten verführt von Sonderangeboten und einer großen Auswahl: das amerikanische Prinzip. Die Schwelle, zum Autoschlüssel zu greifen, ist trotz wachsender Umweltprobleme äußerst niedrig - selbst innerhalb der Stadt. Daran wird auch der von Greenpeace zum Preis von 459 DM angebotene Fahrradanhänger

as Disneyland. A single, in this case authentic inner city situation thus guarantees a shopping centre the same degree of commercial success. For the initiated, to live in the way described by Victor Gruen has long been back in fashion. It is even regarded as responsible, although any ecological or indeed political insights are probably more related to comfort and the depths of the pocket. Twenty years ago, the population of the city centre of Vienna had already dropped from 100,000 to 25,000. Today, the yearning for a traditional city image leads in and out of wholefood stores, Italians, bicycle repairers, the third world shop – is this, then, where those selfsame critics prefer to live? – and thence to misunderstandings about the real implications of the purpose and developmental needs of the city; in other words progress, for all city dwellers. "Conservation of the city's image, a calming pat, inclusive preservation of monuments and general overattentitiveness of the 'Yes, but don't stir anything up' mentality, is 'en vogue'. Progress, and all the trade, commerce and competition that go with it – the real roots of the city – are now seen as a misfortune that is barely tolerable...
A growing number of custodians, armed with bedroom slippers, shuffle most unurbanely through the city, attempting to live a wide and abundant life, naturally with quality, and putting a high gloss polish on the yesterday that never was (at any rate, that never was to them)."[22]

It is now ten years since that warning from Christoph Hackelsberer of the city's impending standstill, and it now appears to be assuming new dimensions in eastern Germany. As a reaction to the lack of both history and face of the DDR regime, cities are suffocating under the demands for conservation which, with limited finance and time, cannot be properly administered. The immediate result is that, while crucial economic development is taking place outside the city limits, the heart of the city has close season. In the recreational city, in the absence of a centre able to cope with the traffic associated with supply and demand, satellites in the form of pure shopping centres will become just as vital as the production facilities that have long been relocated to the outer limits (and for which, naturally, architectural prizes have already been announced – which doesn't change the state of emergency that comes with this segregation). It may indeed be easy to get all worked up about the botcher in the backyard giving up his business, but the real productive world, beyond the antediluvian debating corner of the inner city, is something else: apparently, in the Province of Jiangxi in the People's Republic of China, the largest shoe factory in the world is currently being built. In halls that extend over all of nine square kilometres, 300 million pairs of shoes are to be manufactured annually – 70 percent of them for markets in the West. How will that affect the architectonic quality of our shoe shops? The opposition, hopelessly behind in terms of numbers and turnover, are themselves being driven to centralisation. Frame-sewn shoes from England can be bought through the mail-order firm "Manufactum" (advertising slogan: "The good things, they're still here"). The price for a pair is between 439 and DM 529; the ticket for a resole in England costs DM 98, inclusive dispatch. The catalogue, laid out like an epic, reveals nothing about the location or architecture of the "Manufactum" warehouse – with a turnover of DM 32 million per annum, hardly distinguishable from any other trade giant's container architecture. The greater number of end-users, who are likewise no longer able to find luxury products – nowadays deemed essential – just around the corner, indeed want to shop for a lot but, in terms of practicality and effectiveness, only up to a point.

This really means as seldom as possible, at best seduced by special offers and a large selection to choose from; the American principle, in other words. Despite growing environmental problems, the resistance to reaching for the car keys is extremely low, even in the city. The "Donkey" bicycle trailer on offer by Greenpeace at DM 459 won't change much either. Increasing individualisation in consumer habits requires a larger catchment area for trade and new routes, for merchandise and customer alike. For example, there is now an extravagant chain of refrigerated warehouses solely dedicated to a comprehensive, occasionally international, range of yogurts – a product that could almost create itself in a private kitchen. True, you'd have to forego your favourite brand and come up with the same flavouring, home-made (which is totally impossible using just natural ingredients). In principle, the small sacrifice this represents would have far more effect on the substance of the city than any criticism about the way others behave as consumers.

"Donkey" nicht viel ändern können. Steigende Individualisierung des Konsums bedingt größere Einzugsbereiche des Handels und weitere Wege der Waren wie der Käufer. So werden zum Beispiel aufwendige Kühlketten nur für ein umfassendes, mitunter sogar internationales Yoghurt-Sortiment betrieben - ein Artikel, der in der eigenen Küche fast von selbst entstehen könnte. Richtig, auch auf Ihre Lieblingssorte müßten Sie dann verzichten, es sei denn, Sie treffen die Aromastoffe homemade (was allein mit natürlichen Zutaten aber gar nicht möglich ist). In der Summe würde sich dieser kleine Verzicht viel eher stadtprägend auswirken als jede Kulturkritik am Konsumverhalten anderer. Paradiesische Zustände lassen sich nicht ohne weiteres umkehren, mit architektonischen Argumenten am wenigsten. Liebster Nebeneffekt: Man kann der Lust am Auto frönen, ohne sich erklären zu müssen. Nach einer aktuellen Studie des Freizeitforschungsinstituts B.A.T. wollen die Deutschen in ihren Autos am liebsten völlig ungebunden sein und "einfach nur durch die Gegend fahren." "Auf einen Kilometer Arbeitsweg kommem heute zwei Kilometer zum Freizeitvergnügen." Autofahrer leben dabei "lieber mit überlasteten Straßen oder chronischem Stau, als daß sie freiwillig ihre Freude am Autofahren aufgeben."[22a] Schließlich geht es doch gar nicht anders. Schon die kleinste Einheit, das Einkaufszentrum des Quartiers mit einem Einzugsbereich von bis zu 3 km, inzwischen am Rand selbst kleiner französischer Orte fest etabliert, wird in aller Regel mit dem Auto in Anspruch genommen, das lokale Shopping-Center mit einem Radius von 3 bis 8 km ohnehin. Regionale Einkaufszentren (zwei Kaufhäuser und mindestens hundert Geschäfte) decken den Bedarf bis zu einer Entfernung von 30 km, überregionale Einkaufszentren (fünf Kaufhäuser und mindestens 300 Geschäfte) beanspruchen einen Radius von wenigstens 150 km. American Grafitti in Neuauflage, dreißig Jahre später.[23] Die Amerikaner verbringen inzwischen 90 Prozent des Tages im Inneren von Gebäuden, zuzüglich 5 Prozent in Transportmitteln. Selbst die kühn ins Auge gefaßte deutsche Ozon-Verordnung bezieht sich nicht vordringlich auf die bedrohlichen Schadstoffwerte der Luft, sondern - viel realistischer - auf das vorhandene Zersiedlungs- und Entflechtungsmodell unserer städtischen Agglomerationen.

One-Stop-Shopping

Ende der dreißiger Jahre siedelt Victor Gruen nach Los Angeles über und genießt dort bald die Vorzüge eines großen Einfamilienhauses mit Garten und Schwimmbecken, 25 km vom Stadtzentrum entfernt. Die vierköpfige Familie verfügt wie selbstverständlich über vier Autos. "Ich brauchte den Wagen, um ins Büro, zu Klienten, zum Mittagessen und wieder nach Hause zu fahren. Meine Frau konnte ohne Wagen nicht auskommen, weil jeder Einkauf eine längere Fahrt zu einem Einkaufzentrum bedingt. Meine Kinder konnten ohne Wagen weder Schule noch Freunde erreichen."[24] Die aus der Wohnsituation resultierende Zwangsmobilität wird unerträglich. Über die Vielzahl der ohnehin notwendigen Autofahrten hinaus freiwillig Theater, Konzerte oder Freunde zu besuchen wird zu einem schon aus Zeitgründen unerschwinglichen Luxus. Kaum nötig darauf hinzuweisen, daß der Aufenthalt im privaten Garten wegen zunehmender Luftverpestung und Lärmentwicklung schon bald zur Qual wird. Erholungsreisen erforderten in den USA schon damals Düsenflugzeuge. Inzwischen nähert sich das suburbane Stadtmodell Los Angeles allmählich dem urbanen Stadtmodell Manhattan an. "Die suburbane Gartenstadt und die urbanisierte Großstadt verflechten sich zu einer hybriden Ordnung. Das Stadtbild und die Mentalität von Los Angeles spalten sich auf. Großstädtische 'Finger' und Subzentren setzen neue Akzente in die Auswucherung. Die Vieldeutigkeit von Los Angeles beruht auf der Dynamik von suburbaner Ungestörtheit und zunehmender Verdichtung. Durch diese Massierung können dann auch Kulturinstitutionen, urbane Bauformen und Verkehrsmodelle entstehen, die typisch sind für traditionelle Großstädte. ... Los Angeles wird die erste amerikanische Stadt sein, die gleichzeitig urban, suburban und exurban ist."[25]

Hinsichtlich der Organisation des Warenumschlags unterscheidet sich die aktuelle Wohnsituation weiter Bevölkerungskreise in Europa nur graduell von der für Los Angeles geschilderten. Abgesehen von privilegierten Innenstadtlagen ist nahezu jeder Haushalt auf das Auto angewiesen, zum beliebten wöchentlichen Großeinkauf ohnehin. So fabelhafte Einrichtungen wie der englische Milchmann oder der deutsche Bäckerlehrling, der die Brötchen bringt, sind vom Aussterben bedroht. Auch hier haben sich die Ansprüche individualisiert. Jede Bestellung wird nun separat geliefert, mit dem Auto

Paradise cannot, however, be recreated without some difficulty, and least of all by means of the architectonic argument. The most popular side effect? One can indulge in the automobile without having to justify it. According to a new study by the Recreational Research Institute (B.A.T.), Germans would rather have total independence in their cars, and "simply cruise through the neighbourhood... For each kilometre driven to and from work, there are nowadays two kilometers for pleasure". Equally, drivers would rather put up with overloaded roads and chronic traffic jams than voluntarily give up the fun they derive from driving around in cars".[22a]
Ultimately, there's no alternative. As a rule, the services of even the smallest shopping centre in the district, with a catchment area of up to 3 kilometres (which in the mean time has become firmly established on the edge of the smallest of French localities), are availed of using the car – to say nothing of the local shopping centre with its catchment radius of 3 to 8 kilometres. Regional shopping centres (two department stores and at least one hundred other businesses) satisfy demand up to a radius of 30 kilometres, supraregional shopping centres (five department stores and at least 300 businesses) cover a radius of at least 150 kilometres: American Graffiti, 30 years on.[23] In the meantime, Americans spend 90 percent of their day inside a building, and a further 5% in some means of transport. Even the boldly drafted German ozone regulations are not primarily directed at the threatening pollutant values in the air, but – far more realistically – at the present uncontrolled urban spread and decentralisation of urban conglomerations.

One Stop Shopping

At the end of the 1930s, Victor Gruen emigrated to Los Angeles and soon had at his disposal a large detached house with garden and swimming pool, 25 kilometres outside the city centre. As a family of four, they naturally also had four cars: "I needed the car to drive to work, to visit clients, to go to lunch and then drive back home again. My wife couldn't manage without a car; it was a long drive to the nearest shopping centre. And my children couldn't get to school or visit friends without a car."[24] This enforced, life style related mobility is intolerable. Leaving aside the necessary car journeys, any optional drive to a theatre or to friends becomes an exorbitant luxury, if only for reasons of time. There is little point in adding that, with increasing air pollution and noise, any time spent in the garden will soon become a torture. Even in Victor Gruen's day, recreational journeys in the USA required jet aircraft. In the mean time, however, the suburban city model of Los Angeles is approaching that of New York. "The suburban garden-city and the urban city are merging into a hybrid. The image and mentality of Los Angeles are undergoing a division, with city "finger" and subcentres placing a new accent on the spreading "growth". The ambiguity of Los Angeles is based on simultaneous suburban calm and increasing density. By means of this concentration, cultural institutions, urbane building forms and traffic models can be created that are typical of the traditional city... Los Angeles will be the first American city that is simultaneously urban, suburban and exurban".[25] With regard to the organisation of the movement of goods, the current life style of European population groups differs only in degree from that described for Los Angeles. Disregarding the privileged inner city locations, almost every household is dependent on the motor car, anyway as far as the weekly shopping is concerned. Those wonderful institutions like the British milkman, or the trainee baker in Germany who delivers the bread, are thus in danger of extinction. Here, too, requirements have become individualised: every order is now delivered separately, naturally with the car and, it seems, without surcharge. There is no international dish that cannot now be ordered over the telephone: in countless pizza-taxis, youthful traffic rowdies can feel important. And once again, the automobile is the winner.

An improved insight into "fine grained integration" first came to Victor Gruen after, through his own devices, he had helped the shopping centre, as an isolated trade world – as urbanity beyond the city – to a breakthrough. At that time, twenty years ago, Gruen explains that his office had already planned a regional shopping centre with a total of approximately 5 million square metres – more than currently available in the whole of Germany. Following the "Northland Regional Shopping Centre" in Detroit (Fig. 14), the second project, "Southdale" near Minneapolis (Figure 15), dating from 1954, revolutionised the

Mehrkosten. Kein Gericht der internationalen Grundernährung, das nicht auf diese Art telefonisch zu ordern wäre. In zahllosen Pizza-, Gyros- und Schnitzel-Taxis dürfen sich jugendliche Verkehrsrowdies wichtig fühlen. Und wieder siegt das Auto.

Die bessere Einsicht einer "kleinkörnigen Verflechtung" kam Victor Gruen erst, nachdem er dem Einkaufszentrum als isolierter Handelswelt - als Urbanität außerhalb der Stadt - durch eigene Planungen zum Durchbruch verholfen hatte. Nach eigenen Angaben hatte sein Büro damals, vor zwanzig Jahren, bereits regionale Einkaufszentren mit insgesamt ca. 5 Mio. Quadratmeter Verkaufsfläche geplant, mehr als heute in Deutschland vorhanden sind. Nach dem "Northland Regional Shopping Center" in Detroit 1954 (Abbildung 14) revolutionierte das zweite Projekt, "Southdale" bei Minneapolis (Abbildung 15), den Ansatz insofern, als hier vor vierzig Jahren zum ersten Mal eine vollständig überdachte Shopping Mall entstanden war. Vor allem Gruens 1960 in den USA erschienenes, sehr erfolgreiches Buch "Shopping Towns USA", das bereits im Erscheinungsjahr nachgedruckt werden mußte, machte diese Idee zum progressiven städtebaulichen Leitbild. Ausgangspunkt war mithin die amerikanische Stadt mit all ihren organisatorischen Schwächen. Fünfzehn Jahre später beschreibt Victor Gruen in seinem Buch »Die lebenswerte Stadt« das Konzept der ersten von ihm geplanten großen regionalen Einkaufzentren darum zu Recht als Gegenmodell nach dem Vorbild der europäischen Stadt:

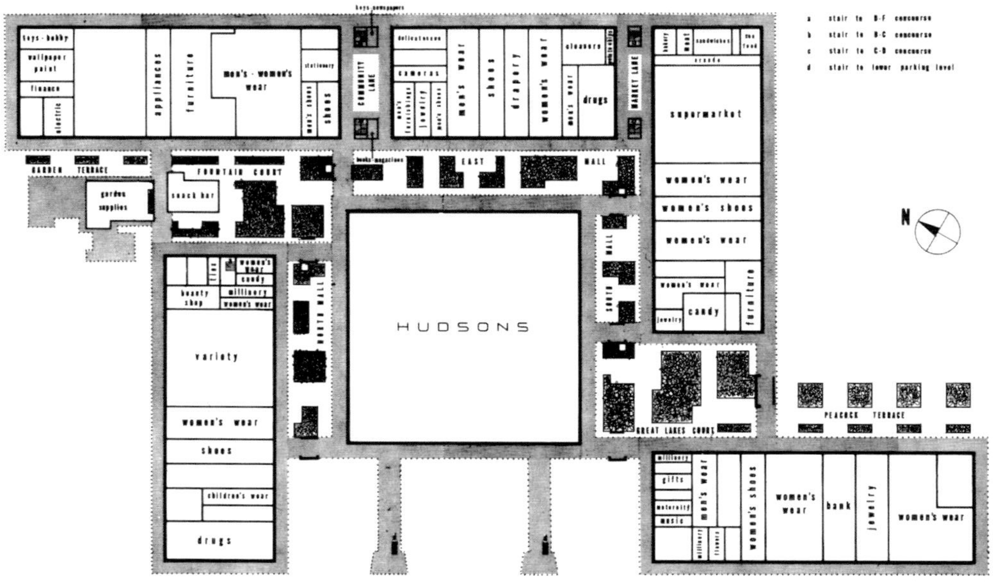

Merchandising plan for Northland Center, Detroit.
Architects: Victor Gruen Associates

14 Northland Center, Detroit 1954 (V. Gruen)

"1. Die Geschäfte wurden von der Verkehrsstraße losgelöst und abseits von den Hauptverkehrswegen in der Mitte eines großen Areals in einer konzentrierten Gruppe zusammengefaßt. Sie bildeten also ein neues Kerngebiet, dessen Gebäude durch Straßen, Gassen, Plätze (welche ausschließlich für Fußgänger reserviert waren) miteinander in Verbindung gebracht wurden. Dies ist im Grunde genommen ein Konzept, das eine Renaissance des alten europäischen Stadtkerns darstellt. Die Fußgängerbereiche wurden durch Baumgruppen, Blumenbeete, Brunnen, Kunstwerke, Ruhebänke etc. attraktiv ausgestaltet. Fließender und ruhender Verkehr wurde von dieser Fußgängeroase im horizontalen Sinn getrennt. Die Abstellflächen für Automobile umgaben den aktiven Fußgängerkern. Der fließende Verkehr erreichte die Parkierungsflächen über eine breite Ringstraße, welche an das öffentliche Verkehrsnetz angeschlossen war.

2. Eine vertikale Trennung des Liefer- und Serviceverkehrs von menschlichen Bereichen wurde durch eine Untergrundstraße, die direkt in die Lagergeschosse führte, herbeigeführt.

3. Schon in diesen frühen Projekten waren Ansätze zur Multifunktionalität zu finden. Neben Geschäften gab es auch Restaurants, Cafés, Hotels, Versammlungsräume, Außenräume für öffentliche Veranstaltungen, Ausstellungen usw. und Büros."[26]

In der Konsequenz dieser Gedanken leistete sich der europäische Stadtkern mit einer Auslagerung des Handels in so komplexer Form nichts approach to shopping centres in that here, forty years ago, a completely roofed-over mall had been built for the first time. It was mainly Gruen's very successful book Shopping Towns USA, which ran to a reprint in its first year, that transformed this idea into a progressive urban planning concept. Of course, the start point was the American city, with all its organisational weaknesses. Fifteen years on, in his book The City Worth Living In, Victor Gruen justifiably describes the concept of that first ever regional shopping centre, which he had planned, as the alternative model to the example represented by the European city:

1. Businesses were separated from the street and combined in a concentrated group in the centre of a large compound, away from main traffic routes. They thus formed a new core area whose buildings were joined by streets, alleyways and (exclusively pedestrian) quadrants. This, basically, is a concept that represents a Renaissance of the old European city centre. The pedestrian precincts were formed through an attractive arrangement of trees, flower beds, fountains, sculpture, seating and so on. Moving and stationary traffic was separated from these pedestrian oases horizontally. Car parks surrounded the active pedestrian core. Moving traffic reached the parking area via a wide ring-road connected to the public traffic network.

2. A vertical separation of delivery and service traffic from the human areas was achieved by means of a subterranean road leading directly to the storage levels.

15 Southdale Shopping Center, Edina/ Minneapolis 1955 (V. Gruen)

3. Already apparent in these early projects were the beginnings of a multifunctionalism. Apart from trading businesses, there were restaurants, cafés, hotels, meeting rooms, exterior spaces for public events, exhibitions and offices and so on.[26]

As a consequence, with this kind of highly complex outside relocation of trade, the European city did nothing less than divide, like a living cell. In the USA, however, Victor Gruen's interest was the creation of a core, where none had been.

Trade or City?

During the period of reconstruction at the end of the 1940s and beginning of the 1950s, the architecture of trade buildings, shops and department stores was not considered a very inspiring theme by German architects. In his Grundrisswerk, which had first appeared in 1941 and subsequently ran to several editions, Otto Völkers declared that the work was, in so many words, boring: "Architecturally, the task of building shops is monotonous...The task of building a "department store" is basically very simple: with the least possible number of supports and within the constraints stipulated by building regulations, you create as many associated sales areas as possible, which can be then used at will. This is very like building factories. For this reason, all stores and department stores have the same type of floor plan... " But we cannot yet talk of modern shopping centres as complex district, local, regional and supraregional trading houses;

dels in so komplexer Form nichts anderes als eine Zellteilung. In den USA ging es Victor Gruen dagegen darum, einen Kern erst zu schaffen.

Handel oder Stadt?

In der Phase des Wiederaufbaus Ende der vierziger, Anfang der fünfziger Jahre galt die Architektur der Bauten des Handels, der Ladenhäuser wie der Kauf- und Warenhäuser unter deutschen Architekten als wenig reizvolles Thema. In seinem 1941 erstmalig erschienenen und später mehrfach aufgelegten "Grundrißwerk" erklärte Otto Völckers die Aufgabe rundheraus für langweilig. "Baulich ist die Aufgabe 'Ladenbau' eintönig... Die Bauaufgabe 'Kaufhaus' ist an sich sehr einfach; sie läuft bloß darauf hinaus, in den baupolizeilichen Grenzen möglichst viel zusammenhängende und beliebig benutzbare Verkaufsflächen mit möglichst wenig Stützen zu schaffen, wie es ähnlich auch im Fabrikbau die Regel ist. Daher bieten alle Kauf- und Warenhäuser das gleiche Grundrißbild..." Von modernen Einkaufszentren als komplexen quartierbezogenen, lokalen, regionalen und überregionalen Handelszentren kann noch nicht die Rede sein. Dennoch findet sich bereits im Vorfeld der Idee ein warnender Hinweis: "Im allgemeinen scheint der dem Warenhaus zugrunde liegende Gedanke - alles und jedes, in Amerika zuweilen sogar ärztliche Beratung und Behandlung, unter einem Dach haben zu können - überdehnt; jedenfalls fordert er Überlegungen über die volkswirtschaftliche Zulässigkeit solcher Unternehmungen gegenüber dem Einzelhandelsgeschäft heraus."[27] Zur gleichen Zeit beschäftigte sich der 1938 in die USA emigrierte Ferdinand Kramer sehr grundlegend mit dem in Deutschland zunächst verpönten amerikanischen Prinzip des Warenaustauschs. Kramer erkennt sehr früh die Vorteile gegenüber dem traditionellen Einzelhandel: "Visuelles Verkaufen führt logischerweise zur Selbstbedienung. Die Ware wird gezeigt, der Betrachtung, der Wahl, der Prüfung zugänglich gemacht. Von dort geht es ohne Zwischenstation, ohne Verkäufer zur Kasse und zum Packtisch - verkaufstechnisch ein großer Fortschritt gegen die antiquierte Methode, die Ware unter der Theke oder horizontal auf Regalen, übereinandergelagert und sich verdeckend aufzubewahren, oder gar auf Verlangen aus anderen Räumen herbeizuschleppen."[28] So entwickelte Kramer schon 1945 für namhafte amerikanische Warenhäuser und große Geschäftshäuser neue Methoden der Warenpräsentation nach dem Formenrepertoire des Bauhauses, vor allem aber nach dem Sehstrahl und den Gewohnheiten der Kunden. Die Markenbezeichnung "Vizual" für "visual" erläuterte das Prinzip: "Visuelles Einkaufen hat das Ziel, den Kunden mit der Ware in Kontakt zu bringen"[29]. Ausgangspunkt für die Einrichtungsideen Kramers war der Faktor Zeit in Bezug auf die Flexibilität des Warenangebots gewesen. Diese transitorische Qualität, die Beweglichkeit in der

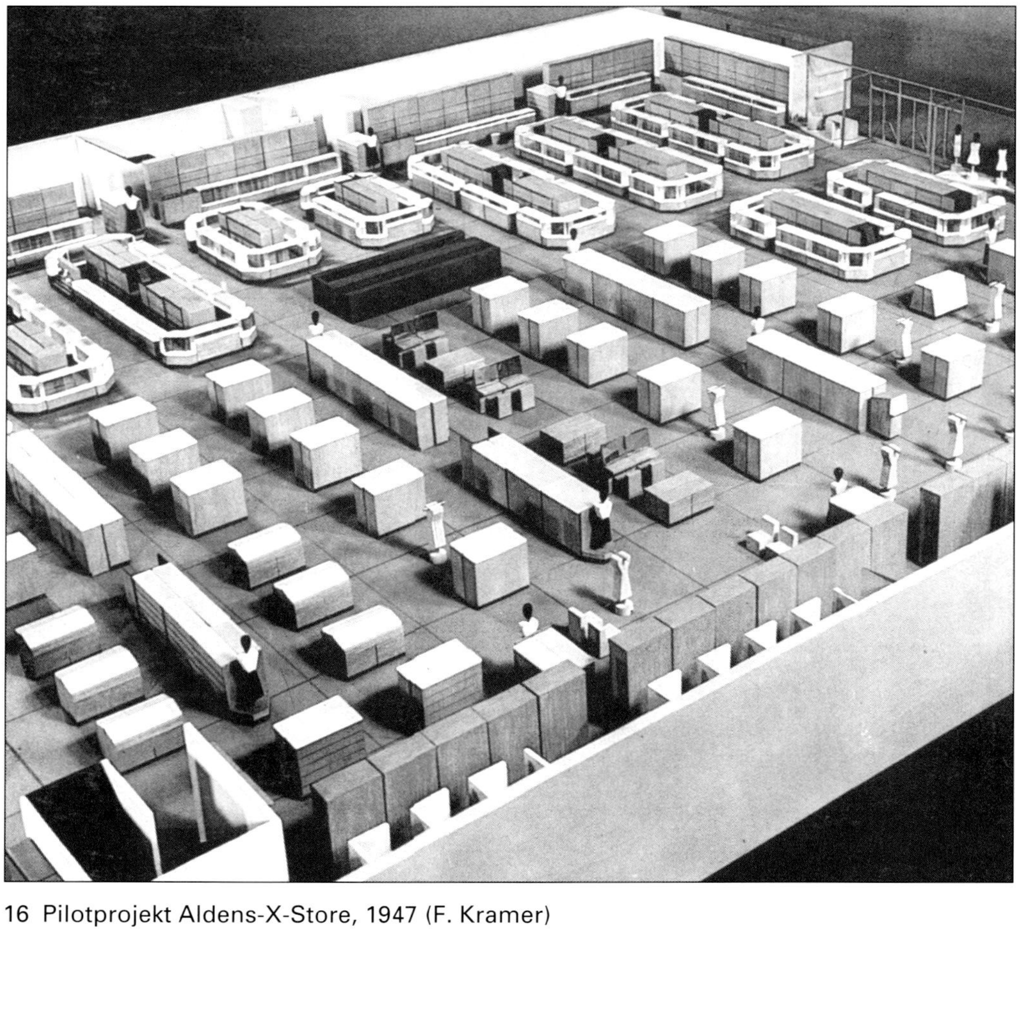

16 Pilotprojekt Aldens-X-Store, 1947 (F. Kramer)

and anyway, this concept must be viewed with caution: "Generally speaking, the idea behind the department store – to have absolutely everything available under one roof, and in America that now includes medical treatment and advice, appears to be overstretched; it anyway provokes thoughts about the economic permissibility of undertakings of this kind compared to specialty business."[27] During this period, Ferdinand Kramer, who had emigrated to the USA in 1938, became very deeply occupied with the American concept of trading initially disapproved of in Germany. Kramer had recognised the advantages of traditional specialty trading at a very early stage: "Visual sales will, quite logically, lead to self service. The merchandise is displayed, and thus made available for inspection, selection and testing. From then on, there's no intermediate stage – no sales assistant going to the cash point or the packing table: in sales terms, a big step compared with the antiquated methods of keeping the goods beneath the counter or on horizontal shelves where they overlap and hide each other, or even going off to fetch them from another area as and when requested."[28] So as early as 1945, Kramer had developed new types of Bauhaus-style merchandise displays for the big American department stores and retail companies which were nevertheless primarily geared to the range of vision and habits of the customers. The key word was "Visual": "Visual shopping has the objective of bringing the customer in contact with the goods."[29] The start point for Kramer's ideas about layout was: the time factor versus flexibility of the offer. This transitional quality, mobility in time, presupposes mobility in space. For this reason, Kramer conceived a standardised support-free shop area of 3,000 square metres, anticipated for an American town of 30,000 and 60,000 inhabitants. The freedom from supports, realised by means of a warehouse trussed roof, was chosen in order to facilitate changing the layout of the sales area. In addition, Kramer developed a planning method – not for the architects, but for the company management – which resolutely utilized this spatial freedom. A magnetic board with the various presentation modules allowed the store managers to themselves undertake planning – in a few minutes, as Kramer euphorically explained. The 1947 "Aldens-X-Store" (Figure 16) was a pilot scheme that never got off the ground. The reasons are not known, but Kramer's work was nevertheless an inevitable step down the road from traditional specialty trading to the staged supermarket of the vanities: a German-American coproduction; a very early and definite product of the "American Way of life".

At that time, it was of course the "honest" presentation of merchandise that fascinated the dedicated trades union member Kramer, and not the way it was staged. So in December of 1955, the very same year that Victor Gruen's first ever completely covered mall was opened, Kramer was lavishing praise on a 19th century department store: "In 1876, Wanamaker made the brave decision to buy up an old railroad depot and fit it out with tables stacked with merchandise – an idea that, even now, could not be more practical and modern. The area, on a single level, was 8,800 square metres: unpretentious display of the merchandise; visual selling without being distracted by decoration".[30] How many opportunities to repeat this have been lost following the collapse of the DDR, without a Paunsdorf Centre or a Saale-Park? Even forty years ago in the USA, this concept was thought-provoking. But in response, Norman Bel Geddes, for a short time in 1939 Kramer's boss, coined the phrase "selling power". He encouraged refined decorations, which he compared with stage scenery and actors performing in front of it. "Merchandise and background should always tie up intimately, as actors and scenery are an integral part of the successful play on the stage."[31]

Thus, on their way towards convergence in a shopping centre type that is, by and large, independent of the city plan, the principle, originally separate, motifs for this trading theme are: the urban planning principle as applied the oriental bazaar, occasionally encountered in Europe for centuries; the comforts and delights of consuming in an urbanised but nevertheless motorised society (which in principle is self-defeating); the still rudimentary discussion of the form that an ideal life style, a modern city and a peaceful society could take; the lack of state controls on those investments crucial to the functioning of a city; the confusion of American and European circumstances; the "immoral" intentions when displaying merchandise, an old problem that has now reached the proportions of Disneyland and

Zeit setzte die Beweglichkeit im Raum voraus. Kramer konzipierte darum ein typisiertes stützenfreies Ladenlokal von 3.000 Quadratmeter Verkaufsfläche, vorgesehen für amerikanische Kleinstädte zwischen 30.000 und 60.000 Einwohnern. Die Stützenfreiheit, realisiert durch ein als Warenlager genutztes Trägergeschoß, sollte das variable Bespielen der großen Verkaufsfläche wesentlich erleichtern. Zusätzlich entwickelte Kramer eine Planungsmethode - nicht für den Architekten, sondern für die Geschäftsführung - , die diese Freiheit konsequent umsetzte. Eine Magnettafel mit den verschiedenen Bausteinen der Warenpräsentation erlaubte es dem Betreiber, die Planung selbst vorzunehmen - innerhalb weniger Minuten, wie Kramer euphorisch ausführte. Das Pilotprojekt des "Aldens-X-Store" (Abbildung 16) von 1947 kam zwar nicht zur Ausführung, Gründe dafür sind nicht nachweisbar. Aber die Arbeiten Kramers machen dennoch den unaufhaltsamen Gang der Entwicklung vom traditionellen Einzelhandel zum inszenierten Großmarkt der Eitelkeiten anschaulich, sie waren in deutsch-amerikanischer Coproduktion ein sehr frühes und konsequentes Produkt des "American way of life". Das engagierte Werkbund-Mitglied Kramer faszinierte damals allerdings die "ehrliche" Präsentation der Waren, nicht ihre Inszenierung. So lobte Kramer just im Jahr der Eröffnung der ersten vollständig überdachten Mall von Victor Gruen, im Dezember 1955, ein Warenhaus des 19. Jahrhunderts gerade unter diesem Blickwinkel. "1876 faßte Wanamaker in Philadelphia den kühnen Entschluß, ein altes Eisenbahndepot zu kaufen und es mit Tischen, die mit Ware belegt wurden, einzurichten - eine Idee, die heute nicht sachlicher und moderner angefaßt werden könnte. Der Raum umfaßte 8.800 Quadratmeter auf gleichem Niveau: unprätentiöse Ausstellung der Ware, visueller Verkauf ohne Ablenkung durch Dekore."[30] Wieviele Möglichkeiten es nach dem Zusammenbruch der DDR wohl gegeben haben mag, diesem Ansatz nachzueifern, ohne ein Paunsdorf-Center oder einen Saale-Park zu bauen? Unbequem war dieser Denkanstoß jedoch schon vor vierzig Jahren in den USA. Norman Bel Geddes, 1939 für kurze Zeit Kramers Chef, prägte stattdessen den Begriff "selling power". Er propagierte raffinierte Dekorationen, die er mit Bühnenbildern und den darin agierenden Schauspielern verglich: "Merchandise and background should always tie up intimately, as actors and scenery are an integral part of the successful play on the stage."[31]

Damit sind die für das Thema Handel wesentlichen Motive auf dem Weg zum Kreuzungspunkt ihrer zunächst unabhängigen Entwicklungen, dem vom Stadtgrundriß weitgehend unabhängigen Shopping-Center, angedeutet: das städtebauliche Prinzip des orientalischen Basars, seit Jahrhunderten in Einzelfällen auch in Europa praktiziert, die Bequemlichkeit und die Konsumfreude einer urbanisierten, aber gleichwohl motorisierten Gesellschaft (was sich im Grunde ausschließt), die nur rudimentär vorhandene gesellschaftliche Diskussion darüber, wie ein ideales Lebensmuster, eine moderne Großstadt und eine auf Dauer sichere und friedliche Gesellschaft aussehen könnten, die fehlende staatliche Steuerung von für das Funktionieren von Stadt wichtigen Investitionen, die Verwechslung amerikanischer Verhältnisse mit europäischen, "unmoralische" Inszenierungsabsichten bei der Warenpräsentation, schon lange üblich, aber heute bis hin zum Disneyland der amerikanischen Mega-Malls gesteigert. Die Schlußfolgerung kann im Grunde nur sein, daß diese Erscheinungsform des Handels nach vier Jahrzehnten Praxis nicht mehr zu korrigieren ist, schon gar nicht durch einzelne Korrekturen, einzelne Appelle oder Gegenentwürfe. Denn diese Versuche sind alle schon unternommen worden - vergeblich.

Besonders bemerkenswert ist die schon erwähnte "Gegendarstellung" von Victor Gruen vor zwanzig Jahren. Schon 1968 hatte er sich veranlaßt gesehen, vor einer "blinden Nachahmung amerikanischer Einkaufszentren" zu warnen. Vehement wendet er sich 1975 gegen den Individualverkehr, entlarvt die destabilisierende Tendenz der Jagd nach materiellen Gütern, der Sucht nach Sensationen, stellt dem den Begriff "Umweltbeziehungseffizienz" entgegen als optimales Verhältnis zwischen Aufwand und Ertrag mit Rücksichtnahme auf alle Umweltbeziehungen, hofft auf damals in den USA angekündigte staatliche Beschränkungen des Autoverkehrs wie der Genehmigung von Einkaufszentren und fordert an Hand eines abstrakten urbanen Modells Stadterneuerung anstelle von Stadtausbreitung. "Um die Werte der Urbanität sowohl für den Einzelmenschen als auch für die Gesellschaft voll zum Tragen zu bringen soll im urbanen Gebiet eine innige kleinkörnige Verflechtung aller stadtgerechten *the American mega malls. The conclusion can, in principle, only be that, after four decades, this kind of trading is no longer reversible – and certainly not by means of separate corrective measures, individual appeals or alternative models. They have all been tried – to no avail.*

Of particular interest is Victor Gruen's "corrective measure", now twenty years old. In 1968, Gruen felt compelled to warn against a "blind imitation of American shopping centres". In 1975, he turned vehemently against personal transport, and exposed the destabilising trend towards the hunt for material goods and the addiction to sensation. As an antidote, he coined the term "efficiency of environmental friendliness", an optimum relationship between input and yield with regard to all environmental matters. He hoped for government controlled reductions in automobile traffic– much publicised at that time – as well as government approval for shopping centres and – on the basis of an abstract model – urban renewal as opposed to urban spread. "In order to fully realise the values of city life, not only for individuals but also for society as a whole, in urban areas we should aim at an intimate fine-grained network of all legimately urban human functions."[32] He went on:" Do we wish that they (the cities, and in particular the main and secondary centres) would be relieved of their trading function, which has historically always been an essential part of true city life?"[33] The explanation for the rapid growth of regional shopping centres is, according to Gruen, that "a redesign of the historic city centre and locality – sometimes the village centre, too – to enable peaceful coexistence between an environment worthy of habitation by human beings and the blessings of technology" has mainly been neglected. According to Gruen, one can therefore devise a simple relationship: the more rapid the increase of regional shopping centres around an urban area, the worse the cultural and economic health of its centre – in this respect, the situation in eastern Germany is all too clear. In spite of knowing better, there have been many lost opportunities here. But the city as a pulsating trade centre can still be found. The small Dutch city of Maastricht has become the business centre for the Rhein-Maas region, with its population of over 3,5 million. Maastricht business does not have to hide behind a Paris or London front; there is an amazing number of very small individual shops that are managed with great personal dedication, and enliven the city's image with their competitiveness. That in itself should be an argument for leaving the fields green, and the city as a city; in other words, to give preference to the integrated rather than the non-integrated shopping centre. In the light of such lively and finely distributed businesses in Maastricht, the argument could also be: instead of a wolf in sheep's clothing within the city's walls (Figure 17, 18) , would it not perhaps be better to have shopping centres outside the city that are organised as simply as possible? This is just the way that Luxembourg saved its city, even from the onslaught of bank buildings.

17 Uny-Einkaufszentrum, Gifu/Japan 1988 (A. Rossi)

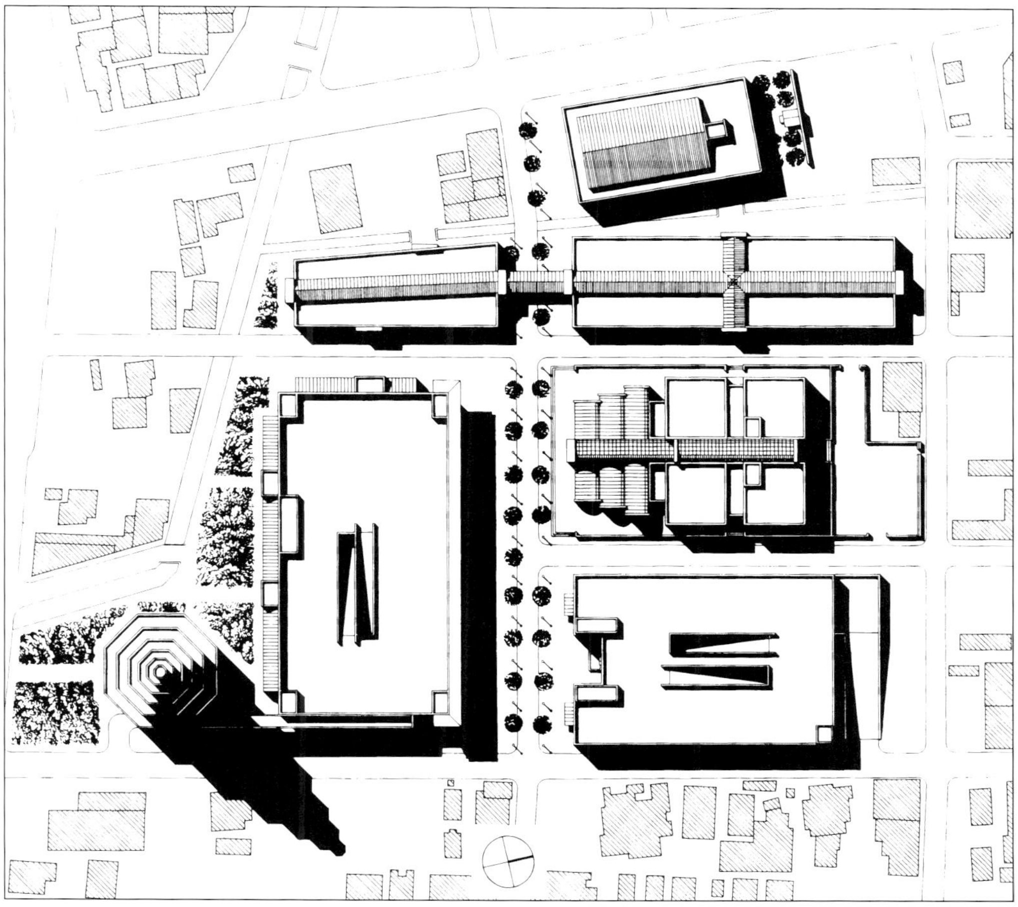

18 Uny-Einkaufszentrum, Gifu/Japan 1988 (A. Rossi)

werden."[32] Und in Gegenrichtung argumentiert: "Wollen wir sie [die Städte, besonders die Haupt- und Nebenkerne, der Verf.] von Handelsfunktionen entlasten, die historisch gesehen schon immer ein essentieller Teil des wahrhaft städtischen Lebens waren?"[33] Die Erklärung für das rapide Wachstum regionaler Einkaufszentren findet Gruen vor allem darin, daß versäumt wurde, "die historischen Stadtkerne und Ortskerne - manchmal auch Dorfkerne - in solcher Weise umzugestalten, daß eine friedliche Koexistenz zwischen menschenwürdiger Umwelt und den Segnungen der Technologie möglich ist."[34] Man kann daher, so Gruen, eine einfache Relation herstellen: Je rapider das Zunehmen von regionalen Einkaufszentren um ein Stadtgebiet ist, desto schlechter steht es um den kulturellen und wirtschaftlichen Gesundheitszustand des Kerngebiets. Das zeigt die Situation in Ostdeutschland nur zu deutlich. Wider besseres Wissen sind hier viele Chancen vertan worden. Es gibt sie jedoch noch, die Stadt als pulsierenden Handelsort. Das kleine holländische Maastricht ist zum Einkaufs- und Geschäftszentrum der Region Rhein-Maas mit über 3 Mio. Einwohnern geworden. Die Auslagen brauchen sich nicht hinter denen von Paris oder London zu verstecken. Erstaunlich viele, sehr kleine individuelle Läden werden mit großem persönlichen Einsatz geführt und beleben mit ihrer Konkurrenz das Stadtbild. Das sollte dafür sprechen, die Wiese grün zu lassen und die Stadt urban, mit anderen Worten, die integrierten Einkaufszentren den nicht-integrierten vorzuziehen. Oder könnte angesichts des so lebendigen und kleinteiligen Geschäftsbetriebs in Maastricht die Schlußfolgerung auch so lauten: Besser möglichst schlicht organisierte Einkaufszentren draußen vor der Stadt als den "Wolf im Schafspelz", wie von Aldo Rossi 1988 entworfen (Abbildung 17, 18), innerhalb der Stadtmauern? Luxemburg rettet auf diese Art sein Stadtleben sogar schon vor den Bankgebäuden.

Vom suburbanen zum urbanen Einkaufszentrum
Beispiele der Architektengemeinschaft Rhode Kellermann Wawrowsky

Klaus-Dieter Weiß

Planet Hollywood: Neue Mitte Oberhausen

"'Neue Mitte' Oberhausen soll Mischung von Champs-Elysées und Via Condotti werden", lautet die Überschrift eines Investoren-Prospekts.[1] Ein Wunder, scheint es, soll vollbracht werden. Zwei Investorengruppen geben der Stadt Oberhausen in einem Joint-Venture eine "Neue Mitte". Das Investitionsvolumen allein dieser beiden Konzerne beträgt 900 Millionen DM. Von staatlicher und kommunaler Seite kommen 300 Millionen DM hinzu, um die Verkehrs- und Infrastruktur für eines der größten gemischtgenutzten kommerziellen Sanierungsprojekte Nordeuropas auszubauen.
"P & O Properties International" mit 75.000 Angestellten in 40 Ländern der Erde, u.a. maßgeblich beteiligt am Bau des Hanseatic Trade Center im Hamburger Hafen (100.000 Quadratmeter), und die "Stadium-Gruppe", federführend beteiligt zum Beispiel am Einkaufs- und Freizeitkomplex "Meadowhall" (Abbildung 1) in Sheffield (150.000 Quadratmeter), geben sich in Oberhausen ein Stelldichein und helfen die Konkurrenz der Handels-Metropolen schüren. Am 17. August 1993 wurden die wesentlichen Baugenehmigungen erteilt, mit den Bauarbeiten wurde offiziell eine Woche später begonnen. Fertigstellung und Eröffnung waren ursprünglich für April 1996 vorgesehen, werden aber in den ersten Abschnitten voraussichtlich bis zum Herbst 1996 auf sich warten lassen. Oberstadtdirektor Burkhard Drescher sieht das Projekt als Motor für eine positive Gesamtbilanz des Ruhrgebiets: "Die Metropole Ruhrgebiet hat im Konzert der europäischen Metropolen nur dann eine Stimme, wenn sie sich ein eigenes Profil schafft. Die wachsende Freizeitindustrie kann dieses Profil prägen."[2]

Die Titelseite der zweiten Ausgabe "Stadium informiert..." zeigt im Sommer 1993 vor dem Modell der geplanten Stadtmitte Arnold Schwarzenegger. "Wenn das Projekt im Frühjahr 1996 eröffnet ist, können die Oberhausener in Hollywood-Ambiente gesunde kalifornische Kost zu sich nehmen."[3] Denn zusammen mit anderen Filmstars wie Sylvester Stallone und Bruce Willis betreibt Arnold Schwarzenegger die Restaurantkette "Planet Hollywood": "Jedes Restaurant ist eine Ansammlung berühmter Filmrequisiten." Der Satz

1 Einkaufs- und Freizeitzentrum Meadowhall, Sheffield

From Suburban to Urban Shopping Centre
Examples from the Rhode Kellermann Wawrowsky architectural group

Klaus-Dieter Weiß

Planet Hollywood: New Centre, Oberhausen

"The 'New Centre' in Oberhausen will be a mixture of the Champs-Elysées and Via Condotti"[1], runs an investment brochure headline. Apparently, a miracle is about to take place: in a joint venture, two groups of investors are to give the City of Oberhausen a "New Centre". These two groups alone control an investment volume of DM 900 million. For the traffic system and extensions to infrastructure demanded by the project – one of the largest mixed commercial redevelopments in northern Europe – central and local government will contribute an additional DM 300 million. "P & O Properties International", with 75,000 employees in 40 countries worldwide and a substantial stake in the Hamseatic Trade Centre in Hamburg's port (100,000 square metres), and the "Stadium Group" who, for example, share responsibility for the "Meadowhall" (Figure 1) shopping centre and leisure complex in Sheffield (150,000 square metres), have come together in Oberhausen, and are helping to stir up competition in other metropolitan trade centres. All principle building permits were granted on 17 August 1993 and construction began a week later. Completion and opening was originally scheduled for April 1966, but this initial phase of the program has now slipped to the Autumn of 1996. Senior city director Burkhard Drescher regards the project as a economic motor, bringing a boost to the Ruhr region as a whole: "The Ruhr metropolis will only have a voice throughout the European region if it creates its own profile. The growing leisure industry can shape this profile."[2]

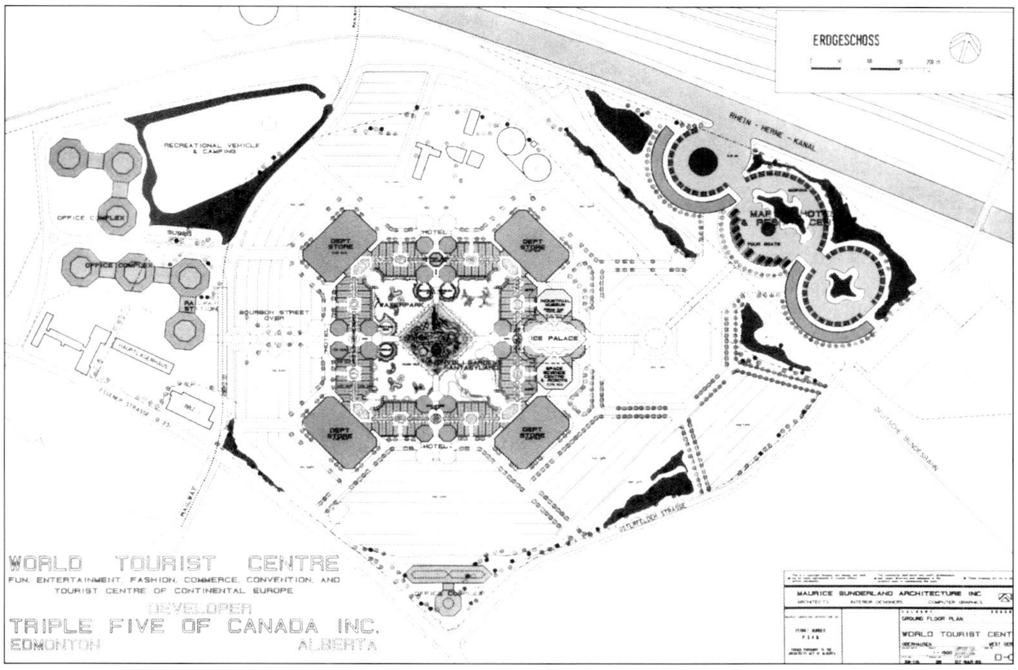

2 World Tourist Centre Oberhausen, Projekt 1991

The title page of the summer 1993 edition of "Stadium informiert..." has Arnold Schwarzenegger in front of a model of the planned city centre. "When this project opens in the spring of 1996, Obenhausen will be able to enjoy healthy Californian dishes in a Hollywood atmosphere."[3] Schwarzenegger, with his filmstar partners Sylvester Stallone and Bruce Willis, is the driving force behind the "Planet Hollywood" chain of restaurants: "Each restaurant is a collection of famous film props." The remark gives cause for thought — a collection of props alone does not create an identifiable place; merely an arbitrary ambiance against an ever-changing backdrop. That is no goal for architects. But the public will come anyway, coaxed by the seductions of stage scenery, although architectonic aspirations will be absent, due to both lack of demand and rapid changes to the programme. That in itself can be, and indeed should be, the subject of concerned criticism. The 1989 "World Tourist Centre" (Figure 2), an erstwhile project planned for the city by other architects for the Canadian Triple 5 investment group, could in this respect be a fitting example: "At best, the City of Oberhausen can be happy with a short-term gold rush, with the considerable risk that a slide into a ghost town will follow. The big colourful world coming to Oberhausen as a boost to turnover is no living backdrop; it is a musical box which, however well, plays only the one melody: 'We are all happy, and we are spending money'. That is the chime of the ice cream vendor, and macht nachdenklich. Eine Ansammlung von Requisiten allein schafft keinen identifizierbaren Ort, sondern vor wechselnden Kulissen ein beliebiges Ambiente. Kein Ziel für Architekten. Das Publikum wird dennoch kommen, angelockt von den Betörungen eines Bühnenbildes, das architektonischen Anspruch wegen mangelnder Nachfrage und schneller Programmwechsel erst gar nicht erhebt. Das kann man sorgenvoll kritisieren. Und sollte es auch tun. Auf das Vorausprojekt "World Tourist Center" (Abbildung 2) des Jahres 1989 bezogen, damals von anderen Architekten für die kanadische Investorengruppe Triple 5 geplant, etwa so: "Womit sich die Stadt Oberhausen bestenfalls beglücken kann, ist ein kurzfristiger Goldrausch, mit dem hohen Risiko einer anschließenden Schußfahrt zur Geisterstadt. Die große bunte Welt, die in Oberhausen zu Umsatzzwecken installiert werden soll, ist keine lebendige Kulisse. Es ist eine Spieluhr, die immer wieder die gleiche Melodie zum Besten gibt: Wir sind alle fröhlich und geben Geld aus. Das ist das Lied der Butterfahrer, nicht das Lied des Führungspersonals einer zukunftsträchtigen High-Tech-Industrie, nicht die Melodie einer ökologischen Wende."[4] Dennoch war schon damals, angesichts einer viel dramatischeren Neuauflage der West Edmonton Mall (Abbildung 3) in Oberhausen, im unmittelbaren Anschluß hinzuzufügen: Aber ein solches Angebot läßt sich von Berufspolitikern kaum ablehnen. Wie sollten bei den nächsten Wahlen die mutwillig ausgeschlagenen Arbeitsplätze "verkauft" werden? Wer wollte mit leeren Händen und Moral in den Augen vor ein Wahlvolk treten, das im Ruhrgebiet nicht mehr wählerisch ist? Angesichts der erkennbaren wirtschaftlichen Entwicklung, insbesondere im Ruhrgebiet, ging es der Stadt darum, die letzte Chance für eine neue Zukunft zu ergreifen. Die Kommunalbehörden waren geradezu "erpicht darauf, das Gelände so bald wie möglich zu sanieren", schreiben die Investoren.[5] Das läßt sich vorstellen. Ohne Berücksichtigung der "Neuen Mitte" war durch die Prognos AG für 1996 bereits ein Kaufkraftabflußsaldo zwischen 460 Millionen und 780 Millionen DM vorausberechnet. Außerdem sind nach einer Forsa-Erhebung bislang zwei Drittel der Oberhausener mit ihren Einkaufs- und Freizeitmöglichkeiten unzufrieden.[6]

Ökonomie der Stadterneuerung

"Wir befinden uns in der Hand von Kaufleuten", textete der Kabarettist Hanns Dieter Hüsch 1972, "meinen jedoch nicht in der Hand von Kaufleuten zu sein/weil wir selbst Kaufleute geworden sind/dies aber nicht so empfinden/oder dargestellt wissen

3 West Edmonton Mall, Edmonton

not the song of the management of a high-tech industry with a future. It is not the melody of an ecological turn-around."[4] Faced with a much more dramatic new edition of Edmonton Mall (Figure 3) in Oberhausen, such criticism could have been taken a step further: "Such an opportunity can hardly be turned down by a professional politician. How can such a wanton rejection of jobs be "sold" at the next election? Who, empty handed and armed only with a moral, wants to go before an electorate which, in the Ruhr, isn't really so fussy anymore?" In view of economic developments particularly evident in the Ruhr, this was the city's last chance for a new future. Local government was "bent on the redevelopment of this property as soon as possible," wrote the investors[5] – which is hardly surprising. But notwithstanding the "New Centre", a loss of purchasing power in the region of between DM 460 and 780 million had been calculated for 1996, and a Forsa survey shows that, to date, two thirds of Oberhausen's population are dissatisfied with their shopping and recreational facilities.[6]

4 Palais Royal, Galerie Vitrée/Galeries de Bois, Paris 1788/1792

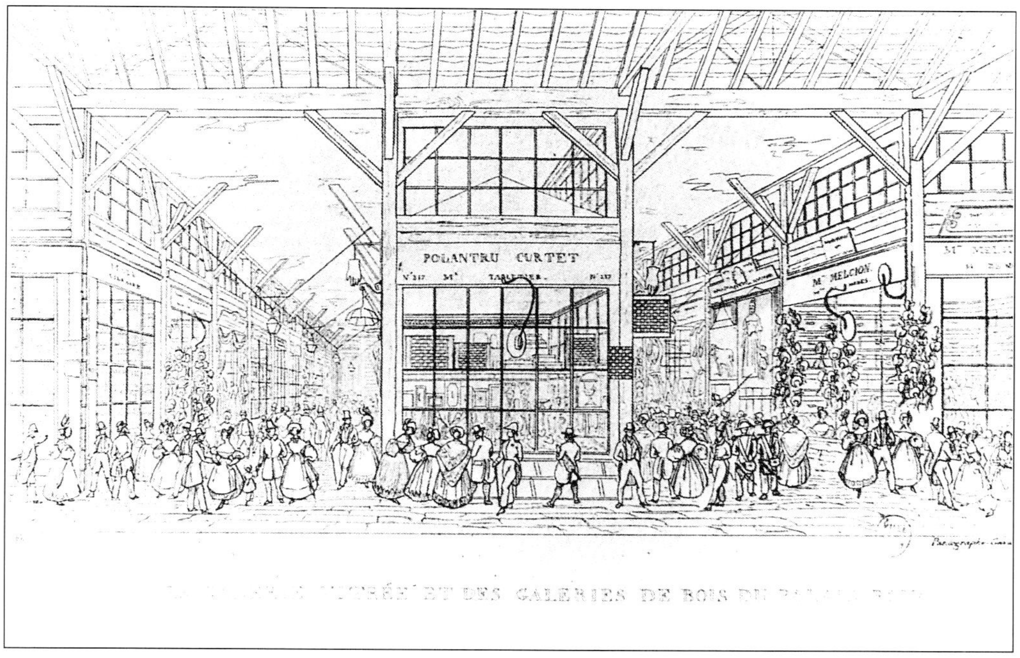

5 Palast-Hotel, Caux 1902

The Economics of City Renewal

"We find ourselves in the hands of businessmen," wrote the cabaret artist Hanns Dieter Hüsch in 1972, "We have become businessmen / although we do not think that we have / we prefer not see it so / since we don't know how to appear as businessmen / and would still like to be human / although we are no longer able"[7] – a state of affairs that is not restricted to modern times and is part and parcel of the building industry or, if it still comes to it, architecture. Central trading areas and leisure centres, cultural centres and office centres – the scale may have changed, which architects are evidently powerless to prevent. Society and its requirements have become caught up in a whirlpool. Out of a social confrontation two hundred years ago in the Palais Royal (Figure 4) that nevertheless led to the storming of the Bastille, has arisen a phoney world of nervous copyists and consumers who, while addicted to enjoyment, have no idea what to do with the time available to them. They all mimic the successful champions of leisure; they wear leisure clothing (especially effective when the word "fun" is scrawled all over it), and drive leisure

wollen/weil wir immer noch Menschen sein möchten/dies aber nicht mehr können."[7] Ein Tatbestand, der nicht erst seit heute zu den Bedingungen des Bauens oder, falls sie doch gelingt, von Architektur gehört. Gewandelt haben sich die Dimensionen: der zentralen Handelsplätze wie der Freizeitzentren, der Kulturzentren wie der Bürozentren. Und offenbar steht es nicht in der Macht der Architekten, dieses zu verhindern. Die Gesellschaft und ihre Ansprüche sind ins Strudeln geraten. Aus einer gesellschaftlichen Auseinandersetzung, die vor gut zweihundert Jahren im Palais Royal (Abbildung 4) immerhin zum Sturm auf die Bastille führte, ist eine Scheinwelt ängstlicher Kopisten und genußsüchtiger Konsumenten geworden, die noch dazu mit ihrer Zeit nichts anzufangen wissen. Sie alle mimen den erfolgreichen Freizeit-Champion, tragen Freizeitkleidung (besonders wirksam, wenn "fun" draufsteht), fahren Freizeitautos (die Zeitschrift "Holiday" auf dem Rücksitz) und demonstrieren Freizeitbräune (solange das Ozonloch es noch zuläßt). Nicht ahnend, daß ihr Vorbild, die sichtlich blasse Aristokratie der Palast-Hotels (Abbildung 5), zumindest was die Zeiteinteilung betrifft, bei weitem ungebundener war. Denn zur Jahrhundertwende war es das Palast-Hotel, das in seinen zahlreichen Gesellschaftsräumen und Sälen wie kein anderer "öffentlicher" Bautypus eine Bühne anbot für die Zurschaustellung eines mehr oder weniger erlauchten aristokratischen oder auch nur finanzstarken Publikums. Zur Jahrtausendwende wird diese gesellschaftliche Bühne als Volksausgabe erscheinen. Ungleich simpler, was ihre Architektur und ihre Spielregeln betrifft, im Gegenzug aber unendlich größer und auf eine viel breitere Angebotspalette wie auch Publikumsvielfalt bauend. Oder ist Fortschritt gar nicht denkbar ohne Furcht davor? Furcht, für deren Verbreitung in diesem Fall Kulturkritiker zu sorgen zu haben? Angesichts der Wagnisse der Hauptstadtplanung Berlin ließ sich selbst der Ost-Berliner Dramatiker Heiner Müller, bekannt für seinen zynischen Pessimismus, zu einem Trost ebendieser Art hinreißen: "Die erste Gestalt der Hoffnung ist die Furcht."[8] Ein wesentlicher qualitativer Unterschied moderner Einkaufs- und Freizeitwelten zu historischen Vorläufern liegt darin, daß die neuen "Palast-Bewohner auf Zeit" die Regie ihres Gesellschaftsspiels aus der Hand geben und ausgerechnet den Verwaltern des Palastes überlassen. Wohlgemerkt nicht den Architekten. Das gebaute Ergebnis wäre vermutlich ein anderes. Vielleicht den für das Projekt Oberhausen aufwendig als Aquarell gemalten Stadtvisionen, deren Gebäude und Plätze man aus Paris oder Kopenhagen schon zu kennen glaubt, ein Stück ähnlicher?

Avantgarde und Kommerz

Ist es aber andererseits nicht Aufgabe der Architektur, ihre Entstehungsbedingungen auch in ihrer formalen Erscheinung widerzuspiegeln? Spricht das für modernistisches High-Tech oder besser andere formale Umsetzungen, die dem Thema Freizeit und Konsum als Massenveranstaltung architektonische Eigenständigkeit vermitteln könnten? Zur Fortschreibung bieten sich zum Beispiel Arbeiten von Venturi, Rauch & Scott Brown an (Basco Showroom Bristol Township 1979; Abbildung 6), die angesichts einer bestehenden Mall der fünfziger Jahre, 350 Meter

6 Basco Showroom, Bristol Township 1979 (Venturi, Rauch & Scott Brown)

cars with a holiday magazine lying on the back seat; ozone-hole permitting, they have a leisure tan. They have no idea that their role models, the visibly pale aristocracy of the Palace Hotel, were much more footloose and fancy-free – at least as far as time was concerned. At the turn of the century, it was the Palace Hotel (Figure 5) which, like no other "public" building, in its numerous lounges provided a stage for the presentation of a more or less illustrious, aristocratic – otherwise merely wealthy – clientele. At the end of the millennium, such a social stage will reappear as a kind of people's raison d'être – its architecture and etiquette incomparably more simple, its scale infinitely greater, with far more on offer, and a more varied range of customers. Is progress inconceivable, then, without fear of progress? Aware of the inherent risks of Berlin's planning policy, even the east Berlin playwright Heiner Müller, renowned for his cynical pessimism, allowed himself to get carried away by the same consoling idea: "The first manifestation of hope is dread".[8] Should cultural critics now assume responsibility for this dread? A principle qualitative difference between modern shopping centres and theme parks and their historical counterparts is that the "new, temporary, palace occupants" have conceded control of their social game to, of all people, the management of the palace – and not architects. The result may well have been different. Perhaps, for the Oberhausen project, in the city visions, extravagantly painted as watercolours, the squares and buildings of which seem recognisable from Paris or Copenhagen, a little more familiar?

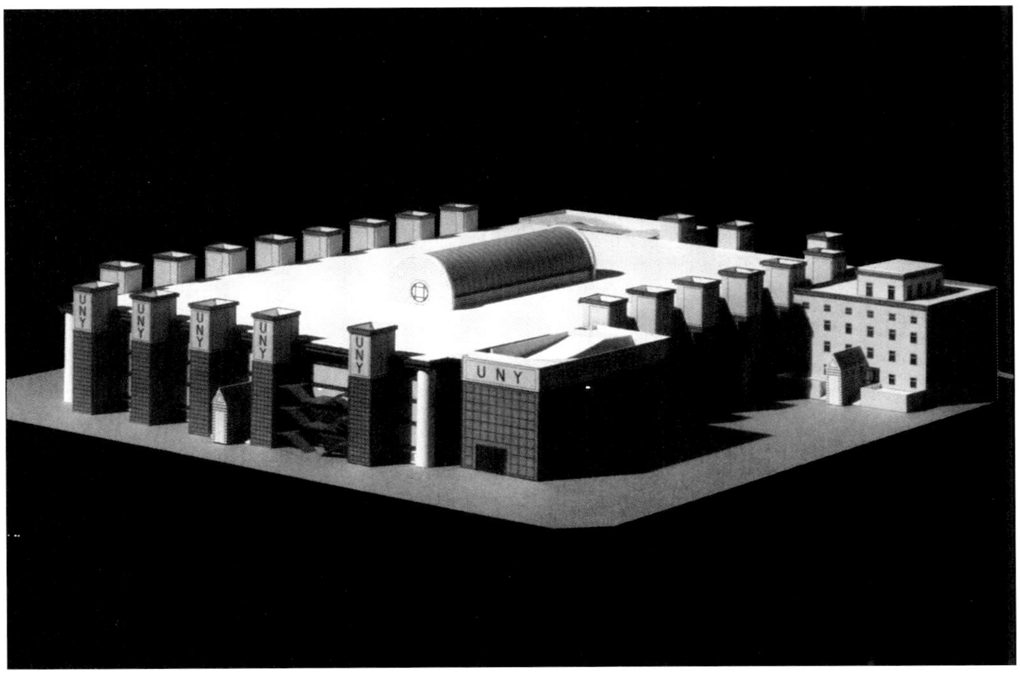

7 Uny Einkaufszentrum, Nagoya/Japan 1989 (A. Rossi)

Avant-garde and Commerce

But is it not the purpose of architecture, in its formal manifestation, to reflect the conditions under which it arose? Does that speak in favour of modernistic high tech, or better still, other formal interpretations which could impart architectonic independence to the theme of leisure and consumption as a mass event? To extrapolate, there are, for example, works by Venturi, Rauch & Scott Brown (Basco Showroom, Bristol Township) (Figure 6) who, faced with an existing 350 metre long and 5 metre high mall dating from the 1950s, borrowed from the letters "HOLLYWOOD" spelled out on that ridge in California, and conceived a facade composed only of the 10 metre high, bright red letters "BASCO"

Ten years later Aldo Rossi resumes this idea in his design for the UNY center in Nagoya/Japan (Figure 7).

Conversely, the architectural group SITE has worked with spectacular outlines and separations; folds between interior and exterior; infringements between architecture and landscape (Best showrooms – for example Houston 1975, Sacramento 1978, Hialeah 1979, Richmond 1980, Milwaukee 1984...) (Figure 8). Even for parking, these architects came up with an artistic transfiguration by designing the road to apparently flow in a wave-like motion over a shopping centre, or by sinking cars into the asphalt of a parking area. Charles Moore has often concerned himself with the (for architects) sensitive theme of the "Amusement Park" (Indiana Landing 1982, Wonderwall 1984) and added lang und 5 Meter hoch, den berühmten Schriftzug auf der Bergkuppe oberhalb der Stadt Hollywood zitierten und eine Fassade aus dem 10 Meter hohen, knallroten Firmennamen BASCO konzipierten. Zehn Jahre später greift Aldo Rossi die Idee der beschrifteten Verpackung auf, imitiert jedoch trotz der stattlichen Abmessungen des UNY-Einkaufszentrums im japanischen Nagoya (140 x 90 m Grundfläche) eine kleinteilige Stadtarchitektur - wenn dieser "Schafspelz" auch nur aus 22 leeren Türmen in einer Metallkonstruktion besteht, die nichts anderes enthält als die feuerpolizeilich notwendigen Fluchttreppen (Abbildung 7).

Die Architektengruppe SITE arbeitete dagegen dekompositorisch mit spektakulären Gebäuderissen und -abspaltungen, Verschränkungen zwischen Außenraum und Innenraum, Übergriffen zwischen Architektur und Landschaft (Best-Showrooms z.B. Houston 1975, Sacramento 1977, Towson 1978, Hialeah 1979, Richmond 1980, Milwaukee 1984...) (Abb. 8). Selbst für das Parken fanden die Architekten eine künstlerische Umsetzung, indem sie die Straße in Wellenbewegungen scheinbar über ein Einkaufszentrum fließen ließen oder Autos im Teer eines Parkplatzes versenkten. Charles Moore beschäftigte sich mehrfach mit dem für Architekten heiklen Thema Vergnügungspark (Indiana Landing 1982, Wonderwall 1984) und fügte den Zitatenschatz der Postmoderne zu einem architektonischen Panoptikum. Der Verschleiß so plakativer Überraschungseffekte ist in allen hier genannten Fällen vorgezeichnet. In London finden sich inzwischen Superstores, die ihre Außenwände mit ägyptischen Pharaonen verbrämen (Abbildung 9) oder prominente Architektur, wie zum Beispiel Stirlings Staatsgalerie in Stuttgart, für die eigenen Zwecke plündern.[9]

8 Best Showroom, Sacramento 1977 (S.I.T.E.)

9 Homebase Baumarkt, London

Markante Skulpturen

Neuere Versuche, mit großen introvertierten Volumen architektonisch umzugehen, greifen vereinzelt standorttypische Bautraditionen auf, wie dies Aldo Rossi mit seinem Centro commerciale Torri (Abbildung 10) in Parma im Hinblick auf die lombardische Backsteinarchitektur gelang (1985-1988). Für die wiederum leeren Türme dieses Projekts konnte der Bauherr nur mit Mühe gewonnen werden. Wagemutiger war das Erschließungs- und Raumexperiment von Rüdiger Kramm, dem es bei der Zeilgalerie in Frankfurt darum ging, das Einkaufszentrum vertikal zu organisieren und so dem Volumen eines Kaufhauses mitten in der Stadt anzupassen (1989-1992). Für die weitere Entwicklung außerhalb der City, aber innerhalb der Stadt scheint sich die Tendenz zu behaupten, mit Hilfe einer wenig akzentuierten, glatten Außenhaut den Baukörper plastisch so zu verformen, daß markante und ungewöhnliche Erscheinungsbilder entstehen, ohne auf die bei den riesigen Gebäudeabmessungen schwierige the wealth of post-Modern quotations to an architectonic waxworks. In all these cases, the erosion caused by such billboard-like surprise effects is evident: superstores have appeared in London which, on their outer walls, are adorned with the Pharoahs of Egypt (Figure9) , or which – like Stirling's National Gallery in Stuttgart – plunder prominent architecture for their own purposes.[9]

Distinctive Sculptures

In isolated cases, more recent attempts to cope with large introverted architectural volumes seize upon architectural traditions typical of their localities. Aldo Rossi's Centro Commerciale Torri (Figure 10), in Parma (1985-1988) and the brick architecture of Lombardy are an example. Rüdiger Kramm's experiment in access and space which, with the Zeilgalerie in Frankfurt (1989-1992), involved the vertical organisation of a shopping centre, adapting it to the volume of a city centre department store, was more daring. Although more marked within the city, as a trend for further development outside the city the way appears to be to take an unaccentuated outer shell and distort the main body of the building so that marked and unusual images appear, without in any way acceding to the difficult architectural microdimensions within the enormous buildings. The architecture of disguise? A comparison with Christo's wrapping projects indeed comes to mind, but is inadmissible because in his case facade and cover are one and the same. While Christo wraps "in order to show the essence of an object"[10],

10 Einkaufszentrum "Centro Torri", Parma 1988 (A. Rossi)

11 Einkaufszentrum Bercy, Paris 1990 (R. Piano)

architects concern themselves with the concealment of the themes of leisure, commerce and industry, to the benefit of form. An impressive example of this can be seen in Renzo Piano's Bercy shopping centre (1987-1990) (Figure 11) on the eastern edge of Paris. It looks like a landed space-

Mikrodimension der Architektur überhaupt einzugehen. Verhüllungsarchitektur? Der Vergleich mit den Verhüllungsprojekten Christos drängt sich zwar auf, ist aber unzulässig, weil in diesem Fall Fassade und Verhüllung ein und dasselbe sind. Während Christo verhüllt, "um damit das Wesen eines Objekts zu zeigen",[10] geht es den Architekten bei den Themen Freizeit, Kommerz und Industrie um ein Verstecken der Funktion zugunsten der Form. Ein eindrucksvolles Beispiel für dieses Motiv lieferte Renzo Piano mit dem Einaufszentrum Bercy am östlichen Rand von Paris (1987-1990) (Abbildung 11), das wie ein gelandetes Raumschiff aussieht. "Auf der Suche nach einer Gesamtform, die auch für vorbeifahrende Autofahrer verständlich ist und das Gebäude als eigenständiges Objekt definiert, entschieden wir uns für eine Verkleidung mit einem Raster aus genormten Metalltafeln. [...] Der erste Schritt bestand darin, eine subjektive und optische Vorstellung des Gebäudes zu entwickeln, ähnlich wie eine Skulptur."[11] Zur Chronologie dieser Entwicklung gehören auch die Modellentwürfe für neue Formen der Gewerbearchitektur, die die Stadt Frankfurt 1991 u.a. von Frank Gehry, der Gruppe Formalhaut, Norman Foster und Enric Miralles bearbeiten ließ, um das Gewerbe vor den Toren der Stadt wieder in die Stadt zurückzuholen. Großhandelseinrichtungen, Lagerhäuser, Speditionen, Autohäuser und nicht zuletzt die riesigen Verbrauchermärkte waren mit ihren Dimensionen zwar nicht mehr in unmittelbarer Citylage unterzubringen aber in ungewohnt dichten Bauformen am Stadtrand. Frank Gehry aus Los Angeles suchte in seinem Entwurf (Abbildung 12) ebenfalls nach einer skulpturalen Transformation des im Gewerbegebiet üblichen Chaos. "Die sporthallenartigen Gebäude staffeln sich trotz innerer Unabhängigkeit additiv hintereinander und werden zudem von einer an Flugzeugflügel erinnernden silbernen Aluminium-Dachlandschaft harmonisiert, auf der der Architekt Sport- und Tennisplätze unterbringt."[12] Die Rede ist von einer heterogenen Gruppe von Lebensmittelmärkten, Karosseriebauern, Reifenhändlern und Recyclingfirmen in einer typisch amerikanischen Konfiguration, einer Shopping-Mall in Frankfurt-Griesheim.

12 Studie für eine Shopping Mall, Frankfurt 1991 (F.O. Gehry)

13 Studie für eine Shopping Mall, Frankfurt 1991 (Formalhaut)

"Wie eine gewundene Wirbelsäule erschließt eine zentrale Passage das Ensemble."[13] Diesem Sinnbild des kollektiven Konsums setzte die Frankfurter Architektengruppe Formalhaut auf demselben Grundstück eine klassische, fast an panoptisch angelegte Zuchthäuser gemahnende Rotunde mit einem stattlichen Innenhof entgegen (Abbildung 13). Nicht einmal die Euphorie und der Industriekult der Frühmoderne ließ Bilder solcher Unterdrückung entstehen. Jenseits der hier verfolgten skulpturalen Linie interessanter war der Vorschlag des Spaniers Enric Miralles, der vorhandene Fabrikstrukturen ohne den gewohnten konservatorischen Übereifer in einer Umkehrung von Innen- und Außenraum und unter neuen Dächern als Basis neuer Raumsequenzen nutzte.

Ben van Berkel, der seinen skulpturalen Ansatz bisher an einem Umspannwerk (Remu Amersfoort 1994), einem Lagerhaus (Co. Centre Nijkerk 1992) und einem Industriebau (Karbouw Amersfoort 1992) (Abbildung 14) noch eigenständiger und *ship. "In the search for a complete form that is also comprehensible to passing motorists, and which defines the building as a self-contained object, we decided on a cladding with a grid of standardised metal panels... The first step was to develop a subjective, optical idea of the building, similar to a piece of sculpture."*[11] *The models of new forms of commercial architecture by architects Frank Gehry, the Formalhaut group, Norman Foster and Enric Miralles, commissioned by the City of Frankfurt in 1991 in order to bring commerce back into the city centre from outside, are part of the chronology of this development. Wholesale businesses, warehouses, shipping companies, automobile manufacturers and, not least, enormous consumer markets were, with their enormous dimensions, no longer feasible within the immediate bounds of the city. Instead, they were accommodated in unusually dense architectural forms on the outskirts. In a design by Frank Gehry, from Los Angeles (Figure 12), a search for a sculptural transfiguration of the usual chaos of the commercial quarter is evident: "Inspite of an inner independence, the buildings, resembling sports halls, are staggered additively one behind the other and, in addition, are harmonised by a landscape of aluminium roofs reminiscent of an aeroplane wing, on which the architect has installed sports areas and tennis courts."*[12] *A heterogenous group of grocery markets, panel beaters, tyre dealers and recycling companies, in a typically American configuration, is under discussion for a shopping mall in Frankfurt-Griesheim. "Like a wound spine, a central passageway provides access to the ensemble".*[13]

On the same site, Formalhaut, the architectural group based in Frankfurt, has placed a classical Rotunda with a magnificent courtyard (Fig. 13), almost reminiscent of panoptically arranged prisons, to create a contrast to this allegory of collective consumption. Not even the euphoria and industrial cult of the early-Modern gave rise to such images of suppression. Beyond the sculptural line shown here, the suggestion from the Spaniard Enric Miralles was more interesting from this point of view: under new roofs, he has exploited existing factory structures in a reversal of interior and exterior space as a basis for new spatial sequences – while avoiding the usual curatorial overzealousness.

Ben van Berkel has until now demonstrated his sculptural approach in a transformer station (Remu Amersfoort 1994), a warehouse (Co. Centre Nijkerk 1992) and an industrial building (Karbouw Amersfoort 1992) (Figure 14) in a more individual, and at the same time more minimalistic and composed way than Gehry and Piano. Berkel also places the encoding of the building to the forefront, and does not emphasise its function in the sense of SITE: "In each individual case, the first radical step comprises the conception of a volume that excludes every association with built architecture".[14] *The public's taste, to which a shopping centre is particularly exposed, will fundamentally resist such an impossible cultural demand and artistic experiment, however. The social status of architecture is too low, and public understanding too limited, for the cultivation of the shop counter to commercial ends. As a rule, urban renovation with an avant-garde subtlety and the support of private investors will sel-*

14 Büro- und Werkstattgebäude Karbouw, Amersfoort 1992 (B. van Berkel)

15 Shopping Mall Euralille, Lille 1994 (J. Nouvel/E. Cattani)

dabei minimalistischer und gelassener als Gehry und Piano demonstrieren konnte, stellt ebenfalls das Verschlüsseln des Gebäudes in den Vordergrund, nicht das Plakatieren der Gebäudefunktion im Sinne von SITE: "In jedem Einzelfall besteht der erste radikale Schritt darin, ein Volumen zu konzipieren, das jedwede Assoziation an gebaute Architektur ausschließt."[14] Der Geschmack des Massenpublikums, dem gerade ein Einkaufszentrum in besonderer Weise ausgesetzt ist, wird sich diesem kulturellen Ansinnen und künstlerischen Experiment jedoch weitgehend widersetzen. Zu gering ist der gesellschaftliche Stellenwert der Architektur, zu gering das Verständnis des Publikums, um am kommerziellen Schlußpunkt Ladentheke noch nachträglich kultiviert werden zu können. Für einen Stadtumbau mit avantgardistischem Feinsinn und Unterstützung privater Investoren wird es darum in der Regel nur selten Mehrheiten geben, auch wenn die Stadt Frankfurt mit dem geschilderten Vorstoß einen realistischen methodischen Weg gewiesen hat.

"Vieux Lille" und "Euralille"

Aktuelle Ausnahme von dieser Regel ist die Stadterweiterung Euralille von Rem Koolhaas, deren heroische Einzelformen ihre Bewährungsprobe noch weitgehend verweigern. Nur das Einkaufszentrum, das Jean Nouvel (Abbildung 15) und Emmanuel Cattani beisteuerten und dessen 31.000 Quadratmeter Verkaufsfläche auf Anhieb zu 98 Prozent vermietet waren, ist schon mit Leben erfüllt. Allerdings macht gerade dieses Angebot der alten Stadt zu schaffen. Die Kommentare dazu weichen kaum voneinander ab. "Zwar wird allenthalben beteuert, das Angebot ziehe vor allem Kaufkraft aus dem Umland ab, doch daß damit auch die Typologie der suburbanen Shopping Mall ins Zentrum vorrückt, ist ein Desaster."[15] "Der introvertierte Gigantismus des Einkaufszentrums gegenüber dem Bahnhof scheint momentan kaum geeignet, die Belebung der öffentlichen Räume zu fördern."[16] "Die neue Welt ist zu sehr in sich abgeschlossen. Wer die charakteristischen verwinkelten Läden voller Reiz in den schmalen Vorder- und Hinterhäusern von 'Vieux-Lille' kennt, für den kann dieser Kommerzblock nur ein gravierender Maßstabssprung in vielfacher *dom be accepted by the majority, even if the City of Frankfurt has, with its described initiative, pointed to a realistic and methodical way.*

"Vieux Lille" and "Euralille"

A current exception to this rule is Euralille, the urban extension by Rem Koolhaas, although its heroic forms still seem to refuse to be put to the acid test — so far, only the shopping centre, a contribution by Jean Nouvel (Figure 15) and Emmanual Cattini, the 31,000 square metres of which was let to 98% straight away, pulsates with life; its existence is enough to cause anxiety in the old city, and the comments hardly vary: "Of course, there is protest from all sides that this kind of competition diverts the surrounding region's purchasing power, but the real disaster is that, at the same time, the typology of the shopping centre becomes the main focus".[15] "Compared with the concept of a railway station, the current introverted giantism of the shopping centre hardly appears suited to enlivening public spaces."[16] "The new world is far too self-absorbed. For those who know the characteristic appeal of the "Vieux-Lille" shops, with their nooks and corners, and narrow fronts, this commercial block can, for a variety of reasons, only imply an aggravating leap in scale. Paris can certainly tolerate the 1960s office buildings around the Gare Montparnasse, but in a city the size of Lille, the proportions are no longer appropriate."[17]

As often demonstrated in literature, the furtive pleasure in an urban entanglement of art, culture and commerce remains intact. This is a demand on urban existence made by people who, while always carrying the means of its realisation upon them, in their purses, nevertheless restrict its expenditure to holidays in far off lands — out of preference, or at least uncomplainingly. To the general public, cheap, practical or eventful shopping remains the far greater fascination. The architect alone is not in a position to prevent the relatively unreflected adoption of the American supermarket. But who could be more competent, and from whom can a contribution to architectural culture otherwise be expected? From architects, or from an interested public? As Günter Behnisch has recently lectured[18], the architect, if he does not wish for direct political action, can let his revolutionary lament sing out in the form of his buildings. In reality, architecture is only a countermeasure, an attempt to influence the restrictions that are stipulated from the outside, and to introduce a change that is independent of the actual commission. The architect uses creativity to offset the banality of the real world. Even when, in the formal sense and in the light of the actual circumstances, this rebellion must run the risk of being more or less domesticised by the opposition, the task of the architect will still be to resist, and create his own, far better world. According to Günther Behnisch, Rem Koolhaas' resistance caved in, albeit at a sophisticated level; urban repair or a careful extension to the city was not the goal of Euralille. The real objective was nothing less than the construction of the 21st century.
The spatial and functional parameters applying to a shopping centre have been in use for decades and, as ever, can be read in Victor Gruen's work. The example of Euralille, on the 70 hectare scale fully comparable with the "New Centre Oberhausen", nevertheless exhibits three noticeable differences: on the one hand, the district termed by Koolhaas as a new area of the city, although lacking a fine-grained blend, possesses a wide spectrum of functions. And on the other, at the initial planning stage, a combination of public and private investment was achieved in which public capital in the end assumed the major part, with a corresponding increase in say with regard to content. Additionally, a "Cercle de Qualité Architecturale" was formed whose members – all prominent French architects – will approach the mayor with recommendations whenever purely economic forces or private conflicts of interest run up against aspects of design."[19] With Oberhausen, these conditions were not fulfilled.

Leisure as Experience

Brimming with attractions that, according to the desires of the general public, are as traditionally packaged as possible, the new palace in Oberhausen no longer responds to the known demand at one particular location. The 10,000 parking spaces (with the failed "World Tourist Centre", the same site was to have provided 27,000) are intended for a much wider circle of customers. The 120 minute radius almost reaches Amsterdam and Brussels. A hole in the market is, in a sense, artificially created by attractions that actually awaken demand and lure streams of

Hinsicht bedeuten. Paris kann die Geschäftsbauten am Gare Montparnasse aus den sechziger Jahren vertragen, in einer Stadt der Größe von Lille stimmen die Relationen nicht mehr."[17]
Die heimliche Lust an einer urbanen Verstrickung von Kunst, Kultur und Kommerz, in der Literatur vielfach nachgewiesen, ist ungebrochen. Dieser Anspruch an die städtische Lebenswelt wird jedoch von denen, die die Mittel zur Veränderung in ihrem Portemonnaie ständig bei sich führen, gerne oder wenigstens klaglos auf die Urlaubszeit und ferne Länder begrenzt. Das billige, praktische oder ereignisreiche Einkaufen fasziniert das Publikum stärker. Der Architekt allein kann die relativ unreflektierte Übernahme der amerikanischen Shopping Mall nicht verhindern. Andererseits, wer ist kompetenter und von wem ist ein Beitrag zur Baukultur am ehesten zu erwarten? Von den Architekten oder von der interessierten Öffentlichkeit? Wie Günter Behnisch immer wieder ausführt, sollte der Architekt, wenn er nicht unmittelbar politisch aktiv werden will, sein Revolutionslied in der Form seiner Bauten erklingen lassen.[18]
Architektur ist nur im realen Gegenversuch, in von außen vorgegebenen Spielräumen zu beeinflussen und zu verändern, ganz gleich um welche Bauaufgabe es sich handelt. Der Architekt setzt der Banalität der Realität Kreativität entgegen. Selbst wenn dieser Aufstand im Formalen angesichts der bestehenden Verhältnisse Gefahr laufen muß, von der Gegenseite mehr oder weniger domestiziert zu werden, steht der Architekt vor der Aufgabe, Widerstand zu leisten und ein Gebäude weit eine eigene, bessere Welt zu schaffen. Rem Koolhaas hat diesen Widerstand in Euralille - so Günter Behnisch - aufgegeben, wenn auch auf hohem Niveau. Stadtreparatur oder behutsame Stadterweiterung war nicht das Ziel. Es ging um nicht weniger als darum, das 21. Jahrhundert zu bauen.
Die für ein Einkaufszentrum als unabdingbar angesehenen Raummuster und Funktionsbezüge sind seit Jahrzehnten im Gebrauch und nach wie vor bei Victor Gruen nachzulesen. Das Beispiel Euralille, in der Dimension von 70 Hektar Grundstücksfläche mit der "Neuen Mitte Oberhausen" vergleichbar, markiert dennoch drei bedeutsame Abweichungen. Zum einen beherbergt das von Koolhaas als ein neues Stück Stadt begriffene Quartier ein weites Spektrum verschiedener Funktionen, wenn auch nicht in kleinteiliger Durchmischung. Zum anderen wurde in der Vorplanung eine Verknüpfung von öffentlichen Interessen und privaten Investitionen erreicht, in der mit zunehmender inhaltlicher Abstimmung das öffentliche Kapital schließlich die Mehrheit übernahm. Außerdem wurde ein "Cercle de Qualité Architecturale" gebildet, dessen Mitglieder - die Großen der französischen Architektur - sich mit Empfehlungen an den Bürgermeister wenden, wenn rein wirtschaftliche Zwänge oder private Interessenkonflikte den gestalterischen Aspekten zuwiderlaufen.[19] Diese Bedingungen waren in Oberhausen nicht erfüllt.

Freizeit als Erlebnis

Mit seinen überbordenden Attraktionen, nach dem Willen des Publikums so gut es geht traditionell verbrämt, bezieht sich der neue Palast in Oberhausen als Mittelpunkt der Stadt nicht mehr allein auf einen am Ort nachgewiesenen, bereits vorhandenen Bedarf. Die 10.000 Parkplätze (bei der an diesem Standort gescheiterten Planung "World Tourist Center" sollten es noch 27.000 Parkplätze sein) gelten einem viel weiter angelegten Kundenkreis. Der 120-Minuten-Radius erreicht fast Amsterdam und Brüssel. Der Mangel wird künstlich erzeugt, in diesem Fall durch Attraktionen, die Käuferströme in halb Europa umlenken und Nachfrage erst wecken sollen. Etwa im Sinne der West Edmonton Mall: dreimal McDonalds und 55 Schuhgeschäfte. Da hilft es natürlich, sich nach dem Vorbild von Schwarzeneggers "Planet Hollywood" Realitäten auszuleihen: auf den Champs-Elysées und der Via Condotti. Das gilt auch für den traditionellen Habitus der Architektur. Denkt man an die umsatzstarken Center-Parks, die das beliebteste Klima und die attraktivste Naturkulisse überall anbieten können, hat der Gedanke andererseits fast ökologischen Tiefgang: die ganze Einkaufswelt in einem Gebäude. Ist man erst in Oberhausen angelangt, wird Weiterreisen überflüssig? Für die Mehrzweckhalle mit 14.000 Sitzplätzen will der New Yorker Betreiber "Ogden Entertainement Services" pro Jahr 120 Großveranstaltungen organisieren, vom Sport über den Zirkus bis zum Konzert. Was dann wohl aus dem bescheideneren "Grand Palais" von Rem Koolhaas in der Boomtown Euralille wird? Die Stones werden nach Oberhausen kommen - bis eine noch stattlichere Bühne lockt. Spätestens dann muß aufgerüstet werden, das spricht für kurze Abschreibungsfristen.

buyers throughout half Europe; similar to the West Edmonton Mall, with three Macdonalds and 55 shoe shops. Here, with Schwarzenegger's "Planet Hollywood" as a reference model, it obviously helps to borrow from the reality of the Champs-Elysées and Via Condotti, and the same can be said for the traditional appearance of architecture. With the high turn-over Centre Park, which can offer the best climate and most attractive natural backdrops anywhere, the concept has a depth that is almost ecological: an entire shopping world inside one solitary building. If, in other words, you've got as far as Oberhausen, why bother with a world trip? For the multi-purpose auditorium with seating for 14,000, New York based "Ogden Entertainment Services" want to organise 120 events per year, including sports, circus and concerts. What will that do to Rem Koolhaas' more modest "Grand Palais", in boomtown Euralille? The Rolling Stones will come to Oberhausen – until a more impressive venue entices them. Everything must be up and ready by then, and that can only mean one thing: a quick return on investments.

The City of Oberhausen's argument is purpose-oriented: the size of the investment is decisive. The largest capital outlay since Opel moved to Bochum: "The components of the new city-centre are geared to the needs of a society that would increasingly like their leisure time organised as an experience – as an event. Shopping, culture and sport – a composition of all leisure attractions that should not only consider the wishes and needs of modern society but, in the wake of the collapse of an even greater number of jobs in traditional industry, should also create many thousands of jobs in a growth sector. The New Centre Oberhausen, with an investment volume of more than two billion DM and the creation of 10,000 new jobs, will be a significant contribution to the restructuring of the region."[20]

Düsseldorf architects Rhode, Kellermann, Wawrowsky & Partner have created a shopping centre that, with its 70,000 square metres sales area, is almost modest in comparison with the competition in Leipzig, and should cater for 5000 jobs. Multi-purpose auditorium, sports city, Tivoli Theme Park, Marina boating pool, commercial areas, technology centre and 650 new appartments – 550 of which are remote from the recreational hurly-burly – should complete the new city centre. The 1999 National Garden Show, abutting to the north, will provide a further impulse. So why all the doubts? This centre is, as its name implies, central. A place where shopping centre and city centre coincide? A further step in the history of urbanity? The city plan shows one small difference: the old centre of Oberhausen, with the town hall, cultural facilities, railway station and historically rich urban fabric made up of many small mosaic-like elements, is set apart from the "New Centre". The new centre replaces or supplements not the old cultural centre of the city, but the lost industrial centre originating from 1758, and fallen into disuse since 1989. The industrial wasteland of the former Thyssen steel mill, with an area of approximately 100 hectares, will be put to new use. The urban situation for the "New Centre" Oberhausen will for this reason not lead to direct integration into the business and cultural life of the city. A wide ring of commercial areas, office blocks and a massive "armour shield" of three and four storeyed car parks – crucial to operations – effectively seals off the displaced urbanity of the second, more recent centre from the old centre – the real city. The axial intersection of both the central glass-roofed shopping arcades in the interior of the building is (Figure 16) – even if logical – not oriented towards the authentic city centre. In spite of the comparatively short distances involved, any relationship would any way only have been symbolic; access to the "New Centre" has been dictated solely by criteria that relate to its own, separate territory, and in particular the ease of the motorist in reaching it. Local public transport may indeed provide a direct and rapid connection between the site and the main station, but despite a generous allocation of space, it is assigned only one of a total of eleven main entrances. Far more vital to the alignment of the mall are the greatest number of parking spaces, to the southeast, and the leisure and "cultural" park to the northwest. In fact, the most pronounced "main entrances" face away from the city centre, out towards the green areas and the Rhein-Herne canal which, with a 10 hectare recreational park planned in front, has been transformed into an leisure Eldorado: gardens, fountains, rambler trails, games, attractions, open air theatre, indoor theatre, outdoor events, restaurants, cafés and a beer garden – all connect onto the

Die Stadt Oberhausen argumentiert zweckorientiert. Ausschlaggebend ist der Umfang der Investition: das größte Investitionsvorhaben seit der Ansiedlung des Autokonzerns Opel in Bochum. "Die Komponenten des neuen Stadtzentrums orientieren sich an den Bedürfnissen einer Gesellschaft, die zunehmend ihre Freizeit als Erlebnis organisiert wissen möchte. Einkaufen, Kultur, Sport - eine Komposition aller Freizeitangebote soll nicht nur den Wünschen und Bedürfnissen der Menschen in der modernen Industriegesellschaft Rechnung tragen, sondern auch viele tausend Arbeitsplätze in einer Wachstumsbranche schaffen, die dem Wegfall einer noch größeren Zahl von Jobs in den alten Industrien Paroli bieten sollen. Die neue Mitte Oberhausen wird mit einem Investitionsvolumen von mehr als zwei Milliarden DM und über 10.000 neuen Arbeitsplätzen ein bedeutender Beitrag zum Strukturwandel in der Region sein."[20] Das Einkaufszentrum der Düsseldorfer Architekten Rhode, Kellermann, Wawrowsky und Partner, mit 70.000 Quadratmetern Verkaufsfläche verglichen mit der Konkurrenz in Leipzig fast bescheiden, soll für 5.000 Arbeitsplätze sorgen. Mehrzweckhalle, Sportstadt, Tivoli-Freizeitpark, Multi-Screen-Kino, Marina-Bootshafen, Gewerbepark, Technologiezentrum und immerhin 650 neue Wohnungen, davon 550 abseits des Freizeittrubels, sollen das neue Stadtzentrum komplettieren. Die Landesgartenschau 1999 wird, im Norden anschließend, weitere Impulse geben. Warum also zweifeln? Dieses Zentrum liegt zentral. Einkaufszentrum und Stadtzentrum sind zur Deckung gebracht? Der historische Weg der Urbanität? Der Stadtplan zeigt eine kleine Differenz. Die alte Mitte Oberhausen mit dem Rathaus, den kulturellen Einrichtungen, dem Bahnhof, dem auch in Oberhausen geschichtsträchtigen, aus vielen kleinen alten und neuen Mosaiksteinen komponierten Stadtbild liegt abseits der "Neuen Mitte". Diese ersetzt oder ergänzt nicht die kulturelle Mitte der Stadt, sondern die verlorene, seit 1758 bestehende und 1989 brachgefallene industrielle Mitte. Eine Industriebrache des Stahlproduzenten Thyssen von etwa 100 Hektar wird neu genutzt. Die urbane Lage der "Neuen Mitte" Oberhausen führt darum nicht zu einer unmittelbaren Integration in den Geschäftsbetrieb und das kulturelle Leben der Stadt. Ein weiter Ring von Gewerbeflächen, Bürohäusern und die für den Betrieb notwendige massive "Panzerung" aus drei- und viergeschossigen Parkhäusern riegelt die ausgelagerte Urbanität der zweiten, neueren Mitte von der alten Mitte, der eigentlichen Stadt, ab. Das Achsenkreuz der beiden zentralen glasgedeckten gebäudeinternen Einkaufsstraßen ist (Abbildung 16) - insofern folgerichtig - nicht auf das authentische Stadtzentrum orientiert.

16 Große Mall mit Kuppel im Centro, Oberhausen

17 Gesamtansicht des Centro

planned site of the National Garden Show (Figure 17). Recreational park and shopping park are separated by a 25 metre wide expanse of water, laid out as a canal. Parallel to this, there is a wide promenade, contrasting with the street scenery in the inner world of the mall. At the edge of the site, this "high street" of Oberhausen's New Town, parallel to the main alignment of the shopping centre, comes to an abrupt halt – along with the responsibility of the investors and any motivation for changes. A link to Oberhausen's street network was neither required, nor could it be financed; the same can be said for the newly laid out "canal", where a connection with the Rhein-Herne canal is also absent. Indeed, the picture of the "New Centre" Oberhausen is of a leisure and consumer paradise, not a genuine city reconstruction (Figure 18). "The new centre will never be a competing city, for the sole reason that due to the proximity of industry, it cannot repeat the tight matrix of existing shopping and residential districts. Nonetheless, with the immediate proximity of shopping under the glass passage, and the leisure park and promenade beyond, and with the sporting and cultural events in the halls, the restaurants, cinema complex and marina all in sharp contrast, new forms of urbanity are still to be created ".[21]

To reach the "new centre", pedestrians from the old centre will almost have to take to the byeways. From the urban planning point of view, the New Town "Promenade" plays the promising role of "Oasis in the Desert" – the term "desert" being meant literally here, if the surrounding industrial wastelands are considered. This feature will attract a wide public, enticed away from the old centre. Where else in Oberhausen can the weary walk under trees and along the water's edge, undisturbed by city traffic? Who will be deterred

Trotz relativ geringer Wegedistanzen wäre dieser Bezug nur ein symbolischer gewesen. Entscheidend für die Erschließung der "Neuen Mitte" Oberhausen waren ausschließlich die Bedingungen des eigenen Territoriums und dessen Erreichbarkeit vor allem für Autofahrer. Der öffentliche Nahverkehr mit unmittelbarer Anbindung an den Hauptbahnhof erreicht den city-nahen Standort zwar sehr direkt und schnell. Dieser Anlaufpunkt ist jedoch trotz aufwendiger Platzgestaltung lediglich ein Haupteingang von mehreren, elf insgesamt. Bestimmender für die Ausrichtung der Malls sind das größte Parkplatzangebot im Südosten und der Freizeit- bzw. "Kulturpark" im Nordwesten. Die am stärksten markierten "Haupteingänge" wenden sich vom Zentrum der Stadt ab und orientieren sich in die grüne Gegenrichtung, zum als Freizeit-Eldorado ausgebauten Rhein-Herne-Kanal mit dem davor auf einer Fläche von 10 Hektar vorgesehenen Freizeitpark: Gärten, Springbrunnen, Wanderwege, Spiele, Attraktionen, Freilichtbühne, Theater, Veranstaltungsflächen, Restaurants, Cafés und Biergärten - im Anschluß das Gelände der geplanten Landesgartenschau (Abbildung 17). Freizeitpark und Einkaufspark trennt ein 25 Meter breites, als Kanal interpretiertes langgestrecktes Wasserbecken. Parallel dazu entsteht eine als weite Allee angelegte Promenade, die der Innenwelt der Mall eine straßenbezogene Einkaufsszenerie entgegensetzt. Diese "Hauptstraße" der Oberhausener Neustadt, parallel zur Hauptausrichtung des Einkaufszentrums, endet darum ebenfalls an den Grenzen des Grundstücks. Hier endet die Verantwortlichkeit der Investoren und damit die Schubkraft für Veränderungen. Insofern war eine Anbindung an das Oberhausener Straßennetz nicht gefragt und nicht finanzierbar. Das gleiche gilt für den neu angelegten "Kanal", dem die Anbindung an den Rhein-Herne-Kanal versagt bleibt. Die "Neue Mitte" Oberhausen zeigt Bilder eines Freizeit- und Konsumparadieses, nicht realen Stadtumbau. "Eine Konkurrenzcity (Abbildung 18) wird die Neue Mitte schon deshalb nicht werden, weil die enge Verflechtung von Einkaufen und Wohnen wie in den vorhandenen Bereichen sich dort wegen der Nähe zur Industrie nicht wiederholen läßt. Es sind also neue Formen der Urbanität auszubilden im direkten Nebeneinander von Einkaufen in der Glaspassage mit dem Erholungspark an der Promenade oder Sport- und Kulturereignissen in der Halle, mit Restaurants, einem Kinocenter und der Marina."[21]

18 Große Mall, Detail des Modells

by the fact that, like all dreams, this magnificent street also has an end? Who will care if this part of Oberhausen does not – indeed cannot – fit with the other authentic part, even when, with its great number of attractions, it is the more fashionable and intensive? Who will still grasp the deeper sense of the name "New Centre"? Does it not also conceal a sacrifice of the "Old Centre"? Who will notice the secret implosion of culture, expressed in the fact that, thanks to the term "Cultural Entertainment" and one single press release, the "Leisure Park" has suddenly been elevated to a "Cultural Park", although the true cultural identity still remains exclusively situated in the historic city centre?[22]

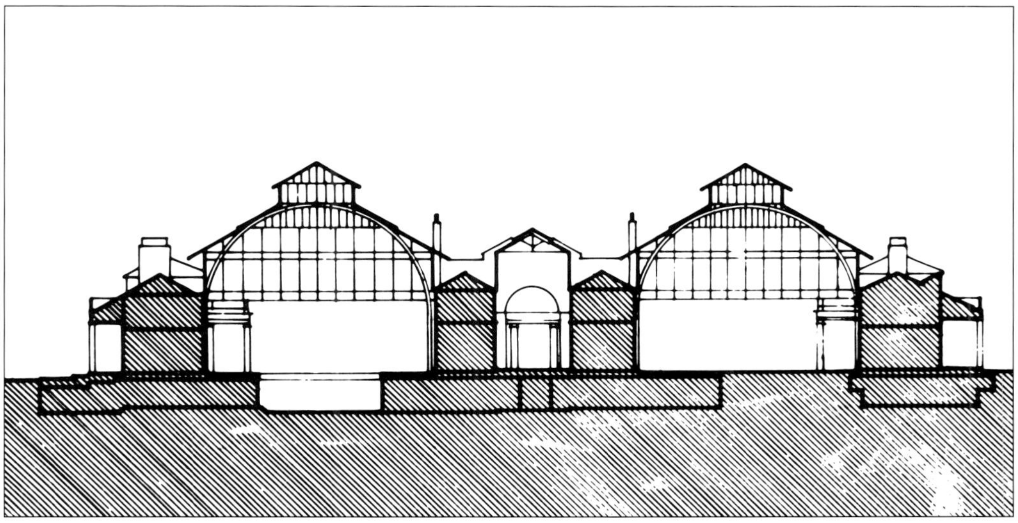

19 Covent Garden, London 1830/1980

Urban Repair

But all the same, a desolate industrial district beyond the railway line that separates off the core of the city will be upgraded with urban functions. Indeed, this is the very reason that this type of installation is expressly favoured by the Bundesbauministerium. Although the new centre Oberhausen can never become an integral component of the city, it still conforms to the current list of requirements from Bundesminister Klaus Töpfer who, according to a DPA announcement dated 8th June 1995, has "declared war" on greenfield site markets. With targeted support given to specialty in the inner cities, and restrictions to shopping centres in the suburbs and beyond, the desolation of the inner cities, mainly in eastern Germany, is to be halted. So-called "Open-plan specialty Trader Developments" are to be included in the criteria for planning regulations, and provisions for extensions to markets are to be more vigorously applied, along with all support programs at the local level. The growing demand for land and the destruction of the countryside, the burdening of the urban environment by increased traffic volume and the sealing off of ground are consequences which, according to the announcement, would be "exported" to surrounding areas, so that the apparently less costly development of outer areas, when seen in the general economic context, would finally end up more expensive than the inner city solution.[23] *According to the Bundesministerium, these "inner district types" are "open-plan specialty facilities in the inner city or on the edge of the inner city or, for example, built within the city in local city centres (located within city areas built as a part of the same project, if necessary in "replanned" city districts).*[24] *According to this official classification, "outer area types" are located in outer areas, on the edge of the city's core, in neighbouring, smaller communities bordering the city, or more generally, in communities that border on the city. The ministry always recognises the inner area type, with its selection of features relevant to the inner city – galleries, arcades or residential district centres – as meaningful if it includes a hierarchically graded network of specialty businesses, if integration of urban planning and traffic is ensured, if small scale structures are maintained or can be further developed alongside the emergence of larger elements, and when city districts can be upgraded by means of functional improvements. Groceries, household goods, electrical articles, video and photographic goods, opticians, clocks and watches, stationary, books, sporting equipment, clothes and textiles are regarded as most suited to inner city areas. Garden centres, furniture and DIY hypermarkets, on the other hand, stock a range of items relevant to outer areas, and their relocation should accordingly be encouraged in order*

Fußgänger aus der alten Mitte werden die "Neue Mitte" fast auf Nebenwegen erreichen müssen. Die "Promenade" der Neustadt spielt städtebaulich insofern die erfolgversprechende Rolle "Oase in der Wüste". Wobei der Begriff Wüste in Bezug auf die Industriebrache auch wörtlich zu nehmen ist. Der neuen Mitte wird diese Attraktion viel Publikum bescheren, der alten Mitte dagegen das Publikum abwerben. Wo könnte man sich in Oberhausen sonst so ungestört vom Autoverkehr, unter Bäumen und an Wasserflächen müde laufen? Wen sollte es also stören, daß auch diese Prachtstraße wie jeder Traum ein Ende hat, daß dieses Stück Oberhausen zum authentischen Rest nicht paßt, nicht passen kann - wenn es doch in der angedeuteten Verdichtung der Attraktionen das modischere und intensivere Stück Stadt ist? Wer verfolgt noch den Tiefsinn der Namensgebung "Neue Mitte"? Steckt darin nicht auch ein Aufgeben der "alten Mitte"? Wer bemerkt noch den heimlichen Kulturverfall, der darin zum Ausdruck kommt, daß sich der "Freizeitpark" dank "kultureller Unterhaltung" und mit Hilfe einer einzigen Presseerklärung zum "Kulturpark" mausert, obwohl sich die kulturelle Identität der Stadt doch ausschließlich in der historischen Mitte der Stadt befindet?[22]

Urbane Flicken

Andererseits wird ein verödetes Industriegebiet jenseits der die Kernstadt begrenzenden Bahnlinie mit städtischen Funktionen aufgewertet. Derartige Anlagen werden darum vom Bundesbauministerium ausdrücklich befürwortet. Obwohl die "Neue Mitte" Oberhausen nicht zu einem integrativen Bestandteil der Stadt werden kann, entspricht sie dem aktuellen Forderungskatalog von Bundesbauminister Klaus Töpfer, der laut dpa-Meldung vom 8. Juni 1995 den Märkten auf der grünen Wiese "den Kampf ansagt". Mit gezielter Förderung des Einzelhandels in den Innenstädten und Beschränkungen für Einkaufszentren vor den Städten soll die Verödung der Innenstädte vor allem in Ostdeutschland gestoppt werden. Sogenannte "großflächige Einzelhandelseinrichtungen" sollen in den Katalog der Raumordnungsverordnung aufgenommen werden, der Ausschluß der Erweiterung von Märkten im Planungsrecht stärker genutzt werden. Alle Förderprogramme sollen stärker örtlich genutzt werden. Wachsender Flächenbedarf, Zersiedelung, städtische Umweltbelastungen durch höheres Verkehrsaufkommen und Bodenversiegelung seien Folgen, so heißt es da, die in das Umland "exportiert" würden, so daß die scheinbar preiswertere Außenbereichsbebauung gesamtwirtschaftlich gesehen erheblich teurer zu stehen komme als die Innenbereichslösung.[23] Zu den sogenannten "Innenbereichstypen" gehören laut Bundesbauministerium "großflächige Einzelhandelseinrichtungen, die entweder in der Innenstadt bzw. am Innenstadtrand liegen, oder die innerhalb der Stadt, z.B. in Stadtteilzentren, errichtet worden sind (Standort innerhalb der im Zusammenhang bebauten Ortsteile, ggf. in 'überplanten' Stadtteilen)."[24] "Außenbereichstypen" liegen nach dieser offiziellen Lesart dagegen im Außenbereich am Stadtrand der Kernstadt, in den an die Stadt angrenzenden benachbarten kleineren Gemeinden oder auch generell in Gemeinden außerhalb der Stadt (z.B. innerhalb der Stadtregion). Den Innenbereichstyp mit innenstadtrelevantem Sortiment sieht das Ministerium immer dann im innerstädtischen Bereich in Form von Galerien, Passagen oder Wohngebietszentren als sinnvoll an, wenn er sich in ein hierarchisch abgestuftes Einzelhandelsnetz einfügt, wenn die städtebauliche und verkehrliche Einbindung gewährleistet wird, wenn kleinteilige Strukturen neben der Entstehung größerer Einheiten erhalten bleiben bzw. weiterentwickelt werden und wenn die betroffenen Stadtteile durch eine Funktionsanreicherung funktional aufgewertet werden. Als innenstadtrelevante Sortimente gelten dabei Lebensmittel, Hausrat, Elektroartikel, Video- und Fotogeräte, Optik, Feinmechanik, Uhren, Papierwaren, Bücher, Sportartikel, Bekleidung und Textilien. Garten-, Möbel- und Baumärkte führen dagegen außenbereichsrelevante Sortimente, deren Verlagerung an den Stadtrand gefördert werden soll, um die damit freiwerdenden Flächen einer neuen und komplexeren Nutzung zuzuführen.[25]

Was stört ist die Methode und die Geschwindigkeit. Das, was sich die Investoren - auch nach eigener Einschätzung - vorgenommen haben, ist nicht weniger als die Quadratur des Kreises. "Jahre und Jahrzehnte gehen oftmals ins Land bis große Einkaufsstraßen oder Zentren ihren eigenen Charakter gefunden haben. Ob Covent Garden (Abbildung 19), Via Condotti, Maximilianstraße, Champs-Elysées, alle haben im Laufe der Zeit ein eigenes Profil und Image *to bring new, more complex use to the areas thus released.*[25]

The disturbing thing about all this is the speed and the methods. What the investors have undertaken – as they themselves admit – is no less than making a square out of circle, so to speak. "Years, even decades, can pass before large shopping streets or centres assume their own character. Whether Covent Garden (Figure 19), Via Condotti, Maximillianstrasse or the Champs Elysées, during the course of time all have developed a characteristic image and profile. They are the number one addresses for exclusive and refined demand. The Oberhausen's "New Centre" wishes to leapfrog these development phases and present a characteristic and unmistakable image, right from the start."[26] *That is the actual motivation behind the undertaking. Under ideal conditions, success will depend not on the architectonic quality of the site, but far more importantly, the economic health and transport network in the surrounding area: 30 million people can reach this central location in Europe's largest conurbation within a two hour drive at the most. 800,000 households with a combined disposable income of DM 36 billion live within a radius of only fifteen minutes drive. With twelve motorway intersections within a 2,5 kilometre radius, traffic connections are ideal. Düsseldorf airport is also nearby (30 minutes), together with several regional airports. Expert opinion on future traffic developments anticipates 75,000 visitors on Tuesdays, and 100,000 visitors on Fridays, more than 55% of which are expected to come from Oberhausen.*[27] *On the other hand, turnover from Oberhausen for 1996 is expected to be only 40%, although almost 60% will come from surrounding areas.*[28] *The magic formula goes: "Direct connections to the regional market; unproblematic access to national markets and markets of the Benelux states – and an attractive mixed offer."*[29] *Two totally independent surveys on the effects on local trade draw similar conclusions: the "new centre" will tie up purchasing power from the surrounding region to the tune of about DM 300 million. In spite of this, the drop in specialty turnover in the neighbouring towns is expected to be in the region of only 1,4% for Essen Centre, and 3,8% for Mülheim RRZ. After the opening, annual purchasing power will still flow off into the surrounding regions at the rate of about DM 200 million.*[30] *According to a 1992 report, specialty trader turnover in Oberhausen will rise in all by about DM 430 million annually. Since an annual turnover of DM 550 million is expected for the "New Centre", this represents an overall shortfall of almost DM 120 million, or 4,5% of the traditional Oberhausen specialty business.*[31]

New Centres

"Does the plan form a centre worthy of the name? Do I believe the plan for this centre? Is the centre so strong, complex and contradictory, and is it occupied by such a multitude of conflicting interests, that it can support the surrounding areas and maintain their urban function?"[32] *In his essay The way to a new city*[33]*, Dieter Hoffmann-Axthelm, one of the more interesting observers of shopping centre development, insisted on the completeness of the city – right down to the question of the inner city cemetery. "How can I trust in a city that banishes its dead to its outermost limits, just like its logistic centres or sewage processing plant? Evidently, such a city is not there to stay, so why should I, the user of such a city?"*[34] *For Victor Gruen, in 1975 a "place to live" had already become a central concern. Starting at the immediate residential environment, the "place to live", he distinguished between "obligatory" and "optional" traffic. The degree of such traffic is here determined by two factors: the quality of the "place to live", the "obligatory" place (education, work, shopping) and the "optional" area (leisure, recreation) on the one hand, and their spatial linkage on the other. "If the quality of the 'place to live' is poor, then a person will go and seek out better alternatives (for example a better apartment, a second home, a house in the country or a holiday resort). If the quality of the 'obligatory' place is poor (unsatisfactory working environment or conditions), then a person will seek out better alternatives, even when more distant from the 'place to stay'... In all cases where quality is poor, the need for mobility will increase, leading to 'compulsive mobility'. The rise in 'compulsive mobility' will, for its part, contribute to a worsening of the quality of the 'place to live', the 'obligatory' place and the 'optional' place alike."*[35] *Traffic will increase accordingly – ad infinitum. Logically, the only option is a renewal of the city, and not merely its expansion on the basis of one sided functional propositions. In an urban sense, because it is so*

entwickelt. Sie sind erste Adressen für exklusive und gehobene Ansprüche. Die 'Neue Mitte' Oberhausen will diese Entwicklungsphasen überspringen und von Anfang an ein eigenes und unverwechselbares Erscheinungsbild entwickeln."[26] Bei besten Bedingungen, und das ist der eigentliche Antrieb des Unternehmens. Entscheidend für den Erfolg ist nicht die architektonische Qualität vor Ort, viel wichtiger sind die Wirtschafts- und Verkehrsverhältnisse des Umlands: 30 Millionen Menschen erreichen den zentralen Standort im Mittelpunkt des größten europäischen Ballungsgebietes in maximal zwei Stunden Fahrzeit. 800.000 Haushalte mit einem frei verfügbaren Einkommen von ungefähr 36 Milliarden Mark leben in einem Umkreis von nur 15 Fahrminuten. Die Verkehrserschließung mit zwölf Autobahnanschlüssen in einem Umkreis von nur 2,5 Kilometern ist optimal, dazu kommt die Nähe des internationalen Flughafens Düsseldorf (30 Minuten) und mehrerer Regionalflughäfen. Ein Gutachten zur künftigen Verkehrsentwicklung rechnet mit 75.000 Besuchern dienstags und 100.000 Besuchern freitags, von denen 55 Prozent aus Oberhausen kommen sollen.[27] Andererseits soll der Umsatz 1996 nur zu gut 40 Prozent aus Oberhausen geholt werden, zu knapp 60 Prozent aber aus dem Umland.[28] Die Zauberformel lautet: "Unmittelbare Anbindung an den regionalen Markt sowie problemloser Zugriff auf nationale Märkte und Märkte der Benelux-Staaten... Attraktiver Angebots-Mix".[29] Zwei Gutachten zu den Auswirkungen auf die Handelsstruktur kommen unabhängig voneinander zu ähnlichen Ergebnissen: Die "Neue Mitte" wird Kaufkraft des Umlandes in einer Größenordnung von etwa 300 Millionen DM binden. Dennoch sollen die Umsatzrückgänge des Einzelhandels in den Nachbarstädten bei nur 1,4 (Essen Zentrum) bis 3,8 Prozent (Mülheim RRZ) liegen. Auch nach der Eröffnung wird jährlich Kaufkraft in einer Größenordnung von etwa 200 Millionen DM ins Umland abfließen.[30] Der Einzelhandelsumsatz in Oberhausen insgesamt erhöht sich, laut Gutachten von 1992, um 430 Millionen DM pro Jahr. Da man für die "Neue Mitte" einen Jahresumsatz von 550 Millionen DM erwartet, resultieren daraus Verluste von knapp 120 Millionen DM oder 4,5 Prozent für den traditionellen Oberhausener Einzelhandel.[31]

Neue Mitten

"Bildet der Plan ein Zentrum, das den Namen verdient? Glaube ich dem Plan dieses Zentrum? Ist das Zentrum so stark, komplex, widersprüchlich, von vielfachen konfligierenden Interessen besetzt, daß es die umgebende Fläche tragen und städtisch in Funktion halten kann?"[32] Dieter Hoffmann-Axthelm, der mit seinem Aufsatz "Der Weg zu einer neuen Stadt"[33] zu den interessantesten Beobachtern der Entwicklung der Einkaufszentren gehört, pocht in seinem aktuellen Kommentar auf die Vollständigkeit von Stadt - bis hin zur Frage nach dem innerstädtischen Friedhof. "Wie soll ich einer Stadt trauern, die ihre Toten so weit herauslagert wie ihr Logistikzentrum oder ihre Kläranlage? Offenbar ist in solcher Stadt nichts auf Bleiben angelegt - warum soll ich, der Nutzer, dort bleiben wollen?"[34] Für Victor Gruen war das Bleiben schon 1975 ein zentrales Anliegen. Er unterschied von der unmittelbaren Wohnumgebung ausgehend, der Bleibe, zwischen "Pflicht-" und "Wahlverkehr". Das Maß des Verkehrs wird dabei durch zwei Komponenten bestimmt: die Qualität der "Bleiben", der "Pflichtorte" (Ausbildung, Arbeit, Einkauf) und der "Wahlorte« (Freizeit, Erholung) sowie deren räumliche Verknüpfung. "Ist die Qualität der 'Bleibe' schlecht, dann jagt der Mensch nach besseren Alternativen (z.B. bessere Wohnung, Zweitwohnung, Landhaus, Erholungsort). Ist die Qualität der 'Pflichtorte' schlecht (unbefriedigende Arbeitsumwelt oder Arbeitsbedingungen), dann sucht der Mensch nach besseren Alternativen, auch wenn sie in großer Entfernung von der 'Bleibe' gelegen sind. ... In allen Fällen, in denen die Qualität mangelhaft ist, erhöht sich das Fortbewegungsbedürfnis und führt zur 'Zwangsmobilität'. Das Wachsen der 'Zwangsmobilität' trägt nun ihrerseits zur Verschlechterung der Qualität der 'Bleiben', der 'Pflichtorte' und der 'Wahlorte' bei."[35] Daraus resultiert wiederum ein ansteigendes Verkehrsaufkommen usw. usw. Folglich kann es nur darum gehen, Stadt zu erneuern, nicht mit nur einseitigen Funktionsangeboten auszuweiten. Überregionale Publikumsströme durch neue große Zentren der Kultur, des Sports, des Handels außerhalb der Stadtzentren in Bewegung zu setzen gehört damit zu den fragwürdigsten, weil überflüssigsten Verkehrsbewegungen und Entwicklungen im Sinne von Stadt. Aufwendungen für den Ausbau von Infrastruktur in Stadterweiterungen sollten darum nicht der Allgemeinheit aufgebürdet werden. Die Schwierigkeit der Stadtplanung besteht darin, auf das Freisetzen privater Initiativen

superfluous, to trigger off a stream of people from one region to another because of new and large cultural, sports and trade centres is one of the most questionable developments. But the community as a whole should not be saddled with improvement to infrastructures in an expanding city. The inherent difficulty of urban planning is its dependency on private initiatives "without in each case becoming either superfluous or an accomplice to the crudest interests in the property development business".[36] If the undisputed, fundamental achievement of the city is its complexity, a positive prognosis for shopping centres (traditionally the "business district" of every city) can also be expected – but with the precondition that smaller, multi-layered centres that are actually integrated into the city are involved. It is only when open-plan centres of this nature are dedicated to a local, at the most regional, public, that Dieter Hoffmann-Axthelm's surprising vision can become reality. The 1939 "Maison du Peuple de Clichy" (Figure 20) is a polyfunctional market hall designed by engineer Jean Prouvé and architects Beaudouin and Lods. By moving walls and ceiling elements, it can be used for markets, social events and meetings. In its more limited historical context, the building gives some idea of how modern, comprehensively planned shopping centres would be used. "The building can be altered by means of a refined technical apparatus, and can be used equally as a roofed market and a community hall: a model of an organic community concept and of a social class that stresses the role of participation, it is an exceptional product of a communal ideology that defines the history of French socialism and the skills of the people's front."[37]
Even if, at first glance, such an approach appears unrealistic within the capitalist framework of a shopping centre, the desire for a real city is growing. The pure shopping mall outside the city has been superceded – even in the USA. The fatal planning principle: "A paucity of interesting features, and a monofunctional periphery" is something that all too

20, 20a Maison du Peuple de Clichy, Paris 1939 (J.Prouvé/Beaudouin/Lods)

angewiesen zu sein, "ohne sich deshalb überflüssig oder zum Vollzugshelfer der jeweils krudesten bauwirtschaftlichen Interessen zu machen".[36] Wenn die grundlegende Leistung von Stadt unbestritten ihre Komplexität ist, ergeben sich daraus für das Einkaufszentrum, traditionell die City jeder Stadt, aber auch positive Zukunftsbilder. Vorausgesetzt es handelt sich um kleinere, vielschichtige, in die Stadt tatsächlich integrierte Zentren. Denn nur, wenn derartige Großräume einer lokalen, wenigstens aber regionalen Öffentlichkeit gewidmet sind, kann die überraschende Vision Realität werden, die Dieter Hoffman-Axthelm vor Augen hat. Das Beispiel der polyfunktionalen Markthalle "Maison du Peuple de Clichy" (Abbildung 20) des Konstrukteurs Jean Prouvé und der Architekten Beaudouin und Lods aus dem Jahr 1939, durch bewegliche Wand- und Deckenelemente als Markthalle wie als Veranstaltungsort und Versammlungsraum zu verwenden, läßt im kleineren historischen Rahmen ahnen, wie umfassend komplex geplante Einkaufszentren heute zu nutzen wären. "Das Bauwerk ist durch einen raffinierten technologischen Apparat veränderbar und kann gleichermaßen als überdachter Markt wie als Volkshaus verwendet werden: Als Modell einer organischen Gemeinschaftskonzeption und einer die Rolle der Volksbeteiligung unterstreichenden sozialen Schicht ist es ein außergewöhnliches Produkt der Kommunalideologie, die die Geschichte des französischen Sozialismus und die Geschicke der Volksfront so grundlegend bestimmt."[37] So wenig realistisch ein solcher Ansatz im kapitalistischen Rahmen eines Einkaufszentrums auch auf den ersten Blick scheint, der Wunsch nach Stadt wird stärker, die reine Einkaufs-Mall draußen vor der Stadt damit zum auslaufenden Modell, selbst in den USA. Das fatale Planungprinzip "ereignisarme und monofunktionale Peripherie" durchzieht zwar oft genug auch das eigentliche Stadtgebiet. Auf der anderen Seite steht aber das Stadtbild der Mall unter dem enormen Veränderungsdruck der Publikumswünsche. "Vom Druck der Wünsche gejagt, entwickelt sich die Mall ständig weiter, immer dichter muß die Fiktion der als Medium des Kaufens angebotenen Mall werden. Alle die Kommunikationsräume, die gutwillige Stadtsoziologen den Architekten einst ans Herz legten und die nie funktionierten, hier, als Entspannungszonen zwischen den Lauforten, blühen sie. Sie erweitern sich ständig, nehmen immer größere Anteile wirklicher Städte auf. Immer mehr Leben - Freizeitleben - muß zwischengeschoben werden: Flanieren, Café, Restaurant, Kino, Fernsehübertragungen aus der übrigen Welt auf Riesenbildschirmen, Ausstellungen, Galerien, Spielplätze, Sport, Badegelegenheiten, bis hin zu einem veritablen Zoo."[38] Ganz ähnliche Erlebniswelten stehen parallel dazu auch auf dem Programm der Städte. Kein Bürozentrum, das nicht mit Café und Kunstausstellung kulturellen Anschluß sucht, kein Bahnhof oder Flughafen, der sich nicht mit Läden schmücken will. In der allgegenwärtigen Fülle dieser Angebote geht nur eins verloren: das eindeutige Zentrum, die Hierarchie der Urbanität. Das Modell "Komplexität" wird überall erprobt, ohne sinnvoll geplante Schwerpunkte, ohne privilegierte Orte funktionaler Bündelung. Entscheidend dabei ist die Konkurrenz der Großräume in ihrer ästhetischen Qualität. "Es sind weniger die funktionalen als die ästhetischen Anforderungen, die typologiebildend wirken, und es ist die Botschaft des ästhetischen Projekts - die Darstellung von Stadt -, die die räumlichen Dimensionen und den Gegenstand der Darstellung diktiert: Platz, Straße, Perspektiven, Vielfalt, vor allem und zunehmend Außenwelt statt Innenwelt bis hin zum Verzicht auf überdachten Raum... Was jetzt gebaut wird ist fast unglaublich: wirkliche Stadtstraßen. ... Die Straßen stellen, obwohl als Bühnenbild inszeniert und im Angebotsmix so zentral organisiert wie die geschlossenen Anlagen, tatsächlich so etwas wie öffentlichen Raum dar und sind in bestehende Siedlungsgebiete als zentraler Kern eingefügt."[39] Damit gerät die Stadtinszenierung Mall immer mehr in die Nähe eines wirklichen Stadtzentrums, besonders dann, wenn sie einen zentralen Standort besetzen kann und bestehende Stadtstrukturen einbezieht. "Es ist also ein Punkt absehbar, wo die ästhetische Inszenierung einen Typus von fingiertem Stadtzentrum bereitstellt, der so perfekt ist, daß er umschlagen könnte ins Gegenteil, in ein wirkliches Stadtzentrum."[40] Bedenkt man den sozial entleerten und damit gesellschaftspolitisch fragwürdigen Zustand unserer Stadtzentren, ergibt sich aus der Annäherung der Shopping Mall an die Stadt die Chance eines noch nicht ganz klar definierten neuen Ortes, jenseits reiner Stadtnostalgie und losgelöst von der Sehnsucht nach dem 19. Jahrhundert, an dem die Gesellschaft ihre verlorene Bühne wiederentdecken könnte. Entscheidend dafür ist die offene Bewe-

often also pervades the actual city. On the other hand, the city image of the mall is under enormous pressure to conform to the wishes of the public: "Hounded by the pressure of public demand, the mall is constantly being subjected to further development; the fiction of the mall as a purchasing medium must become ever more intense. All those "communication" areas, once recommended to architects by well-meaning urban sociologists and which never actually function (here, as relaxation zones between the walking areas) – they bloom; they spread constantly, absorbing an ever greater area of real cities. More and more life – recreational life – must be squeezed in: promenade, café, restaurant, cinema, television broadcasts from the outside world on giant screens, exhibitions, galleries, playgrounds, sports and bathing facilities, even the veritable zoo."[38] Very similar, parallel theme worlds are also found on the programme for the city: there is no office centre that doesn't seek a cultural link, either with a café or an art exhibition; there is no railway station or airport that does wish to be adorned with shops. In the omnipresent fullness of these services, only one thing is missing: the clear centre — the urban hierarchy. The "complexity" principle is being tried out everywhere, but without a sensibly planned emphasis, and without "privileged" places where functions are combined . At the same time, the competition between large spaces is, in their aesthetic quality, decisive: "It is less the functional, and more the aesthetic requirements that form typology. It is the message of the aesthetic project – the portrayal of the city – that dictates the spatial dimensions and the actual medium of portrayal: city square, street, perspectives, variety, and the dominance of the exterior world over the interior world, to the point where a roofed over space is foregone... it is almost unbelievable what is now being built: real city streets. These streets, although theatrically staged and as centrally organised within the assorted offer as any closed installation, do in fact represent a kind of public space. They are central cores that have become integrated into existing development areas."[39] With that, the mall as a theatrical enactment of the city has moved steadily closer to the centre of the real city, taking advantage of central sites and existing city structures. "A point can be foreseen where aesthetic staging provides for a type of fake city centre that is so perfect that it could, so to speak, flip over into its opposite; in other words, it could become a genuine city centre".[40] In the face of the socially deserted and thus politically questionable state of our urban centres, the steady advance of the shopping mall towards the city will create an opportunity for a new place – still not very clearly defined – where, beyond pure nostalgia, and free of the yearning for the 19th century, society could rediscover a lost arena. The mall's open sphere of movement, the space that in "Maison du Peuple de Clichy" was able to transform into a community hall by means of an easily enacted conversion, is decisive here. Also decisive, however, are the possibilities that surpass the centrally planned, dictatorially managed private enterprise "shopping centre" – spaces that are available to the user for social activities, and which are therefore not solely limited to consumption. There is an accompanying social problem, of course: from a political point of view, society is still unable to cope with a city model that the mall seems to suggest aesthetically – at least in the basic principles. "In the mall, this true city world is only a reflection – it is standing on its head, and tempts us to take it seriously, to place it upon its feet."[41] In this case, the mall would be a space which can be set apart from consumption, even when that was the precise reason it was created. If the arguments put forward by Victor Gruen are anything to go by, an idea that goes a step further than mere consumption was there from the start: it was Gruen, after all, who wished to install European city centres in the USA, in just this way.

Stations on the Way to Change

In view of the wide range of positive and negative opinion, the insecurity of political decision-making and the type's only vaguely predictable future perspectives, a greater clarity cannot be expected from projects either realised or planned by the Rhode, Kellermann & Wawrowsky office. In a few cases, criticism must relate to planning documents of projects that are still to be realised, with all the limitations that that entails; this also applies to the "New Centre Oberhausen" – the first prize in an architectural competition. Nevertheless, the work of the Düsseldorf architects emphasises three positive developments, which can best understood as stations along the way from suburban to urban shopping centres, according to the gungssphäre der Mall, der Raum, der im "Maison du Peuple de Clichy" durch einen leicht zu bewerkstelligenden Umbau zum reinen Veranstaltungsraum werden konnte. Entscheidend sind aber auch Handlungsmöglichkeiten jenseits des zentral geplanten, diktatorisch geführten, privaten Unternehmens "Shopping Center" - Räume für eine gesellschaftliche Tätigkeit der Benutzer, die nicht allein auf das Konsumieren beschränkt sind. Dabei offenbart sich allerdings ein gesellschaftliches Problem: dem Stadtmodell, das mit der Mall wenigstens in den Grundzügen ästhetisch angedeutet wird, ist die Gesellschaft politisch (noch) gar nicht gewachsen. "In der Mall ist diese richtige Stadtwelt nur gespielt, sie steht also Kopf. Es verlockt sie ernst zu nehmen und auf die Füße zu stellen."[41] Unter diesen Annahmen wäre die Mall ein Raum, der vom Konsum distanzieren kann, obwohl er doch gerade zu diesem Zweck geschaffen wurde. Vertraut man auf die Argumentation von Victor Gruen, der auf diesem Weg in den USA europäische Stadtkerne installieren wollte, war eine Zielvorstellung über den Konsum hinaus von Anfang an gegeben.

Stationen eines Umbruchs

Angesichts der geschilderten Meinungsvielfalt, im Negativen wie Positiven, der Unsicherheit der politischen Entscheidungen und der erst vage absehbaren Zukunftsperspektiven des Bautyps kann von den realisierten oder in Planung begriffenen Projekten der Architektengemeinschaft Rhode Kellermann Wawrowsky keine darüber hinausweisende Klarheit erwartet werden. Zudem muß sich die Kritik an dieser Stelle in einigen Fällen, so auch bei der "Neuen Mitte Oberhausen", Ergebnis eines Gutachterverfahrens, auf Planunterlagen noch nicht realisierter Bauprojekte beziehen, mit allen Einschränkungen, die daraus abzuleiten sind. Dennoch machen die Arbeiten der Düsseldorfer Architekten drei positive Entwicklungen deutlich, die als Stationen auf dem Weg vom suburbanen zum urbanen Einkaufszentrum unter der eben geschilderten visionären Perspektive verstanden werden können. Im Mittelpunkt stehen:
1. ökologisch verantwortbare Alternativen in Bezug auf die Unterbringung der Autos, die Begrünung, die Dachentwässerung, vor allem aber die Einbettung der Gebäude in die Landschaft, insbesondere bei suburbanen Einkaufszentren,
2. als Neubaumaßnahme in den kulturellen und architektonischen Stadtzusammenhang unmittelbar integrierte Einkaufszentren und
3. die Sanierung und Umnutzung von Altbausubstanz gerade in Innenstadtlagen.

21 Große Mall im Neefepark

visionary perspectives just described. At the centre are:

1. Ecologically justifiable alternatives with regard to the accommodation of motor vehicles, the planting of greenery, the draining of roof surfaces and, most important of all, the integration of the building into the landscape, particularly in the case of suburban shopping centres;

2. Shopping centres, as newly built features directly integrated into the cultural and architectonic urban context;

3. The revival and alternative use of old buildings in inner city locations. Part of the basis of this work is a rightful claim to architectonic design under the tight stipulations and the restrictive, low cost means that is normally associated with suburban centres. "Neefepark" (Figure 21), to the west of Chemnitz, is an example: extravagant planting, accentuated entrance areas, a resolute look to its exteriors and refined interior detailing and planning, right down to the lighting, clearly set the project apart from the Leipzig shopping centres already discussed and realised on the basis of "quick-build boxes". The "Löwencentre" in Dresden-Nickern, through the diagonal intersection of a mall, running through a right angle, with a further, raised, glassed-over mall in the roof, will attain a particularly imposing central fulcrum in the form of a cross-over of several "shopping streets". The 35,000 square metre "Thüringen Park" (Figure 22) professional market centre in Erfurt, which will use its roof as a parking area for 500 vehicles – a sensible suggestion that could be used far more often to improve the balance of green areas or enable more dense building layouts – penetrates the large volume of the building by means of apparently individual bodies in the facade, displaced in relation to each other. The shopping centre planned for Goldberg, near Halle, deals with its peripheral site even more resolutely: it almost completely disappears beneath a green fur coat, in a landscape of fruit trees and expansive meadows. The two storeyed shopping centre, with a sales area of 70,000 square metres, (second prize in an architectural competition), almost completely dis-

22 Thüringen Park, Gesamtansicht

Zur Basis dieser Arbeit gehört der Anspruch, auch unter den engen Vorgaben suburbaner Zentren und mit einfachen, wenig kostenaufwendigen Mitteln architektonisch zu gestalten. Ein Beispiel dafür ist der "Neefepark" (Abbildung 21) westlich von Chemnitz. Aufwendige Begrünung, akzentuierter Eingangsbereich, konsequentes äußeres Erscheinungsbild und ausgefeilte Detaillösungen im Inneren, bis hin zur Lichtplanung, setzen sich von den erwähnten Einkaufszentren im Umfeld von Leipzig, nach dem Prinzip "Schnellbaukasten" realisiert, deutlich ab. Das Projekt "Löwencenter" in Dresden-Nickern wird in der Verschneidung von einer rechtwinklig abgewinkelten Mall mit einer den Winkel diagonal treffenden höheren, im Dach noch weiter verglasten Mall einen besonders markanten Mittelpunkt als Kreuzung mehrerer "Einkaufsstraßen" erhalten. Das 35.000 Quadratmeter große Fachmarktzentrum "Thüringen Park" (Abbildung 22) in Erfurt, das seine großen Dachflächen als Parkplatz für mehr als 500 Fahrzeuge nutzen wird - ein sinnvoller Vorschlag, der viel öfter die Grünflächenbilanz verbessern bzw. eine stärkere bauliche Verdichtung ermöglichen sollte -, bricht das große Gebäudevolumen durch im Fassadenbild scheinbar gegeneinander versetzte Einzelbaukörper. Noch konsequenter geht das geplante Einkaufszentrum am Goldberg bei Halle mit seinem Standort an der Peripherie um: es verschwindet unter einem dichten grünen Pelz fast völlig in der durch Obstbäume und weitläufige Wiesen gekennzeichneten Landschaft. Das zweigeschossig angelegte Einkaufszentrum mit einer Verkaufsfläche von 70.000 Quadratmetern, zweiter Preis in einem Architektenwettbewerb, verschwindet nahezu völlig von der Bildfläche. Ein Regenrückhaltebecken nimmt das Ablaufwasser der großen Dachflächen auf. Das im Süden anschließende Gelände soll ökologisch aufgewertet und als Naherholungsgebiet genutzt werden. Das zeigt die Bereitschaft auch der Betreiber, sich über den eigenen Nutzungsrahmen hinaus zu engagieren, und stimmt insofern optimistisch, ein solches Engagement auch in dem von Dieter Hoffmann-Axthelm erhofften Sinne für neue urbane Konzepte bzw. gesellschaftliche Austragungsorte in der Innenstadt erwarten zu können. Einen wichtigen Schritt in diese Richtung dokumentieren die nicht nur citynah, sondern cityverbunden geplanten Einkaufszentren, zum Beispiel für Halle, Lübeck und Cottbus. Ein bereits 1994 realisiertes Beispiel dieser Art mit etwa 14.000 Quadratmetern Handelsfläche ist die Rathaus-Galerie in Wuppertal-Elberfeld (Abbildung 23). Eingebunden in das Netz der Fußgängerzone wurde ein komplexer Funktionszusammenhang realisiert, der nicht nur

23 Rotunde in der Rathausgalerie, Wuppertal-Elberfeld

appears from view. A reservoir collects rain water draining from the large roof area, and the area immediately to the south will be subjected to ecological improvement and serve as a recreational area – this demonstrates a readiness on the side of the client to make a commitment over and above any immediate commercial gain, and bodes well for new urban concepts or social venue sites in the inner city, as hoped for by Dieter Hoffmann-Axthelm.

An important step in this direction is documented not only by shopping centres within the vicinity of the city, but those tied to the city, for example Halle, Lübeck and Cottbus. The Rathaus-Galerie in Wuppertal-Elberfeld (Figure 23) is an example, realised in 1994 with approximately 14,000 square metres trading area. A complex of associated functions has been integrated into the pedestrian networks that not only caters for trade but, in addition to the four hundred parking spaces, also provides apartments, office space and a medical practice. In coping with the sloping site, the mall, with a glassed over rotunda in the centre of the building block as its hub, extends in three directions on various levels to incorporate at ground level the bordering street at its most important points. The shops, a total of around seventy specialty businesses that are very varied in terms of size and the scope of merchandise on offer, range between 14 and 4000 square metres in area. In contrast to the Wuppertal example, the "Lausitzer Hof" (Figure 24) project in Cottbus, (winner of an architectural competition), has a markedly functional and modern appearance. As its aesthetic theme, the very differentiated structure of the building's body is of a complexity that is nowadays still difficult to attain from the functional point of view. The mall, beneath a glazed segment dynamically introduced between two hotels and various municipal administrative centres, is on the different entrance sides, pleasantly open and diversified. Modestly and pleasantly integrated into the inner city street network, it implies an architectonic treatment which could, both from the urban and cultural point of view, counter or at least equal the conditions set by consumption and social demands. A favourable setting is created by the city hall immediately to the west, so that cultural events, street markets and festivals can be expected to take place regularly under the mall's glazed

24 Perspektive der Mall des "Lausitzer Hof" in Cottbus

25 Modellansicht Leipziger Turm, Halle

dem Handel dient, sondern neben den vierhundert integrierten Autostellplätzen auch Wohnungen, Büroräume und ein Ärztezentrum mit einschließt. In der Überwindung der Hanglage verspringt die Mall in ihrem Gelenk, einer im Zentrum des Baublocks positionierten glasgedeckten Rotunde, auf unterschiedlichen Ebenen in drei verschiedene Richtungen und bindet so die angrenzenden Straßen an ihren wichtigsten Punkten ebenerdig ein. Die Ladengrößen der etwa siebzig Einzelhandelsbetriebe beanspruchen, in Größe und Angebot weit gestreut, zwischen 14 und 4.000 Quadratmeter. Anders als das Wuppertaler Beispiel zeigt das Projekt "Lausitzer Hof" (Abbildung 24) in Cottbus, erster Preis in einem Architektenwettbewerb, ein auffallend sachliches und modernes Erscheinungsbild. Das sehr differenzierte Baukörpergefüge thematisiert dabei ästhetisch die Komplexität, die funktional zum heutigen Zeitpunkt noch so schwer zu erreichen ist. Die Mall, in diesem Fall zwischen zwei Hotels und unterschiedlichen Verwaltungszentren der Stadt unter einem dynamisch eingeführten gläsernen Kreissegment erfreulich offen und auf den unterschiedlichen Zugangsseiten abwechslungsreich, aber angenehm zurückhaltend in das Wegenetz der Innenstadt integriert, deutet eine architektonische Haltung an, die den Bedingungen des Konsums urbane und kulturelle und gesellschaftliche Forderungen entgegensetzen oder wenigstens zur Seite stellen könnte. Günstige Bedingungen dafür schafft die im Westen unmittelbar benachbarte Stadthalle. So sind unter dem gläsernen Dach der geschwungenen Mall auch kulturelle Veranstaltungen sowie zahlreiche Straßenmärkte und -feste zu erwarten, mit viel fußläufigem Publikum aus der unmittelbar anschließenden Altstadt. Interessant ist vielleicht der Hinweis, daß die Fläche der Mall trotz ihrer Mehrfachnutzung als öffentliche Verbindungsstraße und zentrales Erschließungselement des gesamten Blocks mit ca. 2.620 Quadratmetern nur etwa

26 "Alte" ARAG Hauptverwaltung, Düsseldorf

roof, attracting a large pedestrian public from the old quarter nearby. It is interesting, perhaps, that inspite of its many uses as a connection and access, the approximately 2,620 square metres area of the mall occupies only about 12% of total sales area. The additional effort required for such complex functional relationships – which, due to an increased public, the shops can in the end only gain from – has been made solely on the planning level. The "Leipziger Turm" project in Halle is similarly laid out in its urban planning approach, and is more directly integrated into the surrounding historical setting, but with regard to functional and technical details, must react to a more difficult local interface. Despite individual sales areas up to department store size and format, there are thus many small, individual and stimulating urban planning situations: free-standing stairways, squares, gateways and arcades. The sections also confirm the tightly packed and varied functions: school and school yard, small shops, department stores, apartments, commercial areas and offices – not to mention the hidden benefit of the jobs they all bring. The entrance, next to the historic Leipziger Turm (Figure 25), insists on its modernity with clear and imposing lines, and avoids historising and patronising its historic setting; this would only suffer from such an "adjustment".

In the Rhode, Kellermann Wawrowsky office, the third line of development has the longest tradition: prominent projects like the historically significant Carsch-Haus in Düsseldorf, rebuilt as part of the subway construction at the end of the 1970s according to its original design, but displaced by a few metres and with a newly conceived interior. The approach to historic buildings is ultimately the most marked form of urban integration – something that the architectural critic, who is primarily concerned with new architecture, may not be very sympathetic towards. But the history of this office now goes back so far that their own 1950s plans – Düsseldorf's ARAG (Figure 26) administrative centre, for example – have themselves been placed under conservation. But the borderline between old and new seems to have been erased anyway. As far as to the integration of historic buildings is concerned, two shopping centres from the Düsseldorf RKW group have meanwhile set new standards: the "Galerie Kleiner Markt" (Figure 27), opened in 1982 in Saarlois, was awarded both the Hesselbach and Saarland BDA prizes; in Helsinki in 1990, and shortly afterwards in Las Vegas, the Frankfurt "Nordwest-Zentrum" (Figure 28, 29), commissioned five years later, was awarded the European and World prize for urban architecture by the International Council of Shopping Centres (ICSC). In addition, the new organisational concept for this installation dating from 1968 was awarded an international prize for the best revitalisation.[42] Although, in terms of the dates of their historical references, (1863/1864 and 1968) the two projects vary considerably – more than a century – the Walter Hesselbach jury's judgement provides a description of the new architectonic approach that is nevertheless applicable to both: "The 'Galerie Kleiner Markt' is an example of how the development and inventive supplementation of an historical setting can create new urban qualities. Indeed, urban reno-

27 Galerie Kleiner Markt, Saarlouis

zwölf Prozent der Verkaufsflächen beansprucht. Der Mehraufwand für die Komplexität der funktionalen Bezüge, von der die Läden letztendlich durch ein größeres Publikum nur profitieren können, liegt damit allein auf der planerischen Ebene. Das Projekt "Leipziger Turm" (Abbildung 25) in Halle ist im städtebaulichen Ansatz ähnlich angelegt, muß jedoch, unmittelbar eingebunden in die umgebende historische Bebauung, im Detail funktional und formal stärker auf die schwierigen lokalen Bindungen reagieren. So entstehen trotz der im Einzelfall großen Verkaufsflächen bis hin zum Kaufhausformat viele kleine und dadurch sehr individuelle und reizvolle urbane Räume: Freitreppen, Plätze, Torsituationen und Passagen. Auch die Schnitte belegen, wie dicht hier unterschiedlichste Nutzungen beieinanderliegen: Schule und Schulhof, kleine Läden und Kaufhäuser, Wohnungen, Gewerbe und Büros - von den darunter verborgenen Stellplätzen nicht zu reden. Die Eingangsgeste neben dem historischen Leipziger Turm pocht in klaren und markanten Linien auf ihren eigenen Zeitbezug und vermeidet jede Anbiederung an die historische Umgebung, die unter solcher "Anpasserei" nur zu leiden hätte.

Die dritte Entwicklungslinie hat im Büro Rhode Kellermann Wawrowsky im hier behandelten Zusammenhang die längste Tradition. Dafür stehen so prominente Projekte wie das historisch bedeutsame Carsch-Haus in Düsseldorf, das Ende der siebziger Jahre im Zuge des U-Bahn-Baus, um wenige Meter versetzt und im Inneren neu konzipiert, originalgetreu neu aufgebaut wurde. Der Umgang mit historischem Baubestand ist schließlich die stärkste Form der Integration in die Stadt - was dem Architekturkritiker vielleicht nicht einmal sehr lieb ist, geht es ihm doch auch stets um die Frage nach der neuen Architektur. Andererseits reicht die zeitliche Spanne des Büros inzwischen so weit, daß eigene Neuplanungen aus den fünfziger Jahren, wie die Düsseldorfer Hauptverwaltung der ARAG (Abbildung 26), bereits selbst dem Denkmalschutz unterstehen. Insofern sind die Grenzen zwischen Alt und Neu ohnehin verwischt. Zwei Einkaufszentren der Düsseldorfer Architekten haben in Bezug auf die Integration historischer Bausubstanz inzwischen Maßstäbe gesetzt. Die 1982 eröffnete "Galerie Kleiner Markt" (Abbildung 27) in Saarlouis wurde mit dem Walter-Hesselbach-Preis ausgezeichnet und erhielt den BDA-Preis des Saarlandes. Das Frankfurter "Nordwest-Zentrum" (Abbildung 28, 29), fünf Jahre später neu in Betrieb genommen, wurde 1990 in Helsinki und in Las Vegas europaweit und weltweit mit dem Preis für Stadtarchitektur des International Council of Shopping Centers (ICSC) ausgezeichnet, die organisatorische Neukonzeption dieser Anlage aus dem Jahr 1968 wurde außerdem mit dem entsprechenden internationalen Preis für die beste Revitalisierung ausgezeichnet.[42] Zwar unterscheiden sich die beiden Projekte im Baudatum ihres historischen Bezugspunktes (1863/1864 und 1968) ganz erheblich, um mehr als ein Jahrhundert, den architektonischen Neuansatz beschreibt das Urteil der Jury des Walter-Hesselbach-Preises jedoch mit Gültigkeit für beide Beispiele: "Die 'Galerie Kleiner Markt' ist ein vorbildliches Beispiel dafür, wie durch Weiterentwicklung und erfinderische Ergänzung einer historischen Situa-

28 Große Mall im Nordwest-Zentrum, Frankfurt

vation implies the discovery of qualities that are inherent in the city's basic elements, coupled with the introduction of new components to aim at changes that are equally surprising and firm. As the 'Galerie Kleiner Markt' demonstrates, that cannot be at the expense of historical substance; enhancement can be aimed at through replenishment and new use. The sterile construction of Prussian military barracks now stands in marked visual contrast to a clear and bright arcade. Its own inherent features are thus further emphasised. The new building, in its axial dimension and rhythm, takes up the historic reference. Detailing and treatment of the old are exemplary. Now, because the barracks' exterior facade has the effect of being inward looking, the newly created quality of the interior has almost become reminiscent of the great classical galleries of Europe, to bring an enrichment of both visual and spatial stimuli to the city."[43] *With the sweeping glass roof above the shabby 1960s Frankfurt shopping centre, which was at that time inaugurated with the words: "a place that makes adventure possible, and for that reason can very well add to the local character", northern Frankfurt was given a distinct glassed over city centre that suc-*

29 Der "Posthof" im Nordwest-Zentrum, Frankfurt

tion neue Stadtqualitäten geschaffen werden können. Stadtumbau heißt ja, die den Stadtbausteinen innewohnenden Qualitäten zu entdecken und durch Hinzufügung neuer Teile ebenso überraschende wie tragfähige Veränderungen zu erzielen. Wie die 'Galerie Kleiner Markt' zeigt, muß das nicht auf Kosten der historischen Substanz gehen, sondern es kann mit der Ergänzung und Neunutzung durchaus auch eine Aufwertung erzielt werden. Der militärisch karge Bau der preußischen Kaserne steht jetzt in einem augenfälligen Kontrast zur heiter-leichten Passage und wird dadurch in seinen Eigenschaften noch betont. Der Neubau nimmt in Achsmaß und Rhythmik sehr streng die historische Vorgabe auf. Die Detailbearbeitung und ebenso die Behandlung der alten Substanz sind vorbildlich. Die neugeschaffene Innenraumqualität erinnert durch die nun nach innen wirkende Außenfassade der Kaserne fast an die großen klassischen Galerien Europas und beschert der Stadt eine Bereicherung an Augen- und Raumerlebnissen."[43]
Mit dem geschwungenen Dach über dem heruntergekommenen Frankfurter Einkaufszentrum der sechziger Jahre, zu seiner Zeit mit den Worten eröffnet: "ein Ort, der Ereignis ermöglicht und deshalb Heimatlichkeit sehr wohl gewinnen kann", bekam der Frankfurter Norden ein markantes glasgedecktes Stadtzentrum, das die Einheitlichkeit und Rigidität seiner starren betonierten Gebäudestruktur erfolgreich überspielt. Der Frankfurter Norden, dazu gehören auch die städtebaulich zum Teil sehr tristen Schöpfungen des Neuen Frankfurt der zwanziger Jahre, ist keine Stadt im eigentlichen Sinne. An diesem Anspruch war Ernst May gescheitert. Auch aus dieser Wechselwirkung resultiert die große Akzeptanz des 1993 um ein Freizeithaus mit Hotel und Bürgerhaus erweiterten, funktional sehr komplexen Zentrums mit Fachhochschule, Kindergarten und Bibliothek, insgesamt eine Fläche von neun Hektar. In Berlin widmet sich das Büro zur Zeit einem prominenten Sanierungsfall der siebziger Jahre, der "Rathaus-Passage" des alten Ost-Berliner Stadtbezirks Mitte. Wegen ihrer unmittelbaren Einbindung in den traditionsreichen Alexanderplatz und ihrer Nähe zum Nikolaiviertel, dem historischen Kern von Gesamt-Berlin, war die 1973 eröffnete Passage mit Läden, Restaurants und Freizeiteinrichtungen eine vielbesuchte "erste Adresse". Jetzt geht es im Rahmen des Berliner Stadtumbaus darum, die historische Blockstruktur wiederzugewinnen, das Angebot zu erweitern und in eine attraktivere architektonische Form zu bringen. Grundlage dafür ist ein vom Berliner Senat in Auftrag gegebenes und u.a. von dem Bauhistoriker Wolfgang Schäche bearbeitetes städtebauliches Gutachten im Sinne der in Berlin angestrebten "kritischen Rekonstruktion" des geschichtlichen Stadtgrundrisses. Neu eingeführt wird am Fuß der fünf strengen Wohn-Hochhausscheiben ein zweigeschossiger Baukörper mit einem dreigeschossigen Passagenkreuz. Die Anbindung an das vorhandene Wege- und Straßennetz wird damit deutlich verbessert.

In einem späteren Bauabschnitt könnte die unglückliche rückwärtige städtebauliche Abriegelung durch die zu DDR-Zeiten realisierte Ost-West-Magistrale mit Hilfe einer vorgelagerten Straßenrandbebauung im traditionellen Berliner Profil mit vier Meter tiefen Arkaden gemildert werden.
Insgesamt geht es in den drei mit Beispielen der Architektengemeinschaft RKW belegten Entwicklungsreihen um eine schwierige Gratwanderung. Entweder ist der Handel als Wesenselement unserer "Warengesellschaft" zu reaktivieren, dann reicht es nicht, getarnte Supermärkte in die City zu locken, oder es gelingt, die Lücken noch unmittelbarer mit kulturellen und gesellschaftlichen Freiräumen zu füllen, was in beide Richtungen, dem Investor wie dem Stadtbewohner gegenüber, der sich viel zu gerne selbst als Konsument begreift, auch eine langfristige pädagogische Aufgabe ist, die weder den Architekten noch der Architektur obliegt. Des Kaisers alte Kleider, deren sich Stadtplanung und -gestaltung heute gerne historisierend bedienen, können den Mangel an inhaltlichen Konzepten jenseits der gebauten Oberfläche nur kurzfristig vertuschen. Die wahre Baukunst liegt darin, im Rahmen der Marktmechanismen Monofunktionalität aus der Stadt zu verbannen, um der Stadt in einer über den Konsum hinausweisenden Komplexität als kultureller Bühne und Ort gesellschaftlicher Auseinandersetzung gerecht zu werden. Das kann eine neu formulierte Sachlichkeit, wie in dem Projekt "Lausitzer Hof" in Cottbus in Plan und Modell angedeutet, besser gewährleisten. Denn wie die Entwicklung der Einkaufszentren, Passagen und Shopping Malls darf die Fortsetzungsgeschichte der Stadt keinen Stillstand proklamieren, weder funktional noch ästhetisch.

cessfully veils the uniformity and rigidity of its established concrete structures. Northern Frankfurt which, from an urban planning point of view, includes the very gloomy creations of the New Frankfurt of the 1920s, is not a city in the real sense – there, Ernst May failed. But from the resultant interaction has arisen a general acceptance of the functionally very complex 1993 centre, extended by recreational facilities, hotel and municipal building, technical college, kindergarten and library – a total area of one hectare. In Berlin, the office is now devoting its energies to a prominent renovation dating from the 1970s, the "Rathaus-Passage" in the centre of the old district of east Berlin. Due to its direct integration into the very traditional Alexanderplatz and the proximity of the Nikolai quarter – the historic core of greater Berlin – the arcade, opened in 1973, with its shops, restaurants and leisure facilities, was a much frequented "No. 1 address". Now, the main concern is to recover the historic block structure contained in Berlin's urban renovation framework, extending the scope to provide a more attractive architectonic form. The basis for this is an urban planning report commissioned by Berlin's Senate to which, amongst others, the architectural historian Wolfgang Schäche contributes. The report takes the form of a "critical reconstruction" of the historical plan aimed at in Berlin. At the foot of the five, severe high-rise blocks, a two storeyed building body will be introduced that incorporates a three-storeyed intersecting arcade. This will clearly improve the link to the existing pavement and street network. In a later building phase, the unfortunate regressional urban plan, dating from DDR times, that seals off the East-West magistral could be softened by a traditional Berlin profile along the street edge, with four-metre deep arcades placed in the foreground.

As a whole, the three development directions, explained using examples from the RKW architectural group, constitute a difficult balancing act: on the one hand, trade must be reactivated as an essential element of a "merchandising society" – in which case it is not enough to coax camouflaged supermarkets into the city: on the other hand, it must be possible to fill the gaps with even more direct cultural and social free-spaces. In both cases, for investor and city resident (who is far too willing to see himself as a consumer), this is also a long-term educational task. It is not the responsibility of architects or architecture. The king's old clothes, of which urban planning and design now like to make such historising use, were only in the shortterm able to conceal the lack of substantial concepts that lie beyond actual building. The true art of building is, within the framework of market mechanisms, to banish monofunctionality from the city, in order to do justice to the city as a place of cultural and social exchange, with a complexity that extends beyond consumerism. A newly formulated functionality, such as suggested by the plan and model for the "Lausitzer Hof" project in Cottbus, is in a better position to ensure this. Just like the development of shopping centres and shopping malls, the continuing history of the city cannot declare a halt, neither functionally nor aesthetically.

Thüringen Park, Erfurt

1 Baumalleen zur Beschattung der Parkplätze

2 Versteckte Zufahrt zum Dachparkplatz und einer der ebenerdigen Gebäudezugänge für Kunden mit PKW

3 Glasrotunde als Zentrum von 26.000 m² Verkaufsfläche

4 Haupteingang des stark frequentierten Einkaufszentrums

Neefepark, Chemnitz

1 17.000 m² Verkaufsfläche werden vom Parkplatz aus erschlossen

2 Blick aus der Rotunde in die eingeschossige Mall

3 Kreuzungspunkt und Bühne für Veranstaltungen

4 Zweigeschossige Mall mit Übergang zum benachbarten Möbelhaus

Fachmarktzentrum an der Leipziger Straße Erfurt

1 Eines der ersten Fachmarktzentren in den neuen Bundesländern, realisiert in nur 11 Monaten

2 Platzgestaltung vor dem Eingang

Nordwest-Zentrum, Frankfurt

1 Umbau bei Weiterführung aller Verkaufsaktivitäten

2 Hauptattraktion Große Mall, ausgezeichnet mit dem International Shopping Center Award und dem European Award

3 Gläserner Aufzug an der Verbindungsbrücke

4 Kaufhaus Hertie mit neuer, geöffneter Fassade in der Anchorposition

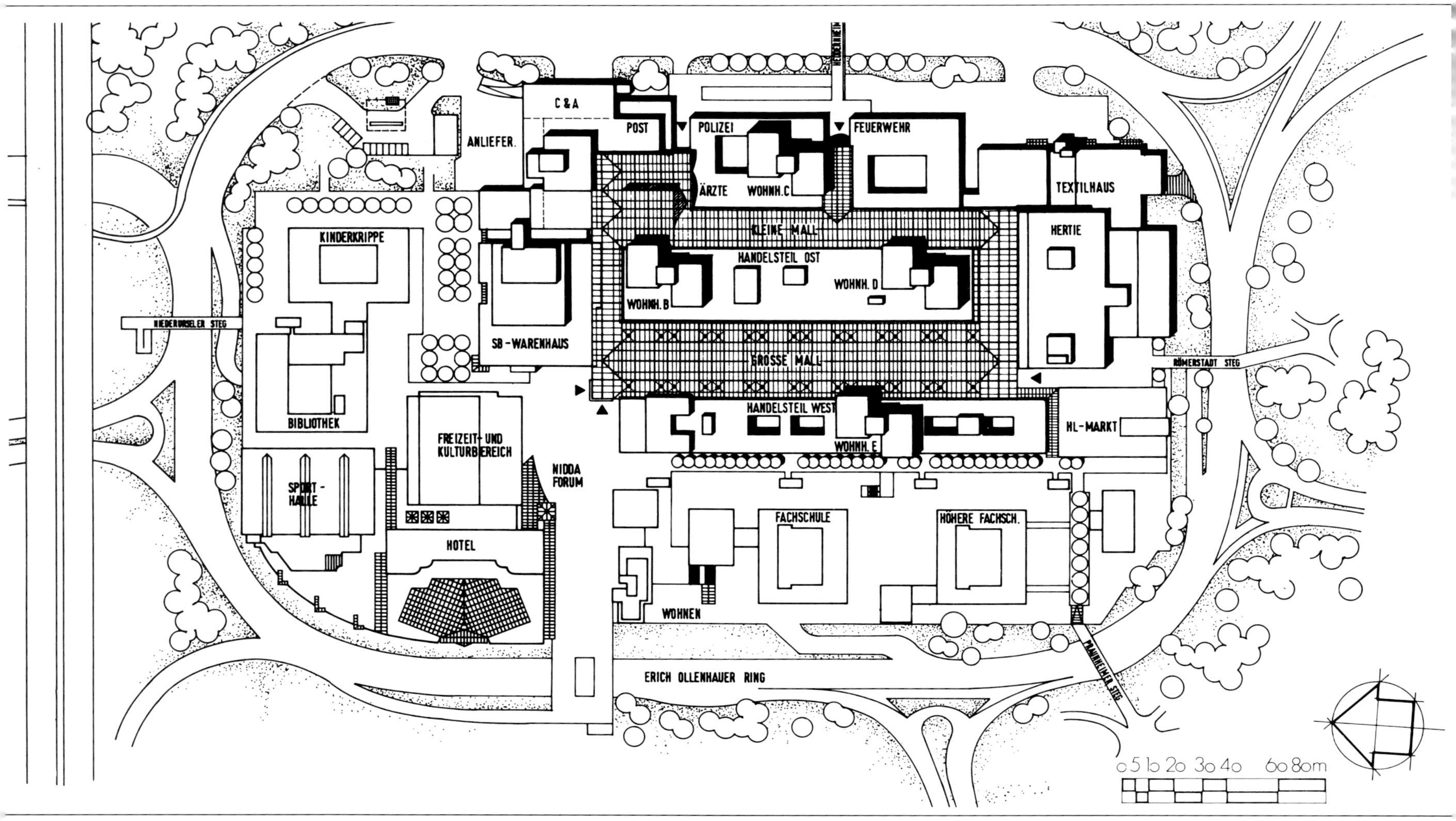

5 Lageplan und Verkehrsführung

6 Erschließungswege für bis zu 40.000 Besucher täglich

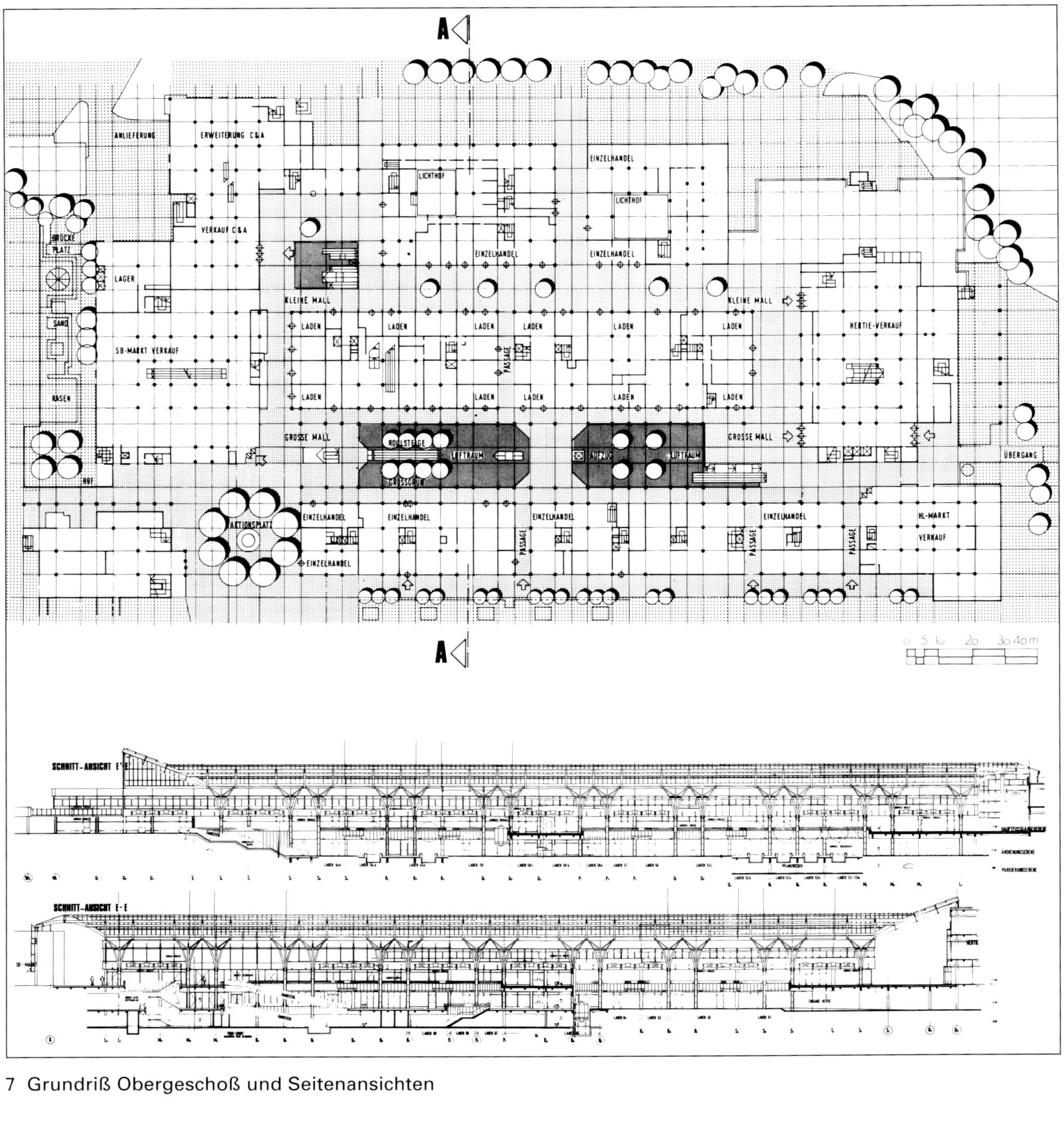

7 Grundriß Obergeschoß und Seitenansichten

8 Exotische Magnolienbäume als Blickfang

9 Rollsteig zwischen Park- und Verkaufsebenen

10 Aufgang von der eigenen U-Bahn Station

Sanierung und Ausbau historischer Bausubstanz

Wolfgang Hocquél

Das Carsch-Haus in Düsseldorf

Der geplante U-Bahn-Bau war das auslösende Moment für eine weitreichende städtebauliche Neuordnung am Südende der Düsseldorfer Heinrich-Heine-Allee. Der Anlage des zentralen Kreuzungspunktes der U-Bahn mit einem großen unterirdischen Umsteigebahnhof stand das 1913–1915 von Otto Engler erbaute Carsch-Haus im Wege. Otto Engler, der sich selbst in Anzeigen als "Spezialist für Geschäfts- und Warenhausbauten" bezeichnete, hatte den Bau in der typischen vertikalorientierten Fassadengliederung ausgeführt, wie sie für die Warenhausarchitektur jener Zeit charakteristisch ist. Mit stilistischen Anklängen an den Klassizismus stellt das Gebäude ein bemerkenswertes Kulturdenkmal des Späthistorismus dar.

1 Pavillon vor dem Carsch-Haus, um 1920

2 Carsch-Haus vor der Translokation

1976 begann die Diskussion darum, das Carsch-Haus zu versetzen. Später wurde entschieden, daß die Verkehrsinteressen in diesem Fall höher als der Denkmalschutz zu bewerten seien. In dieser Situation bewarb sich die Horten AG um das Carsch-Haus und bot an, die Translokation finanziell zu übernehmen. 1978 beschloß der Rat der Stadt Düsseldorf einstimmig die Versetzung des Gebäudes.
Da eine komplette Verschiebung des Gebäudes zu teuer gewesen wäre, entschied man sich für einen Ab- und Wiederaufbau. Die ca. 5.500 Fassadensteine wurden demontiert und restauriert. Etwa 700 Steine mußten erneuert werden.
Das Carsch-Haus wurde ca. 23 m westlich neu errichtet. Die einst hinter dem Carsch-Haus gelegene Altstadtbebauung war im 2. Weltkrieg zerstört worden. Das translozierte Carsch-Haus und der Erweiterungsbau des Marx-Hauses füllen dieses Areal wieder und verknüpfen so Alt-

The Renovation and Conversion of Historic Buildings

Wolfgang Hocquél

The Carsch Building in Düsseldorf

The construction work for Düsseldorf's subway system called for substantial replanning at the southern end of Düsseldorf's Heinrich Heine Alley. Otto Engler's 1913-1915 Carsch building was in the way of the central subway cross-over, with its large subterranean transfer hall. Engler, who advertised himself as a "specialist for office and department store buildings", had constructed the building with vertically aligned facade elements typical of the period: with its slightly Classicist style, the building is a notable example of late Historicism.

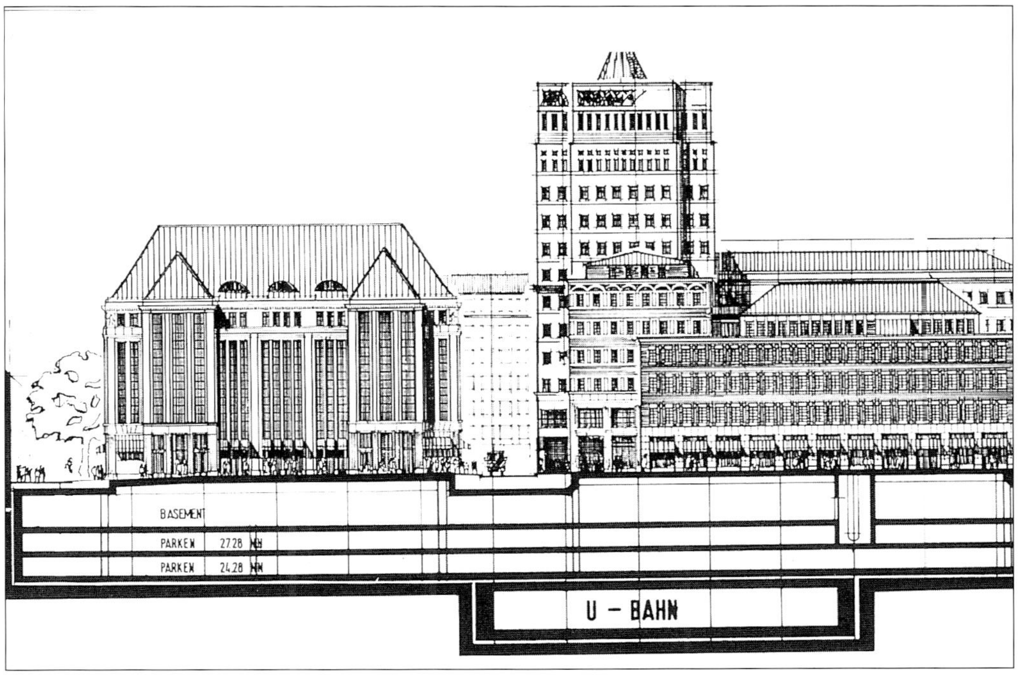

3 Seitenansicht Carsch-Haus mit Untergeschossen

The idea of moving the Carsch building was first muted in 1976. It was later decided that transport needs should take precedence over matters of conservation, and it was under these circumstances that Horten AG acquired the Carsch building, and offered to cover the cost of moving it. In 1978, the Düsseldorf council decided unanimously in favour.

4 Wiederaufgebautes Carsch-Haus, 1985

Because displacement of the complete building would have been far too expensive, dismantling and reconstruction was the obvious choice. Some 5,500 facade stones were dismantled and restored. About 700 required replacement. The Carsch building was re-erected some 23 metres to the west. The historical quarter of the city, formerly to the rear of the building, had been destroyed in World War II, so that translocation of the Carsch building and extension of the Marx building meant that the area would once again be put to use, and reconnect the old and new city.

With 176,000 m^3 of converted space (including the underground car park and the extensions to the Wilhelm und Neustadt erneut miteinander. Mit 176.00 m^3 umbautem Raum war es zusammen mit dem Erweiterungsbau des Wilhelm-Marx-Hauses und der Tiefgarage eines der größten Baukomplexe Düsseldorfs am Beginn der 1980er Jahre. Den Kern der Gesamtanlage (10.500 m^2 Verkaufsfläche) bildet ein Einkaufsbasar, der im Basement Wilhelm-Marx-Haus und Carsch-Haus verbindet. Dem Bauherrn schwebte vor, eine Einkaufsstätte modernster Art mit vielfältigen Funktionsüberlagerungen zu schaffen. Im zweiten und dritten Untergeschoß sind Parkdecks mit insgesamt 560 Stellplätzen angeordnet. Die U-Bahn-Trassen verlaufen im dritten und vierten Untergeschoß.

Während Horten im Carsch-Haus ein Warenhauskonzept realisierte, wurden im Wilhelm-Marx-Haus im ersten bis sechsten Obergeschoß ein Kino mit 150 Sitzplätzen, eine Altentagesstätte, ein Theater mit 198 Sitzplätzen sowie die Volkshochschule mit Bibliothek und Verwaltung untergebracht.
Mit der Realisierung des Gesamtvorhabens konnte eine interessante neue Entreesituation zur Düsseldorfer Altstadt geschaffen werden. Der neu entstandene Platz vor dem Carsch-Haus wurde als eine Art Forum angelegt. Der 1906 im Jugendstil errichtete Musikpavillon auf dem damaligen Alleeplatz, der 1922 dem Neubau des Wilhelm-Marx-Hauses von Wilhelm Kreis weichen mußte, ist nach historischen Darstellungen unweit des alten Standortes rekonstruiert worden. Damit wurde die Attraktivität des Ortes ganz erheblich gesteigert. Der Ausführungszeitraum für das Gesamtprojekt umfaßte die Jahre 1979–1984. Architekten RKW bearbeiteten das Vorhaben in einer "Architektengemeinschaft Carsch-Haus" (AGC) zusammen mit dem Düsseldorfer Büro Hentrich-Petschnigg & Partner.

Die realisierte Komplexlösung zeichnet sich durch eine sorgfältige Abwägung der Interessen des Verkehrs, des Denkmalschutzes und des Handels aus, so daß sich dieser zentrale Bereich der nordrhein-westfälischen Landeshauptstadt heute städtebaulich überzeugend präsentiert. Ob es allerdings richtig und zwingend war, den Erweiterungsbau des Wilhelm-Marx-Hauses im alten Kreisschen Fassadenkonzept auszuführen, wird man je nach Standpunkt so oder so beurteilen.

Die Leipziger Planungen

Specks Hof und Hansa-Haus, Karstadt-Erweiterung, Barthels Hof-Passagen, Peek & Cloppenburg, Umbau Hauptbahnhof.
Handelsgott Merkur ist in der Messestadt Leipzig immer ein besonders eifriger Bauherr gewesen. Wie ein roter Faden zieht sich die Messetradition durch die über 800jährige Stadtgeschichte. Leipzig ist nicht schlechthin eine Stadt mit einer Messe, sondern vielmehr eine gebaute Messestadt. Die Messe hat seit dem Mittelalter alle Bereiche der Stadtentwicklung mitbestimmt. Waren es zu Zeiten der Warenmesse die charakteristischen Bürgerhäuser aus Renaissance und Barock, die, um große Binnenhöfe angelegt, Wohn- und Handelszwecken gleichermaßen dienten, so brachte der Übergang zur Mustermesse am Ende des 19. Jahrhunderts einen neuen Gebäudetyp, den Messepalast, hervor. Zwischen 1893 und dem Beginn des 2. Weltkrieges entstanden in der Leipziger City mehr als 30 moderne Messehäuser. Da eine große Zahl weiterer Gebäude für die Mustermesse umgebaut wurde, standen schließlich 55 Messehäuser für Ausstellungszwecke zur Verfügung. Noch heute wird der Leipziger Altstadtbereich durch die Muster1 in markanter Art und Weise geprägt. In der Verbindung von Passage und Geschäftshaus erreichte der Messepalast den Höhepunkt seiner architektonischen Entwicklung.

Erwies sich für den Handelshof der Warenmesse im 18. Jahrhundert das Durchhaus als die Vollendung in der Bauform, so mündet das moderne Geschäftshaus der Mustermesse, nachdem es die messetechnisch völlig neuen Anforderungen verarbeitet hatte, architektonisch ebenfalls wieder in eine Art Durchhaus, der Passage. In der Anwendung auf den Messehausbau erhielt die Passage eine neue, funktionell erweiterte Bedeutung. Das Passagenmessehaus wurde zu einem besonders kommunikativen, vielschichtigen innerstädtischen Geschäfts-haus des Einzel- und Mustermessenhandels, das ebenso einen Höhepunkt in der architektonischen Entwicklung dieses Typs darstellt wie einst das barocke Durchhaus in der Entwicklung des Kaufmannshofes. Vor dem 2. Weltkrieg verfügte das Leipziger Zentrum über 44 Durchgangshöfe und Passagen. Davon sind heute noch knapp die Hälfte erhalten. Die 1912–1914 anstelle des legendären Auerbachs Hof von Theodor Kösser errichtete Mädlerpassage ist heute die bedeutendste ältere Passage auf deutschem Boden. Die Fortführung

Marx building), this was one of Düsseldorf's largest complexes at the beginning of the 1980s. A shopping bazaar, forms the core of the complex as a whole, approximately 10,500 m² sales area, and connects the Wilhelm Marx and Carsch buildings at basement level. The client's aim is to create the most modern of shopping locations, with a multitude of overlapping functions. 560 parking spaces are arranged in the second and third subterranean levels, with the subway platforms on the third and fourth levels.

While Horten kept to a department store concept for the Carsch building, the Wilhelm Marx building accommodates a cinema with seating for 150, a day centre for the aged, a 198 seat theatre and an adult evening class centre with library and administrative offices on its first to sixth storeys.

Realisation of the plan in its entirety has succeeded in creating a new and interesting entrance to Düsseldorf's old quarter. The new square in front of the Carsch building has been laid out as a type of Forum. The bandstand on the old Alleeplatz, built in 1906 in an Art Nouveau style and demolished in 1922 to make way for the Wilhelm Marx building, has been reconstructed near its original site on the basis of historical records: the setting has been considerably enhanced as a result. In its entirety, the project's realisation took the five years between 1979 and 1984. In association with Düsseldorf based Hentrich-Petschnigg & Partner, RKW were responsible for reviewing the plan.The solution chosen for the complex is marked by a careful trade-off between the interests of traffic, conservation and commerce, so that this central area of the North Rhine Westfalian regional capital now has a convincing urban character. Whether it was correct or indeed necessary to treat the facade for extension to the Wilhelm-Marx in the old Kreis-concept is open to discussion, however.

The Leipzig Plans

Specks Hof and Hansa House, Karstadt Extension, Barthels Hof Complex, Peek & Cloppenburg, Main Railway Station Conversion.

Mercur has always been a particularly keen client in Leipzig, a city with a history of trade fairs that goes back over 800 years. But Leipzig is not simply a city with a permanent exhibition ground; it is a city specially built for the purpose. Since the Middle Ages, the trade fair has played a part in all areas of the city's development. In the era of the early trade fairs, it was the characteristic Renaissance and Baroque town houses that surrounded large inner courtyards, serving both residential and commercial purposes to an equal degree. And at the end of the 19th century, it was the transition to the industrial trade fair that gave rise to a new type of building: the exhibition hall. More than 30 modern exhibition buildings appeared in the city of Leipzig between 1893 and the start of World War II. Because a great number of other buildings had been converted to industrial fair use, 55 buildings were eventually available for exhibitions, and Leipzig's old quarter is still characteristically marked by exhibition halls dating from the turn of the century. The exhibition hall reached its architectonic peak in the combination of arcade and trading store.

If the "Durchhaus" has shown itself to be the ultimate architectural form with regard to the 18th century trade fair courtyard, in response to an entirely new set of demands, the modern industrial trade fair building has itself returned to the architectonic concept of the Durchhaus: the arcade. In its use for modern exhibition buildings, the arcade acquires a new functional significance. Through the arcade, the trade fair building is transformed into a particularly communicative, multi-layered inner city commercial building for specialty and assorted trade that represents the same high point in the type's architectonic development as the Baroque Durchhaus and the development of the trade courtyard.
Before World War II, Leipzig's centre had more than 44 passage courtyards and arcades. Only just under half still remain. Of these, the Mädler Passage, built by Theodor Kösser between 1912 and 1914 on the site of the legendary Auerbachs Hof, is the most important old arcade in the whole of Germany. The arcade tradition is an important part of the expansion of Leipzig's centre.
The Leipzig trade fair does not only have an inner city form, however. Since 1920, the IBA ground at the foot of the Battle of Leipzig Monument has been used for the Technical Trade Fair. The foundation stone for the New Trade Fair was laid to the north of Leipzig in 1993. The first specialised trade fairs are due to be held there in 1996, and will

5 Specks Hof, Fassaden Schuhmachergäßchen und Reichsstraße

der Passagentradition stellt einen wichtigen Aspekt bei der Revitalisierung des Leipziger Stadtzentrums dar.

Die Leipziger Messe hat aber nicht nur die Innenstadt geformt. Seit 1920 benutzte man das IBA-Gelände am Fuße des Völkerschlachtdenkmales für die Technische Messe. 1993 wurde der Grundstein für die Neue Messe Leipzig im Norden der Stadt gelegt. Hier sollen schon 1996 die ersten Fachmessen stattfinden. Damit wird eine städtebauliche Entwicklung eingeleitet, die das urbane Milieu des Messeplatzes Leipzig erneut entscheidend mitprägen wird. Vor diesem architekturhistorischen Hintergrund sind auch die Leipziger Handelsbauten des Büros Architekten RKW zu bewerten

Der Umbau von Specks Hof

An der Jahreswende 1990/91 entschloß sich die Bilfinger & Berger Projektentwicklung GmbH, den Messepalast Specks Hof zu erwerben. Wie eine Reihe anderer innerstädtischer Messepaläste, so wird auch der Specks Hof für die Messe nicht mehr benötigt. Einerseits verteilen sich die Fachmessen heutzutage auf das ganze Jahr, andererseits benutzen nur noch einige Branchen, wie z. B. die Buchmesse, Messehäuser in der Innenstadt. Lediglich der Handelshof, das Messehaus am Markt, der Messehof und die Untergrundmessehalle Markt werden heute noch von der Leipziger Messegesellschaft in Anspruch genommen.

Die Planung für den Specks Hof ging zunächst von einer völligen Entkernung des Gebäudes und der Neuanlage einer modernen, um drei Innenhöfe gruppierten Passage aus. Dies stieß schon bald nach Bekanntwerden der Planungsabsicht auf erhebliche Bedenken, denn die Specks Hof-Passage ist die älteste erhaltene Leipziger Passage überhaupt. Mit dem Wechsel von flachen Durchgängen und großen belichteten *introduce an urban planning development that will decisively restate Leipzig's urban role as trade fair venue. RKW's commercial buildings should also be assessed in the light of this architectural history.*

The Specks Hof Renovation

Bilfinger & Berger Project Development GmbH decided to acquire the Specks Hof exhibition hall in 1990/91. Like other inner city exhibition halls, Specks Hof was also no longer in use for trade fairs. Because specialist trade fairs are nowadays held throughout the year, only a few sectors, for example publishing, still use the inner city as a trade fair venue. Only the Handelshof, the Messehaus am Markt, the Messehof and the subterranean market are still used by the Leipzig Trade Fair Association.

Planning for Specks Hof had initially foreseen a complete gutting of the building, and the installation of a modern arcade grouped around three inner courtyards. The provisional plans were met with some reservation–the Hof Arcade is, after all, the oldest complete arcade in Leipzig. With its interplay of level passages and large illuminated inner courtyards, it is a specific Leipzig arcade type.

The Specks Hof was built in three stages, 1908/09, 1911 and 1928/29, after designs by the Leipzig architect Emil Franz Hänsel–highly regarded as a commercial building architect in Leipzig. The convincing basic concept, with its many elegantly created details, has resulted in a truly exceptional building.

Hänsel was one of the most original and therefore busiest architects of the period before World War I. He was supremely capable of adjusting to the requirements of the site, and was always able to come up with original solutions. There is nothing repetitive about his work.

6 Specks Hof: Aufgang zum Treppenhaus (Vorkriegszustand)

7 Specks Hof: Passagen-Detail mit Aufzug (Vorkriegszustand)

8 Specks Hof: Rückfront, um 1930

Innenhöfen stellt sie einen besonderen Leipziger Passagentypus dar.

Der Specks Hof wurde nach Entwürfen des Leipziger Architekten Emil Franz Hänsel in den Jahren 1908/09, 1911 und 1928/29 in drei Baubabschnitten errichtet. In der Leipziger Geschäftshausarchitektur gebührt ihm eine herausragende Stellung. Die überzeugende Grundkonzeption mit einer Vielzahl elegant gelöster Details heben den Bau auffällig aus der Menge heraus.
Der Werkbündler Hänsel gehörte zu den originärsten und deshalb wohl auch meistbeschäftigsten Architekten vor dem 1. Weltkrieg. Er vermochte sich hervorragend auf die jeweiligen Standortbedingungen einzustellen und verstand es, dabei stets mit originellen Lösungen aufzuwarten. Bei Hänsel wiederholt sich im Grunde nichts.
Mit welch hochgesteckten Ambitionen Bauherr und Architekt den Messepalast planten, erfahren wir aus der Baubeschreibung Hänsels vom 31. März 1909: "Mitten im Zentrum der Altstadt Leipzig und im Mittelpunkt des gesamten Geschäftsverkehrs entsteht ein monumentaler Geschäftsbau Specks Hof, der alle anderen Geschäftshäuser dieser Art an Ausdehnung, praktischer Ordnung und vornehmer Ausstattung übertrifft." Hänsel gliederte die Fassade betont im Stütze-Riegel-Konstruktionssystem, wie dies bereits in den 1890er Jahren bei den Geschäftshochhäusern in den USA eingeführt worden war. Zwischen die Pfeiler sind in zeittypischer Weise trapezförmige, etwas zurückgesetzte Brüstungselemente gespannt. Es gelang dem Architekten, Specks Hof im Gegensatz zu den meisten anderen Gebäuden jener Zeit völlig frei von historisierenden Bindungen zu halten. Mit seiner eleganten und handwerklich vielgestaltigen Passagenausstattung war Specks Hof ein Leitbau der Leipziger Mustermessehausarchitektur. Im 2. Weltkrieg

From Hänsel's 31 March 1909 description of the planned exhibition hall, we can see just how ambitious both client and architect were: "The monumental Specks Hof building will be created right in the centre of the historic quarter, at the very hub of business life. It will surpass all other commercial buildings of its type, with regard to its scale, practical order and the refinement of its interior design." Hänsel used a post-and-beam system – such as had been introduced in the 1890s with high-rise commercial buildings in the USA – to divide and emphasise the facade. Slightly recessed parapet elements span the space between the pillars in a way typical of the period, and the architect has managed to spare Specks Hof the historising links that afflict most other contemporary buildings. Specks Hof, with the elegant, craftsman-like and polymorphic treatment to its arcade, was a major influence on Leipzig's trade fair architecture. The building was badly damaged in World War II, and could later only be patched up, without reconstruction of the roof. In the 1980s, along with its three inner light-wells, the arcade was restored, although the original blue-grey marble wall-tiles of the first and second light-wells had to be dispensed with due to the shortage of materials in the planned economy prevalent at that time. For the eastern light-well, Leipzig painters Detlef Lieffertz and Heinz-Jürgen Böhme have produced a free adaptation of the former Art Déco mural dating from 1927. This has considerably altered the value of the arcade as an historic building. Indeed, historical references alone were sufficient grounds for preservation. An approximate reconstruction of the original building would also have been possible during renovation.

The controversy between client and architect on the one hand, and the Leipzig public on the other, became unusually bitter. In an attempt to show the supremacy of the new arcade over the old, the client staged an exhibition in the building between the 18 March and 4 April 1992. This had the opposite effect:

9 Specks Hof: Grundriß nach Umbau

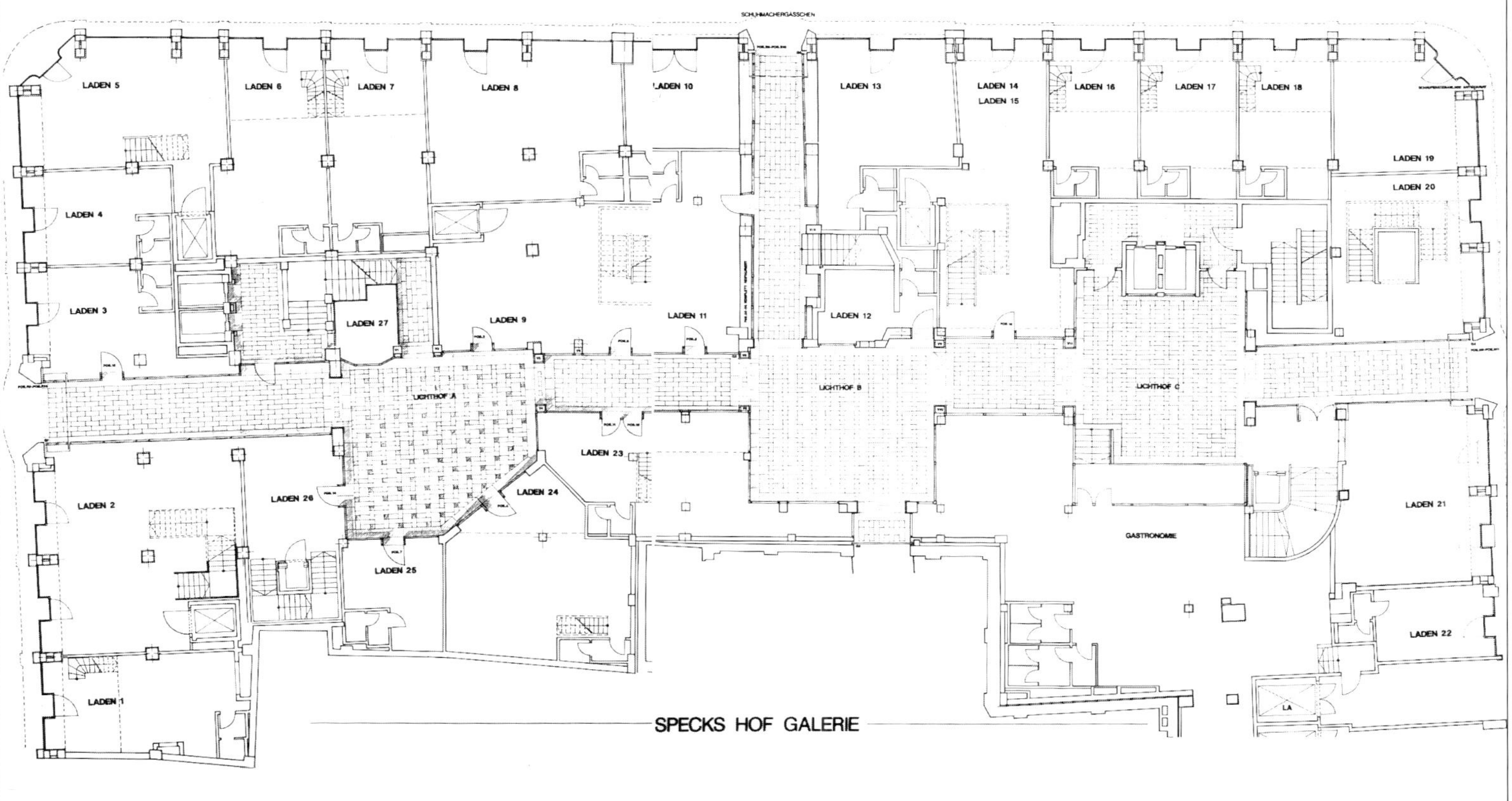

10 Specks Hof: Modellansicht

wurde das Haus schwer beschädigt. Es konnte nach dem Krieg unter Verzicht auf die Wiederherstellung des Daches nur notdürftig wieder aufgebaut werden. In den 1980er Jahren erfolgte eine Instandsetzung der Passage mit ihren drei Lichthöfen, wobei allerdings aufgrund der planwirtschaftlichen Materialsituation auf den Einsatz der ursprünglichen, blaugrau marmorierten Fliesen für die Wandverkleidung des 1. und 2. Lichthofes verzichtet werden mußte. Im östlichen Lichthof führten die Leipziger Maler Detlef Lieffertz und Heinz-Jürgen Böhme eine freie Adaption der vormaligen Art Déco-Ausmalung aus dem Jahre 1927 aus. Damit hatte sich zweifellos der Denkmalwert der Passage erheblich verändert. Es gab jedoch dennoch genügend historische Bezüge, die eine Erhaltung gerechtfertigt hätten. Darüber hinaus wäre bei einer Instandsetzung auch eine rekonstruierende Annäherung an den Originalzustand möglich gewesen.

Die Kontroverse zwischen Bauherren und Architekten auf der einen Seite und der Leipziger Öffentlichkeit auf der anderen Seite erreichte eine ungewöhnliche Schärfe. In dieser Situation veranstaltete der Bauherr vom 18. März bis zum 4. April 1992 eine Ausstellung im Gebäude, die die Überlegenheit der neuen gegenüber der alten Passagenlösung demonstrieren sollte. Das Gegenteil wurde erreicht. Jetzt wurde die Öffentlichkeit erst recht mobilisiert. "Das Trauma vom Abriß der Leipziger Universitätskirche in den 60er Jahren ist noch nicht überstanden", schrieb die Leipziger Kunststudentin Ulrike Dornis im Leipziger Stadtanzeiger, "schon droht der Verlust weiteren deutschen Kulturgutes. Nicht Ideologie, sondern Geld, verborgen unter dem Deckmäntelchen der Wirtschaftlichkeit, ist jetzt das Hauptaugenmerk, unter dem man denkmalgeschützte Gebäude gnadenlos kaputtrestauriert."
Auch die Frankfurter Allgemeine Zeitung und das ARD-Kulturmagazin schalteten sich in die Diskussion ein. Schließlich legten die Architekten dem Institut für Denkmalpflege (heute Landesdenkmalamt) am 18. Juni 1992 eine neue Planungsvariante vor. Nunmehr sollten wesentliche Bereiche der Passage mit ihrer Ausstattung erhalten werden. Ebenso wollte man die beiden wertvollen nördlichen Treppenhäuser einbeziehen. Der mittlere Lichthof sollte – in Abstimmung mit dem Landeskonservator – eine Erweiterung nach Westen und Süden, der östliche Lichthof eine nach Süden erfahren dürfen. Nach Auffassung des Landesamtes für Denkmalpflege kam so letztlich doch noch ein guter Kompromiß zwischen den Interessen des Investors und dem öffentlichen, kulturellen Interesse zustande.

Das neue Nutzungskonzept sieht vor, Specks Hof zu einem Geschäfts- und Bürohaus umzufunktionieren. Im 2. bis 6. Obergeschoß sollen Büroflächen angelegt werden. Die Läden im Erdgeschoß an der Passage haben Erweiterungsflächen im 1. Obergeschoß und im Untergeschoß. Für die neue bildkünstlerische Ausgestaltung der Lichthöfe A, B und C wurden die Künstler Bruno Griesel, Moritz Götze und Johannes Grützke ausgewählt. Der Leipziger Galerist Peter Lang will im Specks Hof ein "exemplarisches Beispiel eines weit über die Grenzen Leipzigs hinausweisenden Ansatzes einer neuen Verbindung von Kunst und Architektur mit engem Bezug zu kunsthistorischen Ansätzen" sehen.

Hansa-Haus

Ergänzend zum Specks Hof erwarb der gleiche Bauherr auch den südlich angrenzenden Messepalast "Hansa-Haus" an der Grimmaischen Straße. Sein großer, annähernd ovaler Lichthof mit der interessanten Oberlichtverglasung bildet einen orthogonalen Passagenarm zur *the public now saw reason for even more resolute action: "We have not yet recovered from the trauma of the 1960s demolition of Leipzig University Church", wrote art student Ulrike Dornis in the Leipziger Stadtanzeiger, "and here we are, once again threatened with the loss of another piece of German heritage. Not ideology, but money – hidden under the cloak of economic reality – is now the main excuse for unashamedly wrecking a protected building in the name of restoration."*

The Frankfurter Allgemeine, too, and the ARD Kulturmagazin joined the discussion. Eventually, on the 18 June 1992 the architects submitted a new plan to what is now the National Conservation Office, in which principle areas of the arcade were to be retained, along with their embellishments. Now, the two valuable staircases to the north were to be included. With the agreement of the authorities, the central light-well was to be extended to the west and to the south, with the eastern light-well being extended to the south. According to a summary by the National Conservation Office, an acceptable compromise had thus been reached between the investors on the one hand, and the cultural interests of the general public, on the other.

The new functional concept allows for the conversion of Specks Hof to a commercial and office building: offices are to be provided from the second up to the sixth floor, and the shops on the ground floor bordering the arcade will extend onto the first floor and down into the basement. The artists Bruno Griesel, Moritz Götze and Johannes Grützke have been selected to provide the new pictoral designs for light-wells A, B and C. The contribution by Johannes Grützkes, who is already known through his "Procession of Delegates" in Frankfurt's St. Paul's Church, will be of particular interest – although a final judgement will-have to wait until the work is complete. The Leipzig gallery owner Peter Lang, having viewed the three Specks Hof designs, "sees an example that is exceptional for Leipzig and creates a new link between art and architecture, particularly influenced by the history of art."

11 Specks Hof nach dem Umbau

Hansa-Haus

The same client also acquired Hansa-Haus exhibition hall on Grimmaische Strasse. This borders Specks Hof to the south, and is a supplement to the project: its larger, almost oval light-well and interesting glazed sky-light forms an orthogonal arm to the Specks Hof arcade. Because the Grimmaische Strasse forms a main pedestrian axis between Augustusplatz and Marktplatz, the entrance to Specks Hof arcade through the Hansa-Haus courtyard assumes great significance from the urban planning viewpoint.

Hansa-Haus, built between 1904 and 1906, once possessed an expressive Art Nouveau facade on the Grimmaische Strasse. It was destroyed in World War II. The reconstruction of the building's front dating from 1958/59 did not do justice to this original facade, and its demolition was agreed without opposition. For structural reasons, the Art Nouveau architecture of the light-wells, with white wall-tiling and interesting sandstone detailing above the door entrances, had to be removed, but was rebuilt in its original form. The Hansa-Haus courtyard is a unique type of space in Leipzig, with a special inner city quality.

With his awareness heightened by the discussion about the complete demolition of the Specks Hof arcade as originally planned, the client first

Specks Hof-Passage. Dem Zugang zur Specks Hof-Passage über den Hof des Hansa-Hauses kommt eine herausragende städtebauliche Bedeutung zu, denn die Grimmaische Straße stellt eine Hauptfußgängerachse zwischen Augustusplatz und Marktplatz dar.
Das 1904/06 errichtete Hansa-Haus besaß zur Grimmaischen Straße hin eine ausdrucksvolle Jugendstilfassade, die im 2. Weltkrieg zerstört wurde. Der Wiederaufbau des Vorderhauses aus den Jahren 1958/59 konnte an diesen Anspruch nicht anknüpfen. Daher wurde dem Abbruch auch ohne weiteres zugestimmt. Die erhaltene jugendstilige Lichthofarchitektur, mit weißer Fliesenverkleidung der Wände und interessanten Sandsteindetails über den Türeingängen, mußte dagegen aus konstruktiven Gründen abgetragen werden und wird nach historischem Vorbild wieder aufgebaut. Der Hof des Hansa-Hauses stellt für Leipzig einen einmaligen Raumtyp von besonderer innerstädtischer Qualität dar.

Sensibilisiert durch die Diskussion über den ursprünglich geplanten völligen Abbruch der Specks Hof-Passage, erwog der Bauherr zunächst, die Jugendstilfassade des Hansa-Hauses originalgetreu wieder aufzubauen. Dies konnte jedoch nicht Anliegen der Denkmalpflege sein. So entwickelten Architekten RKW in der Auseinandersetzung mit dem historischen Ort eine Fassadenarchitektur, die als ein Beitrag zur Weiterentwicklung Leipziger Geschäftshausarchitektur angesehen werden kann. "Durch die architektonische Metamorphose mit den Mitteln der Deformation als Formänderung und der Transformation als Formübertragung erhält die Fassade des Hansa-Hauses dokumentarischen Charakter: Nicht mehr als Einzelbau, sondern im Einklang mit ihrer unmittelbaren Nachbarschaft ist sie ein Beispiel epochentypischer wie auch individueller Verwirklichung von Formvorstellungen im Wechsel der Geschichte" (Architekten RKW). In ihrer schöpferischen Anlehnung an die Tektonik des Vorgängerbaues stellt sich die neue Architektur harmonisch zwischen das Alte: keine Anpassungsarchitektur und doch den Geist des Ortes bewahrend.

12 Hansa-Haus vor dem Abbruch 1995

Im Untergeschoß, im Erdgeschoß sowie im 1. Obergeschoß sind im Hansa-Haus Ladenräume geplant, welche ihren Hauptzugang im Erdgeschoß haben sollen und eine interne Verbindung zu den Räumen im Untergeschoß bzw. 1. Obergeschoß besitzen werden. Im 2. bis 5. Obergeschoß sind Büroräume vorgesehen. Darüber hinaus gibt es im 5. Obergeschoß zwei Wohnungen, die für den Hausmeister sowie den Hausverwalter bestimmt sind.

Das Städtische Kaufhaus

Ein besonders ambitioniertes innerstädtisches Handelsprojekt in Leipzig ist die derzeitige Umnutzung des Messepalastes "Städtisches Kaufhaus" am Neumarkt. Die Kölner Fundus-Gruppe erwarb es von der Leipziger Messegesellschaft 1993 für rund 250 Mio. DM. Dieser Bau mit of all decided to reconstruct an exact copy of the original Art Nouveau Hansa-Haus facade. This was not a matter of building preservation, however, and RKW went on to develop a facade architecture for this historical site which can be regarded as a further development of the architecture of Leipzig's commercial buildings: "By means of architectonic metamorphosis, using deformation as the means of bringing change to form and transformation as the communication of form, the Hansa-Haus facade assumes a documentary character. No longer an isolated building, but now harmonising with the immediate neighbourhood, it is – amidst the changes of history – an example of the individual realisation of an idea of form that is nevertheless typical of the epoch." (RKW Architects)

With a creative leaning towards the tectonics of the former building, the new architecture stands harmoniously amongst the old: this is no adaptive architecture, and yet still preserves the spirit of the site. Shops are planned for the basement, the ground floor and the first floor, accessed through a main entrance on the ground floor, with internal connection being provided to the basement and the first floor. Office space is planned for the second to fifth upper storeys, and there will also be two apartments for the manager and caretaker.

The Municipal Store

The current conversion of the "Municipal Store" exhibition hall on Neumarkt is a particularly ambitious commercial inner city project. The building was acquired in 1993 from Leipzig's Trade Fair Association by the Fundus group, based in Cologne, for around DM 250 million. With its 500 years or more or architectural history, it is of unique value to the historical image of this trade fair city. In 1781, for example, the so-called "Gewandhaussaal" was installed in a preceding late-Gothic building, the Gewandhaus on

13 Hansa-Haus, neue Fassade (Computerbild)

seiner über 500jährigen Baugeschichte ist für das historische Selbstverständnis der Messestadt von einzigartigem Wert. So wurde beispielsweise in einem spätgotischen Vorgängerbau, dem Gewandhaus an der Universitätsstraße, 1781 der sogenannte Gewandhaussaal eingebaut, der noch heute dem Leipziger Gewandhausorchester seinen Namen gibt. Das Städtische Kaufhaus steht für den Übergang von der traditionellen Warenmesse zur modernen Mustermesse am Ende des 19. Jahrhunderts. 1893/94 richtete man im Erd- bzw. Zwischengeschoß der heute zum Gesamtkomplex gehörenden barocken Stadtbibliothek im Gewandgäßchen die ersten Mustermesseräume ein. Da sich das Pilotprojekt bewährte, wurde die Mustermesse ab 1895 offiziell abgehalten. Die Stadt Leipzig erwarb das im Süden angrenzende Areal, brach die dort vorhandene kleinteilige Substanz ab und errichtete bis 1901 das Städtische Kaufhaus als ersten städtischen Messepalast. Mit etwa 5.400 m² Grundfläche war er das größte innerstädtische Messehaus überhaupt.

Anders als bei Specks Hof haben wir es hier nicht mit einer signifikanten Geschäftshausarchitektur zu tun. Landeskonservator Heinrich Magirius befand, daß die liebenswürdige Gestaltung der Neumarktfassade halb Wohnhaus halb Schloß sei.

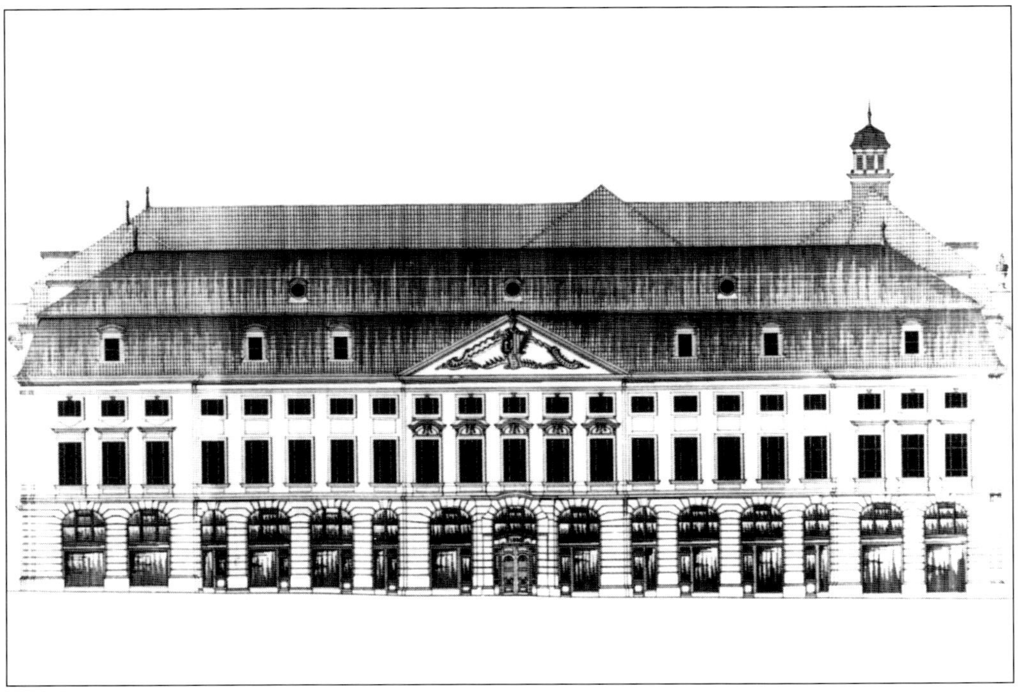

14 Alte Stadtbibliothek, 1744

Die Architekten Scheuermann und Flender aus Aachen wurden mit der Umnutzungsplanung betraut. Wie bei Specks Hof war auch hier beim notdürftigen Wiederaufbau nach dem Krieg die Dachkonstruktion nicht wiederhergestellt worden. Die alte Stadtbibliothek (1740–1744 von Friedrich Seltendorf errichtet) blieb als ausgebrannte Ruine bis in die 1980er Jahre ein ständiges Ärgernis im Leipziger Stadtbild. Sie wurde unmittelbar vor der politischen Wende nach historischen Plänen neu aufgebaut. Nach dem Willen des Bauherren soll das Städtische Kaufhaus "Leipzigs eleganteste Einkaufs- und Geschäftsadresse" werden. Im Erdgeschoß sind 30 exklusive Läden vorgesehen. In den Obergeschossen werden Büros eingerichtet.

Die neobarocke Gestaltung (1895 – 1901) orientiert sich an der Glanzzeit Leipziger Handelsarchitektur des 18. Jahrhunderts. Bei der Instandsetzung des Hauses war nicht nur die aufwendige Mansarddachkonstruktion zu rekonstruieren, auch der üppige Fassadenstuck mußte ergänzt werden. Der im 2. Weltkrieg zerstörte historische Musiksaal mit einer neobarocken Ausstattung von Fritz Schuhmacher am Kupfergässchen wurde dagegen nicht restauriert. Auf die authentische Wiederherstellung des Äußeren legte der Investor jedoch allergrößten Wert. Neu ist der Ausbau des Hofes der ehemaligen Stadtbibliothek, zwischen Neumarkt und Universitätsstraße, zu einem kommunikativen Erlebnisraum mit gastronomischen Einrichtungen und Läden. Im Inneren wird das Haupttreppenhaus mit einem interessanten Jugendstilaufzug wiederhergestellt. Das Objekt darf schon heute als ein vorbildliches Beispiel für die denkmalgerechte Umnutzung historischer Bausubstanz angesehen werden.

Universität Strasse, and still lends its name to Leipzig's Gewandhaus orchestra. The Municipal Store represents the transition from the traditional fair to the modern specialised fair in the closing years of the 19th century. Between 1893 and 1894, the first specialised fair space was provided on the ground and mezzanine floors of the Baroque Municipal Library, which nowadays forms part of the present day complex as a whole. With the success of the pilot project, specialised fairs were officially held from 1895 onwards. The City of Leipzig acquired the area bordering to the south and demolished its existing minor buildings to build the Municipal Store as the first municipal exhibition hall, completed in 1901. With its approximately 5,400 m² plan area, this was the largest inner city trade fair building to have been built by that time.

In contrast to Specks Hof, we are not dealing here with commercial architecture of any significance; in fact, curator Heinrich Magirius was of the opinion that the pleasant design of the Neumarkt facade appeared to be half residence, half castle. The Aachen architects Scheuermann & Flender were commissioned with planning the conversion. As with Specks Hof, temporary repairs carried out after the war did not go as far as the original roof structure. The old Municipal Library (erected by Friedrich Seltendorf between 1740-1744) remained a burned out ruin until well into the 1980s – a lasting blot on Leipzig's urban landscape. Using historic plans, it was reconstructed shortly before reunification. The client wishes the Municipal Store to be "Leipzig's most elegant shopping and business address." 30 exclusive shops are planned for the ground floor, and offices will be provided on the upper floors.

The Neo-Baroque design (1895-1901) looks back to the 18th century, the heyday of Leipzig's commercial architecture. Not only the complicated Mansard roof required reconstruction during renovation of the building; also the generous facade was in need of completion. The historic concert hall on the Küpfergässchen, destroyed along with Fritz Schuhmacher's Neo-Baroque embellishments in World War II, was, however, not restored. Nevertheless, the investor placed the utmost value on the authentic reconstruction of its exterior. The extension of the courtyard of the former Municipal Library, between Neumarkt and Universitätsstrasse, to become a communication and recreation area with restaurants and shops, is new. The main interior stairwell will be reconstructed with an interesting lift in the Art Nouveau style. The building can already be regarded as a good example of historic building conversion in line with the dictates of conservation.

15 Städtisches Kaufhaus, 1901

Barthels Hof Arcades.

In collaboration with the City of Leipzig, invitations were sent out in the autumn of 1991 for a competition for the Barthels Hof complex, in an area that contained a series of historic sites in a particularly sensitive part of the old city quarter. Apart from the Baroque Bartels Hof, there

Die Barthels Hof-Passagen

Im Herbst 1991 wurde in Zusammenarbeit mit der Stadt Leipzig ein Realisierungswettbewerb für den Komplex Barthels Hof ausgelobt. Das Wettbewerbsgebiet umfaßte eine Reihe von historischen Grundstücken in einem besonders sensiblen Altstadtbereich. Neben dem barocken Barthels Hof waren dies Webers Hof, das Haus "Zum Arabischen Kaffeebaum" sowie das "Kleine Joachimstal", ein Durchhof der Jahrhundertwende. Die Bausubstanz auf diesem Areal umfaßte Denkmalwerte aus dem 16.–19. Jahrhundert.
Im Dezember 1991 vergab die Jury den ersten Preis an Nils Torp aus Oslo und den zweiten Preis an Architekten RKW aus Düsseldorf. Den dritten Preis erhielt Aurelio Galfetti aus Lugano. Da die ersten beiden Preisträger sehr dicht beeinander lagen, empfahl die Jury, beide Büros mit der Überarbeitung ihrer Wettbewerbsbeiträge zu beauftragen. Im Februar 1992 tagte die Jury erneut und erkannte nunmehr den ersten Preis dem überarbeiteten Entwurf der Architekten RKW zu.
In der Stellungnahme der Jury heißt es: "Hier ist es auch nach denkmalpflegerischer Meinung überzeugend gelungen, einerseits dem Gedächtnis der Stadt mit ihren selbstbewußten alten Fassaden gerecht zu werden, andererseits die Gegenwart im Bild der Straße gültig zum Ausdruck zu bringen. Die gestalterische Differenzierung des neuen Hauses Hainstraße 7 ist aus konstruktiv begründeten Detailpunkten abgeleitet und stellt einen Beitrag zur Fortschreibung der alten Stadt mit Mitteln der Gegenwart für Morgen dar. Für diese besondere Stelle in der Stadt ist dies ein wesentlicher Beitrag im Sinne der gut getroffenen Maßstäblichkeit sowie hinsichtlich der sensiblen Durchbildung." Der Altstadtbereich zwischen Hainstraße und Großer Fleischergasse, unmittelbar vom Markt her einsehbar, stellt in seiner Struktur und mit einer Reihe von Einzelbauten ein letztes Stück erhaltener Leipziger Altstadt dar. Hier waren besonders hohe denkmalpflegerische Maßstäbe anzusetzen.

Den Kern der Anlage bildet der historische Barthels Hof. Bereits in DDR-Zeiten war so recht und schlecht mit seiner Instandsetzung begonnen worden, die aber den Verfall nicht

16 Barthels Hof vor der Restaurierung 1994

17 Barthels Hof, Modellansicht der Straßenfront

18 Modellansicht von Barthels Hof und Webers Hof

was Webers Hof, the "Zum Arabischen Kaffeebaum" inn and the "Kleine Joachimstal", a "Durchhof" dating back to the turn of the century. These were amongst a series of listed buildings that dated back to between the 16th and 19th centuries. In December of 1991, the jury awarded first prize to Nils Torp from Oslo, and second prize to RKW, from Düsseldorf. The third prize went to Aurelio Galfetti from Lugano. Because the winners of the first and second prizes were so close, the jury recommended that both offices should be commissioned with a revision of the plans. The jury sat again in February of 1992, and awarded the first prize to RKW's reviewed design.

The jury's comment ran : "Here, also in due consideration of conservation, it has been possible to honour the memory of the city and its self-assured old facades on the one hand, and to benevolently bring out the present day, modern image of the street, on the other. The differentiation of the design for the new building on Hainstrasse 7 is based on points of constructional detail and, using modern means, is an important contribution to the future of the old city. For this particular location, this also represents a considerable contribution in the sense of satisfactory choice of scale and sensitive overall development." The old quarter between Hainstrasse and Grosse Fleischergasse, visible from the immediate vicinity of the market, in its structure and a series of individual buildings represents one of the last intact parts of the old quarter of Leipzig to survive, and particularly high conservational standards have accordingly been been set. The core of the complex is taken up by the historic Barthels Hof. Although renovation was begun – after a fashion – back in DDR times, the general decay could not be halted.

Barthels Hof, as the last of the typical trading courtyards dating from the era of the early fairs, is of particular significance for Leipzig's image as a trade fair venue. The building, with its courtyard and passage through to the Kleine Fleischergasse,

19 Barthels Hof, Perspektivansicht nach Wiederherstellung

aufhalten konnte.
Als letzter erhaltener typischer Handelshof aus den Zeiten der Warenmesse ist Barthels Hof für das historische Selbstverständnis Leipzigs als Messestadt von besonderer Bedeutung. Der Bau mit Hof und Durchgang zur Kleinen Fleischergasse wurde in den Jahren 1747 – 1750 von George Werner, dem herausragenden Leipziger Baumeister des Rokoko, erbaut. Erst 1870/71 wurde das Vorderhaus, Markt 8, errichtet. Mit dem Durchhaus erreichte das Leipziger Handelshaus der Warenmesse seine funktionsgerechte Ausprägung. Das Durchhaus war ein Mehrzweckbau. Im Erdgeschoß befanden sich die Kaufkammern und Messegewölbe, aber auch Ställe und Remisen. In den Obergeschossen waren oft reich ausgestattete Wohnungen, Kontore und zum Teil Festsäle untergebracht. Die noch im Barthels Hof erhaltenen Kranbalken zeigen, daß die ausgebauten Dachgeschosse auch als Warenspeicher dienten. Die ungeheuer erscheinenden Gebäude, die, wie Goethe in "Dichtung und Wahrheit" treffend charakterisierte, "nach zwei Straßen ihr Gesicht wendend, in großen himmelhoch umbauten Hofräumen eine bürgerliche Welt umfassend, großen Burgen, ja Halbstädten ähnlich" waren, boten auch Schutz bei schlechtem Wetter und erleichterten den Warenumschlag, weil die Fuhrwerke hindurchfahren konnten und nicht wenden mußten. Zur Messezeit bildeten sie kleine Märkte für sich.

Die denkmalpflegerische Zielstellung für Barthels Hof sah nicht nur die Bewahrung der barocken Hofarchitektur vor, sondern auch die Revitalisierung der Erdgeschoßgewölbe durch Unterbringung von Geschäften, gastronomischen Einrichtungen sowie traditionellem Handwerk.
Einer sorgfältigen Restaurierung und Ergänzung war der Erker des Hauses "Zur goldenen Schlange" zu unterziehen, der 1871 von der Straßenfassade am Markt an die Hofseite versetzt wurde. Dieser erhaltene Sandsteinerker aus dem Jahre 1523 ist das älteste Leipziger Fragment einer Bürgerhausfassade.
In seinem äußeren Erscheinungsbild ließen die Architekten Barthels Hof nahezu unverändert. Kritisch angemerkt werden muß jedoch, daß es infolge des Abbruches aller Holzbalkendecken im Inneren im Grunde zu einer Entkernung des Gebäudes gekommen ist. Diese Methode ist bei einem Baudenkmal dieses Stellenwertes nicht vertretbar.
Die Planung sieht vor, die alten Gewölbekeller sowie neue Untergeschoßflächen unter dem Hof als Kulturzentrum zu nutzen.

Auf der Neubaufläche an der Hainstraße 7 soll ein viergeschossiges Spezialkaufhaus entstehen, im rückwärtigen Grundstücksteil, an der Großen Fleischergasse, ein ebenfalls viergeschossiges Einkaufs- und Gastronomiezentrum. Diese beiden Neubauten werden durch eine Passage verbunden, die teils den historischen Verlauf der Passage "Kleines Joachimstal" nachzeichnet. Webers Hof in der Hainstraße 3, der im 19. Jahrhundert um zwei Geschosse erhöht und an die großstädtische Architektur angepaßt wurde, wird auf ein zweigeschossiges Frühbarockhaus von 1662 zurückgezont.

was built between the 1747 and 1750 by George Werner, Leipzig's prominent rococo architect. The foremost building, Markt 8, was built as recently as 1870/71. With the Durchhaus, the Leipzig trade fair building had achieved its truly functional form. The Durchhaus was a multipurpose building. On the ground floor there were buying chambers and exhibition vaults, as well as stalls and coach houses. Often, sumptuously furnished apartments, offices and banqueting halls were accommodated on the upper floors. Hoisting beams still evident in Barthels Hof show that the now converted roof areas were also once used for storage. The buildings – "which appear immense," as Goethe aptly described them in his Dichtung und Wahrheit, were "like great castles, indeed like half a city, turning their faces inwards after two streets to embrace great towering converted courtyards that harbour a commoners world" – also offered protection from bad weather, and facilitated the turn around of goods, since the transportation could move straight through without having to turn around. In the era of the early trade fairs, they formed small, self-contained market places.

The conservational aim in the case of Barthels Hof was not only to retain the Baroque courtyard architecture, but also to revitalise the vaults on the ground floor through the introduction of business, restaurants and traditional crafts. Careful restoration and completion was to be carried out on the bay-windows of "Zur Goldenen Schlange", which in 1871 had been moved from the street-facing facade on the "Markt" to the courtyard side. This sandstone gaol, a remnant from 1523, is the oldest fragment of a town house facade in Leipzig. Its exterior has been left almost untouched by the architects. However, some criticism must be directed towards the complete gutting of the building resulting from the demolition of the interior's wooden beamed ceilings. This method is not justifiable with a listed building of this calibre. The plan intends to use the old vaulted cellar and the new lower floor areas beneath the courtyard as a cultural centre.

A four-storeyed specialised department store is to be built to the rear of the new site at Hainstrasse 7, as well as a similarly four-storeyed shopping and restaurant centre on the Grosse Fleischergasse. Both these new buildings will be connected by an arcade that will partly trace the route of the historic "Kleines Joachimstal" arcade. Webers Hof, at Hainstrasse 3, which had two storeys added and was adapted to a more urban style of architecture in the 19th century, will be returned to a two-storeyed early Baroque house dating from 1662. This type of conservational historical perversion is difficult to understand. Why the architects have latched on to the nostalgic view held by the city council and the curators remains a mystery. One of the supporting arguments is that an extinct building type would thus be recreated, but this is extremely problematic – such regressive building cannot be realised without sacrifice, and the original late 1871 classical entrance portico, which is in good condition, has had to be removed. Strikingly, and without a pressing need, this must represent an infringement of the Charter of Venice. If the architects description of their first concept is anything to go by, it is evident that they later capitulated, wishing to avoid a confrontation at all costs: "An addition to Webers Hof has been made by borrowing from an earlier form. The 19th century changes were accepted as historical developments which had, in the course of time, assumed an intrinsic value. A return to the Renaissance condition has been avoided."

Competition for the Karstadt Extension

At the beginning of 1991, Karstadt AG invited applicants to take part in a competition for two additional buildings for the department store complex between Petersstrasse and Neumarkt. Here, the missing part of the old building – the corner of Preussergässchen/Neumarkt – is to be completed, along with development of the vacant lot on Petersstrasse, bordering to the south. On the 5th April 1991, the jury awarded first prize to RKW. The design provided for a north-eastern corner in the style of the original 1912 plan by Leipzig architect Gustav Pflaume, although this area had not formed part of the department store.

According to the RKW architects, the old design "with its symmetrical facade was totally in keeping with the construction of the body of the building as a whole, so that even after 80 years it appeared appropriate to at last complete the original idea." For the development of Petersstrasse between the old Karstadt building and Stentzlers Hof exhibition hall (1914 -1916), the

Diese Art von denkmalpflegerischer Geschichtsklitterung kann man schwer nachvollziehen. Es bleibt unverständlich, warum sich die Architekten hier der nostalgischen Auffassung von Stadtverwaltung und Landesdenkmalamt anschlossen. Eines der Argumente, man gewänne damit einen bereits ausgestorbenen Gebäudetyp zurück, ist überaus problematisch. Da solche Rückbauten nicht ungestraft realisiert werden können, soll das originale, in gutem Zustand erhaltene spätklassizistische Eingangsportal von 1871 beseitigt werden. In eklatanter Art und Weise wird so ohne Not gegen die Prinzipien der Charta von Venedig verstoßen. Offenbar wollten die Architekten hier jedem Streit aus dem Wege gehen, denn noch in ihrem ersten Konzept schrieben sie: "Der Webers Hof wurde in Anlehnung an eine frühere Form ergänzt. Die Veränderungen des 19. Jahrhunderts wurden als historische Entwicklung, die inzwischen ihren eigenen Wert hat, akzeptiert. Auf einen Rückbau zum Renaissance-Zustand wurde verzichtet."

Wettbewerb Karstadt-Erweiterung

Anfang 1991 schrieb die Karstadt AG einen Wettbewerb für zwei Ergänzungsbauten des Kaufhauskomplexes zwischen Petersstraße und Neumarkt aus. Dabei sollte einerseits der fehlende Teil des Altbaues – die Ecke Preußergäßchen / Neumarkt – sowie andererseits die Baulücke, die sich südlich in der Petersstraße an das Gebäude anschließt, bebaut werden. Am 5. April 1991 vergab die Jury den ersten Preis an Architekten RKW. Der Entwurf sah vor, die nordöstliche Ecke im Stile der ursprünglichen Planung des Leipziger Architekten Gustav Pflaume aus dem Jahre 1912 zu vollenden, obwohl diese Fläche nicht zum Kaufhaus gehört hatte. Nach Meinung von Architekten RKW war der alte Entwurf "in seiner Fassadensymmetrie ganz und gar auf die Errichtung des Gesamtbaukörpers ausgelegt, so daß es selbst nach 80 Jahren gerechtfertigt erscheint, das ursprünglich Gedachte endlich zu vollenden."
Für die Bebauung in der Petersstraße zwischen dem Karstadt-Altbau und dem Messepalast Stentzlers Hof (1914–1916) wählten die Architekten eine konsequent moderne Lösung, die als ein gültiger Beitrag zur Weiterentwicklung Leipziger Kaufhausarchitektur angesehen werden darf.
Die Petersstraße als eine der Haupteinkaufsstraßen stellt eine der wich-

20 Teilplan des Leipziger Stadtkerns

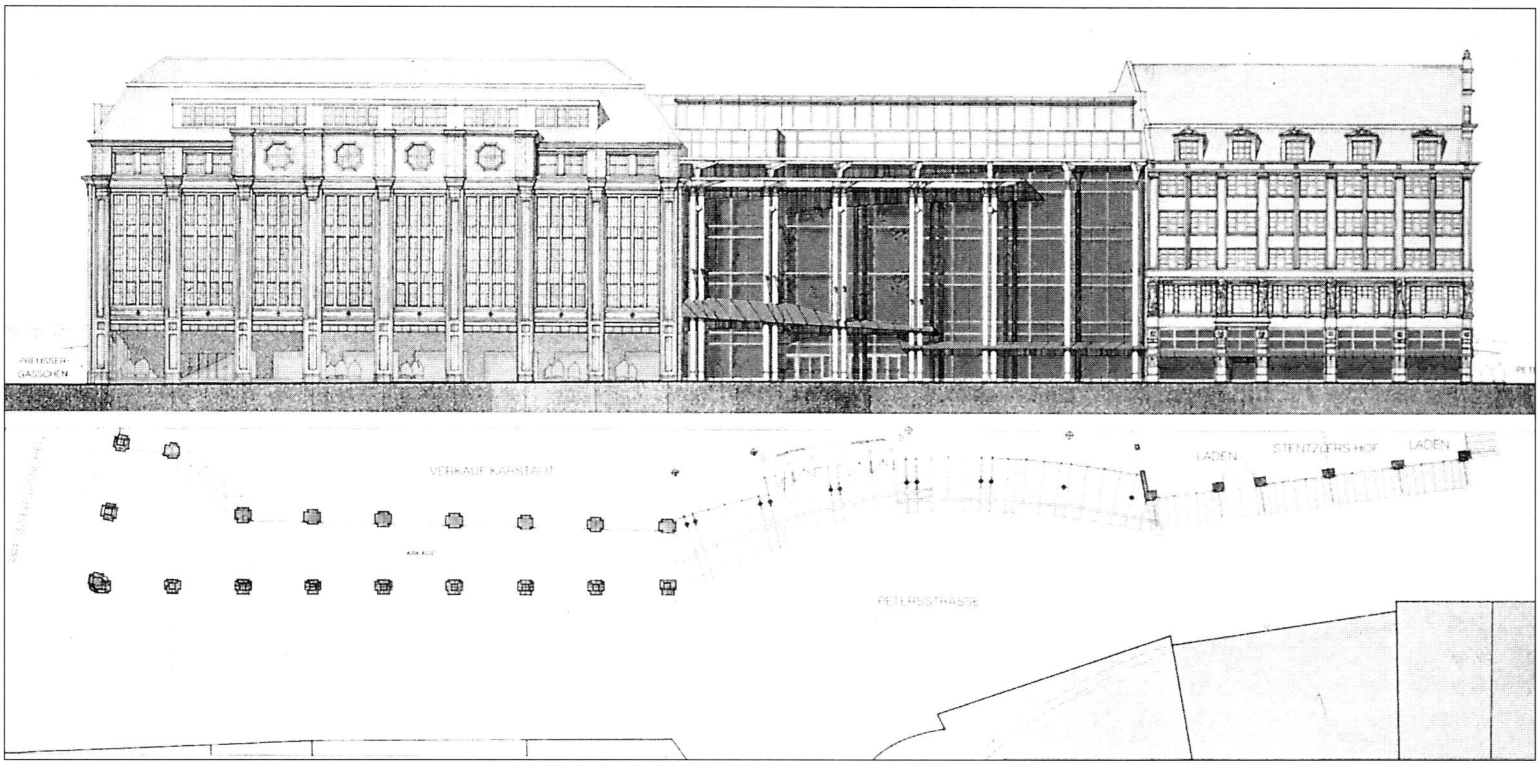

21 Karstadt Leipzig, Haupteingang und überarbeitete Fassade

architects chose a thoroughly modern solution which can be taken as a valid contribution to the further development of Leipzig's department store architecture.

Petersstrasse, with its end point in Marktplatz, is one of the main shopping streets and one of the most important access routes into the city centre. The jury not only recognised the architectural quality attained, but also the sovereignty of the confrontation between old and new, and praised the convincing and distinctive treatment: "To the jury, the innovative architectonic idea curving the building's line into the vacant lot on Petersstrasse, despite the brief's exemplary stipulation of the maintenance of this line, appears to be justified from the conservational point of view, due to a sensitive positioning of the supports and the accomplished design relationship with the neighbouring buildings." The architects cleverly guide the stream of passers from the south towards the store's old gable-end (which now has windows in the upper floors), and thus join the Karstadt arcades, first laid out after 1945, onto the small Piazza which they have newly created. The supports, extending through all floors in front of the continuous glass wall, combine with the subtly designed portico roofs to create an exciting facade that at night, too, will enhance the city centre.

Peek & Cloppenburg Department Store

The Peek & Cloppenburg department store on Petersstrasse, to the north of the Karstadt store, was completed in 1995 after a design by the American architects Moore, Rubble and Yudell. Project planning was the responsibility of RKW. The site on Preussergässchen is a vacant lot left over from World War II. The city authorities had decided to return the building's edge to the pre-war position, in line with Petersstrasse. Arcades were provided on the ground floor in order to equalise the difference to the bordering trade fair courtyard (1949/59), and the street-facing facade was stepped to form terraces on the upper flowers. Glass "containers" by Charles tigsten Zugänge zur Innenstadt mit dem Endpunkt Marktplatz dar. Das Preisgericht erkannte die Souveränität der Auseinandersetzung zwischen Alt und Neu und die erreichte Architekturqualität an und würdigte die überzeugend eigenständige Architekturhaltung: "Die innovative architektonische Idee mit der eingekrümmten Flucht in die Baulücke Petersstraße erscheint dem Preisgericht trotz vorbildlich vorgegebener Fluchtlinieneinhaltung aus denkmalpflegerischer Sicht gerechtfertigt aufgrund der sensiblen Stützenstellung und der gekonnten Bezugnahme auf die Gestaltung der Nachbargebäude." Die Architekten führen den von Süden kommenden Fußgängerstrom geschickt auf den alten Brandgiebel des Kaufhauses, der in den Obergeschossen Fenster erhält, und schließen so die Karstadt-Arkaden, die im übrigen erst nach 1945 angelegt wurden, an die von ihnen neu geschaffene kleine Piazza an. Die über alle Geschosse reichenden, vor die durchgängige Glaswand gestellten Stützen mit den subtil ausgeführten Vordächern schaffen eine spannungsvolle Fassade, die auch in ihrer Nachtwirkung eine Bereicherung für die Innenstadt werden wird.

22 Peek & Cloppenburg Leipzig, Fassadenansicht

Kaufhaus Peek & Cloppenburg

Das Kaufhaus Peek & Cloppenburg in der Petersstraße nördlich zum Warenhaus Karstadt gelegen, wurde 1995 nach dem Entwurf der amerikanischen Architekten Moore, Rubble und Yudell fertiggestellt. Die Durchführung lag in den Händen der Architekten RKW. Bei dem Areal am Preußergäßchen handelte es sich um eine im 2. Weltkrieg entstandene Baulücke. Die Stadtverwaltung hatte sich entschlossen, die Gebäudeflucht an der Petersstraße wieder auf den Vorkriegszustand nach vorne zu ziehen. Um die Differenz zum angrenzenden Messehof (1949/59) auszugleichen, wurden einerseits im

Moore were planned for the terraces, that were to culminate in a glazed corner cap on Preussergässchen. Objections by the authorities meant that these "glass containers" were never fitted, and this has detracted much from the liveliness of the facade. The facade structure is marked by a rectangular grid that alternates between light natural stone and window openings lined by copper sheeting. An architectonic accent for the interior has unfortunately been dispensed with completely. A connection to the Mädler Passage and Messehof Passage network is intended.
Peek & Cloppenburg is the first department store to have been built in Leipzig's centre since the political changes in the Autumn of 1989.

Leipzig Railway Station Competition

Shop and depart – that should soon be possible in the largest and architectonically most significant railway station on the continent of Europe, if Bahnhof Management- und Entwicklungsgesellschaft (BME) Frankfurt/Main have their way. Leipzig, Cologne and Berlin are the first projects to be prepared for BME by general planners ECE Project Management. Leipzig's station shopping and service centre on the edge of the historic city centre should cost around DM 300 million. Like hardly any other, the main station at Leipzig, opened on 1 October 1915 after 13 years under construction is, in its magnitude, of supreme functional clarity. At the time of the specialised fairs it could accommodate up to 600,000 passengers with ease.

23 Peek & Cloppenburg Leipzig, abgetreppte Kolonnadenfassade

Today, the daily passenger count is a mere 80,000. The building, placed under conservation as early as 1929, is always looked upon by visitors as a cathedral of transport. If the arriving traveller should leave one of the

24 Peek & Cloppenburg Leipzig, Haupteingang

Erdgeschoß Arkaden angelegt, andererseits die Straßenfassade in den Obergeschossen terrassenförmig abgetreppt. Auf den "Terrassenstufen" war vorgesehen, gläserne "Container" zu plazieren, die ihren Höhepunkt in einer Eckbekrönung aus Glas zum Preußergäßchen hin finden sollten. Einsprüchen der Stadtverwaltung folgend wurden diese "Glasbehälter" nicht ausgeführt, was dem Entwurf viel von seinem Esprit genommen hat. Die Fassadenstruktur ist durch ein rechteckiges konstruktives Raster im Wechsel zwischen hellem Naturstein und Fensterrahmungen aus Kupferblech geprägt. Auf innenarchitektonische Akzente wird leider völlig verzichtet. Vom Preußergäßchen her ist ein Anschluß an das Passagennetz Mädler-Passage/Messehof-Passage baulich vorbereitet.
Peek & Cloppenburg ist das erste Kaufhaus, das nach der politischen Wende des Herbstes 1989 in der Leipziger Innenstadt errichtet wurde.

Wettbewerb Leipziger Hauptbahnhof

Einkaufen und Abfahren – dies soll nach dem Willen der Bahnhof Management- und Entwicklungsgesellschaft (BME) Frankfurt/Main schon bald auch für den größten und architektonisch bedeutendsten Bahnhof des Kontinents gelten. Leipzig, Köln und Berlin sind die ersten Projekte, die die ECE-Projektmanagement GmbH in Hamburg als Generalplaner in deren Auftrag vorbereitet. Für rund 300 Mio. DM soll Leipzigs Bahnhof ein Einkaufs- und Dienstleistungszentrum am Rande des historischen Stadtzentrums werden. Der am 1. Oktober 1915 nach insgesamt 13jähriger Bauzeit in Betrieb genommene Leipziger Hauptbahnhof ist wie kaum ein anderer seiner Größenordnung von bezwingender, funktioneller Klarheit.

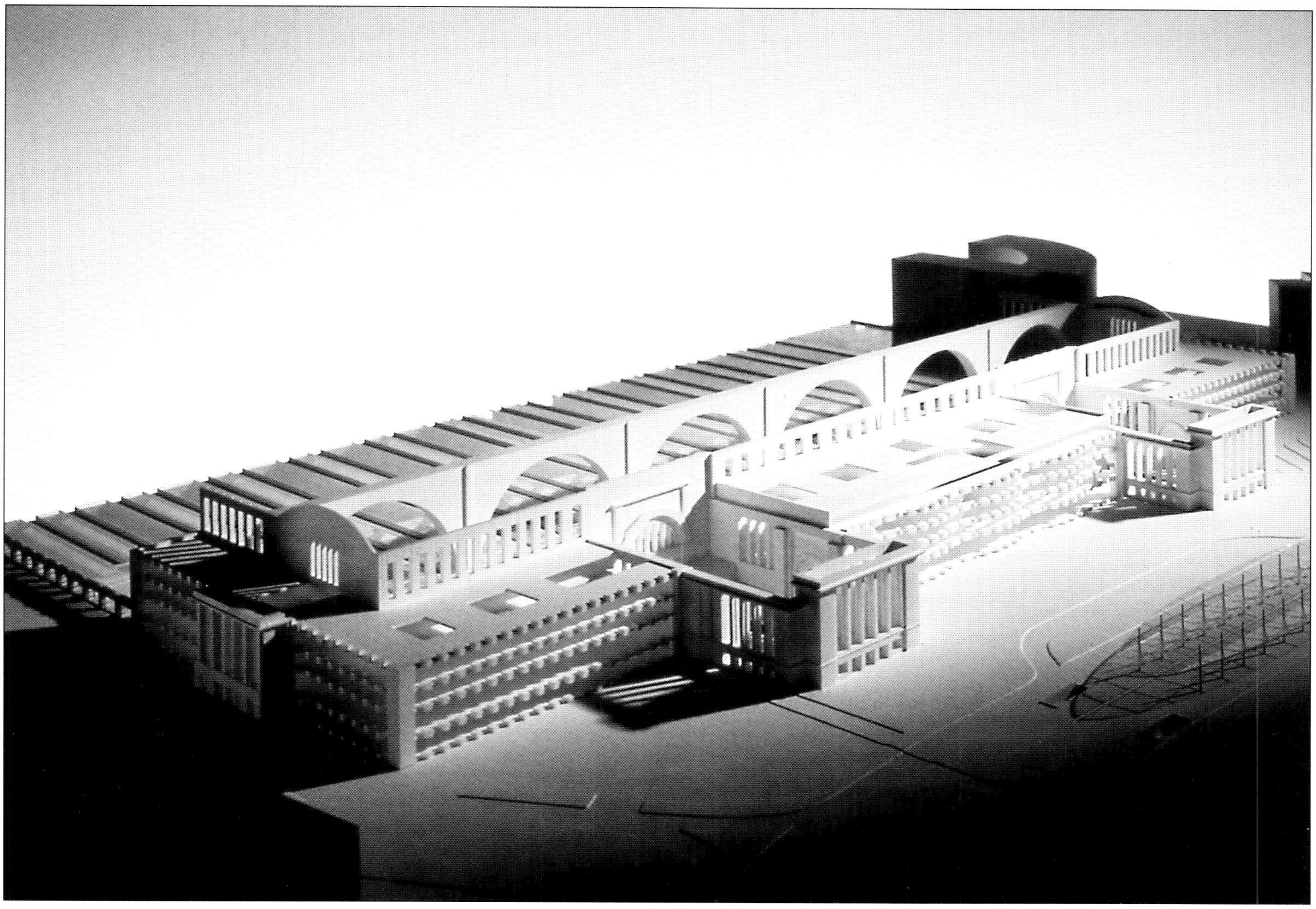

25 Hauptbahnhof Leipzig, Entwurf Architekten RKW

six platforms, the gigantic impression of space will appear to overwhelm him as he enters the great 300 metre station hall. The Dresden architect William Lossow and Hans-Max Kühne had created a building that, in terms of its monumentality, was hardly surpassable. This hypertrophic station was thus totally in keeping with Leipzig's general orientation toward the concept of the world fair, as so emphatically pursued by the merchant middle classes between the two world wars. Initial plans for more intensive use of the enormous space available for specialty business were in place soon after 1989. On 1 March 1994, BME – not least on the insistence of the powers that be in Leipzig's planning department – invited entries to a single-round competition for the actual realisation that was combined with an ideas competition for a better connection between the main railway station and the city centre. Although the station has considerable reserves in terms of space, excessive inroads on the significant sequence of spaces made up by the entry halls, the main station hall and the platform areas was to be avoided. Beneath the station hall, at the zero level, there is a unused gross area of more than 10,000 m² in the form of unused technical services capacity. This is a perfect opportunity to create a shopping arcade reachable from both ends of the

26 Hauptbahnhof Leipzig, Querbahnsteighalle, Wettbewerbsstudie Architekten RKW

Zu Messezeiten nahm er früher täglich bis zu 600.000 Fahrgäste spielend auf. Heute beträgt die tägliche Benutzerfrequenz lediglich noch rund 80.000 Personen. Der bereits 1929 unter Denkmalschutz gestellte Verkehrsbau wird von seinen Besuchern stets als eine Kathedrale des Verkehrs empfunden. Verläßt der ankommende Reisende eine der sechs riesigen Längsbahnsteighallen, so überwältigt ihn der gigantische Raumeindruck der fast 300 m langen Querbahnsteighalle. Die Dresdner Architekten William Lossow und Hans-Max Kühne hatten einen in seiner Monumentalität kaum mehr zu übertreffenden Bau geschaffen. Dieser hypertrophe Bahnhof wurde

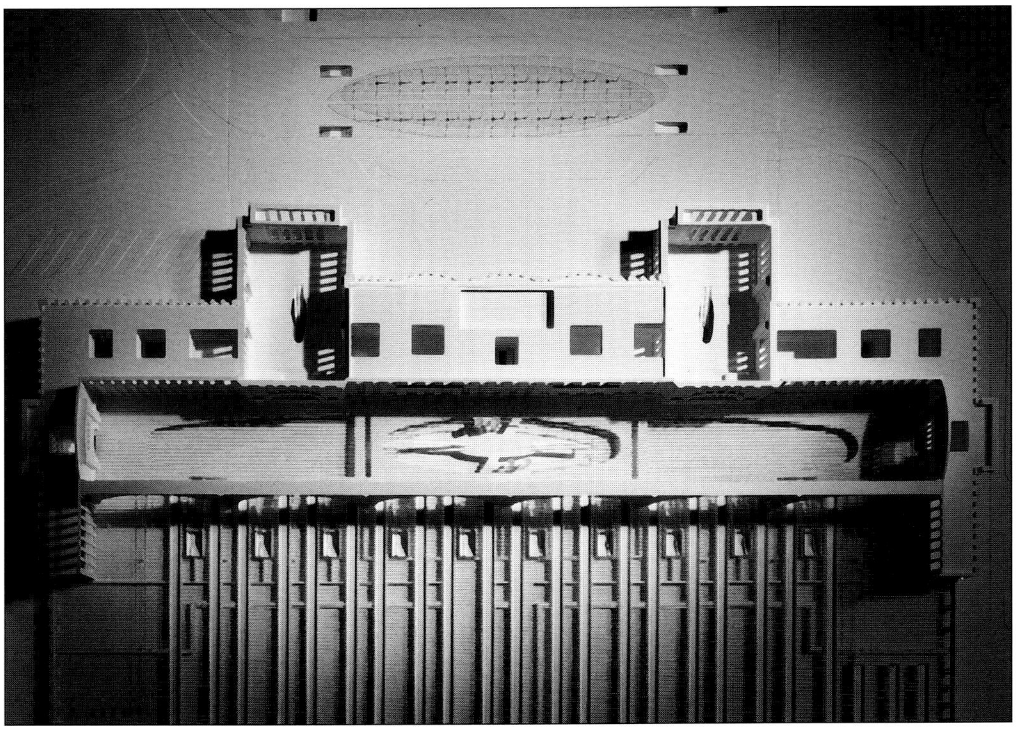

27 Aufsicht Wettbewerbsmodell Architekten RKW

booking office and from both entrance halls in an ideal way. This amount of space was not, of course, sufficient for the competition organisers; the brief stipulated an allocation of in all 25,000 m² plan area for specialty trader use, with an additional 8,000m² for services and 12,000 m² for offices and professional services. It was unfortunately probable that the area required can only be accommodated by an incursion into the sensitive area of the station halls.

The competition winner, HPP Hentrich-Petschnigg & Partner of Düsseldorf, have done much to dispel such fears. From the conservational point of view, their design is for the most part very carefully executed, while still managing to introduce points of interest.

For the most part, the architects have confined the specialty trader area to the space beneath the main hall, which has been extended towards the tracks. With a lens-shaped opening in the floor, a generous connection has been created between the main hall and the shopping centre on the ground floor beneath.

Escalators run from two glazed lift towers to the "satellites" above the tracks and platforms. These satellites accommodate cafés, but whether or not they will appear quite so weightless as in the plan is questionable, however.

The HPP design has now been consolidated in the planning stage. The Düsseldorf office has been commissioned with further review, and building work should start in 1995.

"Leipzig's planners wish to attract 180,000 people daily to the renovated station – 100,000 more than at present. They know just how much money is spent each day: DM 1,72 by a commuter; DM 2,97 by a long-distance traveller. A passer-by, however, who is not travelling, will spend DM 5,00." (Welt am Sonntag, 6 November, 1994).

From the conservational viewpoint, the most interesting competition entry was from RKW. They treated the historic building in the most respectful and protective way, avoiding in particular any intrusion into the main hall. Escalators were to have led down through a fairly small elliptical opening in the floor of the hall to the ground floor beneath, and thence down to the first basement level. Their exciting stairway installation would have been extremely suited to the general architectural statement that the station makes. In addition, the two-storeyed shopping centre was to have been reachable by escalators and lifts from the platforms and the booking office.

Because of the level construction of the first basement level, this design was clearly less economical than the winning design, and was not taken any further by the client.

28 Hauptbahnhof Leipzig, Wettbewerbsstudie Architekturbüro HPP, 1. Preis

New Leipzig Trade Fair

In discussing commercial architecture in Leipzig, it is essential not to overlook the new exhibition ground in the north of the city. In August of 1991, the Trade Fair Association made its decision to build a new trade fair site on the former Mockau airfield. Chancellor Helmut Kohl laid the foundation stone on 25 August 1993. The planning phase was completed in record time – just two years. Based on a two phase expert assessment (15 offices initially took part), the jury decided on a design by the architects Gerkan, Marg & Partner.

The Trade Fair Association felt that a renovation of the old exhibition area

so recht dem Leipziger Anspruch nach der Ausrichtung der Weltmesse gerecht, wie er vom Handelsbürgertum zwischen den beiden Weltkriegen mit Nachdruck verfolgt wurde. Erste Pläne, das riesige Raumangebot für den Einzelhandel intensiver zu nutzen, gab es schon bald nach der Wende 1989. Am 1. März 1994 lobte die BME – nicht zuletzt auf Drängen des Leipziger Planungsdezernenten Nils Gormsen – einen einstufigen Realisierungswettbewerb aus, der mit einem städtebaulichen Ideenwettbewerb für die verbesserte Anbindung des Hauptbahnhofs an das Stadtzentrum kombiniert wurde. Auf der einen Seite besitzt der Hauptbahnhof erhebliche Flächenreserven, andererseits darf die signifikante Raumfolge von Eingangshallen, Querbahnsteighalle und Längsbahnsteighalle nicht durch allzu voluminöse Einbauten gestört werden. Unter der Querbahnsteighalle, in der Nullebene, steht heute ungenutzter, zusammenhängender Technikraum von mehr als 10.000 m² Bruttogeschoßfläche zur Verfügung. Hier ist ohne weiteres die Möglichkeit gegeben, eine Einkaufspassage anzulegen, die sowohl von den beiden Querseiten des Empfangsgebäudes als auch von den beiden Eingangshallen ideal zu erschließen wäre. Dieses Flächenangebot reichte dem Auslober allerdings nicht.
In der Ausschreibung forderte er Einzelhandelsflächen von insgesamt 25.000 m² BGF, dazu 8.000 m² für Dienstleistungen und 12.000 m² für Büros und Praxen. Es mußte befürchtet werden, daß die geforderten Flächen nur durch Einbauten in den sensiblen Hallenbereich geschaffen werden können.
Dem Wettbewerbssieger HPP Hentrich-Petschnigg & Partner, Düsseldorf, gelang es, diese Bedenken weitgehend zu zerstreuen. Ihr Entwurf geht alles in allem recht behutsam mit dem Kulturdenkmal um und vermag dennoch interessante gestalterische Akzente zu setzen. Die Architekten verweisen die Einzelhandelsflächen vor allem in die Halle unter den Querbahnsteig, die in Richtung der Gleisanlage erweitert wurde. Mit einem linsenförmig aufgeschlitzten Fußboden wird eine großzügige Verbindung von der Querhalle zum darunterliegenden Shoppingcenter des Erdgeschosses geschaffen. Von zwei gläsernen Aufzugstürmen führen Laufstege zu sogenannten Satelliten mit Cafés über den Gleisanlagen. Ob es allerdings gelingt, sie so schwerelos erscheinen zu lassen wie im Entwurf dargestellt, ist eher fraglich.
Der Entwurf von HPP ist nun der Ausführungsplanung zugrundegelegt worden. Das Düsseldorfer Büro wurde mit der weiteren Durcharbeitung beauftragt. Noch 1995 soll mit dem Bau begonnen werden. "Die Leipziger Planer wollen Tag für Tag 180.000 Menschen in den erneuerten Hauptbahnhof Leipzig locken – 100.000 mehr, als derzeit kommen. Sie wissen, wieviel Geld Besucher jedesmal in einem Bahnhof lassen: Ein Pendler gibt täglich im Durchschnitt DM 1,72 aus, ein Fernreisender DM 2,97, ein Passant aber, der gar nicht reisen will, gibt DM 5,00 aus" (Welt am Sonntag vom 6. November 1994).

Den interessantesten Wettbewerbsbeitrag aus Sicht der Denkmalpflege lieferten Architekten RKW. Sie gingen am schonendsten mit der Denkmalsubstanz um. Insbesondere verzichteten sie auf jegliche Art von Einbauten in der Querbahnsteighalle. Über eine relativ kleine ellipsenförmige Öffnung im Hallenfußboden gelangt man mittels Rolltreppen in das darunterliegende Erdgeschoß und von hier weiter ins erste Untergeschoß. Die vorgeschlagene spannungsvolle Treppenanlage hätte hervorragend zum Architekturanspruch des Hauptbahnhofes gepaßt. Außerdem sollte das zweigeschossige Shoppingcenter durch Rolltreppen und Aufzügen von den Bahnsteigen sowie den Empfangshallen her erschlossen werden. Durch den flächigen Ausbau des ersten Untergeschosses erwies sich dieser Entwurf jedoch als deutlich unwirtschaftlicher als der des ersten Preisträgers und wurde daher u. a. vom Bauherren nicht weiter verfolgt.

Neue Messe Leipzig

Spricht man in Leipzig von Handelsarchitektur, so ist auch unbedingt der Neubau des neuen Leipziger Messegeländes im Norden der Stadt zu betrachten. Im August 1991 entschloß sich die Messegesellschaft zum Bau eines neuen Messegeländes im Norden der Stadt auf dem ehemaligen Flugplatz Mockau. Bereits am 25. August 1993 legte Bundeskanzler Helmut Kohl den Grundstein. Die gesamte Planungsphase wurde in der Rekordzeit von zwei Jahren bewältigt. Im April 1992 entschied sich die Jury im Ergebnis eines zweistufigen Gutachterverfahrens, an dem zunächst 15 Architekturbüros teilnahmen, für den Entwurf des Architektenteams von Gerkan, Marg & Partner. Eine Sanierung des alten Messegeländes wäre nach Meinung *would have been more expensive than the DM 1,3 billion new construction as planned. The creation of new infrastructure around the exhibition area will require a further DM 8 billion.*

The new exhibition ground is conveniently situated on the A14, which can reach Leipzig-Halle airport in only 10 minutes. Plans exist for a suburban rail network from the airport via the exhibition site to the main station. The design for the new exhibition ground offers a compact area that is equally accessible from one central point: for the visitor, this will mean easy orientation and short distances. Separation of the entrance and exhibition levels permits separate access to individual exhibition areas, even when different events are being simultaneously staged. The central glass hall forms the heart of the layout, and serves as a large entrance area connected by glazed bridges with the four surrounding halls, as well as the high-roofed hall and the congress building. Due to its prominent position in the entrance area to the west and its ease of external access, the high-roofed hall (the interior is between 12 and 16 metres in height) offers additional functional possibilities in keeping with the general concept. The other single level, air-conditioned exhibition halls, with an interior height of 8 metres, each have a gross exhibition area of about 20,000 m^2. Four spacious cafeterias each form a connecting element between the halls and the congress and gastronomy complex. In selecting a vaulted central hall, the architects have allowed themselves to be inspired by the platform roofing structure in

29 Neue Messe Leipzig, Gesamtansicht im Modell (von Gerkan, Marg & Partner)

30 Neue Messe Leipzig im Bau

der Messegesellschaft teurer als der Neubau geworden, der mit 1,3 Mrd. geplant wurde. Rund weitere 8 Mrd. DM wird die Schaffung einer neuen Infrastruktur um das Messegelände herum erfordern.

Das neue Messegelände ist verkehrsgünstig an der A 14 gelegen, über die der Flughafen Leipzig-Halle in nur 10 Minuten zu erreichen ist. Eine S-Bahn-Trasse vom Flughafen über die Messe zum Hauptbahnhof ist vorgesehen. Der Entwurf für das neue Messegelände bietet die Kompaktheit der Messe bei gleichzeitiger Erschließung aus einem Zentrum heraus. Für den Besucher bedeutet dies leichte Orientierbarkeit und kurze Wege. Die Trennung von Eingangsebene und Ausstellungsebene erlaubt eine separate Erschließung von einzelnen Messebereichen auch bei simultanen Veranstaltungen. Herzstück der Anlage ist die zentrale Glashalle. Sie fungiert als großzügiger Eingangsbereich und ist über verglaste Brücken mit den vier umliegenden Ausstellungshallen, der Hochhalle und dem Kongreßgebäude verbunden. Unter den fünf quadratischen Messehallen bietet die Hochhalle (sie hat eine Raumhöhe von 12/16 m) im westlichen Eingangsbereich aufgrund ihrer exponierten Lage und der externen Zugangsmöglichkeiten zusätzliche Nutzungsmöglichkeiten im Rahmen des Gesamtkonzeptes. Die ebenerdigen, klimatisierten Ausstellungshallen mit einer lichten Höhe von 8 m haben eine Bruttoausstellungsfläche von jeweils rund 20.000 m^2. Vier Hallenrestaurants bilden jeweils das Verbindungsglied zwischen den Ausstellungshallen bzw. dem Kongreß- und Gastronomiekomplex. Bei der Wahl der tonnenförmigen Zentralhalle ließen sich die Architekten von den Längsbahnsteighallen des Leipziger Hauptbahnhofes inspirieren.
Für die ingenieurtechnische Umsetzung dieser signifikanten Eingangsarchitektur konnte der Brite Ian Richie gewonnen werden. Richie wurde durch die Glaspyramide im Louvre bekannt, die er gemeinsam mit dem amerikanischen Architekten Ieoh Ming Pei 1989 fertigstellte. Dort gelang es ihm, eine Stabnetzwerkkonstruktion von kristalliner Klarheit und hohem ästhetischen Eigenwert zu gestalten. Das Innere der Halle ist in der Tradition der Palmengärten des 19. Jahrhunderts ausgestattet. Baumreihen werden zu beiden Seiten des Wasserbeckens im östlichen Hallenbereich angeordnet, so daß eine naturnahe Erholungszone neben der Geschäftigkeit des Messebetriebes geschaffen wird. Der mittlere Hallenteil wird für Sonderveranstaltungen freigehalten. Im Winter ist die Halle durch eine Fußbodenheizung zu erwärmen, während das südliche Dach im Sommer bei Temperaturen von über 30°C mit einem künstlichen Wasserschleier gekühlt werden kann. In der Eingangsachse ist der Glashalle im Westen ein großes rechteckiges Wasserbecken vorgelagert, vergleichbar mit dem am Völkerschlachtdenkmal, das seit 1913 zum tradierten Leipziger Stadtbild gehört. Der 80 m hohe Heizschornstein ist gestalterisch in die Gesamtkonzeption einbezogen. Mit dem traditionellen Signet der Leipziger Messe, dem doppelten M, wird er den Besucher schon von weitem begrüßen. Die Gesamtfläche des neuen Messegeländes beträgt

*Leipzig's main station.
Ian Richie from Great Britain was engaged as the engineer for the significant entrance architecture. Richie is mainly known for the Louvre's 1989 glass pyramid, where he collaborated with the American architect Ieoh Ming Pei to design a rod lattice construction of crystalline clarity and great intrinsic aesthetic value. The interior of the hall is furnished in the tradition of the 19th century palm court: rows of trees are arranged on both sides of the pool to the east of the hall, so that a near natural recreation area is created next to the more business-oriented exhibitions. The central part of the hall will be reserved for special events. In winter, the hall will be heated by a floor heating system, and in summer the south-facing roof will be cooled by an artificial sheet of water when temperatures exceed 30° C. Along the axis of the entrance, a large rectangular expanse of water, comparable with that at the Battle of Leipzig Monument – a traditional part of Leipzig's urban landscape since 1913 – has been placed in front of the glass hall. From the design point of view, the 80 metre heating chimney has been treated as a part of the general concept, and the traditional emblem of the Leipzig trade fair, the double M, will greet the visitor from afar. The total area of the new exhibition site is 986,221 m², of which 272,300 m² will be built on. If required, at a later date the total area can be extended to the east by four further exhibition halls. 102,500m² of hall area will be available, and there is additional open exhibition space of 30,000 m². With the construction of this New Trade Fair, the city will get a new sky-line to the north.*

32 Hertie Erfurt

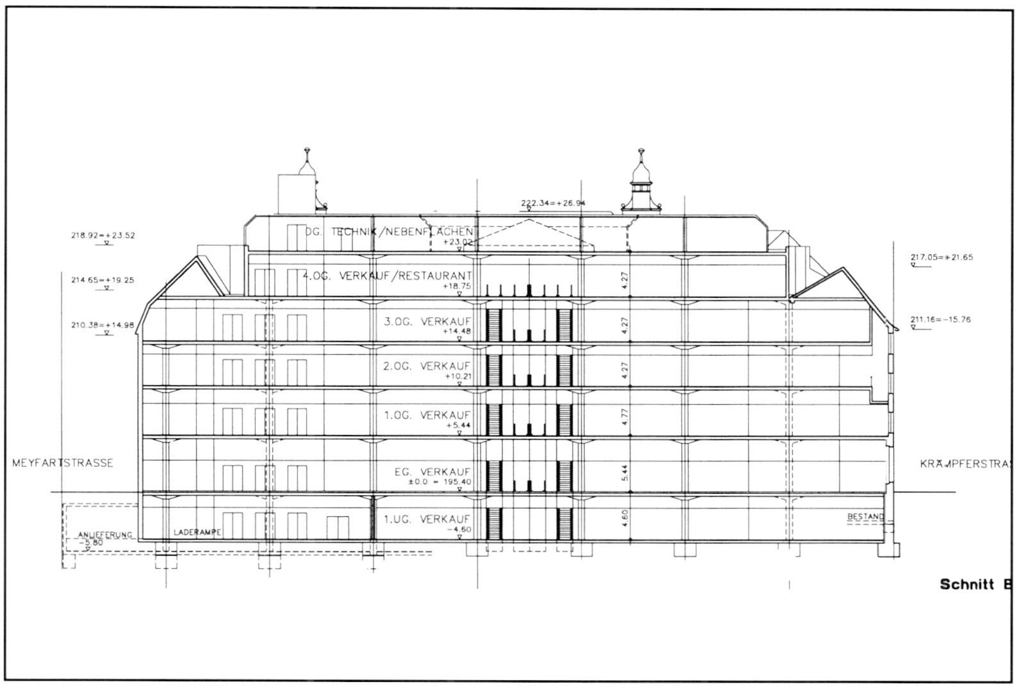

Hertie Department Store in Erfurt

In 1993, the RKW architects completed planning for the conversion and extension of the Hertie department store and office building in Erfurt. This typical turn of the century department store, built in 1908 by the architects Albert and Ernst Giese, has its main facade directly on Erfurt's historic Anger, at the centre of the old quarter. The facade, clad in coarse engineering brick, is divided by vertical supports and framed by two corner towers at its sides. For the 1967 interior conversion, the former light-well was removed. The Anger, Germany's largest 12th century "Weid" or meadow market, is nowadays characterised by quality 19th and 20th century buildings, interspaced by imposing town houses from the 16th to 18th century. Between 1976 and 1978, a pedestrian precinct was laid out, and a thorough renovation of the Hertie building was undertaken, with conservation also in mind. The site is bordered to the north by Krämpferstrasse, to the east by Fleischergasse and to the south by Meyfartstrasse. In addition to the old department store, three further listed buildings were included in the concept: the old "Römische Kaiser" hotel on the Anger, the "Haus des Lehrers" on Krämpferstrasse and the building on the corner of Krämpferstrasse and Fleischergasse; the historic light-well in the "Römische Kaiser" was reconstructed. To the rear of the site, the two listed buildings on Fleischergasse ensure that the new extension remains faithful to the scale of the old quarter, and provide a framework for the sweeping concave of the glass facade while contributing to the accent of the rear entrance. This Hertie department

986.221 m², davon sind 272.300 m² bebaut. Bei Bedarf kann die Ausstellungsfläche später durch vier weitere Ausstellungshallen in östlicher Richtung ergänzt werden. An Hallenfläche werden 102.500 m² zur Verfügung stehen. Hinzu kommt an Freifläche ein Ausstellungsangebot von 30.000 m². Mit dem Bau der Neuen Messe erhält die Stadt im Norden ein völlig neues städtebauliches Profil.

Hertie-Kaufhaus in Erfurt

1993 wurden Architekten RKW mit der Planung für den Umbau und die Erweiterung des Waren- und Geschäftshauses Hertie in Erfurt beauftragt. Das typische Jahrhundertwende-Warenhaus wurde 1908 von den Architekten Albert und Ernst Giese errichtet. Seine Hauptfassade liegt unmittelbar am historischen Erfurter Anger im Zentrum der Altstadt. Die mit Werkstein verkleidete Fassade ist durch Stützenstellungen vertikal gegliedert und wird seitlich durch zwei Ecktürme eingefaßt. Bei einem Innenumbau im Jahre 1967 wurde der ehemalige Lichthof beseitigt. Der Anger entstand bereits im 12. Jahrhundert als größter Weidmarkt Deutschlands. Ihn prägen heute qualitätsvolle historische Gebäude des 19. und 20. Jahrhunderts, dazwischen einzelne stattliche Bürgerhäuser des 16.–18. Jahrhunderts. 1976/78 erfolgte eine umfassende Instandsetzung der Gebäude nach denkmalpflegerischen Gesichtspunkten mit Anlage der Fußgängerzone.

Der Bauplatz wird im Norden durch die Krämpferstraße, im Osten durch die Fleischgasse und im Süden durch die Meyfartstraße begrenzt. Neben dem alten Warenhaus waren bestehende historische Gebäude in das Konzept einzubeziehen, so unter anderem das "Haus des Lehrers" in der Krämpferstraße. Die bestehende gründerzeitliche Bebauung des Angers gibt den Maßstab für die Erweiterungen und den Umbau des neuen Hertie-Kaufhauses vor. Der Ergänzungsbau ist ein interessantes Beispiel dafür, einzelne, zunächst störende Bauten als Maßstabsbilder zu bewahren, auch wenn dies ganz zwangsläufig mit einigen funktionellen Nachteilen verbunden ist. Die Nettoverkaufsfläche des erweiterten Baues wird nach Fertigstellung über 20.000 m² betragen.

33 Hertie Erfurt vor dem Umbau

Buchhandlung Baedeker in Essen

In den Jahren 1991/92 wurde nach Plänen der Architekten RKW eine der großen Buchhandlungen Deutschlands, die Buchhandlung Baedeker, im Zentrum von Essen umgebaut. Es entstand eine Erlebnis-Buchhandlung in vier Verkaufsebenen auf einer fast verdoppelten Verkaufsfläche von ca. 2.000 m². Der fünfgeschossige Bau mit seiner Rustika-Natursteinfassade im 2.– 5. Obergeschoß, die an Florentinische Palazzo-Architektur erinnert, wurde 1926/27 von Ernst Bode erbaut. Das im 2. Weltkrieg stark beschädigte Gebäude wurde in den 50er Jahren wieder aufgebaut und war zuletzt im Inneren stark verändert. Die mit der unteren Denkmalschutzbehörde Essens abgestimmte Lösung sah die Wiederherstellung der ursprüng-

34 Buchhandlung Baedeker, Essen, Rückfront

store extension is an interesting example of how it can make complete sense to retain buildings that, although initially disturbing to the eye, nevertheless provide a sense of scale, even when this is of necessity linked with a few functional disadvantages. The net sales area of the extended building will eventually be more than 20,000 m².

Baedeker Booksellers

Between 1991 and 1992, one of Germany's large booksellers, Baedeker's, in the centre of Essen, was converted according to plans by the RKW architects. A theme bookshop was created on four sales levels on a sales area that has been almost doubled to about 2,000 m². The five-storeyed building, with its rusticated natural stone facade between the second and fifth floors reminiscent of Palazzo architecture, was built between 1926 and 1927 by Ernst Bode. The building, which was badly damaged in World War II, was rebuilt in the 1950s – eventually with a very different interior. The solution agreed with Essen's conservational staff stipulated the recreation of the original ceilings. With the reserved interior design, the architects have employed elements and materials typical of the region's industrial architecture. The new sweeping stairwell is integrated into the courtyard extension. The glass lift placed

35 Buchhandlung Baedeker, Essen, Innenansicht

lichen Geschoßdecken im Inneren vor. Bei der zurückhaltenden Innenraumgestaltung verwendeten die Architekten Elemente und Materialien der regionalen Industriearchitektur. Die neue geschwungene Treppenanlage ist im Hofanbau eingeordnet. Der im Treppenauge plazierte Glasaufzug erinnert in seiner Konstruktion absichtsvoll an einen Förderturm, wie er im Revier anzutreffen ist. Der gerundete gläserne, oberirdisch dreigeschossige Glasanbau im Hof erweitert nicht nur die Verkaufsfläche beträchtlich, sondern schafft auch Kommunikation zwischen Innen und Außen und bereitet so die von der Stadt Essen geplante Umwandlung des Innenhofes in eine moderne Einkaufspassage vor. Die Innenraumgestaltung überzeugt durch ihren gediegenen Materialeinsatz. Die weißen Decken wurden bewußt zurückhaltend gestaltet, was zur Beruhigung des Raumes während der Einkaufszeiten beiträgt. Der Aufzug im Treppenhauskern durchdringt mit ungewöhnlicher Leichtigkeit wie eine Plastik die Verkaufsetagen und schafft interessante Blickbeziehung. Daß sich im Inneren bedeutende Veränderungen vollzogen haben, signalisieren an der Straßenfassade die über dem Erdgeschoß abgehängten sehr leichten Glaswetterschutzdächer.

in the centre of the stairwell is, in its construction, deliberately like the type of conveyor tower commonly seen throughout the region. The rounded, glazed, three-storeyed building in the courtyard not only enables a marked expansion to the sales area, but also creates communication between inner and outer, and thus prepares the way for the transformation of the inner courtyard into a modern shopping arcade, as planned by the City of Essen. The interior design, with its tasteful use of materials, is convincing. The white ceilings have been intentionally finished in a conservative design, and during business hours this contributes a calming effect to the space. The lift in the core of the stairwell penetrates the sales floors with unusual ease, like a sculpture, to create interesting glimpses. The very lightweight glass roof over the ground floor, hung on the street-facing facade to provide protection from the weather, points to significant changes in the building's interior.

36 Buchhandlung Baedeker, Essen, Treppenaufgang mit Aufzug

1 Specks Hof Leipzig, ausgezeichnet auf der MIPIM in Cannes mit dem ersten Preis der Kategorie "Refurbished Office Building" und dem Hauptpreis "Special MIPIM Jury Award".

Specks Hof, Leipzig

2 Eine der markantesten und vertrautesten Eckpositionen des Stadtbildes neu belebt

3 Nachtstimmung

4 Delikatessen verführen zum Probieren

5 Restaurierte kupfergetriebene Halbtonnendecke in der Passage zum Schumachergäßchen

6 Typischer Ladeneingang mit Glasfacetten-Tür

7 Der Reiz von Licht und Schatten über drei Lichthöfe hinweg

8 Keramikkunst von Moritz Götze und ein Lichtobjekt geben dem zweiten Lichthof seinen besonderen Reiz

9 Rückeroberung von lange entbehrten intimen Stadträumen

10 Sternenhimmel im ersten Lichthof, die Bilder auf dem Kupferfries stammen von Bruno Grieselt

11 Elektronisch gesteuerte Licht- und Klangkunst von Clemens Teichmann im dritten Lichthof, Emaille-Medaillons von Johann Grutzke

Barthels-Hof-Passagen, Leipzig

1 Wiederhergestelltes Eingangstor zum Innenhof

2 Restaurierte Straßenfront mit Passageneingang

3 Wiederhergestellter Renaissance-Erker im Hof

Rathaus Galerie, Wuppertal-Elberfeld

1 Zugang auf der Erdgeschoßebene

2 Zweigeschossige Hauptmall in ihrer klaren Linie und Lichtführung

3 Begrünte Dachlandschaft als Blickfang der Wohnungen

4 Innenhof mit Gartenterrasse

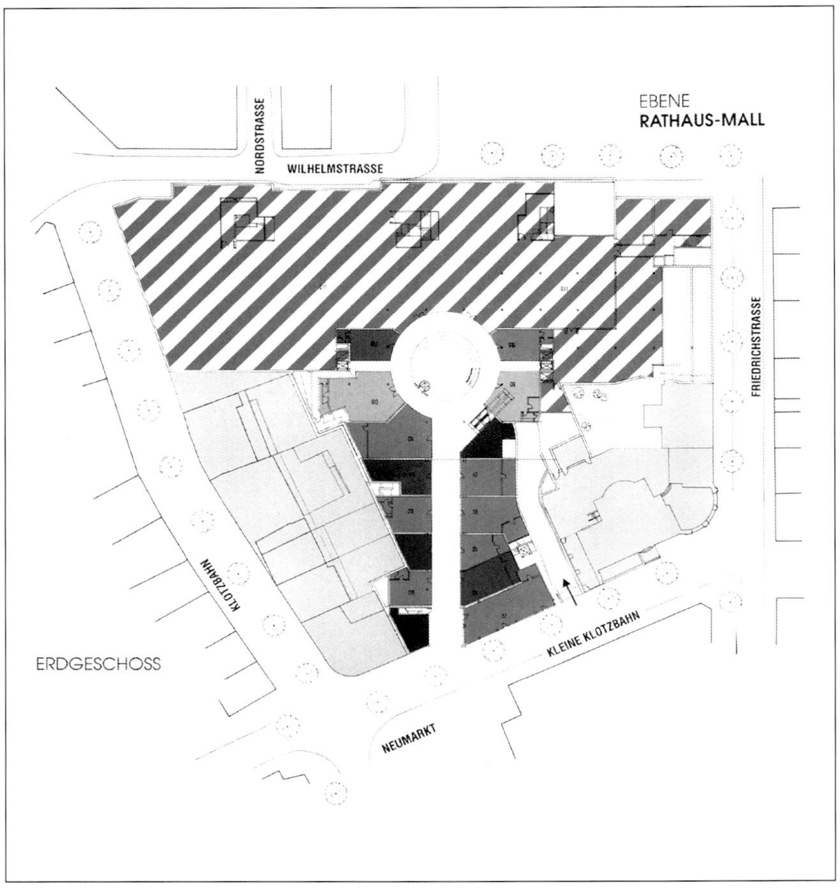

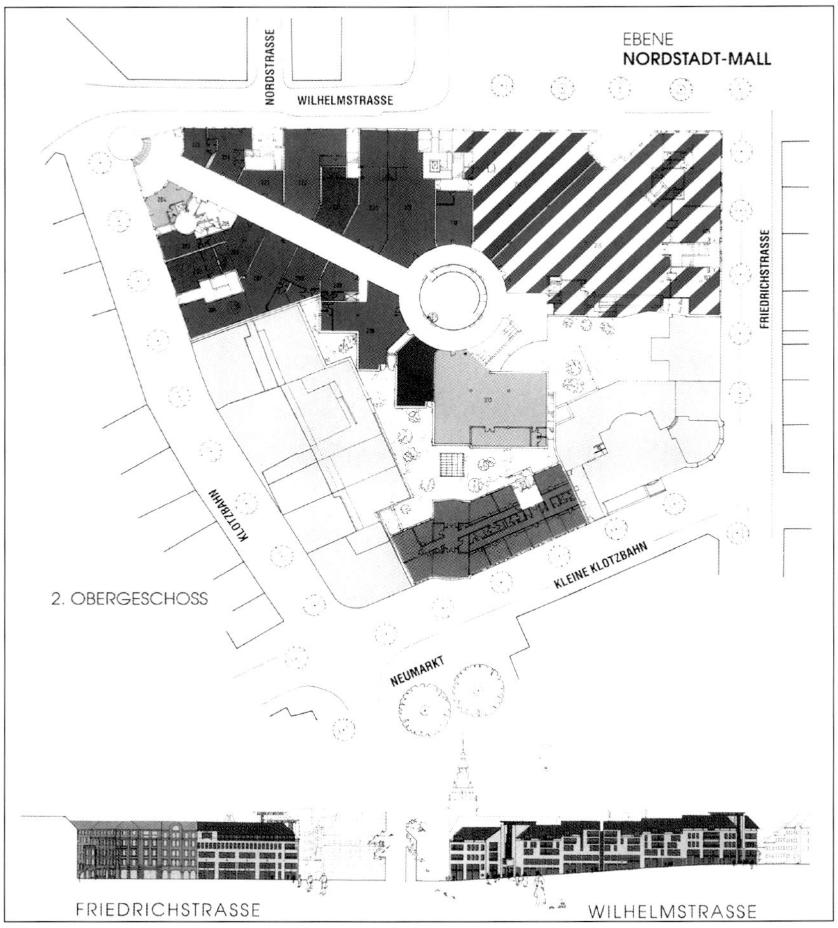

5 Erdgeschoß und 2. Obergeschoß im Grundriß

6 Zentraler Treppenaufgang über 3 Ebenen

7 Eiscafé im Erdgeschoß der Rotunde

8 Gastronomie als wichtiges Ergänzungsangebot

9 Blick in die Rotunde von ganz oben

10 Filigraner, gläserner Gipfelpunkt

Forum City-Center, Mülheim

1 Die große Mall mit der halb geschlossenen Dachkonstruktion

2 30.000 m² Warenwelt in attraktiver Präsentation

3 Bemalte Rolltore vor dem Foodcourt nach Ladenschluß

4 Ein Glaszylinder als markanter Hinweis auf den Haupteingang

Rathaus Galerie Dormagen

1 Galeriezugang mit Skulpturen von Otmar Alt

2 Grüne Oase im Zentrum

3 Studio-Wohnungen im Obergeschoß der Galerie

El Shorouk – International Commercial Center

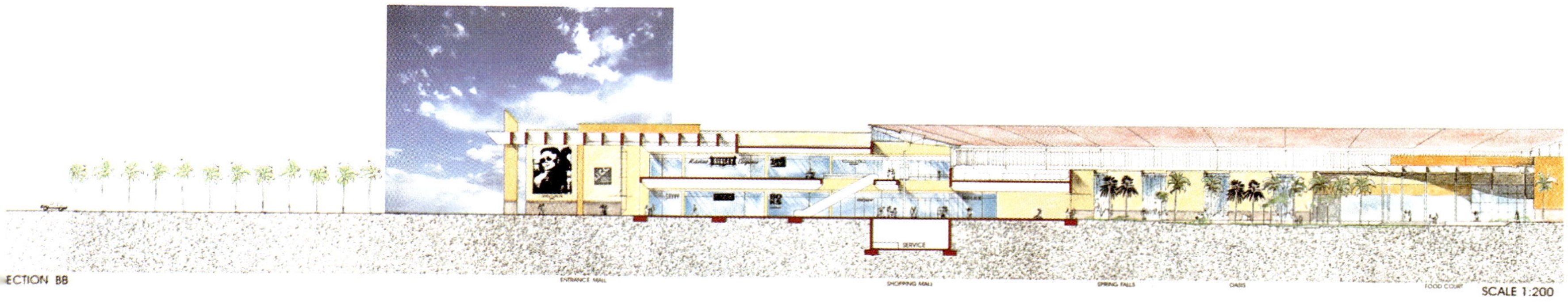

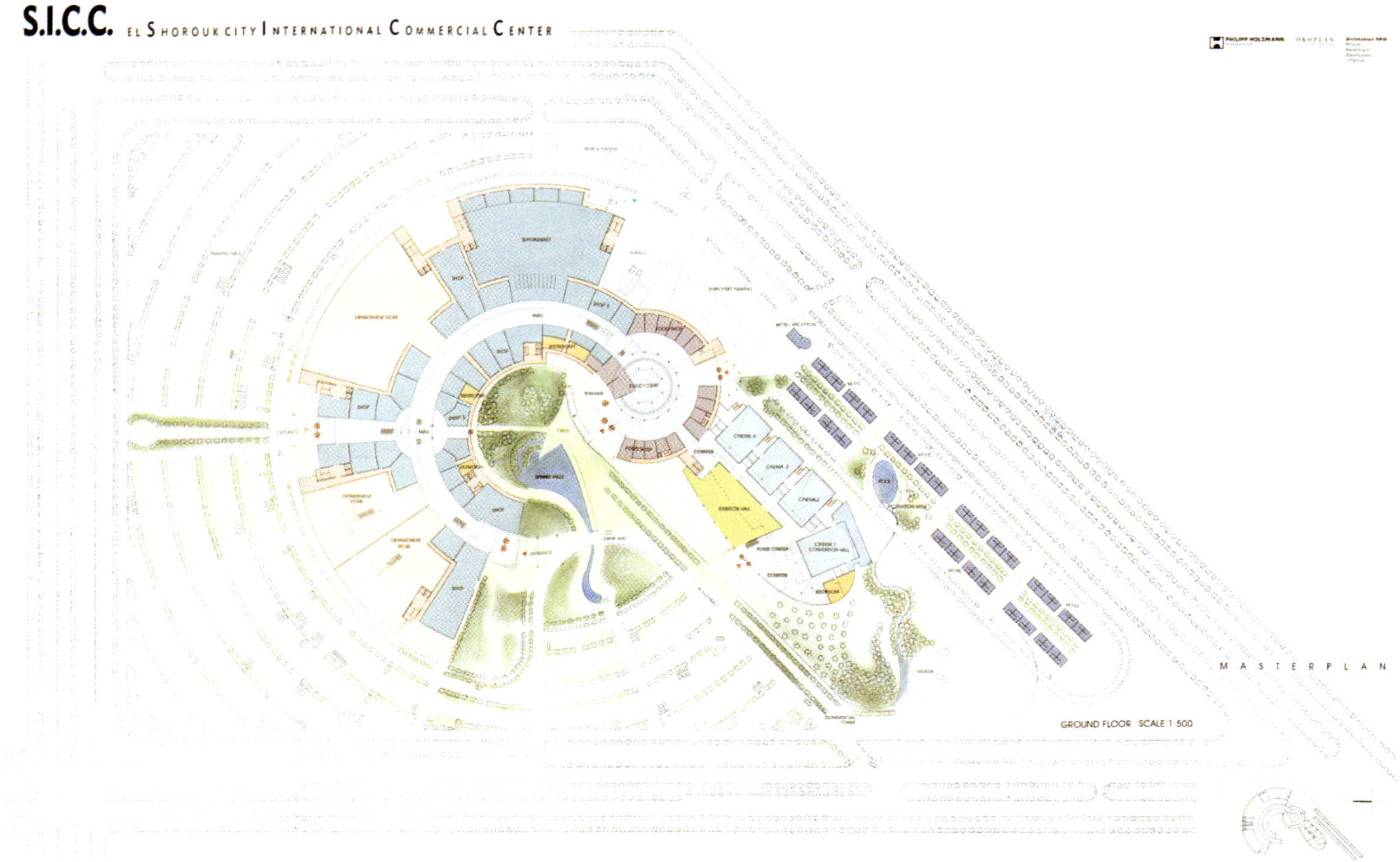

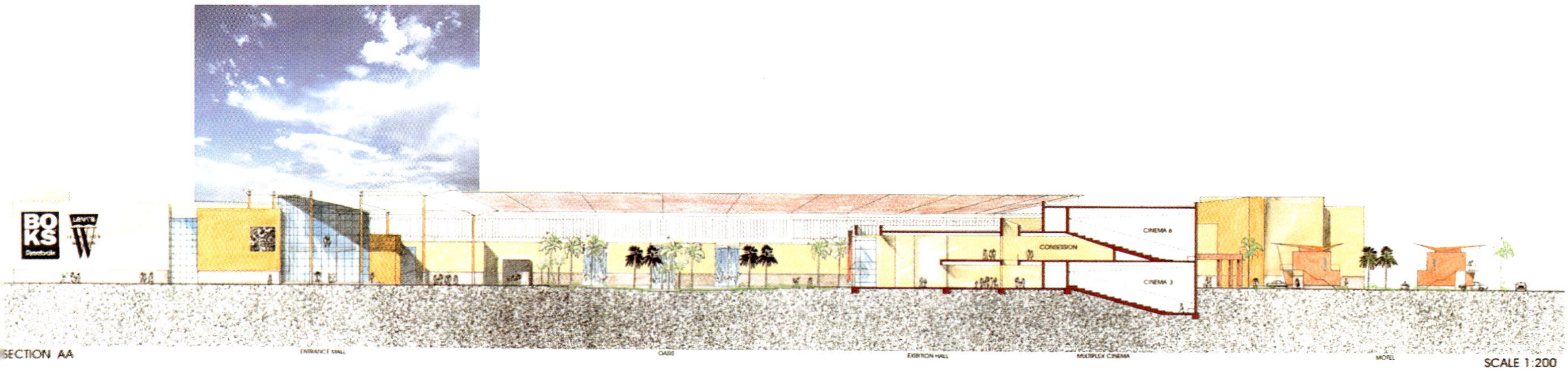

1 Grundriß und Seitenansichten

2 El Shorouk – International Commercial Center – Plaza vor dem Haupteingang

3 El Shorouk – Blick in das Halbrund der Mall

Vieldeutige Offenheit
Der Architekt Helmut Rhode und das Bauthema Kaufhaus*

Mathias Schreiber

In vordemokratischen Epochen und Staaten ist monumentale Architektur nicht selten der raumgreifende optische Kanonendonner der Mächtigen – von der Akropolis über das Schloß zu Versailles bis zur Vollendung des Kölner Doms im 19. Jahrhundert, die ja vor allem eine patriotisch-weltliche Angelegenheit war. In den vierzig Jahren der Bundesrepublik, zwischen 1949 und 1989, begnügte sich die politische Macht mit der sachten Eleganz einer umgebauten Pädagogischen Akademie, mit ordentlich-plumpen Provinzialversicherungsfassaden und mit bauhäuslerisch umfächelten Bungalow-Gebärden. Den Kanonendonner überließen die Politiker lieber den Konzern- und Kommerzburgen, die sich in so manche historische Altstadt nach 1945 hineinbombten, als wollten sie das Unheilswerk des Krieges fortsetzen. Dies ist der geschichtliche Hintergrund für das notorisch – sagen wir vorsichtig: *nervöse* Verhältnis zwischen Architekten und Architekturkritikern. Seitdem die deutsche Architektur merklich rücksichtsvoller und differenzierter mit den arg geschrumpften Beständen der gebauten Überlieferung umgeht, seit Ende der siebziger Jahre, hat sich auch dieses Verhältnis zunehmend entspannt. Zum Aufatmen besteht für die Architekten dennoch kaum Anlaß: Je versöhnlicher die Kritiker mit ihnen streiten, desto unversöhnlicher melden sich die Bürger zu Wort, getreu den Verdikten ihres Wortführers Prinz Charles. Als 1990 bei einem Dresdner Architekturforum Leon Krier, der von Prinz Charles geschätzt wird, dem Publikum sein Atlantisprojekt vorführte, jenen ernst gemeinten Spielzeug-Insel-Schnellkurs in europäischer Baustilgeschichte, und als er bei dieser Gelegenheit sagte, von den Architekten der alten Bundesrepublik könnten die fünf neuen Länder buchstäblich *nichts* lernen, da fühlten sich einige der anwesenden Architekturkritiker fast schon als Hofschranzen: so radikal waren sie selbst in den wilderen sechziger, siebziger Jahren nie auf Distanz gegangen. Leon Krier, der tollkühne Luxemburger, hatte sie soeben im Galopp, mit donnernden Hufen, links – oder war es eher rechts? – überholt. Ich verspreche Ihnen: dies war – heute – die letzte Donnermetapher aus meinem Mund. Ich werde jetzt versuchen, der mir von Leon Krier zugewiesenen neuen Hofschranzenrolle gerecht zu werden. Und in jenem "Nichts" etwas, einiges, ein wenig wahrzunehmen, wovon auch die fünf neuen Länder lernen könnten.

Der Architekt Helmut Rhode und die mit ihm kooperierenden Architekten Kellermann, Wawrowsky "und Partner" bauten viele Jahrzehnte – neben Verwaltungsgebäuden, Banken, Wohn- und Geschäftshäusern, Rathäusern – Kaufhäuser, Einkaufszentren: Markt-Plätze sozusagen. Für den Architekturkritiker ist das wieder ein Anlaß zur Nervosität. Er kann nicht vergessen, was Friedrich Nietzsche über den Handelsmann geschrieben hat. In dem Buch *Menschliches, Allzumenschliches*, Abteilung "Der Wanderer und sein Schatten" (München 1960, S. 885), lesen wir:
"Der Räuber und der Mächtige, welcher einer Gemeinde verspricht, sie gegen den Räuber zu schützen, sind wahrscheinlich im Grunde ganz ähnliche Wesen, nur daß der zweite seinen Vorteil anders als der erste erreicht: nämlich durch regelmäßige Abgaben, welche die Gemeinde an ihn entrichtet, und nicht mehr durch Brandschatzungen. (Es ist das nämliche Verhältnis wie zwischen *Handelsmann und Seeräuber*, welche lange Zeit ein und dieselbe Person sind: wo ihr die eine Funktion nicht rätlich scheint, da übt sie die andere aus. Eigentlich ist ja selbst jetzt noch alle Kaufmannsmoral nur die *Verklügerung* der Seeräubermoral: so wohlfeil wie möglich kaufen – ...so teuer wie möglich verkaufen)."

Steht der Architekt von Kaufhäusern und Einkaufszentren nicht im Dienste dieser mächtigen Seeräubermoral? Wirken nicht etliche dieser Marktbunker tatsächlich wie Seeräuberburgen, sozusagen wie gebauter Nietzsche? Nun, der Markt ist auch etwas ganz anderes: der Ursprungsort städtischer Kommunikation und Selbstfeier, insofern auch der städtischen Kultur; der Kaufmann, der hier handelt, ist aufgrund seiner berufsnotwendigen Weltoffenheit und Toleranz dem Fremden gegenüber, auch als Übermittler von Gerüchten, Nachrichten und Produkten, ein Prometheus der Neuzeit, eine Lichtgestalt wider alles Abgeschlossene, Selbstsichere, Bornierte und Verbohrte – ein Vorreiter des wissenschaftlichen, freimütigen Weltbürgers – eine Kulturgestalt. Auch wenn wir dies weniger emphatisch betrachten, bleibt als Faktum: Europäische Handelsarchitektur entstand dort, wo sie oft heute noch steht: auf dem Marktplatz; und diese Marktplatzbauten bilden den Kern der europäischen Stadtkultur, der heute meist unter Denkmalschutz steht. Wir verdanken den Römern das Forum

* Der Text basiert auf einer Rede, die der Autor am 24.10.1990 in Frankfurt gehalten hat.

Ambiguous Openness
The Architect Helmut Rhode and the Department Store*

Mathias Schreiber

In pre-democratic ages and states, monumental architecture is often the spatial and visual equivalent of ceremonial cannonades fired off by the powerful – from the Acropolis to the palace at Versailles to the completion of Cologne Cathedral in the nineteenth century (the latter, of course, motivated primarily by secular and patriotic concerns). During the forty-year existence of the Federal Republic between 1949 and 1989, the political powers-that-be satisfied themselves with the unassuming elegance of a converted Pedagogical Academy, with crude and tidy provincial insurance-company facades and vaguely Bauhaus flourishes. The politicians were happy to leave the cannonades to the corporate fortresses that bombed their way into many a historical old town after 1945 as if determined to continue the grim work of the war. This is the historical background for the notorious, or let us say nervous, relationship between architects and architectural critics. This relationship has relaxed markedly since the late 1970's when German architects began to approach the drastically diminished remnants of their architectural legacy with much greater respect and discrimination. Yet there is no reason for architects to lower their guard. The more conciliatory the architects become toward their critics, the more relentless becomes the public, faithful to the verdicts of their spokesman Prince Charles. One architect greatly appreciated by Prince Charles is Leon Krier. In 1990, when Krier made a public appearance at the Dresden Architecture Forum to introduce his Atlantis project (that ludicrous short course in the history of European architectural styles), and when he took the occasion to say that there was absolutely nothing that the five new federal states of East Germany could learn from the old Federal Republic, some of the architecture critics present at the occasion almost felt like flunkies: not even in the wild nineteen-sixties and seventies had they ever been so radical in their critiques. Leon Krier, the daring Luxemburger, had just overtaken them on the left – or was it the right? – with his trumpeting calls. I promise you, by the way, that this is the last sound-effect metaphor I'll be using today. I will now try to live up to the new flunky role assigned to me by Leon Krier and to find amid that "nothingness" something, a few things, a little, from which the five new states could learn.

For many decades the architect Helmut Rhode, along with his colleagues Kellermann, Wawrowsky, "and Partners," built not only office buildings, banks, residential and business buildings and town halls, but also department stores and shopping centers – marketplaces, as it were. For an architecture critic this is once again a cause for nervousness. He cannot forget what Friedrich Nietzsche once wrote about the tradesman. In Human, All-Too-Human, in the section "The Wanderer and His Shadow" (Munich, 1960, p. 885), we read: "The robber and the powerful man who promises a community that he will protect them from the robber are essentially very similar beings, the only difference being that the latter gains his advantage differently from the first: namely through regular levies which are paid to him by the community rather than through plunder. (For this is precisely the difference between the tradesman and the pirate, who for a long time were the same person: Whenever one function seems inadvisable to this person, he exercises the other. In fact the morality of the businessman is merely a cleverer version of the morality of the pirate: buy low, sell high)."

Does not the architect of department stores and shopping centers stand in the service of this powerful pirate morality? Do not some of these commercial bunkers have the same appearance as pirate fortresses, as if Nietzsche's ideas had been transformed into buildings? In fact the market is also something entirely different: it is also the original site of urban communication and self-celebration, and thus also the celebration of urban culture itself; the businessman who trades here, thanks to the openness and tolerance toward outsiders dictated by his profession, is also a transmitter of rumors, news, and products, a Prometheus of the modern age, an ideal figure opposed to all that is sealed off, self-confident, ignorant, and obstinate, a precursor of the scientific, honest world citizen, a bearer of culture. Even if we see this less emphatically, it remains a fact: European commercial architecture was born where it often still stands today, namely at the marketplace. And these marketplace buildings form the core of European urban culture that today often stands under protection as a landmark. It is to the Romans that we owe the forum ("agora" in Greek) as the lively urban concentration of

This essay is based on a lecture given by the author in Frankfurt on 24 October 1990.

(griechisch: agora) als lebendige Stadtkonzentration des Kaufens und Verkaufens, der Verwaltung, der Gerichtsbarkeit, der aufgeregten politischen Debatte und Versammlung sowie des religiösen Kultes. Das Mit- und Gegeneinander dieser verschiedenen Aktivitäten ist konstitutiv – ohne Rathaus verflacht auch das Kaufhaus. Rathaus, Kirche und Geschäft definieren die traditionelle europäische Stadtmitte zwischen Mailand und Lüneburg. Sie sehen schon: Ich bin mehr für das Kaufen in der Stadt als auf der grünen Wiese. Aber ich kenne natürlich auch die altstädtische Enge, die den Befreiungsschlag draußen fast erzwingt. Um der Altstadt, um der Kultur willen *muß* manches ausgelagert werden. Es kommt dann auf das Wie, auf Form und Maßstab an. Die Zentren draußen sollten so konzipiert werden, daß sie das alte Zentrum *entlasten*, nicht aber auszehren.
Das klassische Forum ist ein rechteckiger Platz, gesäumt von Tempeln, Markt- und Gerichtshallen. Der rechteckige Grundriß ist auch der klassische Kaufhausgrundriß. In Rom waren die Märkte nach Branchen sortiert: Rindermarkt, Gemüsemarkt, Fischmarkt. Wie im orientalischen Basar. Bei uns gibt es dies noch auf Zeit: während einer Messe sowie bei den spezialisierten Groß- und Kleinmarkthallen. Die neueren Einkaufszentren erwecken den Eindruck einer turbulenten Marktplatzsituation, aber in einer wichtigen Hinsicht ist dies ein Täuschungsmanöver: Sie ermöglichen gerade nicht den Preisvergleich zwischen verschiedenen Anbietern einer Branche, sondern sie lassen die verschiedenen Branchen jeweils monopolistisch auftreten, *als ob* sie in Konkurrenz zueinander stünden. Da lebt der alte Seeräuber noch weiter. Der Vergleich zwischen den konkurrierenden Einkaufszentren, der diese Situation kompensieren kann, ist schwieriger als jener zwischen den verschiedenen Gemüseständen auf dem Marktplatz. In der Regel probiert der Einkaufszentrumskunde erst beim nächsten Großeinkauf aus, ob die Konkurrenz besser ist. Damit er dies möglichst unterläßt, locken die Einkaufszentren mit allerlei Zusatzreizen und Freizeit-Inszenierungen, die auf zweckfreie emotionale Identifikation und Bindungen setzen. Das ist ihre kulturelle Qualität im engeren Sinn, aber auch im Sinne bloß *täuschender* Ähnlichkeit mit einer spielerischen Lebensauffassung. Die Konkurrenz des Marktes funktioniert hier nur noch in der Such-Phase: solange der Kunde die Annoncen und Prospekte vergleicht und mit dem Auto zu diesem – oder eben doch zu jenem – Zentrum unterwegs ist.
Solche kleinen Unterschiede zwischen dem traditionellen Kaufladen am Markt, dem Jahrmarkt, der Messe, dem Marktplatz, der Markthalle, dann dem Kaufhaus und dem Einkaufszentrum sind auch für den Architekten bedeutsam, der das jeweils Angemessene sucht, der sein Bestes geben möchte im Spannungsfeld von Seeräubermoral, ehrwürdiger Marktkultur, fairer Konkurrenz und eigenem Gewissen. Ich kann es nicht beweisen, aber mir scheint, Rhode und sein Team haben sich in der Regel über diese Differenzierungen Gedanken gemacht, woraus sich ein gewisser Hang zur *maßvollen Repräsentanz* erklären ließe, den ich, angesichts so mancher konkurrierender Triumphgebärde, respektabel finde. Das Büro Rhode bekannte sich stets zur klassischen Moderne, zum großzügig verglasten, kubischen Betonskelett, zu Fensterband und Flachdach, zur weißen Licht- und Luft-Fata morgana im durchsichtigen Rasterhemd – aber eigentlich nie brutal oder demonstrativ und schon gar nicht dogmatisch: Das Horten-Kaufhaus in Regensburg, ein RKW-Zwiegespräch mit einem klassizistischen Altbau, gefällt mir nicht übermäßig – aber mir gefällt der Mut zum Risiko, zu Turm und Walmdach und angepaßtem Volumen in historischer Umgebung, womit man im Jahre 1973 noch einiges Kollegengelächter in Kauf nahm. Solche Zwiegespräche haben immerhin dazu beigetragen, daß die harte Beton-Nuß einer kalten Glashaut- und Kisten-Moderne sehr bald geknackt wurde.

Die römische Basilika, der Urtyp des Handelshauses, wurde vom Christentum zum Kulthaus gemacht. Als dann über die Geschäftspassagen des 19. Jahrhunderts und über die gläsernen Weltausstellungshallen die Basilikaform zu ihrem Ursprung, wenn auch nicht zur flachen Decke, zurückkehrte, konnte sie, aufgrund ihrer sakralen Tradition, dem Handel noch rasch einen halben Heiligenschein über den Krämerschädel spannen – Querschnitt und Faktum der gläsernen Tonne. Jüngste Glieder dieser Kette: die Frankfurter Messe-"Galleria" von Ungers, eine gewaltige Glastonne, und die nicht weniger gewaltige, wenn auch flachere, an den Seiten wellenförmig ausschwingende Glastonne über dem Frankfurter Nordwest-Zentrum, ein Werk von RKW. (Die gläserne Riesenwölbung der Neuen Leipziger Messe von 1996 knüpft hier an). Wie ihre kleinere *buying and selling, administration, jurisdiction, excited political debate and assembly and religious cult. The co-existence and contrast of these various activities is fundamental; the department store dwindles into insignificance without the town hall. Town hall, church and commerce define the traditional European urban center between Milan and Lüneburg. As should already be clear, I am more in favor of shopping in the city than on the greenfield. But I am naturally also familiar with the narrowness of the old town that virtually demands a liberating gesture outside. Some elements must be moved out of the old town center for its own sake, for the sake of culture. This depends on the means, on form and scale. The centers outside should be planned in such a way that they relieve burdens on the old town without robbing it of sustenance.*

The classical forum is a rectangular square lined by temples, market buildings and law courts. The square plan is also the classic floor plan of the department store. In Rome the markets were classified according to their lines of business; there was a cattle market, a vegetable market, a fish market – just as in an oriental bazaar. Some examples of this principle still exist, such as trade fairs or specialized market-halls, but only for a time. The new shopping centers convey the impression of a turbulent market-place situation, but in one important respect this is a deception, for they do not enable the comparison of prices among different sellers of a product. Instead they allow the different sellers to present their wares as monopolists, as if they were competing with each other. The comparison between competing shopping centers could compensate for this situation, but this is more difficult than comparing the various vegetable stands in a marketplace. As a rule the customer of the shopping center tests the competition only when it is once again time to make a big shopping trip. To prevent buyers from undertaking any comparisons, the shopping centers tempt them with every kind of additional incentive and recreational event aimed at emotional dramatizations and the establishment of ties. This is their cultural quality in a narrower sense, but also in the sense of a purely deceptive similarity to a playful conception of life. The competition of the market functions here only during the search phase, for as long as the customer is comparing information or driving to the place where he plans to shop.

Such small differences between the traditional store at the market, the fair, the trade fair, the marketplace, the market-hall, then the department house and shopping center are also of significance for the architect who seeks what is appropriate for each case, who wishes to give his best in the field of tension between pirate morality, dignified market culture, fair competition and one's own conscience. I cannot prove it, but it seems to me that Rhode and his team have usually devoted some thought to these specific aspects, and this might explain a certain tendency toward moderate representation that I, amid the present-day hubbub of competing gestures of triumph, find respectable. The Rhode Bureau always stood up for classical modernism, for the cubic concrete skeleton with generous use of glass, for strip windows and flat roofs, for the white mirage of light and air in a transparent grid – but not brutal or demonstrative and certainly never dogmatic. The Horten Department Store in Regensburg, an RKW dialogue with a neo-classical old building, does not please me beyond all bounds, but what I do find appealing is the courage to take risks, to dare a tower and a hipped roof and adjusted volume in a historical environment. Back in 1973 this meant putting up with much mockery from colleagues. Yet such dialogues would soon make it possible to crack the hard concrete nut of a cold modernism based on boxes and glass skins.

The Roman basilica, the original type of the commercial building, was transformed into a cult building by Christianity. Later the basilica form returned to its origin, if not to its flat roof, via the shopping passages of the nineteenth century and the glass pavilions of the World's Fairs, and when this happened its sacral tradition enabled it to grace the trader's head with half a halo – the cross-section of the glass vault. The most recent links in this chain are the Galleria designed by Ungers for the Frankfurt Trade Fair, a massive glass barrel vault, and the no less massive, if somewhat flatter, wave-shaped glass barrel vault over the Frankfurt Nordwest Zentrum, another project by RKW. (One also thinks of the giant glass dome of the New Leipzig Trade Fair.) Like its smaller twin with the saddleback roof next door (the "small mall"), the big glass nave of Northwest Center also arches over a path that was largely outdoor space before

Satteldachschwester (die "kleine Mall") nebenan überwölbt auch das große Glasschiff des Nordwest-Zentrums einen Weg, der vor dem Umbau überwiegend *Außenraum* gewesen ist. Auch die RKW-Galerie Kleiner Markt in Saarlouis betreibt gläsern die halbsakrale Verinnerlichung der Außenwelt, die Verwandlung städtischer Unwirtlichkeit ins Wohnliche und Wohlige, wo dem Kunden beim Kaufen der Himmel zuschaut und die Hände, die das Geld sortieren, warm bleiben.

Dies alles sind Architekturen der achtziger Jahre. War das nicht das Triumphjahrzehnt der Postmoderne? Sicherlich im Museumsbau. Aber nicht in der ambitionierten Kaufhaus-Architektur, mit der wir es hier zu tun haben. Die Galerie Kleiner Markt entstand 1982, das Nordwest-Zentrum in neuer Gestalt wurde 1989 fertig. In diesen Architekturen wird die Moderne nicht überwunden, sondern aufgehoben: bewahrt und überboten durch die Rückkehr zu einem ihrer suggestivsten Motive – die Außenwelt als Innenwelt, von Paxton bis Mies van der Rohe, von Eiermann und Sep Ruf (Brüsseler Weltausstellung) bis zu RKW und HPP (Olivandenhof Köln). Noch in der Malerei der Romantik ist der Fensterblick Symbol einer sehenden Teilnahme des Subjekts an der Außenwelt, welche *Distanz und Einsamkeit* einschließt. Die Moderne macht aus dem Fensterblick ein Fensterspektakel, ein Fest der ästhetischen Kollektivierung. In der Moderne wird aus dem Fenster das Schaufenster, die Glaswand, die das bürgerliche Interieur zunächst lüftet, dann gänzlich öffentlich macht und verallgemeinert, womit sie das bunte Straßenleben der Großstadt keck zum Bestandteil des Innenlebens erklärt. Wird darüber die Welt verinnerlicht oder die Innerlichkeit veräußerlicht? Emile Zola in *Die Beute* (La Curée, 1872): "Mit Wagengerassel, mit den Ellenbogenstößen Unbekannter, mit der Frechheit ihrer Rede drang die Straße in die Wohnung... Hier war das verdächtige Haus weltlicher Lust, jener schamlosen Lust, die weit die Fenster auftut, um die Vorübergehenden in die Geheimnisse des Schlafzimmers hineinzuziehen." Im großstädtischen "Rausch von Lärm und Licht" verbinden sich Außen und Innen, Boulevard und Interieur zu einem Turbulenz-Erlebnis, zu einem seltsamen Tempo-Film aus Verkehr, Licht, Luft, Witz, Erotik, Konsum und Politik; dieser Film läßt die alte Unterscheidung zwischen Außen und Innen, Handeln und Kontemplation fast veraltet erscheinen. Der moderne Großstädter ist ein asketischer Exhibitionist, ein rebellisches Opfer des Augenblicks, ein introvertierter Schausteller seiner Anonymität, ein lustvoll vereinsamter Massenmensch, ein blasierter, nervöser Romantiker der Veräußerung, ein obszöner Heiliger des Geldes – das alles gehört zur Moderne schon im Paris des späten 19. Jahrhunderts. Berlin hat dieses Lebensgefühl in den zwanziger Jahren dann nachgeholt. Wenn Gropius forderte: Macht die Fenster größer!, war auch er ein Nachzügler der Treibhäuser und Kristallpaläste des 19. Jahrhunderts, jener Tempel der Modernität, die den Innenraum nur noch zögernd umrissen, weil sie ihre Exotismen, Waren und Wahrheiten als Weltereignisse verstanden und daher sogar dem Blick des Weltalls auszusetzen gedachten.

Dies alles schwingt mit, wenn wir unter den schönen Glaspassagen der erfolgreichen neuen Einkaufszentren großstädtischer, romantischer, sinnlicher empfinden, wenn wir dort wenigstens vorübergehend genießerisch im Kollektiven schwimmen – was der Kauflust ja nicht schadet. Als die Warenhäuser zuerst ihre Fenster vergrößerten und auch das tiefste Innere durch glasüberdachte Lichthöfe heller machten, warben sie zunächst nur um die erhöhte Aufmerksamkeit der Kunden im natürlichen Licht und in verbesserter Belüftung. Die wachsende Konkurrenz der Anbieter führte zu einer Dramatisierung der Architektursprache. Die Tietz-Kaufhäuser des Jahrhundertbeginns in Berlin oder Düsseldorf (Architekt: J.M. Olbrich) scheinen zu rufen wie Händler auf dem Marktplatz: Seht her, wir stehen zwar fest und würdig da wie ein Palazzo der Renaissance, mithin verdienen wir Vertrauen, aber wir haben auch nichts zu verbergen, wir sind ehrliche Händler, welt-offen, nicht lichtscheu, und unser Waren-Theater spielt für *jedermann*; auch für den Passanten, der nur vorübergeht. In das Spiel der Anpreisung kommt ein Hauch von sozialer Geste. Die betont vertikal geordneten Fassaden der Kaufhäuser von Behrens, Olbrich oder Messel verbinden Solidität mit Offenheit. Mendelsohn dagegen setzt eher auf großstädtische Dynamik, auf die horizontale Bewegung – siehe das VDI-Haus von RKW (1970) und das RKW-Parkhaus Merkur in Duisburg –, auf die expressiv-wuchtige *runde Ecke,* um die der großstädtische Verkehr zu sausen scheint. Handel ist nicht nur Vertrauenssache und freie Sicht auf viele Waren, er ist vor allem Fortschritt, elegantes *the conversion. Galerie Kleiner Markt, an RKW project in Saarlouis, also pursues the semi-sacral internalization of the outside world, the transformation of urban desolation into the livable and the comfortable, where the sky looks down on the shoppers and warms the hands that sort the cash.*

All these are architectures of the 1980's – but wasn't that supposed to be the triumphal decade of post-modernism? In museum construction this is undoubtedly true, but it does not apply to the ambitious department store architecture which interests us here. Galerie Kleiner Markt was built in 1982, while Nordwest Zentrum in its new form was completed in 1989. These architectures continue and suspend modernism rather than overcoming it; they preserve and overwhelm it through the return to one of its suggestive motifs – the outdoor world as the inside world, from Paxton to Mies van der Rohe, from Eiermann and Sep Ruf (World's Fair in Brussels) to RKW and HPP (Olivandenhof Cologne). In Romantic painting, images of people looking out windows still represent the active participation of the subject in the outside world, a process which includes distance and loneliness. Modernism makes window-gazing into a window spectacle, a festival of aesthetic collectivization. In modernism the window becomes the show window, the glass wall that first airs out the bourgeois interior and then makes it completely public and general, thus cheekily declaring the colorful street life of the big city to be a component of inward life. Does this result in an internalization of outdoor life or an externalization of inwardness? In his story "The Prey" ("La Curée," 1872), Emil Zola writes: "With rattling wheels, with the jolting elbows of the anonymous, with the impudence of their speech, the street pushed its way into the apartment... Here was the suspicious house of worldly lust, of that shameless lust which throws the windows wide open in order to draw passersby into the secrets of the bedroom." The big-city "frenzy of noise and light" combines outside and inside, boulevard and interior to form an experience of turbulence, a strange slow-motion film of traffic, light, air, wit, eroticism, consumption and politics – a film that makes the old distinction between outside and inside, action and contemplation appear almost outmoded. The modern big-city dweller is an aesthetic exhibitionist, a rebellious victim of the moment, an introverted actor of his anonymity, an enthusiastically isolated member of the masses, a jaded, nervous Romantic of externalization, an obscene saint of money – all of which is part of modernism in Paris of the nineteenth century. Berlin then reached this feeling of life in the nineteen-twenties. When Gropius demanded "Make the windows bigger!", he, too, was a late adherent of the greenhouses and crystal palaces of the nineteenth century, those temples of modernity that hesitated to encircle inner space because they understood their exoticisms, products and truths as world events and were thus determined to expose them to the gaze of space.

All this is involved when the beautiful glass passages of the successful new shopping centers make us feel more urban, more romantic, more sensual, when we happily immerse ourselves, at least temporarily, in collective experience – which of course does not impede our desire to buy. When the department stores first enlarged their windows and then brightened up their deepest interiors with glass-lined lightwells, they were merely trying, at first, to court the heightened attention of their customers in natural light and improved ventilation. The growing competition of sellers of products led to a dramatization of the architectural idiom. The Tietz department stores at the turn of the century in Berlin or Düsseldorf (architect: J.M. Olbrich) seem to cry out like traders at the marketplace: Look here, we are as solid and dignified as a Renaissance palazzo, and we are certainly worthy of your trust, but at the same time we have nothing to hide, we are honest traders, open to the world, not shy of light, and our product theater plays for Everyman, even for the transitory passersby. To the game of commendation is added a hint of a social gesture. The pronounced verticality of the facades of the department stores of Behrens, Olbrich or Messel combine solidity with openness. Mendelsohn, in contrast, places the emphasis on an urban dynamism and on horizontal movement (see VDI Haus by RKW, 1970, and the Merkur Parking Garage by RKW in Duisburg), the expressive round corner around which the traffic of the city swirls. Trade is not only a matter of trust and the unimpeded view of many products; above all it is progress, elegant tempo, rapid change. Suddenly the vertically oriented facades look old. The new facade for

Tempo, rascher Wandel. Plötzlich sehen die vertikalen Fassadenordnungen antiquiert aus. Die neue Fassade für Peek & Cloppenburg in Frankfurt (RKW, 1989) knüpft wieder ein wenig an die verhalten monumentalischen, vom Naturstein gesättigten Vertikalordnungen von Olbrich und Messel an. Das glatte Tempo verlangsamt sich – wie die einst "schnelle Stadt" immer langsamer wird.

Ein bedeutender deutscher Kaufhaus-Architekt der Nachkriegszeit war Egon Eiermann. Die Ende der fünfziger Jahre gebaute Frankfurter Zentrale des Versandhauses Neckermann kombiniert Großzügigkeit mit sensibler Feingliederung, durchkreuzt die Schachtel durch rhythmisch geführte Außentreppen, welche an die Diagonale erinnern – die Schachtel, die Urform des Warenbehälters, ruht in sich; die Diagonale bringt da Bewegung ins Spiel, zerbricht optisch den Schrein, sorgt für Spannung und fruchtbare Unruhe.
Solch gespannte Horizontalbewegung kennzeichnet auch Helmut Rhodes Hauptverwaltung für den Kaufhauskonzern Horten (1960). Die Schachtel wird nicht diagonal durchkreuzt, dafür scheint sie beinahe zu schweben und wird so elegant wie diskret vor- und zurückgenommen. Der Stahlbeton macht es möglich: Oft schwebt die Warenschachtel wie eine Dame ohne Unterleib auf komplett gläsernem Schaufenstersockel. Neben der raschen Bewegung ist auch dieses Schwebemotiv ein Topos der Moderne. Schon lange hat es aufgehört, unsere Nerven zu spannen. Wenn alle plötzlich schweben können, wird es langweilig. Das spricht für die Rückkehr zu einer Sockelarchitektur, die zwar offen ist, aber zugleich wieder als Fortsetzung der tragenden Außenwand mit anderen Mitteln erscheint: für die Arkade (KKB-Bank Hauptverwaltung Düsseldorf, 1988). Vorbildlich etwa am Prinzipalmarkt zu Münster. Noch vorbildlicher, weil historisch authentisch: Bologna.

(Berthold Schwanzer hat empirisch ermittelt: Arkaden und ähnlich gewölbte Geschäfts-Unterleiber erhöhen die "Einkaufsbereitschaft" der potentiellen Kunden deutlicher als etwa der annähernd klassizistische Portikus oder andere "dicke" Vorbauten. Die "*Nurglas*"-Front ist auch sehr beliebt, allerdings mehr bei Personen unter dreißig als bei reiferen Kunden – jüngere Menschen bevorzugen anscheinend immer noch die Moderne der sachlichen, direkten Transparenz.)

Manche neuere Kaufhausfassaden krönen den gläsernen Schaufenstersockel, der ja den Blick des Fußgängers einfangen will, mit pittoresken Erkern im oberen Kistenbereich (Beispiel: Peek & Cloppenburg auf der Frankfurter Zeil). Einblicke für die Fensterputzer? Malerischer Abschied von der glatten Haut ohne besondere Funktion? Im Bürgerhaus-Erker des 19. Jahrhunderts saß die vereinsamte Hausdame beim Tee und schaute schmachtend auf das gesellige Straßentheater. In diesen neuen Kaufhaus-Erkern sitzt die Idee, auch ein großes Kaufhaus habe sich gestisch und optisch an der Wohnlichkeit der urbaner gewordenen Innenstadt zu beteiligen. Die anonyme Autostadt gewinnt dabei ein Stück bürgerlicher Individualität zurück – nicht wirklich, aber ästhetisch. Wirklich ist der geistige Wandel, der dahinter wirksam ist. Helmut Rhode definierte Kaufhaus-Architekturen als "Bühnenbilder für die Auftritte von Menschen und Waren, die sich alle zehn, zwölf Jahre häuten". Kaufhaus-Architektur ist zwar uralt, aber sie träumt nicht von der Ewigkeit. Beim Main-Taunus-Zentrum (1972) von Horten, einem RKW-Bau, ist die Fassade aus ornamentalen Fertigteilen ein licht- und luftdurchlässiger Vorhang, hinter dem sich eine zweite Wand mit Fenstern verbirgt, die den variierenden, komplizierten Kaufhaus-Funktionen des Inneren dienen – diese Funktionen erlaubten damals kaum eine "ehrliche" Fensterfassade mit ansprechender Symmetrie. Der Bühnen-Vorhang war also praktisch und zugleich ein Firmenzeichen, da er unabhängig vom Standort des Gebäudes überall im Land sich verwenden ließ. Ein Fassadeneffekt vor allem für Autofahrer – das Main-Taunus-Zentrum schaut noch heute vor allem hinüber zur nahen Wiesbadener Autobahn. Als die deutsche Großstadt den Fußgänger entdeckte, war es auch mit diesen Fassaden vorbei. Die Innenstädte wurden urbaner und hübscher gestaltet. Die Kaufhausfassaden wurden differenzierter, standortgemäßer, offener für die Blicke der Fußgänger, aber auch offener für die Blicke der Kaufhauskunden hinaus auf die schöner gewordene Innenstadt. Wieder eine Wechselwirkung von Außen und Innen.

Das Innenstadt-Kaufhaus mit den einladend ausstaffierten, großen Schaufenstern lockt den Fußgänger ins Innere, ohne daß er die schöne Stadt zu vergessen braucht – überall kann er nach draußen schauen. Das

Peek & Cloppenburg in Frankfurt (RKW, 1989) continues, to a certain degree, the subdued but monumental arrangements, sated with natural stone, of Olbrich and Messel. The slick tempo decelerated – just as the once "fast city" is increasingly slowing down.

One significant German department store architect of the post-war period was Egon Eiermann. The Frankfurt headquarters of the mail-order company Neckermann, built at the end of the 1950's, combines spaciousness with finely ordered volumes, and crosses the box with rhythmically placed external stairways that recall the diagonals. The box, the primal form of the product container, emphasizes equilibrium; the diagonal introduces movement, countering the stability of the case and creating a sense of tension and productive unease.
Such tense horizontal movement also marks Helmut Rhode's Main Administration Building for the Horten department store concern (1960). Though the box is not crossed diagonally, it does seem to hover in place, and the handling of the facade is as elegant as it is discreet. It is reinforced steel concrete that makes this possible; often the product box hovers like a woman without a lower torso placed on a pedestal consisting of a glass showcase. This motif of hovering, like that of rapid movement, is also a topos of modernism. It has long since ceased to excite. When everyone is suddenly able to hover, the result is boredom. This speaks for the return to a pedestal architecture that is indeed open but which simultaneously appears as the continuation of the load-bearing outer wall by other means – in other words, to the arcade (KKB Bank Main Administration in Düsseldorf, 1988). One model can be seen at Prinzipalmarkt in Münster; an even more exemplary case, because of its historical authenticity, is provided by Bologna.

(A study conducted by Berthold Schwanzer showed that arcades and similarly vaulted pedestals increase the potential customers' willingness to buy more clearly than the similarly classic portico or other "big" projects. The all-glass front is also very popular, but more among people under thirty than among older customers – young people apparently prefer the modernism of matter-of-fact, direct transparency.)

Some newer department store facades crown the glass show-window pedestal, which after all is designed to catch the eye of the pedestrian, with picturesque oriels in the upper section of the box (see Peek & Cloppenburg in the Zeil in Frankfurt). So are these inside views provided for window cleaners? Are we seeing a picturesque rejection of the smooth skin without special function? The bay window of the nineteenth-century bourgeois house provided a vantage point for the lonely lady of the house, who could sit there with her tea and look down, languishing, on the cheery theater of the street. These new department store oriels represent the idea that even a big department store must participate visually in the residential quality of a city center which has become more urban with time. The anonymous automobile city thus regains a bit of bourgeois individuality – aesthetically, not in reality. What is real is the mental change at work behind.

Helmut Rhode defines department store architecture as "stage sets for people and products that shed their skins every ten or twelve years." Department store architecture may have old origins, but it does not dream of eternity. In the Main-Taunus Zentrum (1972) of Horten, built by RKW, the facade of ornamental pre-fab components forms a curtain that admits light and air, while concealing a second wall with windows that serve the varying, complicated department store functions of the interior – functions that hardly allowed an "honest" window facade with appealing symmetry. The stage curtain was thus practical and at the same time made a good company symbol, since it could be used everywhere in the country independently from the site of the building. This facade effect was aimed particularly at people in cars – the Main-Taunus-Zentrum still looks out toward the nearby Wiesbaden highway. Yet as soon as the big German city discovered the pedestrian, it was all over with these facades. The planning of city centers became more urban and attractive. The department store facades became more differentiated, more suitable to their sites, more open to the gazes of passersby, but also more open to the gazes of the customers looking out from inside the department store toward a more attractive city center. Once again we see the interplay of outside and inside.

neu gestaltete Nordwest-Zentrum saugt diesen Fußgänger in eine totale Innenwelt – dies gelingt aber nur, weil er seine geliebte Stadt dabei mitbringen darf! Dieses Einkaufszentrum ist selbst ein Stück Stadt, eine Fußgängerzone an Läden und Sensationen vorbei, bunt ausgebreitet unter freiem Himmel, von dem nur Glashäute trennen. Die Sonne scheint, aber Wind und Regen bleiben draußen – die Natur wird komfortabel sortiert, was ich extrem unnatürlich, pädagogisch bedenklich finde wie ein Filmbild vom Leben ohne Runzeln, Krankheit und Tod, was aber auch gerade unter filmischen Gesichtspunkten einen extremen Kulissenreiz in sich birgt, entsprechend etwa dem Traum von einem autonomen Raumschiff-Biotop, das den Weltuntergang überlistet.

Solche Fußgängerzonen mit Haupt- und Nebenwegen, mit Plätzen und Treppen, mit Cafés und Pflanzen, sind übrigens auch viele der neueren Museumskomplexe, etwa in Stuttgart die Staatsgalerie von Stirling, Holleins Museum in Mönchengladbach, die Düsseldorfer Landesgalerie von Dissing/Weitling oder das Kölner Ludwig-Museum von Busmann und Haberer. Erst die urban gewordene Großstadt konnte derartig das Innere der großen Häuser erobern. Darüber wird sie selbst noch wohnlicher, menschlicher. Das gemächliche Schlendern und das Innehalten – im Museum wie im Einkaufszentrum – wird zur neuen großstädtischen Bewegung – früher galt es als eher ländlicher Lebensrhythmus. Die Fußgängerzone verdörflicht die Stadt, was nicht jedermann gefällt, aber immerhin die Stadtflucht bremst.

Helmut Rhode ist einen interessanten Weg gegangen: Die moderne Reduktion hat er, auch beeinflußt von Heinrich Tessenow (siehe das Haus Schröder in Hochheim, 1939), früh gemildert; einfach: ja, aber das Satteldach bleibt nützlich, ein sichtbarer Kamin kann wie ein Pilaster die Wand markieren, und Fensterläden sind so praktisch wie hübsch. Die rigorose Bauhaus-Kiste ist eine entschiedene Form jener luxuriösen Sachlichkeit, die dem Geist der modernen Technik entspricht – alles ist äußerst rational strukturiert und geformt, auch das Überflüssige. Hans Poelzig hat früh (1931) vor der "Mechanisierung" des Bauens, vor der "kasernenmäßigen Typisierung" gewarnt und daran erinnert, daß das Haus auch der "Steigerung" des "seelischen Lebens" dienen sollte. Poelzig war Rhodes "Wunschlehrer". Faktisch war er auch sein wirklicher Lehrer. Das Haus Dr. Heusch (1956) ist lapidar, aber nicht auf mechanische, sondern auf anheimelnde Weise. Das ARAG-Gebäude von 1956 ist mit seinen sanften Hüft-Schwüngen, mit seiner Fassaden-Symmetrie und dem damenhaft schwebenden Dach durchaus nicht nur nützlich gerastert, sondern auch erhebend, von jenem schüchternen Neo-Jugendstil-Überschwang der fünfziger Jahre ein gutes Zeugnis. Das von Gauben gekrönte Allianz-Haus in Frankfurt (1990) mit der markanten Eingangs-Ecke und der Arkadenassoziation im Erdgeschoß ordnet sich der historischen West-End-Situation und ihrer Architektursprache unter, ohne laut postmodern zu plappern. Es wirkt, "als habe es schon immer an seinem Platz gestanden". Was der Architekt so als wichtigstes Kriterium seines Bauens in der Stadt umschreibt, hat Paul Bonatz einmal "das Selbstverständliche" genannt. Ludwig Hoffmann formulierte: "Kunst ist Takt".
Nicht einmal dies ist postmodern, es enthält vielmehr das Echo einer anderen, leiseren, differenzierteren Moderne, für die man die Namen Tessenow und Poelzig, Bonatz und Abel, Mendelsohn und Fahrenkamp, Schumacher und Eiermann aufführen darf. Diese Moderne ist weniger kalt, formelhaft, mechanisch und seriell als jener technokratische Bauhaus-Flügel, der in den fünfziger Jahren, nach dem Ende des stalinistischen Zuckerbäcker-Klassizismus, fast den gesamten Ostblock erobert hat. Sein Desaster ist uns gerade in diesen Tagen offenkundig geworden.

Die deutsche Honorarordnung für Architekten und Ingenieure kennt zunächst fünf "Honorarzonen". Ladenbauten, Einkaufszentren, Märkte und Messehallen gehören zur Honorarzone III. Neben Grundschulen, Altentagesstätten, Kühlhäusern, Turnhallen und Hilfskrankenhäusern. Definiert ist diese seltsame Honorarzone pauschal so: "Gebäude mit durchschnittlichen Planungsanforderungen". So sieht das meiste dann auch aus.

Der Handel sollte sich überdurchschnittlich "darstellen". Mit einer besseren, taktvolleren, prägnanteren Architektur gewönne er auch bei jenem Teil der Gesellschaft mehr Ansehen, der heute noch pauschal "den Markt" – und die "Marktwirtschaft" – verachtet. Die Atempause, die dem freien Handel jetzt durch das Scheitern des Sozialismus zugespielt wird, sollte er nicht nutzen, indem er an seinen Bauten spart.

The city center department store with its big, invitingly arrayed show windows tempts the passerby inside without forcing him to forget the beautiful city – for views of the outside are provided everywhere. The newly designed Nordwest Zentrum sucks this passerby into a total inner world – which can only be successful if he is allowed to bring his beloved city along with him. This shopping center is itself a piece of city, a pedestrian zone extending past shops and sensations all spread out colorfully beneath the open sky and separated from it only by glass skins. The sun shines but wind and rain remain outside; nature is comfortably sorted out, which I find extremely unnatural and pedagogically dubious, like a film image of life without wrinkles, illness and death, and yet which has a strong attraction precisely in cinematic terms, corresponding roughly to the dream of an autonomous spaceship biotope that overcomes the decline of the world.

Such pedestrian zones with main and secondary paths, with squares and stairways, with cafes and plants, also characterize many of the new museum complexes, such as the State Gallery in Stuttgart by Stirling, Hollein's museum in Mönchengladbach, the Düsseldorf State Gallery by Dissing/Weitling or the Ludwig Museum in Cologne by Busmann and Haberer. Only the urban big city could conquer the interior of the big buildings in this way. The city itself thus becomes more livable, more human. The leisurely strolling and pausing – in the museum as well as in the shopping center – becomes a new big-city movement; this kind of movement was once considered rustic. The pedestrian zone transforms the city back into a village, which may not please everyone, but at least holds up urban flight.

Helmut Rhode has traveled an interesting path. From early on he practiced a softer version of modernist reductionism, one also influenced by Heinrich Tessenow (see Schröder Haus in Hochheim, 1939). It is simple, to be sure, but the saddleback roof remains useful, a visible chimney can mark the wall like a pilaster, and the window shutters are as practical as they are attractive. The rigorous box of the Bauhaus is a decisive form of that luxurious matter-of-factness that corresponds to the spirit of modern technology – everything is shaped and structured with extreme efficiency, even that which is superfluous. Hans Poelzig warned early on (1931) against the "mechanization" of construction and "barrack-like standardization," and recalled that the house should also promote the "intensification" of "the life of the soul." Poelzig was Rhode's "ideal teacher." In fact he was also Rhode's real instructor. Dr. Heusch Haus (1956) is lapidary but in a gentle rather than mechanical way. The ARAG Building of 1956, with its gentle swing of hip, its facade symmetry and elegant suspended roof, boasts a grid that is not only useful but also uplifting, a good example of the timid neo-Jugendstil enthusiasm of the 1950's. Allianz Haus in Frankfurt (1990), topped with dormers, and marked by its striking corner entrance and the arcade associations on the ground floor, submits to the historical West End situation and its architectural idiom without falling into post-modern babble. Allianz Haus looks "as if it had always stood at this site." What the architect describes as the most important criterion of his building in the city was once characterized by Paul Bonatz as "that which is self-evident." Ludwig Hoffmann said: "Art is tact."
Not even this is post-modern; it contains the echo of a different, quieter, more differentiated modernism associated with the names of Tessenow and Poelzig, Bonatz and Abel, Mendelsohn and Fahrenkamp, Schumacher and Eiermann. This modernism is less cold, less formulaic, mechanical and serial than that technocratic wing of the Bauhaus that conquered virtually the entire East Bloc in the 1950's, after the end of Stalinist neo-classicism. Its disaster has since become obvious.

The German fee scale for architects and engineers has five "Fee Zones." Store buildings, shopping centers, markets and trade fair halls belong to Fee Zone III – along with elementary schools, daycare centers, refrigeration buildings, sport facilities and hospitals. This strange Fee Zone is defined in sweeping terms: "Buildings with average planning requirements." Most of them look the way this would lead one to expect. Business should present itself as "above average." A better, more tactful, more lapidary architecture would improve the reputation of the business world among that section of society that despises "the market" – and the "market economy." The breathing space granted to free business by the collapse of socialism should not be used to save building costs.

Entstehung und Entwicklung der Kauf- und Warenhäuser von der Mitte des 19. Jahrhunderts bis in die 30er Jahre des 20. Jahrhunderts

1 Leo Colze, Berliner Warenhäuser, Nachdruck der Erstausgabe von 1908, Berliner Texte Band 4, hg. von Detlef Bluhm, Berlin 1989, S. 41.
Einschränkend sei angemerkt, daß es eine Art Offertenraum bereits in der venezianischen Architektur der casa-fondaco gab. Vgl. dazu Alvise Zorzi, Venedig: Eine Stadt, eine Republik, ein Weltreich 697–1797, München 1981, S. 86: "... so läßt doch die Struktur niemals den Ursprung vergessen: Wohn- und Geschäftshaus in einem: Die casa-fondaco, und demzufolge auch der Palazzo ... Von der mittelalterlichen casa-fondaco behält der Palazzo noch die Dreiteilung im Grundriß und in der Fassade ... "; und S. 87: "... in der casa-fondaco gab es auch einen Raum, wo die Warenmuster den Klienten gezeigt wurden". Zur Herkunft der casa-fondaco siehe Gerhard Nagel, Das mittelalterliche Kaufhaus und seine Stellung in der Stadt. Eine baugeschichtliche Untersuchung an südwestdeutschen Beispielen, Berlin 1971, insbes. S. 19 ff. und S. 26 ff.
2 Vgl. Gerhard Nagel, a.a.O., S. 9 ff., sowie Klaus-Dieter Weiß, Urbane Handelswelten – Zeilgalerie "les facettes". Eine Raumerfindung von Rüdiger Kramm vor dem Hintergrund von zweihundert Jahren Urbanität und Handel in Paris, London, New York ... und Frankfurt, Berlin 1994, S. 23 ff.
3 Peter Stürzebecher, Das Berliner Warenhaus. Bautypus, Element der Stadtorganisation, Raumsphäre der Warenwelt, Berlin 1979, S. 8.
4 Beispiele dafür bei Gerhard Nagel, a.a.O., sowie Johann Friedrich Geist, Passagen. Ein Bautyp des 19. Jahrhunderts, 4. Auflage, München 1982. Siehe auch Siegfried Gerlach, Das Warenhaus in Deutschland. Seine Entwicklung bis zum ersten Weltkrieg in historisch-geografischer Sicht, Stuttgart 1988, und Helga Behn, Die Architektur des deutschen Warenhauses von ihren Anfängen bis 1933, phil. Diss., Köln 1984.
5 Hans Sedlmayr, Verlust der Mitte. Die bildende Kunst des 19. und 20. Jahrhunderts als Symptom und Symbol der Zeit, Erstausgabe Salzburg 1948, im folgenden zitiert nach der Lizenzausgabe Frankfurt – Berlin – Wien 1973.
6 Hans Sedlmayr, a.a.O., S. 13.
7 Ganz im Gegensatz zur Fabrik rechnet er ebensowenig den Typus des Bahnhofs dazu ("Ist es nicht Willkür, ... gerade diese wenigen herauszugreifen? Es gibt doch daneben ... Bahnhöfe ..."; a.a.O., S.14), denen in einer jüngst initiierten Publikationsreihe der Charakter einer Kathedrale zugesprochen wird. Vgl. Michael Brückner, Kathedralen des Reisens (I): Hauptbahnhof Darmstadt. Vom Fürstenpavillon zur Bahnhofsmission, in: Deutsche Stiftung Denkmalschutz (Hg.), MONUMENTE, Magazin für Denkmalkultur in Deutschland, 4. Jg., Nr. 3/4, April 1994, S. 46 ff.
8 Hans Sedlmayr, a.a.O., S. 14.
9 Hans Sedlmayr, a.a.O., S. 118.
10 Hans Sedlmayr, a.a.O., S. 128.
11 Hans Sedlmayr, a.a.O., S. 30.
12 Hans Sedlmayr, a.a.O., S. 31.
13 Wolfgang Herrmann, Deutsche Baukunst des 19. und 20. Jahrhunderts I, Breslau 1932.
14 Peter Stürzebecher, a.a.O., S. 11.
15 Peter Stürzebecher, a.a.O., S. 11, unter Bezugnahme auf einen an dessen Frau gerichteten Brief. Vgl. Alfred Freiherr von Wolzogen, Aus Schinkels Nachlaß, Band II, Berlin 1962, S. 150.
16 Alfred Wiener, Das Warenhaus, Diss. Dresden, Berlin 1911.
17 Alfred Wiener, Das Warenhaus, in: Die Kunst in Industrie und Handel, Jahrbuch des Deutschen Werkbundes 1913, Jena 1913, S. 43 f.
18 Klaus-Dieter Weiß, a.a.O., S. 28.
19 Norbert Huse und Wolfgang Wolters, Venedig. Die Kunst der Renaissance. Architektur, Skulptur, Malerei 1460–1590, München 1986, S. 52: "Hinter einer gleichförmigen Fassade waren über den Ladengeschäften im Erdgeschoß relativ kleine, individuell erschlossene Mietwohnungen versteckt ... Die Aufstockung und Modernisierung der Bauformen veränderten die Nordwand der Piazza jedoch nicht wesentlich, da die Loggien als Teil eines überdachten Weges um die Piazza beibehalten wurden und die Platzwand geschlossen blieb."
20 Julia Rau-Gräfin von der Schulenburg, Emmanuel Héré, Premier Architecte von Stanislas Leszczynski in Lothringen (1705–1763), Berlin 1973, S. 220 f.
21 Paul Ortwin Rave, Karl Friedrich Schinkel – Berlin III, Berlin 1962, S. 125 f., zitiert nach Peter Stürzebecher, a.a.O., S. 11.
22 Thomas Irrgang, Deutsche Warenhausbauten. Entwicklung und heutiger Stand ihrer Betriebs-, Bau- und Erscheinungsformen, Diss. Berlin 1980, S. 7.
23 Thomas Irrgang, a.a.O., S. 6.
24 Peter Stürzebecher, a.a.O., S. 10.
25 Peter Stürzebecher, a.a.O., S.11.
26 Emile Zola, Au Bonheur des Dames, Paris 1883; deutsch: Paradies der Damen, München 1976.
27 Emile Zola, Au Bonheur des Dames, zitiert nach: Siegfried Gerlach und Dieter Sawatzki (Fotografien), Grands Magasins oder die Geburt des Warenhauses im Paris des 19. Jahrhunderts, Dortmund 1989, S. 19 f.
28 Schinkel hatte 1826 Paris besucht.

The Origins and Development of the Department Store from the Middle of the 19th Century until the 1930s

1 Leo Colze, Berliner Warenhäuser, reprint of the first 1908 edition, Berlin Text, Volume 4, published by Detlef Bluhm, Berlin 1989, p.41. It must nonetheless be noted that there was already a type of merchandise display area in the Venetian architecture of the casa-fondaco. Cf. Alvise Zorzi, Venedig: Eine Stadt, eine Republik, ein Weltreich 697-1797, Munich 1981, p.86: "... thus, the structure will never allow its origins to be forgotten: residential and commercial building in one: the casa-fondaco, and accordingly, also the palazzo... the palazzo obtains its triple division in both plan and facade from the mediaeval casa-fondaco... "; and p.87: "in the casa-fondaco there was also a space where merchandise was displayed to the customer". Gerhard Nagel claims to see the origin of the casa-fondaco in the mediaeval store and its position within the city: Eine baugeschichtliche Untersuchung an südwestdeutschen Beispielen, Berlin 1971, particularly p.19ff, and p.26ff.

2 Cf. Gerhard Nagel, ibidem, p.9ff, and Klaus-Dieter Weiß, Urbane Handelswelten – Zeilgalerie "les facettes". Eine Raumerfindung von Rüdiger Kramm, vor dem Hintergrund von zweihundert Jahren Urbanität und Handel in Paris, London, New York ... and Frankfurt, Berlin 1994, p.23ff.

3 Peter Stürzebecher, Das Berliner Warenhaus. Bautypus, Element der Stadtorganisation, Raumsphäre der Warenwelt, Berlin 1979, p.8.

4 Examples of this can be seen with Gerhard Nagel, ibidem, as well as Johann Friedrich Geist, Passagen. Ein Bautyp des 19. Jahrhunderts, 4. Edition, Munich 1982. Cf. also Siegfried Gerlach, Das Warenhaus in Deutschland, Stuttgart 1988, and Helga Behn, Die Architektur des deutschen Warenhauses, Diss., Cologne 1984.

5 Hans Sedlmayr, Verlust der Mitte. Die bildende Kunst des 19. und 20. Jahrhunderts als Symptom und Symbol der Zeit, 1. edition, Salzburg 1948, quoted in the following according to the licenced edition, Frankfurt-Berlin-Vienna, 1973.

6 Hans Sedlmayr, ibidem, p.13.

7 In complete contrast to the factory, he is equally dismissive of the station type ("Isn't it random... to single out just these few examples? There are, however, also... railway stations ..."; ibidem, p.14), which is allotted the character of a cathedral in a recently published series. Cf. Michael Brückner, Kathedralen des Reisens (I): Hauptbahnhof Darmstadt. Vom Fürstenpavillon zur Bahnhofsmission, in Deutsche Stiftung Denkmalschutz (publ.) MONUMENTE, Magazin für Denkmalkultur in Deutschland, 4. year., No. 3/4, April 1994, p.46ff.

8 Hans Sedlmayr, ibidem, p.14.

9 Hans Sedlmayr, ibidem, p.118.

10 Hans Sedlmayr, ibidem, p.128.

11 Hans Sedlmayr, ibidem, p.30.

12 Hans Sedlmayr, ibidem, p.31.

13 Wolfgang Herrmann, Deutsche Baukunst des 19. und 20. Jahrhunderts I, Breslau 1932.

14 Peter Stürzebecher, ibidem, p.11.

15 Peter Stürzebecher, ibidem, p.11, with reference to a letter written to his wife. Cf. Alfred Freiherr von Wolzogen, Aus Schinkels Nachlaß, Volume II, Berlin 1962, p.150.

16 Alfred Wiener, Das Warenhaus, Diss. Dresden, Berlin 1911.

17 Alfred Wiener, Das Warenhaus, in Die Kunst in Industrie und Handel, Jahrbuch des Deutschen Werkbundes 1913, Jena 1913, p.43ff.

18 Klaus-Dieter Weiß, ibidem, p.28.

19 Norbert Huse und Wolfgang Wolters, Venedig. Die Kunst der Renaissance. Architektur, Skulptur, Malerei 1460-1590, Munich, 1986, p.52 "Relatively small individually accessed rented apartments were hidden behind a uniform facade, above the retail businesses on the ground floor. ... The addition of a further storey and the modernisation of the basic shape of the building did not, however, alter the north wall of the piazza to any great extent, because the loggias were maintained as a part of the roofed over walkway around its periphery, and the square's wall remained closed."

20 Julia Rau-Gräfin von der Schulenburg, Emmanuel Héré, Premier Architecte von Stanislas Leszczynski in Lothringen (1705-1763), Berlin 1973, p.220ff.

21 Paul Ortwin Rave, Karl Friedrich Schinkel – Berlin III, Berlin 1962, p.125 f., quoted according to Peter Stürzebecher, ibidem, p.11.

22 Thomas Irrgang, Deutsche Warenhausbauten. Entwicklung und heutiger Stand ihrer Betriebs-, Bau- und Erscheinungsformen, Diss. Berlin 1980, p.7.

23 Thomas Irrgang, ibidem, p.6.

24 Peter Stürzebecher, ibidem, p.10.

25 Peter Stürzebecher, ibidem, p.11.

26 Emile Zola, Au Bonheur des Dames, Paris 1883;

27 Emile Zola, Au Bonheur des Dames, quoted according to Siegfried Gerlach und Dieter Sawatzki (Photographs), Grands Magasins oder die Geburt des Warenhauses im Paris des 19. Jahrhunderts, Dortmund 1989, p.19ff.

28 Schinkel had visited Paris in 1826. See note 15.

29 Emile Zola, Au Bonheur des Dames, quoted according to Kristiana Hartmann and Franziska Bollerey (publ.), 200 Jahre

Siehe Anm. 15.
29 Emile Zola, Au Bonheur des Dames, zitiert nach Kristiana Hartmann und Franziska Bollerey (Hg.), 200 Jahre Architektur (1740–1940), Bilder und Documente zur neueren Architekturgeschichte, Delft 1987, S. 94; siehe auch Bernard Marrey, Les Grands Magasins des origines à 1939, Paris 1979, S. 52.
30 Emile Zola, a.a.O.
31 Emile Zola, a.a.O.
32 Klaus Strohmeyer in einer von Siegfried Gerlach und Dieter Sawatzki, a.a.O., S.7, zitierten "Warenhausstudie".
33 Vgl. Sigfried Giedion, Raum, Zeit, Architektur. Die Entstehung einer neuen Tradition, Zürich und München 1976 (zitiert nach der 2. Auflage 1978), S. 170 ff.; Thomas Irrgang, a.a.O., S. 8; Kristiana Hartmann und Franziska Bollerey, a.a.O., S. 95; Siegfried Gerlach und Dieter Sawatzki, a.a.O., S. 29; Klaus-Dieter Weiß, a.a.O., S. 39. Ein vorsichtig vorgetragener Hinweis auf eine Beteiligung Eiffels findet sich bei Bernard Marrey, S. 71: "Ce ne sont certes pas ces raisons qui ont pu introduire Gustave Eiffel dans l'entreprise."
34 Siegfried Gerlach und Dieter Sawatzki, a.a.O., S. 31. Siegfried Giedion, a.a.O., S. 158, läßt César Daly im Abschnitt "Das Verlangen nach einer neuen Architektur" für das Jahr 1867 befinden:"Eine eklektische Atmosphäre hüllt die moderne Welt ein". (Siehe dort Anm. 32).
35 Hans-Günther Sperlich, zitiert nach Siegfried Gerlach und Dieter Sawatzki, a.a.O., S. 30.
36 Vgl. Johann Friedrich Geist, a.a.O., S. 60 ff. (Abschnitt: "Die Passage als Erschließungssystem"). Allgemein zur Ausbreitung und Würdigung der Eisenkonstruktion in der zweiten Hälfte des 19. Jahrhunderts siehe Sigfried Giedion, a.a.O., S. 158, im Abschnitt: "Die Beziehung zwischen Architektur und Konstruktion".
37 Sigfried Giedion, a.a.O., S. 158 (dazu Anm. 39: Le Corbusier, L'Esprit Nouveau, Paris 1924, Nr. 25).
38 Sigfried Giedion, a.a.O., S. 169.
39 Zur Ökonomie des Warenhauses siehe: Leo Colze, a.a.O.; Peter Stürzebecher, a.a.O.
40 Christian Beutler, Weltausstellungen im 19. Jahrhundert, Katalogbuch zur Ausstellung, Die Neue Sammlung, Staatliches Museum für angewandte Kunst, München 1973, S. VI.
41 Lothar Bucher, Kulturhistorische Skizzen aus der Industrie-Ausstellung aller Völker, London 1851, zitiert nach Christian Beutler, a.a.O., S. XVIII.
42 Johann Friedrich Geist, a.a.O., S. 50: "Durchhäuser findet man auch häufig in den Städten der Tschechoslowakei – sie mögen die Architekten mit zu den vielen Prager Passagen aus dem 20. Jahrhundert inspiriert haben."
43 Johann Friedrich Geist, a.a.O.,S. 81.
44 Sigfried Giedion, a.a.O., S. 170.
45 Julius Posener ohne Quellenangabe zitiert von: Siegfried Gerlach und Dieter Sawatzki, a.a.O., S. 10.
46 Vgl. dazu Heinrich Dustmann, Atmosphäre ist wieder gefragt, in: Moderner Markt 1980, Nr. 1, S. 33 ff. (Der Verfasser teilt nicht in jeder Beziehung die in diesem Artikel getroffenen Urteile), bzw. die Äußerung Walter Brunes in einem Vortrag über "Passagenarchitektur", Fachbereich Architektur der Fachhochschule Düsseldorf am 25. 1. 1995 (Mitschrift des Verf.).
47 Wilhelm Treue ohne Quellenangabe zitiert von: Siegfried Gerlach und Dieter Sawatzki, a.a.O., S. 22.
48 Siegfried Gerlach und Dieter Sawatzki, a.a.O., S. 22 f.
49 Helmut Böhme, Prolegomena zu einer Wirtschafts- und Sozialgeschichte Deutschlands im 19. und 20. Jahrhundert, Frankfurt 1968, S. 67 f., zitiert nach: Johann Friedrich Geist, a.a.O., S. 105.
50 Peter Stürzebecher, a.a.O., S. 12.
51 Peter Stürzebecher, a.a.O., S. 12.
52 Anton Jaumann, Das Kaufhaus des Westens, in: Innendekoration, 1907, S. 173, zitiert nach Peter Stürzebecher, a.a.O., S. 35.
53 Peter Stürzebecher, a.a.O., S. 13.
54 Peter Stürzebecher, a.a.O., S. 13. Thomas Irrgang, a.a.O., S. 16, sieht, sich auf Käthe Lux, Studien über die Entwicklung von Warenhäusern in Deutschland, Jena 1910, S.14, stützend, das Jahr 1893 als Zeitpunkt der Eröffnung des ersten "eigenen Geschäftsgebäudes" eines Warenhauses an (gemäß seiner auf S. 8 aufgeführten "Phase 3: Warenhausähnliche Bauformen"). Er bezieht sich jedoch ausdrücklich nicht auf Wertheim in der Oranienstraße, das von ihm "anfänglich als Kaufhaus" charakterisiert wird. Er bleibt jedoch den Nachweis schuldig, um welchen 1893 entstandenen Bau es sich handeln könnte. Den Beweis seiner Unschlüssigkeit liefert er einige Seiten weiter (S. 22), wo er bezüglich Messels Wertheim-Bau an der Leipziger Straße feststellt, "daß Alfred Messel hier erstmals in Deutschland für die neu entstandene Betriebsform Warenhaus eine Bauform entwickelt, die sich deutlich von der bisher für Läden, Geschäftshäuser und Kaufhäuser üblichen unterscheidet".
55 Georg Wertheim, Geschichte der Familie Wertheim, Berlin o.J., S. 29, zitiert nach Peter Stürzebecher, a.a.O., S. 26. Im Literaturverzeichnis (dort S. 200) wird diese Quelle von Stürzebecher unter Georg Wertheim, Tagebuch der Familie Wertheim, Archiv Wertheim, unveröffentlicht, geführt.
56 Peter Stürzebecher, a.a.O., S. 26.
57 Bernard Marrey, a.a.O., S. 74. Die dortige Abb. 62 zeigt einen lediglich in

Architektur (1740—1940), Bilder und Dokumente zur neueren Architekturgeschichte, Delft 1987, p.94; also see Bernard Marrey, Les Grands Magasins des origines à 1939, Paris 1979, p.52.
30 Emile Zola, ibidem.
31 Emile Zola, ibidem.
32 Klaus Strohmeyer in Warenhausstudie, quoted by Siegfried Gerlach und Dieter Sawatzki, ibidem, p.7.
33 Cf. Sigfried Giedion, Raum, Zeit, Architektur. Die Entstehung einer neuen Tradition, Zurich und Munich 1976 (quote from the 2. Edition 1978), p.170ff; Thomas Irrgang, ibidem, p.8; Kristiana Hartmann and Franziska Bollerey, ibidem, p.95; Siegfried Gerlach and Dieter Sawatzki, ibidem, p.29; Klaus-Dieter Weiß, ibidem, p.39. A carefully composed reference to Eiffel's involvement can be found in Bernard Marrey, p.71 "Ce ne sont certes pas ces raisons qui ont pu introduire Gustave Eiffel dans l'entreprise."
34 Siegfried Gerlach and Dieter Sawatzki, ibidem, p.31. Siegfried Giedion, ibidem, p.158, places César Daly in the section "Das Verlangen nach eine neuen Architektur" for 1867 "An eclectic atmosphere envelops the world". (See there note 32).
35 Hans-Günther Sperlich, quoted according to Siegfried Gerlach and Dieter Sawatzki, ibidem, p.30.
36 Cf. Johann Friedrich Geist, ibidem, p.60ff (Section "Die Passage als Erschließungssystem"). Generally, with regard to the gradual spread and acceptance of iron construction in the second half of the 19th century, see Sigfried Giedion, ibidem, p.158, in the section "Die Beziehung zwischen Architektur und Konstruktion".
37 Sigfried Giedion, ibidem, p.158 (and also note 39, Le Corbusier, L'Esprit Nouveau, Paris 1924, No. 25).
38 Sigfried Giedion, ibidem, p.169.
39 With regard to the economics of the department store, see Leo Colze, ditto; Peter Stürzebecher, ibidem.
40 Christian Beutler, Weltausstellungen im 19. Jahrhundert, (Exhibition Catalogue), Die Neue Sammlung, Staatliches Museum für angewandte Kunst, Munich 1973, p.VI.
41 Lothar Bucher, Kulturhistorische Skizzen aus der Industrie-Ausstellung aller Völker, London 1851, quoted according to Christian Beutler, ibidem, p.XVIII.
42 Johann Friedrich Geist, ibidem, p.50 "the Durchhaus is frequently found in Czechoslovakian cities and could well have inspired architects to create the many 20th century Prag arcades."
43 Johann Friedrich Geist, ibidem, p.81.
44 Sigfried Giedion, ibidem, p.170.
45 Without stating his source, Julius Posener quotes Siegfried Gerlach und Dieter Sawatzki, ibidem, p.10.
46 Cf. Heinrich Dustmann, "atmosphere is once again in demand", in Moderner Markt 1980, No. 1, p.33ff (although the author does not necessarily agree with the opinions expressed in this article), or ideas expressed by Walter Brune in a lecture on "Passagenarchitektur", in the architecture department at the Fachhochschule in Düsseldorf on 25. 1. 1995 (Authors note).
47 Wilhelm Treue, without stating his source, quotes Siegfried Gerlach and Dieter Sawatzki, ibidem, p.22.
48 Siegfried Gerlach and Dieter Sawatzki, ibidem, p.22 f.
49 Helmut Böhme, Prolegomena zu einer Wirtschafts- und Sozialgeschichte Deutschlands im 19. und 20. Jahrhundert, Frankfurt 1968, p.67 f., quoted according to Johann Friedrich Geist, ibidem, p.105.
50 Peter Stürzebecher, ibidem, p.12.
51 Peter Stürzebecher, ibidem, p.12.
52 Anton Jaumann, Das Kaufhaus des Westens, in Innendekoration, 1907, p.173, quoted according to Peter Stürzebecher, ibidem, p.35.
53 Peter Stürzebecher, ibidem, p.13.
54 Peter Stürzebecher, ibidem, p.13. Thomas Irrgang, ibidem, p.16, based on Käthe Lux, Studien über die Entwicklung von Warenhäusern in Deutschland, Jena 1910, p.14, sees the year 1893 as the opening of the department store's first "purpose-built commercial building" (according to "Phase 3 Warenhausähnliche Bauformen" listed on page 8). He specifically avoids reference to Wertheim on Oranienstrasse, which "he initially characterized" as a department store. He has yet to deliver proof as to the precise 1893 building, and a few pages later confirms his indicisiveness (p.22) by stating with regard to Messel's Wertheim building "that Alfred Messel, for the first time in Germany, develops an architecture for the new form of business that clearly here departs from the traditional norm for shop, commercial building or store".
55 Georg Wertheim, Geschichte der Familie Wertheim, Berlin (no date), p.29, quoted according to Peter Stürzebecher, ibidem, p.26. In the bibliography (p.200), this Stürzebecher source is listed as unpublished under Georg Wertheim, Tagebuch der Familie Wertheim, Archiv Wertheim.
56 Peter Stürzebecher, ibidem, p.26.
57 Bernard Marrey, ibidem, p.74. Fig. 62 here shows a comparable view of Messel's building by Peter Stürzebecher that deviates only in the division of floors, ibidem, p.121, Fig. 87.
58 Sigfried Giedion, ibidem, p.304.
59 dolf Behne, Der moderne Zweckbau, Munich 1926, p.12ff, quoted according to Peter Stürzebecher, ibidem, p.30 f.
60 Julius Posener, Berlin auf dem Weg zu einer neuen Architektur, Studien zur Kunst des 19. Jahrhunderts, Volume 40,

der Geschoßeinteilung abweichenden vergleichbaren Einblick wie der Messelsche Bau bei Peter Stürzebecher, a.a.O., S. 121, Abb. 87.
58 Sigfried Giedion, a.a.O., S. 304.
59 Adolf Behne, Der moderne Zweckbau, München 1926, S.12 ff., zitiert nach Peter Stürzebecher, a.a.O., S.30 f.
60 Julius Posener, Berlin auf dem Weg zu einer neuen Architektur, Studien zur Kunst des 19. Jahrhunderts, Band 40, München 1979, S. 376.
61 Peter Stürzebecher, a.a.O., S. 27.
62 Julius Posener, a.a.O., S. 369 (Drei Pfeilerfronten), S. 453 (Messels großer Lichthof), S. 475 (Entwicklung der Warenhausfassade nach Messel).
63 Peter Stürzebecher, a.a.O., S. 31.
64 Bernard Marrey, a.a.O., S. 67, Abb. 58.
65 Peter Stürzebecher, a.a.O., S. 28 f.
66 Paul Göhre, Das Warenhaus, in: Die Gesellschaft, Band 12, Frankfurt 1907, S. 19 f., zitiert nach Peter Stürzebecher, a.a.O., S. 29.
67 Julius Posener, a.a.O., S. 453 ff., versucht einer Sichtweise, welche den Brücken in Messels Lichthof jeglichen Sinn absprechen könnte, mit den Argumenten der Berechtigung des "Motivs" und der "architektonischen Konzeption" entgegenzutreten: "Die Brücken werden hier zum Motiv: zu einer Piranesi verwandten Überhöhung des Raumes durch Verdopplung des Abschlußbogens; Brücken dicht unter dem Gewölbe kommen in den 'Carceri' häufig vor. ... Die beiden Pariser Lichthöfe sind Systemräume; Messels Lichthof ist architektonisch konzipiert." Seine durchaus ambivalente Haltung zu den Brücken ("Wir werden sehen, daß sie gerade dort *nicht* gebraucht wurden", S. 464, Anm. 2) kann er dennoch nicht verbergen ("Die Brücken, natürlich, sind Behrendt in besonderem Maße anstößig, weil sie fauler Zauber sind, reine Kunst, durch den Gebrauchszweck nicht zu begründen", im Zusammenhang eines Nachtrags über Walter Curt Behrendt, Alfred Messel. Mit einer eingehenden Betrachtung von Karl Scheffler, Berlin 1911, S. 84–86).
68 Vgl. Julius Posener, a.a.O., S. 475 ff.
69 Leo Colze, a.a.O., S. 7 und S. 12.
70 Julius Posener, a.a.O., S. 479 f., mutmaßt: "Die beiden 'Schaufenster', zwanzig Meter lang, 17,50 Meter hoch, stehen *zwei Meter* vor der Stahlkonstruktion des Gebäudes und bilden somit die erste Vorhangwand, welche man in Berlin verwirklicht hat, und ich meine, nicht nur in Berlin, sondern in Europa, vielleicht in der Welt."
71 Peter Stürzebecher, a.a.O., S. 35.
72 Max Osborn, Johann Emil Schaudt, Berlin 1930, S. 12.
73 Fritz Wolff, Kaufhaus des Westens – Berlin, in: Deutsche Kunst und Dekoration Bd. XX, hg. von Alexander Koch, Darmstadt 1907, S. 184.
74 Peter Stürzebecher, a.a.O., S. 36, unter Berufung auf Alfred Wiener, Das Warenhaus, Berlin 1912, S. 32.
75 Thomas Irrgang, a.a.O., S. 66 f.
76 Julius Hirsch, Strukturwandlungen der deutschen Volkswirtschaft, Band 2, Berlin 1929, S. 108: "Ob Hoch-, ob Tiefkonjunktur, das Warenhaus schritt nicht nur gut, sondern (geradezu) glänzend voran", zitiert nach Peter Stürzebecher, a.a.O., S. 38.
77 Thomas Irrgang, a.a.O., S. 85, unter Berufung auf Heinrich Uhlig, Die Warenhäuser im Dritten Reich, Köln und Opladen 1956, S. 25 und S. 226.
78 Thomas Irrgang, a.a.O., S. 106 f.
79 Thomas Irrgang, a.a.O., S. 107, mit dem Hinweis (dort Anm. 1) auf Hermann Dernburg, Architekt des Wertheim-Baus in Breslau, in: Wasmuths Monatshefte, Baukunst & Städtebau, Berlin – Wien – Zürich, o. J., S. 318.
80 Thomas Irrgang, a.a.O., S. 107.
81 Vgl. Rainer Stommer, Vom Traumpalast zum Warencontainer. Die Warenhausarchitektur der zwanziger Jahre, in: Deutsche Bauzeitung Nr. 10, 1990, S. 134: "... orientierten sich die Architekten noch am Vorbild des Düsseldorfer Tietz-Warenhauses von Joseph Maria Olbrich (1907–09), und kopierten die Anlage mit den drei Lichthöfen, aber diese waren noch Reminiszenzen alter Warenhausherrlichkeit". Peter Stürzebecher, a.a.O., S. 41: "Philipp Schaefer, der Architekt zahlreicher Karstadt-Bauten, war ein Schüler von Joseph Maria Olbrich". Siehe dazu auch Eberhard Grunsky, Otto Engler. Geschäfts- und Warenhäuserarchitektur 1904–1914, o.O. (Bonn) 1979, Landeskonservator Rheinland, Arbeitsheft 28, S. 41: "Ein Vergleich zwischen Englers Projekt ... und dem Grundriß des ausgeführten Tietz-Hauses ... belegt überzeugend, daß Olbrich das Konzept seines Düsseldorfer Kollegen übernommen hat. Wie beim ausgeführten Bau sind von Engler drei Lichthöfe eingeplant."
82 Vgl. Thomas Irrgang, a.a.O., S. 105.
83 Max Creutz, Das Warenhaus Tietz in Elberfeld von Wilhelm Kreis, Berlin 1912, S. 4.
84 Werner Hegemann, Das steinerne Berlin, Berlin 1930, S. 253.
85 Adolf Behne, Max Taut. Bauten und Pläne, Berlin – Leipzig – Wien – Chicago 1927, S. 20 f.
86 Peter Stürzebecher, a.a.O., S. 36, unter Berufung auf die Zeitschrift "Einkäufer" vom 3. April 1907.
87 Vgl. Julius Posener, a.a.O., S. 480 f.
88 Peter Stürzebecher, a.a.O., S. 41.
89 Peter Stürzebecher, a.a.O., S. 41.
90 Rainer Stommer, a.a.O., S. 134.
91 Rainer Stommer, a.a.O., S. 134.
92 Joseph Roth, Das ganz große

Munich 1979, p.376.
61 Peter Stürzebecher, ibidem, p.27.
62 Julius Posener, ibidem, Sp 369 (Drei Pfeilerfronten), p.453 (Messels großer Lichthof), p.475 (Entwicklung der Warenhausfassade nach Messel).
63 Peter Stürzebecher, ibidem, p.31.
64 Bernard Marrey, ibidem, p.67, Fig. 58.
65 Peter Stürzebecher, ibidem, p.28 f.
66 Paul Göhre, Das Warenhaus, in Die Gesellschaft, Volume 12, Frank-furt 1907, p.19 f., quoted according to Peter Stürzebecher, ibidem, p.29.
67 Julius Posener, ibidem, p.453ff, attempts a view that could completely call into question the bridges in Messel's inner glazed courtyards, using the argument of "justification of motif" and the "architectonic concept": "The bridges are here reduced to a motif, to an excessive Piranesi-like raising of the space by doubling the finishing arch; bridges placed high up against the vaulting are frequently seen in the '-carceri'... both the Paris courtyards are system-spaces; Messel's courtyard, however, is architectonically conceived ." He nevertheless cannot hide his thoroughly ambivalent attitude towards the bridges ("We shall see that just there, they were not needed", p.464, note 2... The bridges, of course, are particularly objectionable to Behrendt because they are a lazy trick–pure art–and have no justification of purpose", in connection with a postcript on Walter Curt Behrendt, Alfred Messel. With a detailed observation by Karl Scheffer, Berlin 1911, p.84-86).
68 Cf. Julius Posener, ibidem, p.475ff.
69 Leo Colze, ibidem, p.7 and p.12.
70 Julius Posener, ibidem, p.479ff, suspects that "Both the 'display windows', twenty metres long, 17,50 metres high, stand two metres in front of the building's steel structure and thus form the first ever curtain wall in Berlin; I don't only mean Berlin, but Europe – even the world."
71 Peter Stürzebecher, ibidem, p.35.
72 Max Osborn, Johann Emil Schaudt, Berlin 1930, p.12.
73 Fritz Wolff, Kaufhaus des Westens - Berlin, in Deutsche Kunst und Dekoration Bd. XX, publ.. von Alexander Koch, Darmstadt 1907, p.184.
74 Peter Stürzebecher, ditto, p.36, with reference to Alfred Wiener, Das Warenhaus, Berlin 1912, p.32.
75 Thomas Irrgang, ibidem, p.66ff.
76 Julius Hirsch, Strukturwandlungen der deutschen Volkswirtschaft, Volume 2, Berlin 1929, p.108 "Regardless of the economic circumstances, the progress of the department store was not merely adequate, but bordered on the excellent", quoted according to Peter Stürzebecher, ibidem, p.38.
77 Thomas Irrgang, ibidem, p.85, with reference to Heinrich Uhlig, Die Warenhäuser im Dritten Reich, Köln and Opladen 1956, p.25 und p.226.
78 Thomas Irrgang, ibidem, p.106 f.
79 Thomas Irrgang, ibidem, p.107, with a reference to (note 1) Hermann Dernburg, Architect of the Wertheim Building in Breslau, in Wasmuths Monatshefte, Baukunst & Städtebau, Berlin-Wien-Zurich, undated., p.318.
80 Thomas Irrgang, ibidem, p.107.
81 Cf. Rainer Stommer, Vom Traumpalast zum Warencontainer. Die Warenhausarchitektur der zwanziger Jahre, in Deutsche Bauzeitung No. 10, 1990, p.134 "... architects oriented themselves on the example set by the Düsseldorf Tietz store designed by Joseph Maria Olbrich (1907-09), and copied the installation with the three glazed courtyards, but these were just memories left over from the old department store splendour. Peter Stürzebecher, ibidem, p.41 "Philipp Schaefer, the architect of numerous Karstadt buildings, was a pupil of Joseph Maria Olbrich". Additionally, see also Eberhard Grunsky, Otto Engler. Geschäfts- und Warenhäuserarchitektur 1904-1914, o.O. (Bonn) 1979, Landeskonservator Rheinland, Arbeitsheft 28, p.41 "A comparison between Engler's project ... and the basic plan of the Tietz building as realised... is convincing evidence that Olbrich adopted the concept of his Düsseldorf colleagues. As with the actual building, three glazed courtyards are included by Engler."
82 Cf. Thomas Irrgang, ibidem, p.105.
83 Max Creutz, Das Warenhaus Tietz in Elberfeld von Wilhelm Kreis, Berlin 1912, p.4.
84 Werner Hegemann, Das steinerne Berlin, Berlin 1930, p.253.
85 Max Taut. Bauten und Pläne, Berlin-Leipzig-Wien-Chicago, Adolf Behne. 1927, p.20 f.
86 Peter Stürzebecher, ibidem, p.36, with reference to the journal "Einkäufer" of 3. April 1907.
87 Cf. Julius Posener, ibidem, p.480 f.
88 Peter Stürzebecher, ibidem, p.41.
89 Peter Stürzebecher, ibidem, p.41.
90 Rainer Stommer, ibidem, p.134.
91 Rainer Stommer, ibidem, p.134.
92 Joseph Roth, "Das ganz große Warenhaus" (Münchner Neueste Nachrichten, 8. September 1929), in the same (publ.) "Berliner Saisonberichte (1920–1939)", Köln 1984, p.320ff. My thanks to Frau Brigitte Aust for referring me to this source. Cf. also Alfred Wedemeyer, Berlins neuestes Warenhaus, in Martin Wagner, Adolf Behne (publ.), Das neue Berlin. Grossstadtprobleme, Berlin 1929, No. 8 (Reprint, Basel-Berlin-Boston 1988), p.166.
93 Rainer Stommer, ibidem, p.136. See also Peter Stürzebecher, ibidem, p.41ff: "For Rudolph Karstadt AG, Schaefer designed department stores whose

Warenhaus (Münchner Neueste Nachrichten, 8. September 1929), in: ders., Berliner Saisonberichte (1920–1939), Köln 1984, S. 320 f. Für den Hinweis auf diese Quelle danke ich Frau Brigitte Aust. Vgl. auch: Alfred Wedemeyer, Berlins neuestes Warenhaus, in: Martin Wagner, Adolf Behne (Hg.), Das neue Berlin. Grossstadtprobleme, Berlin 1929, Heft 8 (Reprint, Basel – Berlin – Boston 1988), S. 166.

93 Rainer Stommer, a.a.O., S. 136. Siehe auch Peter Stürzebecher, a.a.O., S. 41 f.: "Für die Rudolph Karstadt AG entwarf Schaefer Warenhäuser, deren nahezu einheitliche Architektur mit der überall verwendeten Verkleidung aus fränkischem Muschelkalk zwar von Olbrichs Tietz-Bau ableitbar ist, jedoch insbesondere von den vertikalen Bauformen amerikanischer Hochhäuser beeinflußt wurde." Die Vereinheitlichung der Konzerne durch Angleichung des äußeren Erscheinungsbildes der Filialbetriebe und Verwaltungsgebäude war in Deutschland weitaus fortgeschrittener als in den Vereinigten Staaten. Julius Hirsch, Das amerikanische Wirtschaftswunder, Berlin 1926, S. 161, bestätigt: "Man diskutiert augenblicklich in Amerika unter den Besitzern der Warenhäuser ebendieses, was in Deutschland längst keine Frage mehr ist: nämlich, ob man im Warenhauswesen auch Filialen gründen soll. Einige haben es schon getan, viele noch nicht."

94 Rainer Stommer, a.a.O., S. 136.

95 Bruno Zevi, Erich Mendelsohn, Zürich und München 1983, S. 76.

96 Vgl. Bruno Zevi, a.a.O., S. 71.

97 Bruno Zevi, a.a.O., S. 71.

98 Rainer Stommer, a.a.O., S. 136: "Die großen Fensterflächen in den oberen Geschossen der alten Warenhäuser hatten neben der Belichtungsfunktion auch als Schaufenster gedient. Die Erfahrung zeigte aber, daß diese Auslagen beim Publikum keine Wirkung erzielten."

99 Ludwig Hilberseimer, Großstadt-Architektur, Stuttgart 1927, S. 54, "der sich an die Erläuterung anschließt, die Mies van der Rohe in G – Material zur elementaren Gestaltung II (1924) Heft 2, S. 1 gegeben hat." Zitiert nach Norbert Huse, "Neues Bauen" 1918 bis 1933. Moderne Architektur in der Weimarer Republik, 2. Auflage, Berlin 1985, S. 38 f. bzw. S. 135, Anm. 17.

100 Beginn des Gedichts "City" von George A. Goldschlag (1896–1934) in: Robert Seitz und Heinz Zucker (Hg.), Um uns die Stadt. Eine Anthologie neuer Großstadtdichtung, Berlin 1931, S. 8, zitiert nach Karl Riha, Deutsche Großstadtlyrik (Artemis Einführungen Band 8), Müchen und Zürich 1983, S. 31.

101 Norbert Huse, a.a.O., S. 34, Erich Mendelsohn, Das Gesamtschaffen des Architekten. Skizzen, Entwürfe, Bauten, Berlin 1930, S. 28, zitierend.

102 Abgebildet bei Adolf Behne, Kunstausstellung Berlin, in: Martin Wagner und Adolf Behne (Hg.), a.a.O., S. 151.

103 Julius Posener, a.a.O., S. 481, über Mendelsohn: "Was seine Warenhausbauten mit denen der Zeit Wilhelms II. gemeinsam haben, ist die starke – und bewußte – Werbewirkung der Architektur; aber hier muß man einen Unterschied feststellen: Dem großen Pfeilerbau der wilhelminischen Zeit (Wertheim) entsprach im Inneren des Warenhauses der durch alle Geschosse hindurchgehende Lichthof; das Innere der Mendelsohnschen Bauten kann mit so großzügigen Raumbildungen nicht mehr aufwarten. Darum ist nun auch die Front zum Plakat geworden, was besonders deutlich an dem Außenbau des Warenhauses Schocken in Stuttgart abzulesen ist. ... Verselbständigung der Front als einer plakativen Architektur".

104 Abgebildet bei Adolf Behne, a.a.O., S. 151.

105 Zu Peter Behrens vgl. Kai Mühlmann, Schönheit im Industriebau, in: o.Verf., Die Neubauten und Betriebseinrichtungen der Tabakfabrik in Linz, Salzburg o.J. (1936), S. 19: "war der Anlaß dazu ein rein praktischer, weil der neuerworbene Baugrund in der Linie der jetzigen Außenfassade eine Reihe von ungünstigen Bruchpunkten ergab, deren Überwindung eben nur durch die Kurve möglich war". Zu Erich Mendelsohn vgl. Rainer Stommer, a.a.O., S. 144: "Die Rundung der Fassade folgte dem günstigsten Verkehrsfluß im Zuge des Ringes."

106 Rainer Stommer, a.a.O., S. 146.

107 Kai Mühlmann, a.a.O., S. 19: "Auch das Eigenartige, gleichsam Schwebende der betont horizontal gegliederten Fassade ergibt sich notwendig aus den besonderen Bedingungen des Stahlskelettbaus. Das Mauerwerk, seiner tragenden Funktion entkleidet, liegt als bloße Hülle an den Außenseiten des Stahlgerippes, die Mauer rückt deshalb vor die Konstruktion und ihrer Auflösung in eine einzige horizontale Fensterflucht ... steht nichts mehr im Wege."

108 Rainer Stommer, a.a.O., S. 151.

109 Vgl. Rainer Stommer, a.a.O., S. 151 und ebd. Anm. 7, unter Bezugnahme auf den sich auf Mies van der Rohe berufenden Ludwig Hilberseimer, Die neue Geschäftsstraße, o.O. 1929.

110 Rainer Stommer, a.a.O., S. 151.

111 Vgl. Norbert Huse, a.a.O., S. 109, Ludwig Hilberseimer, Großstadt-Architektur, S. 98, zitierend: "Sie stellt die Gestaltung des heute gültigen wirtschaftlich-sozialen Moments dar. Sie sucht sich von allem nicht Unmittelbaren zu befreien, erstrebt Reduzierung auf das Wesentlichste, größte Energieentfaltung, äußerste Spannungsmöglichkeit, letzte Exaktheit, entspricht

almost uniform architecture–with Frankish limestone used every-where–can indeed be traced back to Olbrich's Tietz building, although it has also been particularly influenced by the vertical architecture of American high-rise buildings". The creation of a uniform company image through the creation of similarity between the exteriors of store branches and administrative buildings was much more advanced in Germany than in the United States. Julius Hirsch, Das amerikanische Wirtschaftswunder, Berlin 1926, p.161, confirms this: "The present discussion amongst department store owners in America centres on something that has long been accepted in Germany: namely, whether branches should be opened in the department store sector. A few have actually done so; many have still to do so."

94 Rainer Stommer, ibidem, p.136.

95 Bruno Zevi, Erich Mendelsohn, Zurich und Munich 1983, p.76.

96 Cf. Bruno Zevi, ibidem, p.71.

97 Bruno Zevi, ibidem, p.71.

98 Rainer Stommer, ibidem, p.136 "The large window areas in the upper floors of the old store buildings, in addition to having a lighting function, were also display windows. Experience showed, however, that such windows were ineffective with the general public."

99 Ludwig Hilberseimer, Großstadt-Architektur, Stuttgart 1927, p.54, "who agrees with the view expressed by Mies van der Rohe in G-Material zur elementaren Gestaltung II (1924) No. 2, p.1." Quoted according to Norbert Huse, "Neues Bauen" 1918 bis 1933. Moderne Architektur in der Weimarer Republik, 2. Edition, Berlin 1985, p.38ff and p.135, note 17.

100 Start of the poem "City", by George A. Goldschlag (1896–1934) in Robert Seitz und Heinz Zucker (publ.), Um uns die Stadt. Eine Anthologie neuer Großstadtdichtung, Berlin 1931, p.8, quoted according to Karl Riha, Deutsche Großstadtlyrik (Artemis Einführungen Volume 8), Munich and Zurich 1983, p.31.

101 Norbert Huse, ibidem, p.34, Erich Mendelsohn, Das Gesamtschaffen des Architekten. Skizzen, Entwürfe, Bauten, Berlin 1930, p.28, quotation.

102 Depicted by Adolf Behne, Kunstausstellung Berlin, in Martin Wagner und Adolf Behne (publ.), ibidem, p.151.

103 Julius Posener, ibidem, p.481, on Mendelsohn: "What his department stores have in common with the time of Wilhelm II is the strong– and intentional–advertising effect of architecture; but here there is one difference discernable in the interior of the department store: the glazed courtyard penetrating through all floors, corresponded to the great pillar constructions of Wilhelm II's time (Wertheim).The interior of Mendelsohn's buildings can no longer provide such generous spaces. For this reason, the front itself has become a poster, and this is particular easy to see in the exterior of the Schocken building in Stuttgart... the front, made independent as a poster architecture."

104 Depicted by Adolf Behne, ibidem, p.151.

105 With regard to Peter Behrens, cf. Kai Mühlmann, Schönheit im Industriebau, oroginal edition, Die Neubauten und Betriebseinrichtungen der Tabakfabrik in Linz, Salzburg, undated, (1936), p.19: "The motivation here was a purely practical one because the newly acquired site resulted in a series of unfavourable disruptions in the line of the present exterior facade, the solution to which was only possible by means of the curve". With regard to Erich Mendelsohn, cf. Rainer Stommer, ibidem, p.144 "The rounding of the facade follows the most favourable flow of traffic around the ring".

106 Rainer Stommer, ibidem, p.146.

107 Kai Mühlmann, ibidem, p.19 "The odd, and at the same time floating, quality of the horizontally emphasised and subdivided facade necessarily results from the specific preconditions of the steel skeleton substructure. The masonry, deprived of its function as a support, becomes a mere envelope around the steel frame, and the wall therefore moves to the fore, in front of the construction, and nothing remains to stand in the way of its resolution into a single horizontal arrangement of windows."

108 Rainer Stommer, ibidem, p.151.

109 Cf. Rainer Stommer, ibidem, p.151 and ib. note 7, with reference to Ludwig Hilberseimer, Die neue Geschäftsstraße, 1929 who refers to Mies van der Rohe.

110 Rainer Stommer, ibidem, p.151.

111 Cf. Norbert Huse, ibidem, p.109, Ludwig Hilberseimer, Großstadt-Architektur, p.98, quote "It represents the design of the now valid socio-economic moment. It seeks to free itself from everything not in its immediate vicinity, and strives for a reduction to the most essential and the greatest release of energy, the most extreme potential for tension, a final accuracy, and corresponds to the way of life of present-day man, the expression of a new feeling for life–not of a subjective or individual feeling, but of an objective, collective nature."

112 Martin Wagner, Das Formproblem eines Weltstadtplatzes, Wettbewerb der Verkehrs A. G. für eine Umbauung des Alexanderplatzes, in Martin Wagner und Adolf Behne (publ.), ibidem to, p.33.

113 Martin Wagner, ibidem, p.37.

114 Marcel Breuer, Verkehrsarchitektur–ein Vorschlag zur Neuordnung des Potsdamer Platzes, in Martin Wagner und Adolf Behne (publ.),

der Lebensform heutiger Menschen, ist Ausdruck eines neuen Lebensgefühls, das nicht subjektiv-individueller, sondern objektiv-kollektiver Natur ist."
112 Martin Wagner, Das Formproblem eines Weltstadtplatzes, Wettbewerb der Verkehrs-A. G. für eine Umbauung des Alexanderplatzes, in: Martin Wagner und Adolf Behne (Hg.), a.a.O., S. 33.
113 Martin Wagner, a.a.O., S. 37.
114 Marcel Breuer, Verkehrsarchitektur – ein Vorschlag zur Neuordnung des Potsdamer Platzes, in: Martin Wagner und Adolf Behne (Hg.), a.a.O., S. 141.
115 Norbert Huse, a.a.O., S. 125, unter Berufung auf Alexander Schwab, Das Buch vom Bauen (Originalausg. 1930), Bauwelt Fundamente 42, Düsseldorf o.J., S. 76.
116 Alexander von Senger, Die Brandfackel Moskaus, Zurzach 1931, S. 47, zitiert nach Norbert Huse, a.a.O., S. 125.
117 Peter Stürzebecher, a.a.O., S. 43.
118 Peter Stürzebecher, a.a.O., S. 43.
119 Peter Stürzebecher, a.a.O., S. 43.
120 Peter Stürzebecher, a.a.O., S. 43.

Abbildungsnachweis

Bildarchiv Foto Marburg: 1, 15, 37.
Hans-Georg Pfeifer, Düsseldorf: 2.
Konrad Scheurmann, Bonn; 3.
Bernard Marrey, Les Grands Magasins des origines a 1939, Paris 1979: 4-7, 9, 22, 25, 31-33.
Siegfried Gerlach/Dieter Sawatzki (Fotografien), Grands Magasins oder Die Geburt des Warenhauses im Paris des 19. Jahrhunderts, Dortmund 1989: 8, 18.
Katalog Weltausstellungen im 19 Jahrhundert, Die Neue Sammlung. Staatliches Museum für angewandte Kunst München, München 1973: 10, 11.
Johann Friedrich Geist, Passagen. Ein Bautyp des 19. Jahrhunders, München 1979: 12-14.
Andreas Lehne. Wiener Warenhäuser 1865-1914, Wien 1990: 16.
Sigfried Giedion, Raum, Zeit, Architektur, Zürich und München 1976: 17.
Peter Stürzebecher, Hamburg: 19-21, 23, 24, 26-29, 38.
Berliner Architektur Welt. 18. Jg., 1916: 30.
Berliner Architektur Welt. 10. Jg., 1908: 34.
Nach Thomas Irrgang, Deutsche Warenhausbauten, Ing. Diss. TU Berlin, 1980: 35, 36, 40.
Lichtbildverlag Dr. F. Stoedtner, Düsseldorf: 39. 42, 51.
Karstadt AG, Presse und Public Relations, Essen: 41, 52, 53.
Bruno Zevi, Erich Mendelsohn, Zürich 1983: 43, 45, 47.
Walter Müller-Wulckow, Architektur der Zwanziger Jahre in Deutschland, Königstein 1975: 44.
Das Neue Berlin. Großstadtprobleme 1929, Heft 8 (Reprint) Basel 1988: 46, 48, 49.
Kurt Hesse, Düsseldorf: 50.

Die Entwicklung von Kauf- und Warenhäusern in Deutschland von der Nachkriegszeit bis heute

1 Vgl. die Übersichten bei Peter Stürzebecher, a.a.O., S. 64 f. (lokal sich beschränkend auf Warenhäuser in Berlin bis 1918 bzw. 1919 - 1945) und S. 66 (Warenhäuser der Firma Wertheim, überregional).
2 Bruno Zevi, Erich Mendelsohn, Zürich und München, 1983, S. 125.
3 Heinrich Klotz (Hg.), Erich Mendelsohn. Das Gesamtschaffen des Architekten. Skizzen - Entwürfe - Bauten (Reprint der Erstausgabe, Berlin 1930) = Schriften des Deutschen Architektur Museums zur Geschichte der Architekturgeschichte und Architekturtheorie, Braunschweig und Wiesbaden 1988, S. 235. Siehe auch Peter Stürzebecher, a.a.O., S. 191.
4 Kontroverse Ansichten spiegeln sich in den Ausführungen von Bruno Zevi, a.a.O., S. 7, mit Blick auf Sigfried Giedion wider.
5 Bruno Zevi, a.a.O., S. 14.
6 Peter Stürzebecher, a.a.O., S. 45.
7 Vgl. Peter Behrens' Bau der Petersburger Botschaft (1912), der fälschlicherweise gern als Kronzeuge faschistischer Architektursprache zitiert wird, sowie Behrens' und Hermann Muthesius' Musterbauten auf der Kölner Werkbundausstellung des Jahres 1914.
8 Siehe oben S. 46
9 Thomas Irrgang, a.a.O., S. 116.
10 Vgl. Thomas Irrgang, a.a.O., S.116 f.
11 Vgl. Thomas Irrgang, a.a.O., S. 118, sich auf die Karstadt Hauszeitung 56, 7/8, sowie auf die Kaufhof Information 1978 berufend.
12 Thomas Irrgang, a.a.O., S. 117 (dort Anm. 1).
13 Vgl. Thomas Irrgang, a.a.O., S. 107 f.: "Die Stileinordnung der neuen Warenhauserscheinung in die Rubriken 'Neue Sachlichkeit', 'Funktionalismus' oder 'Horizontalismus' kann (wie bei fast allen - ismen) nur eine unvollständige Vereinfachung sein: Die Bauten Mendelsohns entstehen aus der Ratio, sind jedoch 'gestaltet' ...".
14 Thomas Irrgang, a.a.O., S. 107.
15 Bruno Zevi, a.a.O., S. 86.
16 Thomas Irrgang, a.a.O., S. 160.
17 Vgl. Eberhard Grunsky, a.a.O., S. 70, sowie Rudolf Lenz, Karstadt: Ein deutscher Warenhauskonzern 1920 - 1950, Stuttgart 1995, S. 60.
18 Thomas Irrgang, a.a.O., S. 160: "Andere Variationen zum Thema 'geschlossene Außenwand' zeigen die Beispiele von Karstadt in Hamburg-Eppendorf ... mit seiner Klinkerfassade mit einzelnen Fensteröffnungen und mit einer für die 2. Generation typischen kubischen Gebäudeform; eine ähnliche Lösung zeigt der Kaufhof in München ...

ibidem, p.141.
115 Norbert Huse, ibidem, p.125, with reference to Alexander Schwab, Das Buch vom Bauen (Originaledition 1930), Bauwelt Fundamente 42, Düsseldorf, undated, p.76.
116 Alexander von Senger, Die Brandfackel Moskaus, Zurzach 1931, p.47, quoted according to Norbert Huse, ibidem, p.125.
117 Peter Stürzebecher, ibidem, p.43.
118 Peter Stürzebecher, ibidem, p.43.
119 Peter Stürzebecher, ibidem, p.43.
120 Peter Stürzebecher, ibidem, p.43.

Illustration Credits

Bildarchiv Foto Marburg: 1, 15, 37.
Hans-Georg Pfeifer, Düsseldorf: 2.
Konrad Scheurmann, Bonn; 3.
Bernard Marrey, Les Grands Magasins des origines a 1939, Paris 1979: 4-7, 9, 22, 25, 31-33.
Siegfried Gerlach/Dieter Sawatzki (Fotografien), Grands Magasins oder Die Geburt des Warenhauses im Paris des 19. Jahrhunderts, Dortmund 1989: 8, 18.
Katalog Weltausstellungen im 19 Jahrhundert, Die Neue Sammlung. Staatliches Museum für angewandte Kunst München, München 1973: 10, 11.
Johann Friedrich Geist, Passagen. Ein Bautyp des 19. Jahrhunders, München 1979: 12-14.
Andreas Lehne. Wiener Warenhäuser 1865-1914, Wien 1990: 16.
Sigfried Giedion, Raum, Zeit, Architektur, Zürich und München 1976: 17.
Peter Stürzebecher, Hamburg: 19-21, 23, 24, 26-29, 38.
Berliner Architektur Welt. 18. Jg., 1916: 30.
Berliner Architektur Welt. 10. Jg., 1908: 34.
Nach Thomas Irrgang, Deutsche Warenhausbauten, Ing. Diss. TU Berlin, 1980: 35, 36, 40.
Lichtbildverlag Dr. F. Stoedtner, Düsseldorf: 39. 42, 51.
Karstadt AG, Presse und Public Relations, Essen: 41, 52, 53.
Bruno Zevi, Erich Mendelsohn, Zürich 1983: 43, 45, 47.
Walter Müller-Wulckow, Architektur der Zwanziger Jahre in Deutschland, Königstein 1975: 44.
Das Neue Berlin. Großstadtprobleme 1929, Heft 8 (Reprint) Basel 1988: 46, 48, 49.
Kurt Hesse, Düsseldorf: 50.

The Development of Department Stores in Germany from World War II to the Present Day

1 Cf. the review by Peter Stürzebecher, ibidem, p.64 f. (locally restricted to Berlin department stores up to 1918 and 1919-1945) and p.66 (Warenhäuser der Firma Wertheim, throughout Germany).
2 Bruno Zevi, Erich Mendelsohn, Zürich und München, p.125.
3 Heinrich Klotz (publ.), Erich Mendelsohn. Das Gesamtschaffen des Architekten. Skizzen - Entwürfe - Bauten (Reprint of the first edition, Berlin 1930) Schriften des Deutschen Architektur Museums zur Geschichte der Architekturgeschichte und Architekturtheorie, Braunschweig und Wiesbaden 1988, p.235. Also see Peter Stürzebecher, ibidem, p.191.
4 Controversial views can be recognised in versions by Bruno Zevi, ibidem, p.7, with Sigfried Giedion in mind.
5 Bruno Zevi, ibidem, p.14.
6 Peter Stürzebecher, ibidem, p.45.
7 Cf. Peter Behrens' Bau der Petersburger Botschaft (1912), which is often and wrongly cited as a figurehead of fascist architecture, as well as Behrens' und Hermann Muthesius' Musterbauten auf der Kölner Werkbundausstellung des Jahres 1914.
8 See above p.47
9 Thomas Irrgang, ibidem, p.116.
10 Cf. Thomas Irrgang, ibidem, p.116 f.
11 Thomas Irrgang, ibidem, p.118, referring to the Karstadt House Magazine No. 56, 7/8, and Kaufhof Information 1978.
12 Thomas Irrgang, ibidem, p.117 (Note 1).
13 Cf. Thomas Irrgang, ibidem, p.107 f. "With regard to the new appearance of department stores, the allocation of style as 'New Realism', 'Functionalism' or 'Horizontalism' can, as with almost all '-isms', only be an incomplete simplification. Mendelsohn's buildings arise from the ratio, but are 'designed' nonetheless...".
14 Thomas Irrgang, ibidem, p.107.
15 Bruno Zevi, ibidem, p.86.
16 Thomas Irrgang, ibidem, p.160.
17 Cf. Eberhard Grunsky, ibidem, p.70, and also Rudolf Lenz, Karstadt Ein deutscher Warenhauskonzern 1920 - 1950, Stuttgart 1995, p.60.
18 Thomas Irrgang, ibidem, p.160 "Further variations on the theme '-closed exterior wall' are examples from Karstadt in Hamburg-Eppendorf ... With its clinker facade and separate window openings, and with the cubed building typical of the second generation, the Munich Kaufhof building demonstrates a similar solution... with its almost netlike, finely divided, perforated and juratravertin clad facade."
19 Thomas Irrgang, ibidem, p.161.
20 Erich Mendelsohn on his Columbus building on Potsdamer Platz in Berlin, that–planned as a department store–had in fact been used as an office building up to the time of its destruction by fire in 1953. Quoted according to Bruno Zevi, ibidem, p.125.
21 Paul Joseph Cremers, Peter Behrens. Sein Werk von 1909 bis zur Gegenwart, Essen 1928, p.12 f.
22 Peter Stürzebecher, ibidem, p.48.
23 Cf. Thomas Irrgang, ibidem, p.158.

mit seiner fast netzartig feingegliederten juratravertin verkleideten Lochfassade."
19 Thomas Irrgang, a.a.O., S. 161.
20 Erich Mendelsohn über sein Columbushaus am Potsdamer Platz in Berlin, das - als Warenhaus geplant - tatsächlich bis zu seiner Zerstörung durch ein Feuer im Jahr 1953 als Bürohaus gedient hat. Zitiert nach Bruno Zevi, a.a.O., S. 125.
21 Paul Joseph Cremers, Peter Behrens. Sein Werk von 1909 bis zur Gegenwart, Essen 1928, S. 12 f.
22 Peter Stürzebecher, a.a.O., S. 48.
23 Vgl. Thomas Irrgang, a.a.O., S. 158.
24 Peter Stürzebecher, a.a.O., S. 45: "Auf dem vorplatzähnlichen Gehwegbereich wurden Vitrinen aufgestellt, die sowohl den Kundenstrom zu dem Haupteingang lenken ..., als auch zum 'window-shopping', zum Schaufenster-Bummel, auf dem teilweise durch ein kragendes Dach geschützten öffentlichen Bereich auffordern sollten."
25 Thomas Irrgang, a.a.O., S. 159.
26 Vgl. Thomas Irrgang, a.a.O., S. 161 f.
27 Rosemarie Höpfner und Gerd Kuhn, Vergangene Gegenwart. Sequenzen städtischer Geschichte - 1928 bis 1958, in: Walter Prigge und Hans-Peter Schwarz (Hg.), Das Neue Frankfurt. Städtebau und Architektur im Modernisierungsprozeß 1925 - 1988, Frankfurt a.M. 1988, S. 82 f. Zitiert nach Klaus-Dieter Weiß, a.a.O., S. 73.
28 Bezüglich des 1926 in Stralsund entstandenen L. Tietz-Warenhauses, dessen Architekt laut Thomas Irrgang nicht bekannt ist, sagt dieser, a.a.O., S. 106: "... die Mischung vertikaler Elemente in den Obergeschossen und der rahmenartig horizontalen Erdgeschoßzone erinnert an Formen, die erst in den sechziger Jahren wieder auftauchen werden: die lamellenartig eng zusammengefaßten Pfeilervorlagen der Obergeschosse und die spätere Sonnenschutzlamellen-Fassade sind sehr ähnlich." Vgl. dort auch S. 79, Abbildung 2.17 a.
29 Vgl. Thomas Irrgang, a.a.O., S. 163 bzw. S. 161.
30 Karstadt Hauszeitung 53, 6, zitiert nach Thomas Irrgang, a.a.O., S. 163, mit seiner Einschränkung (dort Anm. 1), daß der angeführte "werbende Charakter" "bei Karstadthäusern jedoch nicht zu Einheitsfassaden, wie bei den anderen Warenhausunternehmen", führte.
31 Thomas Irrgang, a.a.O., S. 163.
32 Thomas Irrgang, a.a.O., S. 164.
33 Thomas Irrgang, a.a.O., S. 163.
34 Thomas Irrgang, a.a.O., S. 163.
35 Projektgruppe Kunsthistorisches Institut Heidelberg (Wolfgang Schepers, Heidrun Schröder, Helgard Werfel), Bemerkungen zu Kaufhausbauten - Die Beispiele "Horten" und "Kaufhof" in Heidelberg (im folgenden zitiert als Projektgruppe), in: Joachim Petsch (Hg.), Architektur und Städtebau im 20. Jahrhundert, Berlin (West) 1974, S. 123: "Das Ergebnis der 'Diskussion' faßte Bürgermeister R. zusammen: 'Die Einfügung des Gebäudekomplexes, die gemäß der Anlage in der Form, wie heute Kaufhäuser gebaut werden, selbstverständlich nicht dem gewohnten Bild der Innenstadt voll entsprechen kann, tritt ... weder ... noch ... so störend in Erscheinung, daß es aus diesem Grunde abgelehnt werden müsse'." (Vorlage an den Bauausschuß vom 18.8.1958).
36 Projektgruppe, a.a.O., S. 126, zitiert einen Brief von Horten an die Stadt Heidelberg vom 20.7.1959, Bauakten Horten, Az. 610-8-8: "Der damit (mit diversen gewünschten Änderungen seitens der Stadt, d. Verf.) verbundene wirtschaftliche Nachteil würde unter Umständen die Ausführung des Gesamtprojektes in Frage stellen", und den Architekten: "Das sind doch Spielereien, die getrieben werden. Da würde ich als sauberer Architekt eine solche Zwischenlösung einfach ablehnen." (Bauakten Horten, a.a.O.).
37 Projektgruppe, a.a.O., S. 129 (u.a. zitiert aus: Bauakten Horten, a.a.O.).
38 Projektgruppe, a.a.O., S. 131.
39 Projektgruppe, a.a.O., S. 130.
40 Thomas Irrgang, a.a.O., S. 163 f.
41 Helmut Rhode im Frühjahr 1995 im Gespräch mit dem Autor.
42 Zu den Zahlen und deren Auswertung vgl. Thomas Irrgang, a.a.O., S. 165 ff.
43 Thomas Irrgang, a.a.O., S. 202.
44 Thomas Irrgang, a.a.O., S. 189.
45 Thomas Irrgang, a.a.O., S. 202, ist offenbar ein Fehler unterlaufen; sein erstgenannter Typus 3a wäre wohl richtiger als Übergangstypus 2 gegenüber den reicher gegliederten Typen 3a und 3b zu bezeichnen gewesen.
46 Thomas Irrgang, a.a.O., S. 206, schreibt den mit vertikalen Profilblechstreifen versehenen Bau entgegen der hier vertretenen Ansicht dem Typus der flächig geschlossenen Fassade zu.
47 Eine Kritik der Einkaufszentren erfolgt im vorliegenden Band durch Klaus-Dieter Weiß.
48 Peter Stürzebecher, a.a.O., S. 48.
49 Vgl. Peter Stürzebecher, a.a.O., S. 48, und Projektgruppe, a.a.O., S. 135 f.
50 Vgl. Horten AG (Hg.), 1936 - 1986. 50 Jahre Horten. Ein Warenhauskonzern auf dem Weg in die Zukunft, Düsseldorf 1986, S. 31.
51 Wolfgang Fritz Haug, Kritik der Warenästhetik, Frankfurt a.M. 1971, S. 88. Zitiert nach Peter Stürzebecher, Das Warenhaus im öffentlichen Straßenraum, in: Baumeister 10, 1980, S. 1026.
52 Thomas Irrgang, a.a.O., S. 150.
53 Vgl. Thomas Irrgang, a.a.O., S. 207.
54 Thomas Irrgang, a.a.O., S. 213.
55 Thomas Irrgang, a.a.O., S. 215, mit Hinweis auf die NVO § 11, Abs. 3.
56 Vgl. Peter Stürzebecher, siehe Anm. 3, S. 48.

24 Peter Stürzebecher, ibidem, p.45 "Glass vitrines were placed on the patio-like footpath area that guided the flow of customers to the main entrance and encouraged window-shopping in a public area partially protected by a protruding roof."
25 Thomas Irrgang, ibidem, p.159.
26 Cf. Thomas Irrgang, ibidem, p.161 f.
27 Rosemarie Höpfner and Gerd Kuhn, Vergangene Gegenwart. Sequenzen städtischer Geschichte - 1928 bis 1958, in Walter Prigge and Hans-Peter Schwarz (publ.), Das Neue Frankfurt. Städtebau und Architektur im Modernisierungsprozeß 1925 - 1988, Frankfurt a.M. 1988, p.82 f. quoted according to Klaus-Dieter Weiß, ibidem, p.73.
28 In relation to the L. Tietz-Warenhaus in Stralsund dating from 1926, whose architect according to Thomas Irrgang is unknown, Irrgang comments, ibidem, p.106 "... the combination of vertical elements on the upper floors with the frame-like horizontal zone of the ground floor is reminiscent of forms that are only to reappear in the 1960s: the blind-like, tightly composed pillars on the upper floors and the later sunblind facade are very similar." Cf. here also p.79, figure 2.17 a.
29 Cf. Thomas Irrgang, ibidem, p.163 and p.161.
30 Karstadt Hauszeitung 53, 6, quoted according to Thomas Irrgang, ibidem, p.163, with his qualification (note 1) that the mentioned "advertising character" did not lead "in the case of Karstadt buildings, to uniform facade designs, however, as was the case with other department store concerns."
31 Thomas Irrgang, ibidem, p.163.
32 Thomas Irrgang, ibidem, p.164.
33 Thomas Irrgang, ibidem, p.163.
34 Thomas Irrgang, ibidem, p.163.
35 "Comments on department store buildings–the"Horten" and "Kaufhof" examples in Heidelberg, Projektgruppe Kunsthistorisches Institut Heidelberg (Wolfgang Schepers, Heidrun Schröder, Helgard Werfel), referred to as "Projektgruppe" in the following), in Joachim Petsch's (publ.), Architektur und Städtebau im 20. Jahrhundert, Berlin (West) 1974, p.123: "The result of the "discussion" was summarised by Bürgermeister R. 'The integration of the building complex that, in terms of layout naturally has the form common to modern store construction and cannot fully correspond to the usual image of the inner city, does not appear so disruptive that it should be rejected'." (Preface to the planning commission of 18.8.1958).
36 "Projektgruppe", ibidem, p.126, quotes a letter from Horten to the City of Heidelberg dated 20.7.1959, Bauakten Horten, Az. 610-8-8 "The associated (with changes desired by the municipal authorities, auth.) economic disadvantage would call into question the realisation of the project as a whole." And the architects comment:"That is just a game that they are playing. As a respectable architect, I would simply reject such half-way measures." (Bauakten Horten, ibidem).
37 "Projektgruppe", ibidem, p.129 (also quoted from Bauakten Horten, ibidem).
38 "Projektgruppe", ibidem, p.131.
39 "Projektgruppe", ibidem, p.130.
40 Thomas Irrgang, ibidem, p.163 f.
41 Helmut Rhode in the spring of 1995, in conversation with the author.
42 With regard to figures and their evaluation, cf. Thomas Irrgang, ibidem, p.165ff.
43 Thomas Irrgang, ibidem, p.202.
44 Thomas Irrgang, ibidem, p.189.
45 Thomas Irrgang, ibidem, p.202, has evidently made a mistake; type 3a as mentioned here would have indeed been more appropriately cited as the intermediate type 2, and not the more richly subdivided types 3a and 3b.
46 As opposed to the view shown here, Thomas Irrgang, (ditto, p.206), allocates the building provided with vertical profiled sheet-metal strips to the two-dimensional, closed facade type.
47 A criticism of shopping centres by Klaus-Dieter Weiß is contained in this volume.
48 Peter Stürzebecher, ibidem, p.48.
49 Cf. Peter Stürzebecher, ibidem, p.48, und "Projektgruppe", ibidem, p.135 f.
50 Cf. Horten AG (publ.), 1936 - 1986. 50 Jahre Horten. Ein Warenhauskonzern auf dem Weg in die Zukunft, Düsseldorf 1986, p.31.
51 Wolfgang Fritz Haug, Kritik der Warenästhetik, Frankfurt a.M. 1971, p.88. Quoted according to Peter Stürzebecher, "Das Warenhaus im öffentlichen Straßenraum", in Baumeister 10, 1980, p.1026.
52 Thomas Irrgang, ibidem, p.150.
53 Cf. Thomas Irrgang, ibidem, p.207.
54 Thomas Irrgang, ibidem, p.213.
55 Thomas Irrgang, ibidem, p.215, with reference to NVO § 11, Section 3.
56 Cf.. Peter Stürzebecher, see note 3, p.48.
57 Ludwig Mies van der Rohe, quoted according to Peter Stürzebecher, see note 51, p.1026.
58 Peter Stürzebecher, ibidem, p.1026.
59 Jürgen Joedicke, Moderne Architektur, Stuttgart und Bonn 1968, p.84, quoted according to Peter Stürzebecher, ibidem, p.1026.
60 Gerhard Ullmann, in Deutsche Bauzeitung 1/1973, p.46, quoted according to Peter Stürzebecher, ibidem, p.1026.
61 Josef Wiedemann, "Kaufhaus Horten Regensburg", in Baumeister 10/1980, p.1009.
62 Thomas Irrgang, ibidem, p.326 f.

57 Ludwig Mies van der Rohe, zitiert nach Peter Stürzebecher, siehe Anm. 51, S. 1026.
58 Peter Stürzebecher, a.a.O., S. 1026.
59 Jürgen Joedicke, Moderne Architektur, Stuttgart und Bonn 1968, S. 84, zitiert nach Peter Stürzebecher, a.a.O., S. 1026.
60 Gerhard Ullmann, in: Deutsche Bauzeitung 1/1973, S. 46, zitiert nach Peter Stürzebecher, a.a.O., S. 1026.
61 Josef Wiedemann, Kaufhaus Horten Regensburg, in: Baumeister 10/1980, S. 1009.
62 Thomas Irrgang, a.a.O., S. 326 f.
63 Thomas Irrgang, a.a.O., S. 329.
64 Thomas Irrgang, a.a.O., S. 339.
65 Thomas Irrgang, a.a.O., S. 342 f.
66 Günter Bandmann, Mittelalterliche Architektur als Bedeutungsträger, Berlin 1951, 5. Auflage 1978, S. 10 f.
67 Peter Stürzebecher, a.a.O., S. 48.
68 Joachim Petsch, Historistische Architektur in der Bundesrepublik, in: Bauen und Wohnen, Jg. 36, 1981, Heft 1/2, S. 63.
69 Vgl. August Gebeßler, Zur Geschichte der Denkmalpflege. Denkmalbegriff - Organisation - Aufgaben - Probleme, in: Eine Zukunft für unsere Vergangenheit. Denkmalschutz und Denkmalpflege in der Bundesrepublik Deutschland. Katalog des Deutschen Nationalkomitees für das Europäische Denkmaljahr 1975 - 1976, München 1975, S. 160.
70 August Gebeßler, a.a.O., S. 160.
71 Joachim Petsch, a.a.O., S. 63.
72 Gießener Allgemeine Zeitung vom 8. Oktober 1976 anläßlich der Eröffnung der Gießener Horten-Filiale.
73 Gießener Anzeiger vom 7. Oktober 1976 zur Eröffnung der Horten-Filiale.
74 Ganzseitige Anzeige der Kaufhof AG im Bonner General-Anzeiger vom 8. Dezember 1978.
75 Joachim Petsch, a.a.O., S. 64, spricht von einer Verschleierung der eigentlichen Ursachen des Umbaues.
76 Hans Kammerer und Walter Belz, Zwei Bauten am Bonner Münsterplatz, hier: Kaufhof, in: Baumeister 10/1980, S. 983 f.
77 Hans Kammerer und Walter Belz, a.a.O., S. 983.
78 Joachim Petsch, a.a.O., S. 64.
79 Joachim Petsch, a.a.O., S. 64.
80 Hans Kammerer und Walter Belz, a.a.O., S. 980.
81 Joachim Petsch, a.a.O., S. 65.
82 Hans Mohl, Kaufhaus Schneider in Freiburg, in: Baumeister 10/1980, S. 1006.
83 Joachim Petsch, a.a.O., S. 65.
84 Vgl. Hans Mohl, a.a.O., S. 1006.
85 Hans Mohl, Kaufhaus Schneider in Bretten, in: Baumeister 10/1980, S. 1021.
86 Hans Mohl, Kaufhaus Schneider II in Ettlingen, in: Baumeister 10/1980, S. 1022.
87 Vgl. Alexander Freiherr von Branca, Hertie Würzburg, in: Baumeister 10/1980, S. 999 f.
88 Vgl. Kappler - Nützel Architekten- und Ingenieurgesellschaft mbH, Karstadt Nürnberg, in: Baumeister 10/1980, S. 1010.
89 Walter Brune + Partner, Karstadt Goslar, in: Baumeister 10/1980, S. 1014.
90 Kappler + Nützel, a.a.O., S. 1010.
91 Architekten RKW Rhode Kellermann Wawrowsky + Partner, Werkverzeichnis s.v. Kauf- und Warenhäuser, Carsch-Haus Düsseldorf, Düsseldorf o.J.
92 50 Jahre Horten, S. 43.
93 Für die "ausgewogene Aufteilung der zur Verfügung stehenden Flächen auf preisgünstigen, kompetent angebotenen Standardbedarf für den Alltag sowie auf Warenbereiche, in denen es dem Kunden mehr auf Beratung, modische Vielfalt und breite Auswahl ... ankommt", wurde im Laufe der achtziger Jahre die Düsseldorfer Filiale an der Berliner Allee zum Modell auch für die neunziger Jahre entwickelt. Vgl. 50 Jahre Horten, S. 43.
94 Vgl. Karl-Heinz Wolf und Walter Bönewitz, Kaufhallen. Planung - Entwurf - Einrichtung, Berlin (Ost) 1967, S. 167.
95 Carola Nathan, Ein Hauch von Lafayette. Deutschlands schönstes Kaufhaus steht in Görlitz, in: MONUMENTE. Magazin für Denkmalkultur in Deutschland, 4.Jg., Nr. 3/4, April 1994, S. 18 ff.
96 Carola Nathan, a.a.O., S. 21.
97 So ein zeitgenössischer Kommentar aus dem Jahr 1913. Vgl. Carola Nathan, a.a.O., S. 20.
98 Vgl. Ute Frackowiak, Der gute Geschmack. Studien zur Entwicklung des Geschmackbegriffs, München 1994, S. 11, Gerhard Schröder, Logos und List. Zur Entwicklung der Ästhetik in der frühen Neuzeit, Königstein/Taunus 1985, S. 124, zitierend: "An die Stelle der Wahrheit tritt bei Gracián ein Wahrheitsbegriff, der durch die Instanz des Subjekts bestimmt ist und der darum nur eine pragmatische, keine metaphysische Verbindlichkeit hat. Dem entspricht, daß der Begriff der absoluten Schönheit ersetzt wird durch einen relativen, dessen Maßgabe der Geschmack ... wird."
99 Charles Jencks, Was ist Postmoderne?, Zürich und München 1990, S. 19. Weiter heißt es dort: "Die Architektur der Moderne hat auf dem Gebiet der Massensiedlungen und des Städtebaus insofern versagt, als sie es nicht verstanden hat, mit ihren Bewohnern und Benutzern zu kommunizieren, die vielleicht ihren Stil nicht liebten und nicht verstanden, was er bedeutete und wie diese Art des Bauens zu handhaben war."
100 Charles Jencks, a.a.O., S. 20. "Der Geschmackspluralismus, auf den man sich so oft beruft, um die Postmoderne zu rechtfertigen, wird zu einer deutlich

63 Thomas Irrgang, ibidem, p.329.
64 Thomas Irrgang, ibidem, p.339.
65 Thomas Irrgang, ibidem, p.342 f.
66 Günter Bandmann, Mittelalterliche Architektur als Bedeutungsträger, Berlin 1951, 5. edition,1978, p.10 f.
67 Peter Stürzebecher, ibidem, p.48.
68 Joachim Petsch, "Historistische Architektur in der Bundesrepublik", in Bauen und Wohnen, Year 36, 1981, No. 1/2, p.63.
69 Cf. August Gebeßler, "Zur Geschichte der Denkmalpflege. Denkmalbegriff - Organisation - Aufgaben - Probleme", in Eine Zukunft für unsere Vergangenheit. Denkmalschutz und Denkmalpflege in der Bundesrepublik Deutschland. Katalog des Deutschen Nationalkomitees für das Europäische Denkmaljahr 1975 - 1976, Munich 1975, p.160.
70 August Gebeßler, ibidem, p.160.
71 Joachim Petsch, ibidem, p.63.
72 Gießener Allgemeine Zeitung vom 8. Oktober 1976, on the opening of the Horten branch in Gießen.
73 Gießener Anzeiger, dated 7. Oktober 1976, on the opening of the Horten branch.
74 Full-page Kaufhof AG advertisement in the Bonn General-Anzeiger dated 8. Dezember 1978.
75 Joachim Petsch, ibidem, p.64, talks of a cover-up of the actual reason for the conversion.
76 Hans Kammerer and Walter Belz, "Zwei Bauten am Bonner Münsterplatz, hier Kaufhof", in Baumeister 10/1980, p.983 f.
77 Hans Kammerer and Walter Belz, ibidem, p.983.
78 Joachim Petsch, ibidem, p.64.
79 Joachim Petsch, ibidem, p.64.
80 Hans Kammerer and Walter Belz, ibidem, p.980.
81 Joachim Petsch, ibidem, p.65.
82 Hans Mohl, "Kaufhaus Schneider in Freiburg", in Baumeister 10/1980, p.1006.
83 Joachim Petsch, ibidem, p.65.
84 Cf. Hans Mohl, ibidem, p.1006.
85 Hans Mohl, "Kaufhaus Schneider in Bretten", in Baumeister 10/1980, p.1021.
86 Hans Mohl, "Kaufhaus Schneider II in Ettlingen", in Baumeister 10/1980, p.1022.
87 Cf. Alexander Freiherr von Branca, "Hertie Würzburg", in Baumeister 10/1980, p.999 f.
88 Cf. "Kappler - Nützel Architekten- und Ingenieurgesellschaft GmbH, Karstadt Nürnberg", in Baumeister 10/1980, p.1010.
89 "Walter Brune + Partner, Karstadt Goslar", in Baumeister 10/1980, p.1014.
90 Kappler + Nützel, ibidem, p.1010.
91 Architekten RKW Rhode Kellermann Wawrowsky + Partner, Werkverzeichnis s.v. Kauf- und Warenhäuser, Carsch-Haus Düsseldorf, Düsseldorf, undated.
92 50 Jahre Horten, p.43.
93 In the course of the 1980s, the Düsseldorf branches on the Berliner Allee were developed into a model for the "balanced allocation of the available area to the cheap and professional display of standard everyday goods, and the type of merchandise where advice, a full range of fashions and a wide assortment are of more concern to the customer" that applied to the 90s too. Cf. 50 Jahre Horten, p.43.
94 Cf. Karl-Heinz Wolf and Walter Bönewitz, Kaufhallen. Planung - Entwurf - Einrichtung, Berlin (East) 1967, p.167.
95 Carola Nathan, "Ein Hauch von Lafayette. Deutschlands schönstes Kaufhaus steht in Görlitz", in MONUMENTE. Magazin für Denkmalkultur in Deutschland, 4th Annual., Nr. 3/4, April 1994, p.18ff.
96 Carola Nathan, ibidem, p.21.
97 Accordingon a contemporary commentary from 1913. Cf. Carola Nathan, ibidem, p.20.
98 Cf. Ute Frackowiak, Der gute Geschmack. Studien zur Entwicklung des Geschmackbegriffs, Munich 1994, p.11, Gerhard Schröder, Logos und List. Zur Entwicklung der Ästhetik in der frühen Neuzeit, Königstein/Taunus 1985, p.124, to quote: "In place of the truth, with Gracián there is a conception of truth as determined by the authority of the subject, and which thus has merely a pragmatic, rather than a metaphysical connection. This means that the concept of absolute beauty is replaced by a relative one, which then becomes a yardstick of taste."
99 Charles Jencks, Was ist Postmoderne?, Zürich and Munich 1990, p.19, further states "The architecture of the modern, in the area of mass development and urban construction, has failed in that it has not understood the need to communicate with residents and users who, perhaps, felt neither happy nor understood its style, what it meant and how this type of building was to be managed."
100 Charles Jencks, ibidem, p.20. "The plurality of taste that is so often referred to in order to justify post-Modern becomes a reality that is clearly able to be experienced."
101 Cf. Ute Frackowiak, ibidem, p.11, Gerhard Schröder, ibidem, p.124, to quote "With the conception of taste, the aesthetic subject is determined as much historically as empirically."
102 Joachim Petsch, "Historistische Architektur in der Bundesrepublik Deutschland", in Bauen + Wohnen 1/2, 1981, p.67.
103 Cf. Joachim Petsch, ibidem, p.67, with reference to D. Hoffmann-Axthelm, "Vom Umgang mit zerstörter Stadtgeschichte", in arch+ Nr. 40/41, 1978, p.14.

erfahrbaren Wirklichkeit."
101 Vgl. Ute Frackowiak, a.a.O., S. 11, Gerhard Schröder, a.a.O., S. 124, zitierend: "Mit dem Begriff des Geschmacks bestimmt das ästhetische Subjekt sich ebenso als geschichtlich wie als empirisch."
102 Joachim Petsch, Historistische Architektur in der Bundesrepublik Deutschland, in: Bauen + Wohnen 1/2, 1981, S. 67.
103 Vgl. Joachim Petsch, a.a.O., S. 67, unter Bezugnahme auf D. Hoffmann-Axthelm, Vom Umgang mit zerstörter Stadtgeschichte, in: arch+ Nr. 40/41, 1978, S. 14.
104 Vgl. Odo Marquard, Die arbeitslose Angst, in: DIE ZEIT vom 12.12. 1986, der in diesem Essay über den Antimodernismus in der postmodernen Gesellschaft die dritte Variante der Verhältnisbestimmung der Geschichtsphilosophie zu unserer Gegenwart als "futural antimodernistische Grundform" ausmacht, "die nicht mehr die Vergangenheit, sondern vor allem die Gegenwart negierte".
105 Hans-Georg Pfeifer, Stilismen - Stilkunst - Stil. Peter Behrens und die Unzulänglichkeit stilistischer Klassifizierung in der Moderne, in: ders. (Hg.), Peter Behrens "Wer aber will sagen, was Schönheit sei?", Düsseldorf 1990, S. 140, unter Bezugnahme auf Walter Curt Behrendt, Der Kampf um den Stil in Kunstgewerbe und in der Architektur, Stuttgart und Berlin 1920, S. 80.
106 Siehe Anfang des Eingangskapitels.
107 Dieser Versuch kann aus Gründen, die mit der Entstehung des vorliegenden Bandes zusammenhängen, nicht den Anspruch auf Vollständigkeit in erwünschenswerter Breite und Tiefe erheben.
108 Thomas Irrgang, a.a.O., S. 350: "Ein grundlegend neuer Warenhausfassadentyp (als würde sich die Problematik darauf beschränken, d. Verf.) ist noch nicht zu erkennen. Es wird den achtziger Jahren vorbehalten bleiben, eine Erscheinungs- und Bauform Warenhaus zu entwickeln, die den heute an die Warenhäuser gestellten Anforderungen im Inneren wie im Äußeren entsprechen kann. Eine vierte Warenhausgeneration ist in greifbare Nähe gerückt."
109 Thomas Irrgang, a.a.O., S. 347. Auf eine weitere Orientierung an der typologischen Deduktion Thomas Irrgangs wird aufgrund der auch von ihm attestierten "Vielfalt der äußeren Erscheinungsformen der Warenhäuser dieses Jahrzehnts" (der siebziger Jahre) aus Gründen nicht überzeugender Stringenz der Darlegung verzichtet.
110 Thomas Irrgang, a.a.O., S. 348, sich auf Gerhard Lehmann in: Deutsche Bauzeitung (- Die Bauzeitung -), DVA, Stuttgart, 73 -1, berufend.
111 Architekten RKW Rhode Kellermann Wawrowsky + Partner, RKW Architekten für Menschen, Peek & Cloppenburg Frankfurt, Düsseldorf o.J., o.S.
112 Vgl. Architekten RKW, a.a.O., o.S.
113 Architekten RKW, Werkverzeichnis, Appelrath-Cüpper, o.S.
114 Zitiert nach: Architekten RKW, Wettbewerbe '91/92, Wettbewerb Karstadt Leipzig 1. Preis, Düsseldorf o.J., o.S.
115 Deutsche Bauzeitschrift 1993, S. 1691.
116 Vgl. Peter Stürzebecher, Das Berliner Warenhaus, S. 54: "Die Rolle der großen Warenhäuser als Frequenzbringer zwischen Spezialgeschäften, Gastronomie, Vergnügungsbetrieben und Ramschläden machte insbesondere diese Straße zum Warenhaus und gleichzeitig das Warenhaus zur Straße. Walter Benjamin schreibt dazu: 'Wenn die Passage die klassische Form des Interieurs ist, als das die Straße sich dem Flaneur stellt, so ist dessen Verfallsform das Warenhaus: Das Warenhaus ist der letzte Strich des Flaneurs. War ihm anfangs die Straße zum Interieur geworden, so wurde ihm dieses Interieur nun zur Straße, und er irrte durchs Labyrinth der Waren, wie vordem durch das städtische ...' (Walter Benjamin, in: Neue Rundschau, 4/1967, S. 552 und 565)."
117 Dies und die folgenden Zitate aus: Wettbewerb Karstadt Leipzig, in: Deutsche Bauzeitschrift 1993, S. 1691.
118 Vgl. u.a. die kritische Analyse bei Peter Stürzebecher, a.a.O., S. 48 ff.
119 Aldo Rossi, Wissenschaftliche Selbstbiographie (1981), Bern 1988, S. 45 f., zitiert nach Klaus-Dieter Weiß, a.a.O., S. 292.

Abbildungsnachweis

Bruno Zevi, Erich Mendelsohn, Zürich 1983: 1, 8.
Bildarchiv Foto Marburg: 2.
ETH Zürich (Hg.), Otto Rudolf Salvisberg - Die andere Moderne, Zürich 1985: 3.
Peter Stürzebecher, Hamburg: 4.
Moderne Bauformen. Monatshefte für Architektur und Raumkunst 1930, XI: 5.
L. Tietz AG (Hg.), 1879-50 Jahre Leonhard Tietz-1929, Köln 1929: 6, 7.
Karstadt AG, Presse und Public Relations, Essen: 9-12, 17, 20, 30, 41.
Bauen und Wohnen, 7. Jg., 3/1952: 13, 18.
Nach Thomas Irrgang, Deutsche Warenhausbauten, Ing. Diss. TU Berlin, 1980: 14-16, 23, 28, 29, 31.
Deutsche Bauzeitschrift, Architektur, Entwurf, Detail, 8/1954: 19.
Bauen und Wohnen, 5. Jg., 9/1950: 21.
Hans-Georg Pfeifer, Düsseldorf: 22.
Deutsche Bauzeitung, 66. Jg., 9/1961: 24.
Horten AG (Hg.), 1939-1986. 50 Jahre Horten, Düsseldorf 1986: 25, 34, 37, 39, 40, 51.
Baumeister, 60. Jg., 7/1963: 26.
Carola Kohler, Ratingen: 27.
Baumeister, 68. Jg., 11/1971: 32, 35.

104 Cf. Odo Marquard, "Die arbeitslose Angst", in DIE ZEIT dated 12.12. 1986, who, in this essay on anti-modermism in the post-Modern society, identifies the third possibility of the determination of the relationship between historical philosophy and the present time as a "futuristic anti-modernistic basis, that negates no longer the past, but largely the present".
105 Hans-Georg Pfeifer, "Stilismen - Stilkunst - Stil. Peter Behrens und die Unzulänglichkeit stilistischer Klassifizierung in der Moderne", in (same publ.), Peter Behrens "Wer aber will sagen, was Schönheit sei?", Düsseldorf 1990, p.140, with reference to Curt Behrendt, Der Kampf um den Stil in Kunstgewerbe und in der Architektur, Stuttgart und Berlin 1920, p.80.
106 See opening of the first chapter of this volume.
107 For reasons connected with the creation of this volume, this attempt cannot claim absolute completeness.
108 Thomas Irrgang, ibidem, p.350 "A basically new department store facade type (as if the problem would be restricted to just that, auth.) cannot yet be recognised. It was to be later, in the 1980s, that a visual and architectural form for the department store was developed that was able to correspond to the modern demands for store interiors and exteriors. A fourth generation of department stores has come within reach."
109 Thomas Irrgang, ibidem, p.347. Any further orientation on Thomas Irrgang's typological deductions will not be provided because of the "diversity of exterior forms exhibited by department stores of this decade" (the 1970s) also witnessed by Irrgang, and the unconvincing stringency of the explanation.
110 Thomas Irrgang, ibidem, p.348, referring to Gerhard Lehmann in Deutsche Bauzeitung (- Die Bauzeitung -), DVA, Stuttgart, 73 -1.
111 Architekten RKW Rhode Kellermann Wawrowsky + Partner, RKW Architekten für Menschen, Peek & Cloppenburg Frankfurt, Düsseldorf undated, No page no.
112 Cf.. Architekten RKW, ibidem, No page no.
113 Architekten RKW, Werkverzeichnis, Appelrath-Cüpper, No page no.
114 Quoted according to Architekten RKW, Wettbewerbe '91/92, Wettbewerb Karstadt Leipzig 1. Preis, Düsseldorf, undated, No page no.
115 Deutsche Bauzeitschrift 1993, p.1691.
116 Cf. Peter Stürzebecher, Das Berliner Warenhaus, p.54 "The role of the great department stores as intermediates, establishing a rate of attendance for the specialty businesses, restaurants, entertainment operators and junk shops, in particular, turned the street into a department store and at the same time the store into a street. To this end, Walter Benjamin comments: 'If the arcade is the classic interior form, with the street becoming a promenade, then its decadent form is the department store. The department store is the final bolt-hole of the promenader. Whereas, in the beginning, the street had become interior, now this interior becomes the street, and he loses himself in the labyrinth of goods, as he once roamed the city's...' (Walter Benjamin, in Neue Rundschau, 4/1967, p.552 und 565)".
117 This and the following quote are from "Wettbewerb Karstadt Leipzig", in Deutsche Bauzeitschrift 1993, p.1691.
118 Cf. the critical analysis by Peter Stürzebecher, for example, ibidem, p.48ff.
119 Aldo Rossi, Wissenschaftliche Selbstbiographie (1981), Bern 1988, p.45 f., quoted according to Klaus-Dieter Weiß, ibidem, p.292.

Illustration Credits

Bruno Zevi, Erich Mendelsohn, Zürich 1983: 1, 8.
Bildarchiv Foto Marburg: 2.
ETH Zürich (Hg.), Otto Rudolf Salvisberg - Die andere Moderne, Zürich 1985: 3.
Peter Stürzebecher, Hamburg: 4.
Moderne Bauformen. Monatshefte für Architektur und Raumkunst 1930, XI: 5.
L. Tietz AG (Hg.), 1879-50 Jahre Leonhard Tietz-1929, Köln 1929: 6, 7.
Karstadt AG, Presse und Public Relations, Essen: 9-12, 17, 20, 30, 41.
Bauen und Wohnen, 7. Jg., 3/1952: 13, 18.
Nach Thomas Irrgang, Deutsche Warenhausbauten, Ing. Diss. TU Berlin, 1980: 14-16, 23, 28, 29, 31.
Deutsche Bauzeitschrift, Architektur, Entwurf, Detail, 8/1954: 19.
Bauen und Wohnen, 5. Jg., 9/1950: 21.
Hans-Georg Pfeifer, Düsseldorf: 22.
Deutsche Bauzeitung, 66. Jg., 9/1961: 24.
Horten AG (Hg.), 1939-1986. 50 Jahre Horten, Düsseldorf 1986: 25, 34, 37, 39, 40, 51.
Baumeister, 60. Jg., 7/1963: 26.
Carola Kohler, Ratingen: 27.
Baumeister, 68. Jg., 11/1971: 32, 35.
Paul Joseph Cremers, Peter Behrens, Essen 1928: 33.
Hentrich, Petschnigg und Partner, Düsseldorf: 36.
Peter Hillgartner, Pohlheim: 38.
Deutsches Nationalkomitee für das Europäische Denkmalschutzjahr 1975 (Hg.), Eine Zukunft für unsere Vergangenheit, München 1975: 42.
Baumeister, 77. Jg., 10/1980: 43, 44, 46-50 (49, 50 Aero Lloyd, freigegeben vom Regierungspräsidenten Düsseldorf 30 K-978 bzw. 30 K-1008).
Bauen und Wohnen, 36. Jg., 1-2/1981: 45.
Lichtbildverlag Dr. F. Stoedtner,

Paul Joseph Cremers, Peter Behrens, Essen 1928: 33.
Hentrich, Petschnigg und Partner, Düsseldorf: 36.
Peter Hillgartner, Pohlheim: 38.
Deutsches Nationalkomitee für das Europäische Denkmalschutzjahr 1975 (Hg.), Eine Zukunft für unsere Vergangenheit, München 1975: 42.
Baumeister, 77. Jg., 10/1980: 43, 44, 46-50 (49, 50 Aero Lloyd, freigegeben vom Regierungspräsidenten Düsseldorf 30 K-978 bzw. 30 K-1008).
Bauen und Wohnen, 36. Jg., 1-2/1981: 45.
Lichtbildverlag Dr. F. Stoedtner, Düsseldorf: 52.
Städtische Kunstsammlungen, Görlitz: 53.
Marie-Luise Preiss, Bad Honnef: 54.
Architekten RKW, Düsseldorf: 55-58.
Peek&Cloppenburg KG, Düsseldorf: 59-67.

Warenaustausch nach amerikanischem Vorbild. Einkauszentren, Shopping-Center, Mega-Malls

1 Leipziger Volkszeitung, Verlagsbeilage "Modernes Shopping. Paunsdorf-Center", Leipzig o.J. (Ende 1994), S.9.
2 Leipziger Volkszeitung, Verlagsbeilage a.a.O., S. 19.
3 DIE WELT 3.2.1995, S. 15.
4 Gert Kähler: Auf der grünen Wiese, Deutschlandradio 14.12.1994.
5 Bundesministerium für Wirtschaft: Entwicklung der Einzelhandelsverkaufsfläche in den neuen Bundesländern. Problematik Grüne Wiese - Innenstadt, Bonn 27.9.1994, S. 4/5.
6 Baumeister 8/1994, S. 54.
7 Stadt/Bauwelt 24/1994, S. 1359.
8 Zit. nach: Michael Mönninger: Umgestülpte Stadt, in: Klaus-Dieter Weiß: Urbane Handelswelten. Zeilgalerie Les Facettes, Berlin 1994, S. 101.
9 Bauwelt 26/1993, S. 1439.
10 Stadt/Bauwelt 24/1994,S. 1359/1357.
11 Vgl. Klaus-Dieter Weiß: Urban Trade Worlds/Urbane Handelswelten. Zeilgalerie les Facettes, Berlin 1994.
12 DER SPIEGEL 1/1994, S. 72-73.
13 Werk, Bauen + Wohnen 4/1995: Vom Markt zur Mall; Arch+ 114/115, Dezember 1992: Das Amerikanische Zeitalter; Ergänzungen dazu in: Hochparterre 3/1995, S. 41-43: Die Amerikanisierung des Konsums; deutsche bauzeitung db 3/1993, S. 117-120: Erlebniswelt Kaufen.
14 Gerwin Zohlen: Eine Erlebnisumgebung mit kontrollierter Temperatur, DIE ZEIT 3.9.1993, S. 48.
15 Hans G. Helms: Glitzernde Binnenwelten des Konsums, in: Ders. (Hrsg.): Die Stadt als Gabentisch, Leipzig 1992, S. 118/119.
16 Hans G. Helms: Konsumanlagen, Werk, Bauen +Wohnen 4/1995, S. 20.
17 Ernst Gehmacher: Optimale Welt, in: Gerd-Klaus Kaltenbrunner (Hrsg.): Adieu, ihr Städte, München 1977, S.65.
18 Victor Gruen: Die lebenswerte Stadt, München 1975, S. 156/157.
19 Cord Meckseper: Kleine Kunstgeschichte der deutschen Stadt im Mittelalter, Darmstadt 1982, S. 178.
20 Gustav Wolf: Die schöne deutsche Stadt. Band 1 Mitteldeutschland, München 1912, S. 110/111.
21 Vgl. Victor Gruen/Larry Smith: Shopping Towns USA. The Planning of Shopping Centers, New York 1960, S. 12/13.
22 Christoph Hackelsberger: Traumstädte - Stadtträume - Alpträume, in: von Busse/Deilmann/ Hackelsberger/Schwab: Lebensraum Stadt (Katalog zu einer Ausstellung der Bundesarchitektenkammer), Stuttgart 1985, S. 14/15.
22a dpa-Meldung vom 12.6.1995, vgl. Mindener Tageblatt, 13.6.95, S.1.
23 Vgl. Jan Capol: Die Amerikanisierung des Konsums, Hochparterre 3/1995, S. 41-43.
24 Victor Gruen: Die lebenswerte Stadt, S. 157.
25 Joseph Giovannini: Bewegungsrausch im Spinnennetz. Los Angeles auf dem Weg zur Weltmetropole, "Zukunft der Stadt" XIV, Frankfurter Allgemeine Zeitung 27.7.1992, S. 26.
26 Victor Gruen: Die lebenswerte Stadt, S. 140/141.
27 Otto Völckers: Das Grundrißwerk, Stuttgart 1949, S. 263.
28 Ferdinand Kramer: Warenhäuser in U.S.A., Vortrag an der TH Aachen, Typoskript 1955, zit. nach: Claude Lichtenstein (Hrsg.): Ferdinand Kramer. Der Charme des Systematischen, Werkbund-Archiv Band 23, Gießen 1991, S. 77.
29 Ferdinand Kramer, Vortrag im Dezember 1955, zit. nach: Claude Lichtenstein: Department Stores, in: ders. (Hrsg.): Ferdinand Kramer, a.a.O., S. 77.
30 Ferdinand Kramer, Vortrag im Dezember 1955, zit. nach: Claude Lichtenstein: Department Stores, in: ders. (Hrsg.): Ferdinand Kramer, a.a.O., S. 80.
31 Norman Bel Geddes: Horizons, Boston 1932 (New York 1974), S. 259, zit. nach: Claude Lichtenstein: Department Stores, in: ders. (Hrsg.): Ferdinand Kramer, a.a.O., S. 80.
32 Victor Gruen: Die lebenswerte Stadt, S. 123.
33 Victor Gruen: Die lebenswerte Stadt, S. 132.
34 Victor Gruen: Die lebenswerte Stadt, S. 141/142.

Abbildungsnachweis

Aldo Rossi: Bauten und Projekte 1981-1991, Zürich Artemis
arch+ 114-115/Dezember1992
Ben van Berkel: Mobile Kräfte (Kristin

Düsseldorf: 52.
Städtische Kunstsammlungen, Görlitz: 53.
Marie-Luise Preiss, Bad Honnef: 54.
Architekten RKW, Düsseldorf: 55-58.
Peek&Cloppenburg KG, Düsseldorf: 59-67.

Merchandising, American Style Shopping Centres and Mega Malls

1 Supplement to Leipziger Volkszeitung "Modern Shopping, Paunsdorf-Center", Leipzig, undated (end of 1994) p.9.
2 Supplement to Leipziger Volkszeitung, ibidem, p.19.
3 DIE WELT 3.2.1995 p.15
4 "Auf der Grüne Wiese", Gert Kähler, Deutschlandradio 14.12.1994.
5 Entwicklung der Einzelhandelsverkaufsfläche in den neuen Bundesländern. Problematik Grüne Wiese – Innenstadt, Bundesministerium für Wirtschaft, Bonn 27.9.1994 pp.4/5.
6 Baumeister 8/1994, p.54.
7 Stadt/Bauwelt 24/1994 p.1359.
8 Quotation according to Michael Mönninger, "Umgestülpte Stadt", in Urbane Handelswelten, Zeilgalerie Les Facettes, Klaus-Dieter Weiss, Berlin 1994, p.101.
9 Bauwelt 26/1993, p.1439.
10 Stadt/Bauwelt 24/94, pp.1359/1357.
11 Cf. Urban Trade Worlds/Urbane Handelswelten, Zeil Galerie Les Facetted, Klaus-Dieter Weiss, Berlin, 1994.
12 DER SPIEGEL 1/1994, pp.72-73.
13 Werk, Bauen+Wohnen 4/95, "Vom Markt zur Mall"; Arch+114/115, December 1992, "Das Amerikanische Zeitalter"; additional material,"Die Amerikanisierung des Konsums" in Hochparterre 3/1995, pp.41-43; "Erlebniswelt Kaufen" in deutsche bauzeitung db 3/1993, pp.117-120.
14 "Eine Erlebnisumgebung mit kontrollierter Temperatur," Gerwin Zohlen, DIE ZEIT 3.9.1993, p.48.
15 "Glitzernde Binnenwelten des Konsums" in Die Stadt als Gabentisch (same publ.), Leipzig 1992, pp.118/119.
16 "Konsumanlagen", Hans G. Helms, Werk, Bauen + Wohnen 4/1995, p.20.
17 Adieu, ihr Städte, Ernst Gehmacher, Gerd-Klaus Kaltenbrunner (publ.), Munich 1977, p.65.
18 Die lebenswerte Stadt, Victor Gruen, Munich 1975, pp.156/157.
19 Kleine Kunstgeschichte der deutschen Stadt im Mittelalter, Cord Meckseper, Darmstadt 1982, p.178.
20 Die schöne deutsche Stadt, Volume 1, Mitteldeutschland, Munich 1912, pp.110/111.
21 Cf. Shopping Towns USA. The planning of Shopping Centers, Victor Gruen/Larry Smith, New York 1960, pp.12/13.
22 "Traumstädte-Stadträume-Alpträume", Christoph Hackelsberger in Lebensraum Stadt (Catalogue to a Bundesarchitektenkammer exhibition), Busse, Deilmann, Hackelsberger, Schwab, Stuttgart 1985, pp.14/15.
22a dpa Announcement, 12.6.1995; cf. Mindener Tageblatt, 13.6.1995, p.1.
23 Cf. "Die Amerikanisierung des Konsums" in Hochparterre 3/1995, pp.41-43.
24 Die lebenswerte Stadt, Victor Gruen, p.157.
25 "Bewegungsrausch im Spinnennetz. Los Angeles on the Way to World Metropolis", "Zukunft der Stadt" XIV, Frankfurter Allgemeine Zeitung 27.7.1992, p.26.
26 Die lebenswerte Stadt, Victor Gruen, pp.140/141
27 Das Grundrisswerk, Otto Völckers, Stuttgart 1949, p.263.
28 Wärenhauser in U.S.A.: a lecture by Ferdinand Kramer at the Technical University in Aachen, transcript 1955, quoted according to Claude Lichtenstein (publ.). Ferdinand Kramer. Der Charme des Systematischen, Werkbund-Archiv volume 23, Giessen 1991, p.77.
29 Ferdinand Kramer, Lecture in December 1955, quoted according to Claude Lichtenstein, Department Stores, in (same publ.), Ferdinand Kramer, ibidem. p.77.
30 Ferdinand Kramer, Lecture in December 1955 quoted according to Claude Lichtenstein, Department Stores, in (same publ.) Ferdinand Kramer, ditto. p.80.
31 Horizons, Boston 1932, Norman Bel Geddes, New York, 1974, p.259, quoted according to Claude Lichtenstein in (same publ.) Ferdinand Kramer, ditto, p.80.
32 Die lebenswerte Stadt, Victor Gruen, p.123.
33 Die lebenswerte Stadt, Victor Gruen, p.132.
34 Die lebenswerte Stadt, Victor Gruen, pp.141/142.

Illustration Credits

Aldo Rossi: Bauten und Projekte 1981-1991, Zürich Artemis
arch+ 114-115/Dezember1992
Ben van Berkel: Mobile Kräfte (Kristin Feireiss Hrsg.), Berlin 1994, Ernst&Sohn
Wolfgang Hocquel: Die Architektur der Leipziger Messe, Berlin 1994
Stanislaus von Moos: Venturi, Rauch & Scott Brown, München 1987, Schirmer
SITE, Stuttgart 1989, Hatje
Benedikt Huber/Jean-Claude Steinegger (Hrsg.): Jean Prouvé, Zürich 1971, Artemis
Bauwelt 44/1994
db-deutsche bauzeitung 3/1993
Michael Schmitt: Palast-Hotels, Berlin 1982
Victor Gruen/Larry Smith: Shopping Town USA, New York 1960
Claude Lichtenstein: Ferdinand Kramer. Der Charme des Systematischen, Gießen 1991

Feireiss Hrsg.), Berlin 1994, Ernst&Sohn
Wolfgang Hocquél: Die Architektur der Leipziger Messe, Berlin 1994
Stanislaus von Moos: Venturi, Rauch & Scott Brown, München 1987, Schirmer
SITE, Stuttgart 1989, Hatje
Benedikt Huber/Jean-Claude Steinegger (Hrsg.): Jean Prouvé, Zürich 1971, Artemis
Bauwelt 44/1994
db-deutsche bauzeitung 3/1993
Michael Schmitt: Palast-Hotels, Berlin 1982
Victor Gruen/Larry Smith: Shopping Town USA, New York 1960
Claude Lichtenstein: Ferdinand Kramer. Der Charme des Systematischen, Gießen 1991
Stadt/Bauwelt 24/1989
Stahl und Form: Zeilgalerie Les Facettes, Düsseldorf 1993

Vom suburbanen zum urbanen Einkaufszentrum. Beispiele der Architektengemeinschaft Rhode Kellermann Wawrowsky

1 Stadium informiert..., II. Ausgabe, Sommer 1993, S. 4.
2 Stadt Oberhausen, Presse- und Werbeamt (Hrsg.): Die Neue Mitte Oberhausen. Chance und Herausforderung, ohne Ort und Jahr, S. 4.
3 Stadium informiert..., II. Ausgabe, Sommer 1993, S. 4.
4 Klaus-Dieter Weiß: Die große Welt als Zirkusnummer, Stadt/Bauwelt 24/1989, S. 1161.
5 Wavelength. P & O - Nachrichten Nr. 237, Juni 1993, S. 1.
6 Oberhausen informiert, 29.6.1992, Zahlen und Daten zum Thema "Neue Mitte Oberhausen" Teil 1, S.5.
7 Hanns Dieter Hüsch: Den möcht' ich seh'n..., München 1980, S.67.
8 Heiner Müller, zit. nach: Stern 24, 8.6.1995, S. 110.
9 Vgl. deutsche bauzeitung db 3/1993, S. 74.
10 Christo Javacheff, in: Stern 25/1995, 14.6.1995, S. 164.
11 Renzo Piano: Einkaufszentrum Bercy, Arch+ 114-115/Dezember 1992, S. 70.
12 Michael Mönninger: Die Veredelung der Arbeit. Architekten erfinden für Frankfurt neue Formen der Gewerbearchitektur, FAZ 9.12.1991, S. 35.
13 Michael Mönninger, FAZ 9.12.1991, S. 35.
14 Ben van Berkel, Caroline Bos: Körperliche Kompaktheit, in: Kristin Feireiss (Hrsg.): Ben van Berkel. Mobile Forces/Mobile Kräfte, Berlin 1994, S. 177.
15 Christoph Gunzer: Maschinen und Fragmente. Euralille zwischen Ortsbezug und Architekturfetischismus, deutsche bauzeitung db 5/1995, S. 90.
16 Emmanuel Doutriaux: Euralille - ein neues Stück Stadt, Bauwelt 44/1994, S. 2447.
17 Sebastian Redecke: Le Triangle des Gares. Die Verkaufsmaschine von Euralille, Bauwelt 44/1994, S. 2453.
18 Günter Behnisch, unveröffentlichter Vortrag auf dem Symposion »Par Exemple L'Architecte. Die Identität des Architekten in Frankreich und Deutschland«, Universität Karlsruhe 24.6.1995.
19 Vgl. Emmanuel Doutriaux: Euralille - ein neues Stück Stadt, Bauwelt 44/1994, S. 2445.
20 Stadt Oberhausen, Presse- und Werbeamt (Hrsg.): Infodienst Neue Mitte Oberhausen. Newsletter 1, Mai 1992, S. 1.
21 Jochen Kuhn: Eine Ruhrgebietsstadt im Strukturwandel, in: Stadt Oberhausen, Presse- und Werbeamt (Hrsg.): Infodienst Neue Mitte Oberhausen. Newsletter 3, August 1992, S.4.
22 Vgl. Stadt Oberhausen, Stadium-Gruppe: Presseerklärung 2.7.1992: Der Tivoli-Kulturpark aus Kopenhagen kommt nach Oberhausen .
23 dpa-Meldung 8.6.1995, vgl. Mindener Tageblatt, 9.6.1995, S. 1, bzw. Bundesministerium für Raumordnung, Bauwesen und Städtebau: Presseinformation 35/95, 8.6.1995, und Strategiepapier "Großflächige Einzelhandelseinrichtungen in den neuen Ländern", Bonn Mai 1995.
24 Bundesministerium für Raumordnung, Bauwesen und Städtebau: Strategiepapier "Großflächige Einzelhandelseinrichtungen in den neuen Ländern",Bonn Mai 1995, S.3.
25 Bundesministerium für Raumordnung, Bauwesen und Städtebau: Strategiepapier "Großflächige Einzelhandelseinrichtungen in den neuen Ländern", Bonn Mai 1995, S. 3/4.
26 Stadium informiert..., II. Ausgabe, Sommer 1993, S. 4.
27 Stadt Oberhausen, Presse- und Werbeamt (Hrsg.): Infodienst Neue Mitte Oberhausen. Newsletter 4, September 1992, S. 2.
28 Oberhausen informiert, 29.6.1992, Zahlen und Daten zum Thema "Neue Mitte Oberhausen" Teil 2, S. 5.
29 Stadium informiert..., II. Ausgabe, Sommer 1993, S. 4.
30 Stadt Oberhausen, Presse- und Werbeamt (Hrsg.): Infodienst Neue Mitte Oberhausen. Newsletter 2, Juni 1992, S. 1.
31 Oberhausen informiert, 29.6.1992, Zahlen und Daten zum Thema "Neue Mitte Oberhausen" Teil 2, S. 7.
32 Dieter Hoffmann-Axthelm: Neue Zentren. Ein Abc der Stadt, deutsche bauzeitung db 5/1995, S. 77.
33 Dieter Hoffmann-Axthelm: Der Weg zu einer neuen Stadt, Arch+114/115, Dezember 1992, S. 114 ff.
34 Dieter Hoffmann-Axthelm: Neue Zentren. Ein Abc der Stadt, deutsche bauzeitung db 5/1995, S. 77.
35 Victor Gruen: Die lebenswerte Stadt, München 1975, S. 153.
36 Dieter Hoffmann-Axthelm: Neue

Stadt/Bauwelt 24/1989
Stahl und Form: Zeilgalerie Les Facettes, Düsseldorf 1993

From Suburban to Urban Shopping Centre. Examples from the Rhode Kellermann Wawrowsky architectural group

1 Stadium Informiert..., II. Edition , Summer 1993, p.4.
2 Stadt Oberhausen Press and Publicity Office (publ.), Die Neue Mitte Oberhausen. Chance und Herausforderung, Undated. p.4.
3 Stadium Informiert..., 2nd edition, Summer 1993, p.4.
4 "Die grosse Welt als Zirkusnummer", Klaus-Dieter Weiss, Stadt/Bauwelt 24/1989, p.1161.
5 Wavelength. P&O News No. 237, June 1993, p.1.
6 "Zahlen und Daten zum Thema 'Neue Mitte Oberhausen', Part 1", Oberhausen informiert 26.6.1992. p.5.
7 Hans Dieter Hüsch, Den möcht' ich seh'n..., Munich 1980, p.67.
8 Heiner Müller, quoted in Stern 24, 8.6.95, p.110.
9 Cf. deutsche bauzeitung db/1993, p.74
10 Christo Javacheff in Stern 25, 14.6.1995, p.164.
11 "Einkaufszentrum Bercy", Renzo Piano, Arch+ 114-115/December, p.70.
12 "Die Veredelung der Arbeit. Architekten erfinden für Frankfurt neue Formen der Gewerbearchitektur", FAZ 9.12.1991, p.35.
13 Michael Mönninger, FAZ 9.12.1991, p.35
14 "Körperliche Kompaktheit", Ben van Berkel, Caroline Bos, in Ben van Berkel. Mobile Forces/Mobile Kräfte, Kristin Feireiss (publ.), Berlin, 1994, p.177.
15 "Maschinen und Fragmente. Euralille zwischen Ortsbezug und Architekturfetischismus", Christoph Gunzer, deutsche bauzeitung db 5/1995, p.90.
16. Emmanuel Doutriaux, Euralille, Bauwelt 44/1994, p.2447.
17 "Le Triangle des Gares. Die Verkaufsmaschine von Euralille", Bauwelt 44/1994, p.2453.
18 Unpublished lecture on the symposium, "Par Exemple L'Architecte. Die Identität des Architekten in Frankreich und Deutschland", Günter Behnisch, University of Karlsruhe 24.6.1995.
19 Cf."Euralille – ein neues Stück Stadt", Bauwelt 44/1994, p.2445.
20 Stadt Oberhausen Press and Publicity Office (publ.), Information Service Neue Mitte Oberhausen. Newsletter, 1 Mai 1992, p.1.
21 "Eine Ruhrgebietsstadt im Strukturwandel", Jochen Kuhn, Stadt Oberhausen Press and Publicity Office (publ.), Information Service Neue Mitte Oberhausen. Newsletter, 3 August 1992, p.4.
22 Cf. "Der Tivoli Park aus Kopenhagen kommt nach Oberhausen", Stadt Oberhausen, Stadium Gruppe, Press Release 2.7.1992.
23 dpa Announcement, 8.6.1995, cf. Mindener Tageblatt, 9.6.1995, p.1, and Press Information 35/95, Bundesministerium für Raumordnung, Bauwesen und Stadtbau: "Grossflächige Einzelhandelseinrichtungen in den neuen Ländern," Strategy Paper, Bonn, May 1995.
24 Bundesministerium für Raumordnung, Bauwesen und Stadtbau, "Grossflächige Einzelhandelseinrichtungen in den neuen Ländern," Strategy Paper, Bonn, May 1995, p.3.
25 Bundesministerium für Raumordnung, Bauwesen und Stadtbau, "Grossflächige Einzelhandelseinrichtungen in den neuen Ländern," Strategy Paper, Bonn, May 1995, pp.3/4.
26 Stadium informiert..., 2nd edition, Summer 1993, p.4.
27 Stadt Oberhausen Press and Publicity Office (publ.), Information Service, Neue Mitte Oberhausen. Newsletter, 4 September 1992, p.2.
28 "Zahlen und Daten zum Thema 'Neue Mitte Oberhausen', Part 2", Oberhausen informiert 29.6.1992 p.5.
29 Stadium informiert..., 2nd edition, Summer 1993, p.4.
30 Stadt Oberhausen Press and Publicity Office (publ.), Information Service, Neue Mitte Oberhausen. Newsletter, 2. June 1992, p.1.
31 Oberhausen informiert, 29.6.1992, "Zahlen und Daten zum Thema 'Neue Mitte Oberhausen", part 2, p.7.
32 "Neue Zentren. Ein Abc der Stadt", Dieter Hoffmann-Axthelm deutsche bauzeitung db 5/1995, p.77.
33 "Der Weg zu einer neuen Stadt", Dieter Hoffmann- Axthelm Arch+ 144/115, December 1992, p.144ff.
34 "Neue Zentren. Ein Abc der Stadt", Dieter Hoffmann-Axthelm, deutsche bauzeitung db 5/1995, p.77.
35 Die lebenswerte Stadt, Victor Gruen, Munich 1975, p.153.
36 "Neue Zentren. Ein Abc der Stadt", Dieter Hoffmann-Axthelm, deutsche bauzeitung db 5/1995, p.76.
37 Weltgeschichte der Architecktur, Manfredo Tafuri, Francesco Dal Co, Gegenwart (1979), Stuttgart 1988, p.23.
38 "Der Weg zu einer neuen Stadt", Dieter Hoffmann, Axthelm Arch+ 144/115, December 1992, p.115.
39 "Der Weg zu einer neuen Stadt", Dieter Hoffmann, ibidem, December 1992, p.115.
40 "Der Weg zu einer neuen Stadt", Dieter Hoffmann, ibidem, December 1992, p.116.
41 "Der Weg zu einer neuen Stadt",

Zentren. Ein Abc der Stadt, deutsche bauzeitung db 5/1995, S. 76.
37 Manfredo Tafuri, Francesco Dal Co: Weltgeschichte der Architektur. Gegenwart (1979), Stuttgart 1988,S. 23.
38 Dieter Hoffmann-Axthelm: Der Weg zu einer neuen Stadt, Arch+114/115, Dezember 1992, S. 115.
39 Dieter Hoffmann-Axthelm: Der Weg zu einer neuen Stadt, a.a.O. S. 115.
40 Dieter Hoffmann-Axthelm: Der Weg zu einer neuen Stadt, a.a.O. S. 116.
41 Dieter Hoffmann-Axthelm: Der Weg zu einer neuen Stadt, a.a.O. S. 116.
42 Vgl. Handelsblatt 26./27.5.1990, Frankfurter Allgemeine Zeitung 25.4.1990.
43 Begründung der Jury des Walter-Hesselbach-Preises 1983.

Abbildungsnachweis

François Loyer: Le Siècle de l'Industrie, Paris 1983
Bernard Marrey: Les Grands Magasins, Paris 1979
Johann Friedrich Geist: Passagen, München 1978
Institut für internationale Architektur-dokumentation München/ Stahl-Informationszentrum Düsseldorf: Stahl und Form. Zeilgalerie Les Facettes, Düsseldorf 1993
Victor Gruen/Larry Smith: Shopping Town USA, New York 1960
Wolfgang Hocquel: Die Architektur der Leipziger Messe, Berlin 1994
Gustav Wolf: Die schöne deutsche Stadt, 1912
Heidi Kief-Niederwöhrmeier: Neue Passagen, Leinfelden-Echterdingen 1986
Claude Lichtenstein: Ferdinand Kramer. Der Charme des Systematischen, Gießen 1991
1Aldo Rossi: Bauten und Projekte 1981-1991, Zürich 1991
B. Maitland: Retail Mall, London 1990
Stadt/Bauwelt 24/1989
Bertrand Lemoine: Les Passages Couverts en France, Délégation à l'Action Artistique de la Ville de Paris, o.J.
Michael Schmitt: Palast-Hotels, Berlin 1982
Stanislaus von Moos: Venturi, Rauch & Scott Brown, München 1987
SITE, New York/Stuttgart 1989
db-deutsche bauzeitung 3/1993
arch+ 114-115/Dezember1992
Lutz Kleinhans/FAZ 9.12.1991
Ben van Berkel: Mobile Kräfte (Kristin Feireiss Hrsg.), Berlin 1994
Bauwelt 44/1994
B. Maitlands: Shopping Malls, London 1985
Benedikt Huber/Jean-Claude Steinegger (Hrsg.): Jean Prouvé, Zürich 1971

Sanierung und Ausbau historischer Bausubstanz

Weiterführende Literatur:

Carsch-Haus – einst und jetzt. Herausgegeben von der Horten-Aktiengesellschaft. Düsseldorf o.J.

Wolfgang Hocquél: Die Architektur der Leipziger Messe. Berlin 1994.

Specks Hof–Tradition und Zukunft. Dokumentation der gleichnamigen Ausstellung der Grundstücksgesellschaft Specks Hof. Leipzig 1992.

Peter Lang: Ideale Verbindung von Kunst und Architektur. Drei Künstler gestalten die Lichthöfe des Specks Hof. Maschinenskript. Leipzig o.J.

Wolfgang Hähle: Zur geplanten Umnutzung des Messehauses „Specks Hof" in Leipzig. In: Denkmalpflege in Sachsen – Mitteilungen des Landesamtes für Denkmalpflege, Heft 1/1992.
Leipziger Volkszeitung vom 09.03.1995.
Wolfgang Hocquél: Bahnanlagen der Zukunft – II. Hauptbahnhof Leipzig. In: Bauwelt, September 1994.

Jochen Kummer: Für 300 Mio. wird Leipzigs Bahnhof ein Einkauf- und Erlebniszentrum. In: Welt am Sonntag vom 06.11.1994.

Kunstdenkmäler in der DDR. Bezirke Erfurt, Gera, Suhl, Leipzig. Leipzig 1986.

Abbildungsnachweis

Archiv Architekten RKW, Düsseldorf

Bildseiten RKW Bauten
Fotografen:

Manfred Hanisch, Mettmann
S. 120, 140, 141, 142, 209

Carola Kohler, Ratingen
S. 121, 122, 123, 125, 126, 127, 130, 131, 132, 133, 214, 215, 216, 217, 218, 219, 220, 221, 238, 268, 269, 270, 271, 272, 273, 274, 275, 276, 277, 278, 279, 280, 281, 282, 283, 284, 285, 287, 288, 289, 290, 291, 292, 293, 294, 295, 296, 297, 298

Werner Preis, Düsseldorf
S. 134, 135, 136, 137

Tomas Riehle, Köln
S. 128, 129, 210, 222, 223, 224, 225, 226, 227, 229, 231, 232, 233

Martin Wolf, Düsseldorf
S. 124

Dieter Hoffmann, ibidem, December 1992, p.116.
42 Cf. Handelsblatt 26./27.5.1990, Frankfurter Allgemeine Zeitung 25.4.1990.
43 Statement by the Walter-Hesselbach competition jury, 1983.

Illustration Credits

François Loyer: Le Siècle de l'Industrie, Paris 1983
Bernard Marrey: Les Grands Magasins, Paris 1979
Johann Friedrich Geist: Passagen, München 1978
Institut für internationale Architektur-dokumentation München/ Stahl-Informationszentrum Düsseldorf: Stahl und Form. Zeilgalerie Les Facettes, Düsseldorf 1993
Victor Gruen/Larry Smith: Shopping Town USA, New York 1960
Wolfgang Hocquel: Die Architektur der Leipziger Messe, Berlin 1994
Gustav Wolf: Die schöne deutsche Stadt, 1912
Heidi Kief-Niederwöhrmeier: Neue Passagen, Leinfelden-Echterdingen 1986
Claude Lichtenstein: Ferdinand Kramer. Der Charme des Systematischen, Gießen 1991
1Aldo Rossi: Bauten und Projekte 1981-1991, Zürich 1991
B. Maitland: Retail Mall, London 1990
Stadt/Bauwelt 24/1989
Bertrand Lemoine: Les Passages Couverts en France, Délégation à l'Action Artistique de la Ville de Paris, o.J.
Michael Schmitt: Palast-Hotels, Berlin 1982
Stanislaus von Moos: Venturi, Rauch & Scott Brown, München 1987
SITE, New York/Stuttgart 1989
db-deutsche bauzeitung 3/1993
arch+ 114-115/Dezember1992
Lutz Kleinhans/FAZ 9.12.1991
Ben van Berkel: Mobile Kräfte (Kristin Feireiss Hrsg.), Berlin 1994
Bauwelt 44/1994
B. Maitlands: Shopping Malls, London 1985
Benedikt Huber/Jean-Claude Steinegger (Hrsg.): Jean Prouvé, Zürich 1971

The Renovation and Conversion of Historic Buildings

Bibliography:

Carsch-Haus – einst und jetzt. Published by Horten AG, Düsseldorf. Undated.

Die Architektur der Leipziger Messe, Wolfgang Hocquél, Berlin 1994.

Specks Hof - Tradition und Zukunft. (Documentation for the exhibition of the same name), Specks Hof Property Company, Leipzig 1992.

Ideale Verbindung von Kunst und Architectktur, Peter Lang. Three artists create the glazed courtyards at Specks Hof. Maschinenskript, Leipzig, undated.

"Zur geplanten Umnutzung des Messhauses 'Speckshof' in Leipzig'". in Denkmalpflege in Sachsen – Mitteilungen des Landesamtes für Denkmalpflege, No. 1/1992.

Leipziger Volkszeitung, 09.03.1995.

"Bahnanlagen der Zukunft – II. Hauptbahnhof Leipzig", in Bauwelt, 2. September 1994.

"Für 300 Mio wird Leipzigs Bahnhof ein Einkauf- und Erlebniszentrum", Jochen Kummer in Welt am Sonntag, 06.11.1994.

Kunstdenkmäler in der DDR.. Bezirke Erfurt, Gera, Suhl, Leipzig. Leipzig 1986.

llustration Credis
Archive RKW Architects, Düsseldorf

Picture Pages RKW Buildings Photographers:

Manfred Hanisch, Mettmann
S. 120, 140, 141, 142, 209

Carola Kohler, Ratingen
S. 121, 122, 123, 125, 126, 127, 130, 131, 132, 133, 214, 215, 216, 217, 218, 219, 220, 221, 238, 268, 269, 270, 271, 272, 273, 274, 275, 276, 277, 278, 279, 280, 281, 282, 283, 284, 285, 287, 288, 289, 290, 291, 292, 293, 294, 295, 296, 297, 298

Werner Preis, Düsseldorf
S. 134, 135, 136, 137

Tomas Riehle, Köln
S. 128, 129, 210, 222, 223, 224, 225, 226, 227, 229, 231, 232, 233

Martin Wolf, Düsseldorf
S. 124

Fünfzig Jahre Neubeginn

Rhode
Kellermann
Wawrowsky
+ Partner
Tersteegenstrasse 30
40474 Düsseldorf
Telefon (02 11) 43 67-0
Telefax (02 11) 43 67-111

Unser Büro "Architekten RKW" wurzelt in seinen ersten, auf Helmut Rhode (1915-1995) zurückgehenden Ursprüngen in der Aufbruchstimmung der Nachkriegsjahre und steht damit fast auf einer eigenen - selbst gezeichneten und gebauten - Geschichte von fünf Jahrzehnten. Kein geringer Grund also, die bisherige Arbeit wenigstens in dem interessanten und uns stets wichtigen Teilbereich der Bauten des Handels Revue passieren zu lassen - ohne kritischen Fragen und Stellungnahmen auszuweichen.

Unser Anliegen an dieser Stelle ist, die beabsichtigte Kontinuität unseres Denkens und Arbeitens darzustellen. Mit dem Beginn in den fünfziger Jahren war ein Begriff verbunden, der heute nicht mehr zu den selbstverständlichen gehört: Bescheidenheit. Sie war die Basis für eine qualitätvolle funktionale, kaum modisch aufgeregte Architektur, die heute gerade wegen ihrer formalen Zurückhaltung von den Denkmalpflegern nur mit Mühe vor zeitgemäßen "Nachbesserungen" zu schützen ist. Die ARAG Hauptverwaltung von Helmut Rhode gehört zu den denkmalgeschützten Bauten dieser Ära in Düsseldorf. Die Architektur der Horten Hauptverwaltung steht für die noch reduzierte Linie der sechziger Jahre, mit der Helmut Rhode formal den Grundstein legte für seine und unsere intensive Auseinandersetzung mit dem Thema Warenhaus. Zu erwähnen sind aber auch die übrigen Bauaufgaben, an denen sich dieses Büro schon früh mit ganz ähnlichen architektonischen Zielen beteiligte, zum Beispiel der Wohnungsbau. Gerade dieser Aufgabe sollte neben dem Bürohaus, beides Grundbausteine der Stadt, das selbstverständlichste Vokabular gewidmet sein.

1970, wiederum zu einem architekturhistorisch und städtebaulich prägnanten Zeitpunkt, wechselte das Büro Helmut Rhode in die Architektengemeinschaft Rhode, Kellermann, Wawrowsky, der heute in Berlin, Leipzig, Frankfurt, Oberhausen und Düsseldorf neben unseren Partnern Jürgen Weimer, Wojtek Grabianowski, Dieter Schmoll und Johannes Ringel eine große Zahl kompetenter Mitarbeiterinnen und Mitarbeiter angehören. Gerade die siebziger Jahre stehen heute in dem Ruf, Ziele wie die Bescheidenheit und die Einfachheit des Bauens aus den Augen verloren zu haben, um sie gegen die vielbeklagte Unwirtlichkeit der Städte einzutauschen. Unsere Reaktion darauf waren zahlreiche Versuche der Revitalisierung, die Wiederentdeckung des öffentlichen Raumes, nicht das Gleichsetzen von Architektur und Maschine, aber auch nicht die nostalgische Kehrtwende zurück in die Vergangenheit. Mit dem Carsch-Haus in Düsseldorf setzte dieser mit verschiedenen Auszeichnungen und Preisen gewürdigte Anspruch Ende der siebziger Jahre ein. Wichtige Stationen waren die Galerie Kleiner Markt in Saarlouis und das Frankfurter Nordwest-Zentrum. Gleichzeitig mit der international ausgezeichneten Revitalisierung in Frankfurt fand mit der Verwaltung der Gasgesellschaft Aggertal landesweit auch ein reiner Neubau Anerkennung.

Die neunziger Jahre brachten nach der Wiedervereinigung Deutschlands zum einen neue Aufgabenschwerpunkte, zum anderen eine angesichts der gesellschaftlichen und politischen, aber auch der ökologischen Verhältnisse wiederum neu formulierte Interpretation architektonischer Bescheidenheit. Der Wohnungsbau gewann im Osten wie im Westen eine neue Dynamik und fand in seinen besten Beispielen zurück zu den einfachen, grundlegenden Lösungen. Weitläufige Einkaufszentren und Multiplex-Kinos werden gerade wegen ihrer Dimensionen euphorisch angenommen, zugleich aber auch hart kritisiert. Aufwendige Umnutzungs- und Modernisierungsmaßnahmen sind in Ostdeutschland die ersten Hoffnungsträger eines urbanen Neubeginns, der der Rückkehr des Handels in die Stadt neuen Auftrieb gibt. So zum Beispiel die Zentrale des Mitteldeutschen Rundfunks auf dem alten Schlachthofgelände von Leipzig oder die traditionellen Messehöfe Barthels Hof und Specks Hof mitten im Zentrum, letzterer wurde jüngst auf der Immobilienfachmesse MIPIM in Cannes mit dem ersten Preis der Kategorie "Refurbished Office Building" und dem Hauptpreis "Special MIPIM Jury Award" ausgezeichnet. Mit dem Internationalen Handelszentrum El Shorouk in Kairo, aber auch mit Hochhausprojekten im Rahmen des Düsseldorfer Regierungsviertels - beides wie einige schon genannte Projekte erste Preise in Wettbewerbsverfahren - wachsen unsere Herausforderungen zusehends. Gern blicken wir zurück auf die kollegiale Zusammenarbeit mit Charles Moore, Eberhard Zeidler und Norman Foster genauso wie auf viele nationale Kooperationen wie z.B. mit HPP, Düsseldorf (Carsch-Haus). Wenn sich mit dem Neubau der ARAG Hauptverwaltung in Düsseldorf, ein Hochhausprojekt mit dem Büro SNFP, der Kreis dieser kurzen Rückbesinnung einmal an der Stelle schließen sollte, an der sie geographisch begann - unweit der ARAG Hauptverwaltung Helmut Rhodes vor mehr als vierzig Jahren -, dann sollte das verbindende Element der beiden in Sichtentfernung zueinander positionierten Bauten die Schlüssigkeit von Form und Funktion sein - eine Überzeugungskraft auf der Basis von Sachlichkeit.

Friedel Kellermann

The origins of the RKW architectural practice go back to Helmut Rhode (1915-1995) and the reconstructive mood of the post-war years. The office has thus written a history – better still, has drawn and constructed a history – that spans five decades; good reason, therefore, to review the work so far completed in the interesting and ever important sector of architecture for retail trade without at the same time shying away from aspects and attitudes of a more sensitive and critical nature.

Our concern at this point is to stress the intended continuity, both in our thinking and our work. There existed, at the beginning of the 1950s, a concept that is no longer taken for granted: modesty. Modesty was the basis of a qualitatively functional architecture that in its inspiration had little to do with fashion, and that nowadays, specifically because of its formal moderation, can be protected by conservationists from modern "improvements" only with difficulty. The ARAG main administration building in Düsseldorf, by Helmut Rhode, is one of the protected buildings from this era. The architecture of Horten's-main administration building is representative of the still sober line of the 1960s with which Helmut Rhode laid the foundation stone of both his and indeed our intensive involvement with the department store theme. Nevertheless, this office took part in other commissions at an early stage, with similar architectonic aims, and these should not to be overlooked. Residential buildings are one example. The most natural vocabulary should, in fact, be devoted to the residential and to the office building – both basic components of the urban environment.
In 1970, again a promising time, the Helmut Rhode office was transformed into the architectural partnership of Rhode, Kellermann, Wawrowsky, which now has additional partners Jürgen Weimer, Wojtek Grabianowski, Dieter Schmoll and Johannes Ringel and a large number of employees in Berlin, Leipzig, Frankfurt, Oberhausen and not at least, Düsseldorf. But the 70s are now reputed to have lost sight of such goals as modesty and simplicity in architecture, having exchanged them for the much maligned inhospitality of the city.
Our reaction was to make numerous attempts at revitalisation, and to rediscover public space while avoiding the identification of architecture and machine, or a nostalgic return to the past. This approach started with the Carsch building in Düsseldorf at the end of the 70s, and became through various awards and prizes finally respectable. The Galerie Kleiner Markt in Saarlouis and Frankfurt's Nordwest-Zentrum were important steps along the way. At the same time as Frankfurt's internationally acclaimed revitalisation, with the administrative centre for the Gasgesellschaft Aggertal, a totally new building had also found recognition throughout the country.

After Reunification, the 1990s once again brought a new focus with regard to commissions and, in view of the social, political and ecological circumstances, a reformulation of architectonic modesty. Residential architecture gained a new momentum, both in eastern and western Germany, and the best examples managed to return to simple, fundamental solutions. Spacious shopping centres and multiplex cinemas were euphorically welcomed simply because of their dimensions – and heavily criticised, too. Complicated conversion and modernisation are now the first signs of hope for urban revival in eastern Germany, bringing a boost to the return of trade to the city: in Leipzig, for example, there is the Mitteldeutsche Rundfunk centre on the old slaughter house site, or the traditional trade fair venues of Barthels Hof and Specks Hof in the heart of the city (the latter has recently been awarded at the MIPIM Fair in Cannes the first prize in the category "Refurbished Office Building" and the main prize "Special MIPIM Jury Award"). With the international El Shorouk trade centre in Cairo, and also the high-rise projects linked to Düsseldorf's governmental quarter – both of which, like aforementioned projects, have won first prizes in competition – the challenges we are faced with grow appreciably.

We remember the pleasant cooperation of Charles Moore, Eberhard Zeidler and Norman Foster, as well as our many national associations such as with HPP, in Düsseldorf (Carsch Haus). If, with the new main administration building for ARAG – a high-rise project shared with the SNFP office – this brief resumé is to come full-circle at the point, geographically, where it began (namely, not far from Helmut Rhode's ARAG main administrative building of more than forty years ago), then the connecting element of both these visually distanced buildings should be the logic of form and function - a persuasive force with its basis in realism.

Friedel Kellermann